Wie Organisationen gut entscheiden

Othmar Sutrich, Bernd Opp

Wie Organisationen gut entscheiden

Innovative Werkzeuge für Führungskräfte, Teams und Unternehmen

1. Auflage

2016
Haufe Gruppe
Freiburg · München · Stuttgart

Bibliografische Information der Deutschen Nationalbibliothek

Die Deutsche Nationalbibliothek verzeichnet diese Publikation in der Deutschen Nationalbibliografie; detaillierte bibliografische Daten sind im Internet über http://dnb.dnb.de abrufbar.

Print: ISBN 978-3-648-08103-7   Bestell-Nr. 10140-0001
ePub: ISBN 978-3-648-08104-4   Bestell-Nr. 10140-0100
ePDF: ISBN 978-3-648-08105-1   Bestell-Nr. 10140-0150

Othmar Sutrich, Bernd Opp
Wie Organisationen gut entscheiden
1. Auflage 2016

© 2016 Haufe-Lexware GmbH & Co. KG, Freiburg
www.haufe.de
info@haufe.de
Produktmanagement: Jürgen Fischer

Lektorat: Rivkah Frick / die textreinigung, Berlin
Satz: kühn & weyh Software GmbH, Satz und Medien, Freiburg
Umschlag: RED GmbH, Krailling
Grafiken: DUOTONE Medienproduktion, München
Schriftskizzen: www.petrawoehrmann.de
Druck: BELTZ Bad Langensalza GmbH, Bad Langensalza

Inhaltsverzeichnis

1 Ein neuer frischer Blick auf das Entscheiden

1 Ein neuer frischer Blick auf das Entscheiden

Es gibt durchaus lesenswerte Bücher zum Entscheiden. Sie beschäftigen sich nahezu ausschließlich mit dem Entscheiden *einzelner Menschen* und deren Optimierung. Was es bislang nicht gab, ist eine praxisnahe und dennoch wissenschaftlich fundierte Auseinandersetzung mit dem *Entscheiden* **in** *Organisationen* und, noch konkreter, mit dem *Entscheiden* **von** *Organisationen* selbst — und mit den Möglichkeiten seiner Optimierung. Der Buchtitel ist Programm und unser Versprechen: Wer das Entscheiden *von* Organisationen achtsamer und mit forschender Neugier in den Blick nimmt und versteht, der kann viel kompetenter, kundiger und auch zuversichtlicher das Entscheiden *in seiner Organisation* verantworten und angehen! Wie leicht fällt es doch, im Nachhinein Entscheidungen prominenter Unternehmen und deren Verantwortlicher zu brandmarken. Der aktuelle Abgasskandal von VW steht hier nur stellvertretend für viele. Viel schwerer ist es jedoch, wirklich zu verstehen, was dort geschehen ist. Am Beginn standen offenbar nicht einlösbar erscheinende Auflagen der Gesetzgeber in den USA wie auch in Europa. So leicht kann sich eine fatale Dynamik des Misslingens entwickeln, an deren Ende in diesem Fall nicht weniger als elf Millionen fehlerhaft ausgelieferte Autos auf den Markt kamen. Eine echte Katastrophe! Dieses Buch zeigt jedoch nicht mit dem Finger auf das Scheitern. Es will nicht verurteilen, nicht von Skandalen und Skandalisierung profitieren. Stattdessen ermutigt es Sie dazu, neue Wege zu beschreiten. Wir stellen Ihnen hier längst überfällige innovative Konzepte und Instrumente zur Verfügung, um entscheidungsstarke Organisationen zu gestalten, die ihr Potenzial zum Wohl der Beschäftigten und der Gesellschaft verwirklichen. Und dieses Potenzial ist *viel* größer, als es die bisherigen Entscheidungskulturen des Mainstreams vermuten lassen.

Warum gerade jetzt?
Vieles ist zurzeit im Umbruch. Die Bandbreite reicht von den enormen Krisen, in die Organisationen vermehrt hineingeraten, bis zu den Hoffnungen, die heute mehr mit den technologischen als den sozialen Innovationen verbunden werden — Stichwort digitale Revolution. Allein schon an dem großen Einfluss, den das Internet mit seinen sozialen Medien und überhaupt das rasend schnelle Wachstum der digitalen Medien auf unser Leben und unseren Alltag haben, lässt sich die enorme Dynamik dieser Veränderungen ablesen. Unsere Gesellschaft wird immer vernetzter, kritischer, bewusster — die Spatzen pfeifen es von den Dächern. Die treibenden Kräfte für Veränderungen entstammen heute immer öfter nicht mehr den klassischen Machtpositionen der Wirtschaft, sondern entstehen mitten aus der Gesellschaft heraus. Pull statt Push.

Für die Organisationen und Unternehmen bedeutet das eine ständige Konfrontation mit neuartigen Situationen. Die Zukunft wird immer riskanter, fordert immer vehementer unsere verantwortungsvollen, sinnvollen und nachhaltigen Entscheidungen. Die inneren Herausforderungen durch selbstbewusste, gut ausgebildete und informierte Mitarbeiter, die mit der klassischen hierarchischen Führung nichts mehr am Hut haben, stehen den äußeren in nichts nach. Der Mit-Entscheidungsbedarf wird insgesamt höher, komplexer, kurzlebiger. Und doch herrscht beim Entscheiden in Organisationen, während sich draußen so vieles in dynamischer Veränderung befindet, nach wie vor weitestgehend handwerklicher Stillstand. Als säße man im Auge des Taifuns und hätte nichts damit zu tun.

Das Entscheiden betrifft alle Organisationen. Tatsächlich bestehen, ja leben Organisationen aus dem Entscheiden heraus. Wer das ganze Feld des Entscheidens überblickt, versteht auch, dass alles, was eine Organisation tut und unterlässt, wie effektiv und effizient sie ist, wie nützlich oder schädlich ihre Wirkungen sind, auf ihrem Entscheiden beruht. Dabei sind weit mehr Ebenen und Personen im Unternehmen am Entscheiden beteiligt, als man gemeinhin denkt. Wir sprechen also hier nicht von einem Nischenthema, sondern von einer Sache, die wirklich alle angeht. Im bewussten Entscheiden liegt eine enorme Einflusskraft darauf, wie sich die Menschen in unseren Organisationen entwickeln, wie sich unsere Organisationen selbst entwickeln — und damit darauf, wie sich unsere gesamte Welt künftig entwickeln wird. Dieser ganz realen Verantwortung kann man sich überhaupt nicht entziehen, weil man ohnehin nicht »nicht entscheiden« kann. Und der immer häufiger als notwendig propagierte *Kulturwandel* in Organisationen lässt sich mit dem konsequenten Blick auf die *Entscheidungskultur* außerordentlich gut und pragmatisch handhabbar rahmen.

Ist Entscheiden nicht eigentlich ganz einfach?

Ja. Nein. Kommt darauf an.

Wir können uns für keine dieser Antworten so recht entscheiden. Oder vielmehr: Wir wollen uns nicht entscheiden. Denn wie so oft kommt es auch hier auf die *Perspektive* an.

Die erste und wichtigste Perspektive: Unser Fokus liegt, wie erwähnt, allein beim Thema Entscheiden in und von *Organisationen*. Sie werden hier also nichts über das Entscheiden in privaten Zusammenhängen erfahren. Die Unterschiede sind erheblich. Erinnern Sie sich an die letzte Bundestagswahl und daran, wen Sie gewählt haben? Das war Ihre persönliche Entscheidung. Aber haben Sie damit die Zusammensetzung des Parlaments entschieden? Nein, das hat der so oft beschworene »Wähler« als die Summe aller Wähler entschieden. Und selbst das ist nur die halbe Wahrheit. Mitentscheidend für die Zusammensetzung des

Parlaments sind unser Wahlrecht mit der Fünf-Prozent-Hürde, die Regelungen für die Zulassung von Parteien zur Wahl und viele andere Dinge, die ebenfalls irgendwann einmal von einem gewählten Parlament entschieden worden sind. Dieses Bild bietet eine wirksame Analogie für die allgemeingültigen Aspekte des Entscheidens in Organisationen: Es geht um das *Zusammenspiel* der Entscheidungen vieler Menschen und Teams und dessen, was die Organisation mit ihrer grundlegenden Entscheidungskultur und Verantwortungsarchitektur selbst dazu beiträgt. Die dabei nachhaltig gestalteten geschäftlichen Optionen und Zukunftsentwürfe beeinflussen unser Leben mindestens genauso stark wie Entscheidungen im privaten oder politischen Umfeld.

Die zweite Perspektive: Manchmal begreift man Dinge erst dann, wenn man nach ihnen greift, das gilt ebenso auch für das Entscheiden. Das Kapitel 2.1 *Das Ding an sich* ergreift daher das Entscheiden an und für sich, dreht und wendet es hin und her, um es von allen Seiten wirklich gut zu beleuchten.

Die dritte Perspektive: die Gefahr der Verwechslung. Immer dann, wenn sich Dinge ähnlich sind, werden sie allzu leicht verwechselt. Hier rücken wir das Entscheiden in Organisationen ins Licht. Ganz nahe bei ihm steht seine Zwillingsschwester »Führen«, die oft genug im hellen Scheinwerferlicht ihren Auftritt hat und ihn genießt. Wir wollen die beiden aber nicht verwechseln. Und zu diesen beiden gesellen sich noch zwei weitere Zwillingsschwestern: die Schwestern »Verantworten« und »Sinn geben«. Diese vier bilden gemeinsam eine Familie, dürfen aber dennoch nicht durcheinandergebracht werden. Wenn wir über das Entscheiden in Organisationen nachdenken, sind die beiden Zwillingspaare niemals weit. Im Kapitel 4.2 *Das Kaleidoskop* geben wir der ganzen Familie die Ehre. Die Vier haben noch eine weitere doppelgesichtige enge Verwandte, die großen Einfluss auf die ganze Familie des Entscheidens ausübt: Misstrauen bzw. Vertrauen.

Die vierte Perspektive, auf die es ankommt: Wir teilen sehr nachdrücklich die Einschätzung von Immanuel Kant »Es gibt nichts Praktischeres als eine gute Theorie«. Das im Kapitel 2.2 vorgestellte *Pentaeder-Modell* stellt die aus der Praxis entstandene Orientierungshilfe für die zukünftige Praxis dar: Es ist unsere »Praxistheorie«.

Die fünfte Perspektive: Ob das Entscheiden »eigentlich ganz einfach« ist oder nicht, hängt nicht zuletzt von Werkzeugen und Instrumenten ab. Wie sehr kann man schon beim Öffnen einer Konservendose verzweifeln — ohne Dosenöffner! Also, Pinzetten und Feilen in die Hand und ran ans Werk! Alles, was Sie dazu brauchen, finden Sie im Kapitel 3.

Die sechste Perspektive, die nicht vergessen werden sollte: das Wechseln der Perspektiven selbst. Über das Entscheiden in Organisationen lässt sich nicht viel herausfinden und lernen, wenn die gewohnten Brillen aufgesetzt werden, oft genug führen sie geradewegs in die Irre. Das ist der Grund, warum wir hier z. B. nichts über private Entscheidungen aussagen. Entscheiden in Organisationen ist eben gerade keine Privatsache, die einer mit sich selbst ausmachen könnte. Und ebenso keine politische, bei der der Souverän in der Wahlkabine alle vier oder fünf Jahre seine Entscheidung trifft. Auch ist es beileibe nicht nur Angelegenheit der Entscheider an der Spitze der Organisationen. Wie man alle Beteiligten gut in das Entscheiden einbeziehen kann, wird im Kapitel 4 aus verschiedenen Blickwinkeln beleuchtet.

Die siebte Perspektive: der generelle Überblick. Manchmal sieht man komplexe Sachverhalte besser, wenn man sie aus hoher Flughöhe betrachtet. Im abschließenden 5. Kapitel unseres Buches laden wir Sie daher ins *Cockpit* ein, um diese Betrachtungsweise näher kennenzulernen.

Von Vorbildern haben wir viel gelernt

Wir haben viele Menschen und Teams in ihren Organisationen bei ihrem Entscheiden begleitet — und dabei auch viel von ihnen gelernt. Sie haben sich in ihrem Entscheiden gesonnt, haben an ihm gelitten, sie waren euphorisch oder auch resigniert. Sie wurden als die Helden, manchmal gar als die Götter ihrer Organisation betrachtet, in anderen Fällen — oder später im Zeitverlauf — auch als deren Versager oder Bösewichte. Manche standen als CEOs oder Aufsichtsräte im Licht der öffentlichen Aufmerksamkeit, andere ganz im Schatten als »einfache« Handwerker oder Rezeptionisten. Und ganz viele standen weder im Licht noch im Schatten. Sie standen und stehen noch heute irgendwo dazwischen, tun ihren Job in der Organisation und entscheiden, was zu entscheiden ist — oder unterlassen es. Leise euphorisch oder leise resigniert, interessiert an ihrer Organisation oder eher gleichgültig ihr gegenüber, am eigenen Nutzen orientiert oder ganz altruistisch.

Sie alle sind uns zu Vorbildern geworden. Sie haben uns gelehrt, das zu betrachten, was da ist. Face reality! Und sie haben uns auch gelehrt, auf die *Entscheidungen der Organisation* zu schauen, die sie entweder ins Licht oder in den Schatten stellt, die sie euphorisch oder resigniert werden lässt. Und sie haben uns unzählige Hinweise auf Verbesserungen des Entscheidens geliefert.

Die achte Perspektive: lernen und besser werden. Wir wären kaum gute Organisationsberater und noch viel weniger Experten für das Entscheiden in Organisationen, wenn wir im »Face reality« stehen blieben, ohne durchgängig ein starkes Engagement für die *Entwicklung* des Entscheidens zu zeigen. Welche neuen Optionen eröffnen sich für das Entscheiden in Organisationen? Wie sieht die Zukunft des Entscheidens aus?

Für wen dieses Buch geschrieben wurde

Für all diejenigen, die

- Interesse am Wohlergehen ihrer Organisation haben und engagiert an deren Gestaltung mitwirken wollen und/oder müssen, unabhängig davon, an welcher Stelle sie arbeiten,
- genauso großes Interesse an ihrem eigenen Wohlergehen in ihrer Organisation haben und sich nicht zum bloßen Gegenstand der Entscheidungen anderer machen lassen möchten, an welcher Position sie sich auch befinden mögen,
- eine neue, ganzheitliche Perspektive auf das Thema Entscheiden in und von Organisationen entdecken möchten,
- ein sicheres Urteil darüber entwickeln möchten, wie viel mehr an Effektivität und Effizienz beim und durch das Entscheiden in Organisationen möglich ist,
- Lust haben, die bestehende Entscheidungskultur zu erkunden und auch die darauf gründende Kommunikation und Kooperation in der Organisation,
- selbstverständliche Gewohnheiten und Regeln des Entscheidens infrage stellen und sinnvolle Alternativen dazu kennenlernen möchten.

Wie Sie dieses Buch lesen können

Sie finden in den Kapiteln dieses Buches in Wirklichkeit nicht weniger als *fünf verschiedene miteinander verwobene Bücher*, die Ihnen jeweils sehr unterschiedliche Zugänge zum Thema offerieren. Jedes dieser Bücher können Sie mit Genuss einzeln lesen und verstehen und damit ganz individuell Ihren eigenen Weg durch das Buch gestalten.

Als **erstes Buch** stellt *Kapitel 2* die *konzeptionellen Grundlagen* vor. Wir bieten Ihnen hier ein dichtes und inhaltsreiches Destillat unserer Praxis- und Lernerfahrungen zum Entscheiden in Organisationen aus vierzig Jahren.

Das **zweite Buch** ist im *Kapitel 3* dem *Handwerk des Entscheidens* gewidmet und macht Sie mit ausgewählten und sehr wirksamen Instrumenten dafür bekannt.

Das **dritte Buch** liefert mit *Kapitel 4* konkrete *Anwendungsbeispiele* der konzeptionellen Grundlagen und Handwerkszeuge. Praktiker können sich hier mit dem konkreten Nutzen vertraut machen, der in einer Kompetenzentwicklung bezüglich des Entscheidens in Organisationen liegt.

Das **vierte Buch** lässt sich als Bilderbuch in den Texten der einzelnen Kapitel entdecken. Viele grafisch ansprechende *Darstellungen* bringen unsere Überlegungen weitestgehend selbsterklärend auf den Punkt. Darunter sind etwa 30, die die Zusammenhänge und Win-win-Dynamiken zusammenfassen. Schnellleser werden hier auf ihre Kosten kommen.

Buch 5 liegt als *Landkarte des Entscheidens* mit dem Namen Decisio der Druckversion dieses Buches bei, Leser des E-Books finden sie am Ende des Buches. Diese Karte wird all jenen ein Vergnügen sein, die gerne in einem Thema neugierig stöbern und sich dabei von einer intelligenten Mischung aus Wortwitz und intellektueller Tiefe angesprochen fühlen.

Ergänzt wird das Ganze durch ein sorgsam erstelltes **Glossar**, das die wichtigsten (und auch gelegentlich überraschenden) Begriffe in übersichtlicher und knapper Form erklärt.

Wer wir sind

Wir, Othmar Sutrich und Bernd Opp, die Initiatoren und Hauptautoren dieses Buches, arbeiten seit mehr als 40 Jahren als Spezialisten rund um das Thema Organisationsprozesse und Veränderungsmanagement für namhafte Unternehmen und Organisationen. Dabei verstehen wir uns als ganzheitlich-systemisch denkende und handelnde Berater mit Leib und Seele, deren Wurzeln in eigener Management- und Führungsverantwortung liegen. Seit jeher gehen wir bei Problemen und Aufgabenstellungen lieber den Ursachen auf den Grund, als nur Symptombehandlung zu betreiben. Das mag nicht immer der schnellere und bequemere Weg sein. Aber aus unserer Sicht ist es der einzige, der wirklich nachhaltig etwas zum Positiven verändert.

Im Laufe der Jahre haben wir kompetente und professionelle Mitstreiterinnen und Mitstreiter für unser Lieblingsthema *Entscheiden in Organisationen* gefunden, sie »infiziert« und als Mitautoren für das Buch gewonnen. Sie werden das Thema ganz sicher weiter pflegen und entwickeln, wenn wir beide uns — in unterschiedlichem Tempo — mehr und mehr aus der vordersten Reihe des Berufslebens zurückziehen werden. Als Mitgründer des Pentaeder-Instituts, eines Netzwerks thematisch engagierter Unternehmen, Berater und Führungskräfte, laden wir Sie gerne und herzlich ein, sich in diese Entwicklung aktiv einzumischen. Lassen Sie von sich hören!

Othmar Sutrich und Bernd Opp

München, im Februar 2016

Hinweis der Autoren

Sie werden feststellen, dass wir uns beim Verfassen unserer Texte an die männliche Schreibweise gehalten haben. Dies soll ausdrücklich keine Geringschätzung von Frauen bedeuten. Entschieden haben wir uns für diese Schreibweise lediglich aus Gründen besserer Lesbarkeit.

2 Konzeptionelle Grundlagen

Das Ding an sich

Der Pentaeder orientiert

Prozesse gestalten und entscheiden:
eine glückliche Verbindung

Die Zukunft des Entscheidens

2 Konzeptionelle Grundlagen

2.1 Das Ding an sich

Die Einladung, das Phänomen »Entscheiden« aus selbstverständlichen und überraschenden Perspektiven zu erkunden, will einen Beitrag dazu leisten, den Boden für mehr Achtsamkeit und Sprachfähigkeit in der ganzen Organisation aufzubereiten. Woraus besteht Entscheiden im Allgemeinen und in Organisationen im Speziellen? Genau darum geht es hier: um eine Wanderung durch die Landschaft des Entscheidens, auf der Suche nach dem Phänomen. Die einzelnen Etappen werden dabei unterschiedlich anstrengend und unterhaltsam sein, immer jedoch wertvoll. Wir werden unterwegs immer wieder Halt machen, um einen Überblick über das Terrain des Phänomens einzufangen.

Das Erkunden ist gleich in zweierlei Hinsicht lohnend. Nicht nur wächst die Brisanz des Phänomens aus guten Gründen seit Jahren unaufhaltsam. Zudem ist im genaueren facettenreichen Verständnis einer gemeinsamen Sprache des Entscheidens ein enormer Wettbewerbsvorteil angelegt, der ausgeschöpft sein will (siehe Abbildung 2.1).

Abbildung 2.1: Verständigung über das Entscheiden in Organisationen

In Vorbereitung dieser Wanderung haben wir viele Menschen befragt: Was heißt für Sie entscheiden? Welche Bedeutung hat der Begriff für Sie? Tatsächlich sind die Aussagen von Menschen in Organisationen über Entscheidungen und den Prozess des Entscheidens sehr aufschlussreich — und fast immer sehr emotional.

Das Spektrum der Antworten reichte generell von »ist selbstverständlich, man tut es eben« bis hin zu »ist sehr merkwürdig«. Tatsächlich sind die Phänomene des Entscheidens genauso selbstverständlich *und* merkwürdig wie die Phänomene der Zeit und der Sprache.[1]

Unsere Vorbereitung lieferte uns einen ersten Eindruck des vor uns liegenden *Geländes*. Man sollte annehmen, dass jeder Mensch selbstverständlich weiß, was Entscheiden ist, ja sogar Experte darin ist. Wie sich herausgestellt hat, sind die Vorstellungswelten über Entscheiden jedoch unendlich vielfältig! Heute ist allgemein anerkannt, dass Entscheiden am allerwenigsten ein rationaler Wahlakt einzelner Menschen ist, sondern sich viel ergiebiger beschreiben lässt als ein durch Sprache transportierter *sozialer Prozess*, die Entscheidung also ein sprachliches Konstrukt darstellt, worauf sich Menschen, im besten Falle selbstverständlich, einigen. Diese Einigung sieht in jedem sozialen System, in jeder Organisation, und differenziert nach Situation und Anlass, klugerweise sehr verschieden aus. Wie verhält es sich damit bei Ihnen, lieber Leser?

2.1.1 Unterschiedliche Kontexte prägen die Zugänge zum Entscheiden

Überblick über das Gelände des ersten Streckenabschnitts
Dieser erste Abschnitt wird *Kontext* genannt, ist ziemlich steil, das spröde Landschaftsbild spricht nicht gerade alle Sinne an. Doch die Verständigung über den Kontext bildet eine erste Weichenstellung für den Gesamtprozess: Bereits hier zeichnet sich ab, ob und wie pur und effektiv man gemeinsam entscheiden wird. Von der Einschätzung der Relevanz, Komplexität und relativen Neuartigkeit des Kontextes hängt die *Reichweite* der wahrgenommenen Entscheidungsräume ab. Last but not least unterscheiden sich Menschen und Organisationen eben darin, ob sie den Kontext als hinzunehmende Einschränkung oder als gestaltbare Größe einschätzen. Eine positive Herangehensweise bestünde darin, sich mehr als Mitwirkende und Täter zu verstehen denn als Opfer.

Sicherlich wird es jedem leicht einsichtig sein, dass es einen großen Unterschied macht, ob man etwa aus Sehnsucht nach Liebe oder im Verlangen nach Erkenntnis und Weisheit entscheidet, oder ob man Entscheiden per se als Machtausübung oder (im günstigeren Falle) als Risikokalkül versteht. Diese Unterschiede spiegeln sich oft in radikal unterschiedlichen Prozessen und Outputs des Entscheidens wider. Alle Zugänge zum Gelände des Entscheidens treffen auf Systemlogiken — seien sie von Berufsrollen geprägt, aus der Wissenschaft, den Künsten, Philosophien oder Religionen entlehnt — die jeweils für sich unbestreitbar beanspruchen, relevante Handlungsempfehlungen (und damit implizit Entscheidungsregeln) zu bieten zu haben. An diesen herrscht somit wahrlich kein Mangel, sondern im Gegenteil ein zunehmend desorientierendes Überangebot und Sprachengewirr.

Die Systemtheorie ist sehr hilfreich im Benennen der Leitdifferenzen. Aus diesen leiten sich unterschiedliche Regeln und Prozesse des Entscheidens ab. Moderne Organisationen, etwa Krankenhäuser, setzen hybride Logiken ins Werk. Unter allen Herangehensweisen gewinnt dabei die wirtschaftliche zunehmend an Relevanz, wenn nicht sogar Dominanz. Darüber hinaus machen die jeweiligen gesellschaftlich-kulturellen Kontexte einen riesigen Unterschied aus, der uns mit zunehmender Globalisierung der Welt gleichzeitig sehr real immer näher rückt.[2]

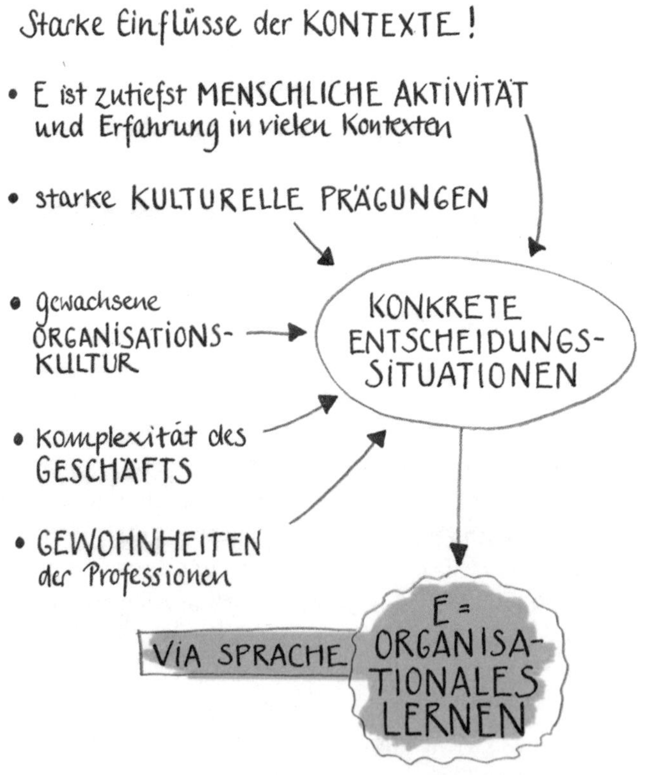

Abbildung 2.2: Starke Einflüsse der Kontexte auf das konkrete Entscheiden

Die wesentliche Frage wird in der Regel nicht gestellt: Was schließt die jeweilige Zugangs- und Systemlogik ein, was schließt sie aus? Aktuell wird in fast allen Systemen über diese Frage wenig Verständigung hergestellt. Die Konsequenz ist keineswegs zu vernachlässigen: Es mag unter solch diffusen Gesprächsbedingungen zwar viel über das Entscheiden geredet werden. Unter solchen Voraussetzungen kann jedoch die gemeinsame Verantwortung für den Entscheidungsprozess und die Realisierung der Entscheidungen weder so hoch noch so verlässlich sein, wie es wünschenswert wäre.

2.1.2 Acht generelle Aspekte, die dem Entscheiden in allen Kontexten und Systemen innewohnen

Überblick über das Gelände der zweiten Wegstrecke

Dieses Wegestück weist einen völlig anderen, viel abwechslungsreicheren Charakter auf. Die Ausblicke von den acht Zwischengipfeln machen deutlich, dass das vermeintlich so selbstverständliche Phänomen überaus facettenreich ist. Am Ende dieser Etappe wird das »pure Entscheiden« viel plastischer zu verstehen und sauber abzugrenzen sein, weil wir es nicht mehr so leicht mit den anderen Aspekten der Einflussnahme und des Gestaltens verwechseln.

(1) Richtig oder falsch?

Die Frage nach der Beurteilung *Ist eine Entscheidung richtig oder falsch?* taucht im Mainstream-Verständnis immer wieder auf. Sie ist zu einem gleichermaßen beliebten wie fragwürdigen »Volkssport« geworden. Im Moment der Entscheidung ist der »Richtig-Reflex« nur allzu menschlich und daher nicht zu unterschätzen, da er uns ein gutes Gefühl gibt. Aber wie lang hält dieses Gefühl an? Allein der Versuch der Einschätzung ist bereits fragwürdig, weil man zum Zeitpunkt der Entscheidung ja nicht wissen kann, ob sie sich in der Zukunft als richtig oder falsch erweisen wird. Das *Richtig oder falsch* bindet den Beschluss einzelnen Personen und ihrem Verhalten ans Bein — und lässt damit den sozialen Vorgang des Entscheidens außer Acht. Diese Betrachtungsweise lenkt den Fokus allein auf die Entscheidung, den Beschluss. Sie blendet das Vorher und Nachher vollkommen aus — und damit auch den Einfluss der Akteure, die an diesem Vorher und Nachher beteiligt sind, sowie die nicht beeinflussbaren Dynamiken des Kontextes. Die Frage *Richtig oder falsch* zielt darauf ab, das eigene Scheitern, wenn auch vielleicht nur für kurze Zeit, aus der Welt zu schaffen. Die Möglichkeit des Scheiterns ist jedoch untrennbar mit dem Entscheiden verbunden. Wer das Scheitern aus seinem Erleben verbannen will, beschneidet sein Entscheiden und damit sein Leben an der Wurzel.

Ein Ausbruch aus der Richtig-falsch-Illusion ist nicht leicht zu realisieren, aber potenziell sehr ergiebig. Das ist Ihre Chance! Gehen Sie aktiv dagegen vor, bei sich selbst und bei allen in Ihrer Umgebung. Sie schaffen damit eine große Entlastung, sparen wahrscheinlich viel Geld und vermeiden in jedem Fall etliche Unbill.

Eine gute Alternative: Formulieren Sie Fragen, die den Prozess in den Vordergrund stellen und den sachlichen In- und Output zeitweilig in den Hintergrund verweisen. Den Prozess können die Beteiligten nämlich in hohem Maße beeinflussen und gestalten unter der Fragestellung: Wie können wir den Prozess handwerklich so sauber und sorgfältig gestalten und steuern, dass der — aus jetziger Sicht! — bestmögliche Beschluss zustande kommt und umgesetzt wird? Dann können Sie sich beruhigt sagen: »Alles richtig gemacht.«

(2) Konsequenzen des (Nicht-)Entscheidens — vom Ende her denken

Was Watzlawick über das Kommunizieren sagt, trifft ebenso auch auf das Entscheiden zu: *Man kann nicht nicht entscheiden.* Dieses Wesensmerkmal des Entscheidens (als Vorstufe des Handelns oder Vermeidens) und der damit verbundenen Verantwortung wird sehr unterschiedlich wahrgenommen, bewusst im Dunkeln gelassen, geleugnet, ja oft überhaupt nicht thematisiert. Und das oftmals aus gutem tiefer sitzendem Grunde.

Das lateinische *respice finem* — Bedenke das Ende! — ist vielleicht *das* Wesensmerkmal des Entscheidens schlechthin — gerade im Hinblick auf alle Einschätzungsschwierigkeiten, Unwägbarkeiten und Perspektivenvielfalt. Wer kann was beurteilen? Welche Kompetenz bzw. welches Wissen braucht man dafür? An wie vielen Stellen ist Wunschdenken im Spiel oder Verzerrung durch Interessenwahrnehmung bis hin zu Propaganda bzw. gezielter Desinformation? Die Entscheidung von der Tragweite der Konsequenzen her zu beleuchten und dadurch besser zu verstehen, ist kein leichtes Geschäft. Dieser oftmals auch belastende und unangenehme Vorgang fordert Ihre Vorstellungskraft heraus. Es kann aber auch durchaus entlastend wirken, den Fokus auf das Wesentliche zu lenken. »Sich über ungelegte Eier den Kopf zu zerbrechen, bringt doch nichts.« Wann mag diese Regel sinnvoll sein? und wann wird sie, als Synonym für »den Kopf in den Sand stecken«, gefährlich?

Hier kann die systemische Frage helfen: »Was geschieht, wenn nichts geschieht?« Auf das Entscheiden bezogen, fällt dazu sicherlich jedem gleich etwas ein. Uns z. B. kommt dabei sofort der Spruch eines Tiroler Unternehmers in den Sinn, mit dem ich vor mehr als 30 Jahren einmal zusammengearbeitet habe. »Entscheiden« war für ihn lapidar »dass was weiter geht«, bedeutete also gestaltenden Fortschritt. Nicht-Entscheiden stand dementsprechend für Stillstand und Inaktivität.

(3) Balanceakte

Sie gehören definitiv zu den anregenden Wesensmerkmalen des Entscheidens (siehe die erläuterte Tabelle im Kapitel 3.8). Das *Sowohl-als-auch*, das richtige Maß zu finden zwischen Übertreiben und Untertreiben, ist eine generell wichtige Regel beim Entscheiden.[3] Die entsprechenden Balanceakte managen den Unterschied (und den Zusammenhang) zwischen Explorieren und handlungsfähig Werden, Zweifel und Entschlossenheit, Chronos und Kairos[4], eben zwischen Entscheiden und Entscheidung.

(4) Zeit(management) und Entscheiden

Der Einsatz von Zeit bewirkt eine frühe Weichenstellung für das Entscheiden: Als wie wichtig wird diese Tätigkeit eingeschätzt, wie viel Zeit nimmt man sich dafür — im Spannungsfeld zwischen Denken, Planen, Reden einerseits und Tun bzw. Ausprobieren und Erfahren beim Tun andererseits? Für welche Entscheidungen verwende ich meine bzw. eine Organisation ihre Zeit? Wird für die relevanten Entscheidungen entsprechend prioritär mehr Zeit eingesetzt als für die banalen oder die bequemen? Welcher Anteil davon für achtsames, bewusstes Entscheiden, und welcher Anteil für gemeinsames?[5]

(5) Entscheiden als Leerraum und die Entscheidung als Bindeglied

Entscheiden ist so allgegenwärtig wie Denken, Reden und Tun und vielleicht gerade deshalb so schwer zu greifen und begreifen. Daher folgt hier ein Versuch der Verortung. Im Leerraum sind alle vorstellbaren mentalen Konzepte angesiedelt. Manche nennen sie Schicksal und Gottvertrauen, andere auch unbewusst-intuitive oder genetische Weisheit. Ebenso sind hier alle Vorurteile angesiedelt. Er ist ein energetischer Raum, aus dem heraus Neues entstehen kann — und dies oft erstaunlich leicht. Den Leerraum kann man sich vorstellen als Raum der kreativen Unentschiedenheit, in dem Entschlüsse reifen oder auch sterben können. Wie eine geschätzte Kollegin sagte: »So ab und an ein bisschen Leerraum finde ich gut. Es entlastet mich, wenn ich nicht permanent mit Arbeitspflichten, Bewusstheit, Achtsamkeit oder anderweitig Anstrengendem herumrennen muss.«

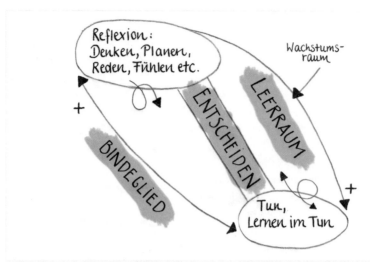

Abbildung 2.3: Entscheiden als Leerraum und die Entscheidung als Bindeglied

Das Verständnis der Bindeglieder lädt ein, den Leerraum zwischen Reflexion und Handeln genauer zu betrachten. Wir alle wissen: Manchmal geht es blitzschnell zwischen Reden und Tun vor und zurück, manchmal dagegen dauert es ewig und es geschieht gar nichts, außer einer verschwenderischen und ermüdenden Wiederholung dessen, was schon hundertmal folgenlos gesagt und gehört wurde. Durch den Blick auf den Leerraum lernt man zu identifizieren, wo unbesonnen hergestellte Bindeglieder herumgeistern und welche Bindeglieder fehlen. Insbesondere jene *missing links* können hier hochinteressant sein und sowohl die Reflexion und das Reden als auch das Tun entlasten. Sie bergen das Potenzial, den Prozess konstruktiver zu machen, weil sie den Energiefluss ankurbeln! Dabei belohnt die Entscheidung die Reflexion und das Tun die Entscheidung. (Egon Endres)[6] Aber wozu ist nun das *missing link* notwendig? Warum kommen Vorsätze bzw. etwas als »richtig« Erkanntes in die Welt oder eben auch nicht? Wie wirkt (in Organisationen) das gelungene oder misslungene Handeln auf das Denken, Reden und Entscheiden zurück? Und wer liefert für diesen Feedbackprozess die relevanten Maßstäbe? Ein Teil unserer Erkundung bezieht sich auf die Frage, warum allgemein viel mehr vom Handeln bzw. dem Vermeiden des Handelns die Rede ist als vom Entscheiden — und dies, obwohl es doch sicher jedermann plausibel sein dürfte, dass dem Handeln ein Entscheiden (als Bindeglied zum Denken und Reden) vorausgegangen sein muss.

(6) Autopilot oder Pilot? Driften oder Entscheiden (oder auch bewusstes nicht Entscheiden)?

Eine frühe Weichenstellung im Prozess des Entscheidens ist auch: Lasse ich, lassen wir als Team oder Organisation eine Sache laufen (das *Driften*) oder greifen wir bewusst und entscheidend ein? Zum Wesen des Entscheidens gehört, dass in ihm sich das Selbstverständliche und das Bewusste in ziemlich mysteriöser Weise ergänzen — manchmal leicht und wunderbar, aber in anderen Situationen auch gegenseitig sabotierend und blockierend. Das Bild vom *Autopilot/Pilot* kann dabei helfen, zwischen diesen beiden grundverschiedenen Zugängen zum Entscheiden zu unterscheiden.[7] Der Autopilot hat seine selbstverständlichen Meriten. Er »entscheidet« oder verweigert die Entscheidung in gewisser Weise — schnell, automatisch, mit geringstem Energieeinsatz. Entscheiden als bewusste Handlung ist hingegen die puristisch eng geführte Begriffsfassung der »Pilotenseite«.

(7) Die Blickrichtung. Entscheiden aus der Geschichte und abhängig von dem Pfad, den diese vorzugeben scheint? Oder aus einer Zukunft, für die heute zu entscheiden ist?

Viele betrachten das, was wir als *Driften* oder *Downloaden* bezeichnen, ganz selbstverständlich auch als Entscheiden. In einer strengeren Sichtweise ist Driften jedoch gerade der Gegenbegriff zum Entscheiden. Das Downloaden von Erfahrungen und das darauffolgende Abspulen von Verfahren/Routinen ist eben kein pures Entscheiden, sondern das aktualisierte Anwenden früherer Entscheidungen bzw. Rahmensetzungen. Arie de Geus' Definition bringt diese Unterscheidung auf den Punkt, sie ist schlicht genial: »Das Treffen von Entscheidungen ist ein Lernprozess. Es besteht darin, in der Gruppe — in einem sozialen und linguistischen Prozess — neue Lösungen für neue Situationen zu suchen. (...) Es besteht eine Analogie zwischen Entscheiden und Lernen.« Luhmann schließt den Kreis mit der köstlich lapidaren Feststellung: »Entscheidungen sind die einzigen Zukunftsentwürfe, die uns heute bleiben.« Knapper und eindringlicher kann man nicht unterstreichen, warum uns das Entscheiden (in Organisationen) so sehr am Herzen liegt, dass wir dem Aspekt, dass die Zukunft unsere Entscheidungen erwartet, sogar ein eigenes Kapitel widmen.

(8) Entscheiden als »Generalschlüssel«

Die vorangegangenen sieben generellen Aspekte unterfüttern die Vermutung, dass mehr Kompetenz beim Verstehen und Gestalten des Entscheidens von vielfältigem Nutzen sein kann. Die Fähigkeit zum kompetenten Entscheiden kann als eine Art Generalschlüssel verstanden und benutzt werden, der in den verschiedenartigsten Funktionen und Situationen einsetzbar ist, sei es im Privatleben oder auch für das Leben und Arbeiten in Organisationen.

2.1.3 Entscheiden: eine beeindruckende Artenvielfalt

Überblick über das Gelände des dritten Wegestücks
Auch dieser Wegeabschnitt ist unverwechselbar. Um in der Bildersprache zu bleiben: »Entscheidungs-Botaniker« kommen hier voll auf ihre Kosten. Sie schaffen die unabdingbaren Voraussetzungen dafür, im Prozess des Entscheidens effektiv miteinander zu reden und zügig voranzukommen. Sie bieten Vokabeln dafür an, welcher Level an 1. Komplexität, 2. Neuigkeit und 3. aufzubringender Energie einer konkreten Entscheidungssituation anhaftet. Diese Art der Verständigung findet in der Praxis nicht oft statt, was unangenehme Bumerang-Effekte und weitreichende Fehler zeitigt. Und man kann aus ihnen nicht einmal lernen, weil man sich ihrer Wurzeln, d.h. des Zeitpunktes und Ortes ihrer Entstehung, nicht bewusst ist.

(Ein schönes Beispiel für »Artenvielfalt« ist auch im Planquadrat E7 unserer Decisio-Prozesslandkarte im Kapitel 3.4 verewigt — die Unterscheidung nach dem primären Fokus der Entscheidung auf *Team, Strategie, Krise* oder *Projekte*.)

(1) Komplexitätsgrade
Jede Führungskraft und jeder Experte, der verantwortungsvoll mitreden will, sollte die vier *Domänen des Cynefin-Rahmens*, von Snowden/Boone (2007) ausgezeichnet beschrieben, kennen. Sie unterscheiden dort in einfache, komplizierte, komplexe und chaotische Zusammenhänge. Und sie leiten in einem »kleinen Handbuch für Entscheider« vier entsprechende Entscheidungsarten ab mitsamt den zugehörigen Entscheidungsregeln und -stilen, die in diesen vier verschiedenen Kontexten effektiv sind. So empfehlen sie für komplexe Zusammenhänge als generelle Regel »Erkennen Sie Muster«, während sie die chaotischen Zusammenhänge als »Fall für schnelle Reaktionen« bezeichnen.

(2) Neuigkeitsgrade
Was für wen wie neu ist, hängt natürlich von den gemachten Erfahrungen ab. Das gilt für Personen wie für Organisationen gleichermaßen. Schon viel schwieriger einzuschätzen ist, ob die in der Vergangenheit gesammelten Erfahrungen in einer neuen Situation nach wie vor hilfreich sind oder aber im Gegenteil als »unsichtbare Mühlsteine« mitgeschleppt werden. Selbstreflexion und distanzierende, ruhig geführte Dialoge in vertrauensvoller Atmosphäre können dabei helfen, Auswege aus Sackgassen aufzuzeigen.

(3) Der hohe Energieaufwand des echten Entscheidens fällt leicht unter den Tisch
Sowohl die Alltagssprache als auch die Literatur sind im Hinblick auf das Entscheiden voller wohlfeiler Empfehlungen. Der Pferdefuß ist, dass dabei selten sauber

zwischen den beiden grundlegend verschiedenen Zugängen zum Entscheiden — entweder pfadabhängig zu driften oder echt, pur und energieaufwendig zu entscheiden — sauber unterschieden wird. Dessen ungeachtet werden wir mit Hinweisen auf die Notwendigkeit regelbrechender Entscheidungen und Innovationen regelrecht bombardiert. Fast immer fehlt dabei der Hinweis auf die Unwahrscheinlichkeit ihrer Realisierung bzw. die damit verbundene notwendige Fokussierung und auf das Stehvermögen. Die Unterscheidung ist nicht trivial. Neurobiologen mahnen uns in Rechnung zu stellen, dass bewusstes und veränderndes Entscheiden 20-mal mehr Energie erfordert als das Downloaden und Driften. In dem Maße, wie wir den Neurobiologen nicht Glauben schenken, bleibt nur ernüchtert hinzunehmen, dass die Diskrepanz zwischen den vielen gut gemeinten Appellen und den tatsächlichen puren Entscheidungen enttäuschend hoch ist.

2.1.4 Mitschwingende »heiße« Bedeutungen und latente Verwechslungsgefahren

Der pure Entscheidungsbegriff ist nicht nur traditionell mit vielen Bedeutungszuschreibungen, sondern darüber hinaus auch mit einer Menge mehr oder weniger verwandter Begriffe vermengt. Daher ist er für Verwechslungen überaus anfällig und lädt zu unsauberer Sprache ein, die zwangsläufig in Zeitverschwendung und Kompetenzlücken mündet, welche wiederum das pure Entscheiden torpedieren.

Ausblick auf das Gelände der vierten Wegstrecke
Wir machen uns auf Gestrüpp, Unterholz und sumpfige Abschnitte gefasst. Die vier besonders »heißen« mitschwingenden Bedeutungen *Macht*, *Konflikt*, *Probleme lösen* und veritable *Trojaner* lassen erahnen, wie leicht man den Entscheidungsbegriff mit nah verwandten Motiven verwechseln kann. Der Schluss ist ernüchternd: Das aneinander Vorbeireden oder Vorbeientscheiden wird leicht zum teuren Regelfall. Da liegt die Annahme nahe, dass die Verständigung über Basisbegriffe der Sprache des puren Entscheidens sich als sehr hilfreich erweisen kann.

(1) Macht und Entscheiden
Die Geschichte des Entscheidens ist mit Sicherheit eine sehr machtbetonte, Entscheiden und »die Mächtigen« liefen immer schon Hand in Hand. Zumindest besteht also eine sehr starke Familienähnlichkeit im allgemeinen Sprachgebrauch und deshalb besonders hohe Verwechslungsgefahr. »Macht« ist jedoch emotional stärker besetzt als »Entscheiden«, liegt im konventionellen Verständnis meist vor Entscheiden. Der Fokus auf den Machtaspekt des Entscheidens suggeriert sofort die Differenz Macht/Ohnmacht und die anscheinend alternativlosen Festlegungen: »Ich habe die Verantwortung, deshalb entscheide ich« ver-

sus »Ich habe nichts zu sagen, zu entscheiden; ich mache meine Arbeit, sonst nichts«. Damit ist dem Großteil der in der Organisation Tätigen automatisch der Zugang zu den realen Möglichkeiten der Einflussnahme und Wirksamkeit versperrt, was möglicherweise an vielen Stellen genau der gewünschte Effekt ist. Menschen erlernen ihren ganz persönlichen Umgang mit Macht und den aus diesem abgeleiteten Entscheidungsspielräumen von frühester Kindheit an. So findet sich quer durch die Gesellschaft eine unendlich große Zahl möglicher Umgangsweisen mit Macht. Das reicht von der Wahrnehmung der Macht als dem Lebenselixier par excellence bis hin zur Totalopposition gegen alles, was Macht verkörpert, seien es etwa Polizisten, Zöllner oder völlig andere Machtträger. Andererseits erleben wir alle gerade eine Zeitenwende, was die Einschätzung der Reichweite, Wirksamkeit und Legitimität von Macht betrifft, insbesondere der in der Hierarchie abgebildeten Macht. Die Generation Y denkt über Macht und Entscheiden definitiv anders als ihre Vorgenerationen (vgl. Dark Horse, 2014). Unsere Beobachtungen dieser Generation bestärken uns in unserer Einschätzung, was sich für das Entscheiden in Organisationen zukünftig verändern sollte. *Let's go for it*, und zwar generationenübergreifend! Schließlich steht uns eine große Zahl verschiedener Formen und Rollen der Ausübung von Macht, Einfluss und Wirksamkeit zur Verfügung, die es einzuüben gilt.[8]

Macht bewegt sehr viel, wenn sie sich in den Dienst eines wertvollen Entscheidungsprozesses stellt, Macht kann aber auch sehr viel blockieren, wenn sie sich nicht angesprochen oder gar gefährdet fühlt. Macht ist ein großer Freund oder aber ein großer Feind des Entscheidens. Ein lasches »dazwischen« gibt es nicht. Aber eine Erkenntnis ist allgemeingültig, sei es nun bei den aktuellen Menschenrechtsverletzungen in der Ukraine oder an vielen anderen Stellen der Welt: Wenn Entscheiden zum Spielball der Macht(spiele) gerät, sind sowohl der Prozess als auch die Qualität des Entscheidens a priori ruiniert. Milder formuliert, in einem der Macht untergeordneten Entscheidungsprozess ist bestenfalls stark eingeschränkte Qualität zu erwarten, von Anfang bis Ende, von den Inputs über den Prozessverlauf bis zum Ergebnis und seinen (zeitverzögerten) Konsequenzen. Vorsicht ist immer dann geboten, wenn sich das Macht ausüben, andere in die Schranken weisen, sich durchsetzen in den Vordergrund drängt — wobei letzteres ja leider oftmals, positiv konnotiert, mit »entscheidungsstark« verwechselt wird. Daraus resultiert die reflexartige Neigung zur Über- bzw. Unterordnung und dem damit eng verbundenen *Gewinnen* und *Verlieren*. »Der Ober sticht den Unter« ist nicht von ungefähr eine zentrale Metapher in vielen Kartenspielen — dasselbe gilt oftmals auch in Organisationen. Macht, wenn sie sich bedroht fühlt, beinhaltet schlussendlich auch die Tendenz, unangenehme Konsequenzen reflexartig in die Zukunft zu verschieben und/oder an andere Orte (wie etwa von der FIFA-Spitze zu den Delegierten aus den Landesverbänden), in jedem Falle erst einmal: von sich weg.

(2) Konflikt und Entscheiden

Den Unterschied wie auch den Zusammenhang zwischen Konflikt und Entscheiden zu explorieren, ist für unsere Verständigung über die Frage »Was ist Entscheiden?« sehr ergiebig (vgl. Garvin/Roberto, 2001). Die Frage »Sind wir gerade in einem intensiven und konstruktiven Entscheidungsprozess gut unterwegs oder hält uns ein Konflikt in seinem Griff — und von unserer Aufgabe ab?« ist oft nicht leicht mit Ja oder Nein zu beantworten. Vermutlich eben aus diesem Grunde wird sie leider in vielen Fällen nicht rechtzeitig gestellt. Dabei könnte sie so oft den Ausweg in eine konstruktive Neubewertung des Konfliktes und seiner Funktion weisen.

Unser guter Freund, der Organisationsberater Richard Timel, hat uns schon vor vielen Jahren mit seiner apodiktischen Aussage »Jede gute Entscheidung ist das Ergebnis einer Krise« irritiert — und die richtige Richtung gewiesen. Er hat damit die konstruktive Seite von Konflikt und Krise[9] beleuchtet. Es ist immer gut, einen Konflikt *from both sides now* (Joni Mitchell) zu betrachten, eben nicht nur als Gefahr, sondern ebenso als Chance. Ansonsten überlagern Konflikte — ob schwelende, geleugnete oder offene — oftmals fällige Entscheidungen, blockieren und absorbieren die Energie zwischen zwei Personen, innerhalb von Teams oder ganzen Organisationen. Konflikte neigen dazu, auf Abwege zu führen, weg von der gemeinsamen Aufgabe, und dann behindern und torpedieren sie sehr wirkungsvoll konstruktives Entscheiden.[10]

Abbildung 2.4: Organisationale Konfliktfähigkeit produziert einen Sprung in der Qualität des Entscheidens

Leider viel zu selten gelingt der befreiende Sprung vom persönlichen zum systemisch verstandenen und daher auch systemisch zu lösenden Konflikt. Erste Voraussetzung dafür ist, zwischen den affektiven und den kognitiven Aspekten des Konfliktes zu unterscheiden. Wie aber geht man das an?

> »Kritisches Denken und genaue Debatte führen unweigerlich zu Konflikten. Die gute Nachricht ist, dass ein Konflikt auf wichtige Themen hinweist, was zu fundiertem Entscheiden führt. Die schlechte Nachricht ist, dass die falsche Art von Konflikt den Entscheidungsprozess völlig aus der Bahn werfen kann. (...) Kognitiver bzw. inhaltlicher Konflikt bezieht sich auf die zu leistende Arbeit. (...) Affektiver bzw. zwischenmenschlicher Konflikt ist emotional. Er bringt persönliche Reibung und Rivalität, lässt persönliche Stile aufeinanderprallen, verringert die Bereitschaft von Menschen, in der Umsetzung zu kooperieren. (...) Die beiden Konflikttypen sind überraschenderweise schwer auseinanderzuhalten. (...) Für Führungskräfte ist es alles andere als leicht, kognitive Konflikte zu ermutigen und gleichzeitig affektive Konflikte relativ begrenzt und klein zu halten.« (Garvin/Roberto 2001, Seite 111–113)[11]

Noch seltener gelingt es (sei es individuell oder gemeinsam), kühle kognitive Risikobilanzen der Konfliktsituation aufzustellen und als handfeste Grundlage für konstruktive Dialoge zu nutzen. Praktisch nie wird über solche Risikobilanzen die Verständigung gesucht.

Es ist also außerordentlich wichtig zu beherzigen, dass organisationale *Konflikt*fähigkeit eine wesentliche Voraussetzung für organisationale *Entscheidungs*fähigkeit ist. Dafür muss man lernen, ausgewogen auf die Prozesse zu schauen, wenn nötig, auch mithilfe von Beratung. Als Lohn der Mühe winkt fundierter kräftigender Fortschritt. Er wird in »plötzlich« möglichen anderen Sichtweisen und neuen Entscheidungen sichtbar. Gut bearbeitete Konflikte entwickeln Menschen, Teams und Organisationen gleichermaßen, weil sie sowohl Urteilskraft als auch Entscheidungsfähigkeit stärken. Und dies stärkt wiederum rückwirkend den Mut zur Konfliktlösung.[12]

Der Fokus auf das Entscheiden führt gleichermaßen für Einzelpersonen, Teams oder Organisationen einen wirklichen Unterschied ein, da er die emotionalen Beschwernisse von Konflikten relativiert. Es gilt, eher auf den Geburts*vorgang* zu achten denn auf die Geburts*wehen*. Welche Entscheidungen wollen in die Welt gebracht werden? Inwieweit ist die eigene Befindlichkeit als Experte, Führungskraft, Berater der Resonanzkörper für das, was entschieden werden will?

Drei Fragen können dazu dienen, uns von der blockierenden Seite des Konfliktes wegzuführen.

1. Was ist die notwendige Entscheidung, die vom Konflikt angezeigt wird?
2. Welche Informationen liefert uns der Konflikt über die tiefer liegenden Entwicklungschancen bzw. -gefahren?
3. Wie kommen wir von der Engführung auf den Konflikt zu einer konstruktiven Gestaltung des Entscheidungsprozesses?

(3) Probleme lösen und Entscheiden

Probleme zu lösen — im Sinn von Schwierigkeiten beseitigen — wird im allgemeinen Sprachgebrauch oft als Synonym für Entscheiden verwendet. Das ist wegen des engen Zusammenhangs durchaus verständlich. Genauer besehen, gibt es jedoch Unterschiede. Ein Problem und die Suche nach seiner Lösung sind oft, aber nicht immer, die Vorstufen bzw. Auslöser eines Entscheidungsprozesses. Im Prozess des Problemlösens sind immer wieder auch Entscheidungen zu treffen, z.B. mithilfe der Frage »Was ist als nächster Schritt auf keinen Fall falsch?« Aus dem Job »Probleme lösen« im Sinne von »Schwierigkeiten beseitigen« entspringen die leichteren naheliegenden Entscheidungen.[13]

In welcher Weise ist jedoch die Unterscheidung von Nutzen? Erstens kann tatsächlich nicht jedes Problem gelöst werden. (Hier ist immer die Frage hilfreich: Für wen ist etwas ein Problem?) Zweitens handelt es sich um zwei unterschiedliche Blickrichtungen auf die Gegenwart: Ein *Problem* ist etwas Bekanntes, es stammt aus der Vergangenheit, drängt sich auf. Eine *Entscheidung* hingegen kann auch völlig anders ausgelöst werden — z.B. durch den Blick von der Zukunft auf die Risiken der Gegenwart, durch einen Anspruch oder eine Sehnsucht, als Machtdurchsetzung oder aus Liebe.

(4) Die Trojaner: Was ganz sicher nicht Entscheiden ist, aber trotzdem oft damit verwechselt wird

Es gibt eine Reihe von sehr starken Formen des Versuchs, Einfluss zu nehmen, die das »pure Entscheiden« sehr leicht aus seiner Bahn werfen. Sie haben die listige Wirkung von Trojanern. Die stärksten von ihnen sind besonders leicht zu verwechseln, weil sie oft ganz unauffällig Hand in Hand mit dem Entscheiden auftreten: die eigene Meinung äußern, Positionen oder Interessen vertreten, andere überzeugen oder ihnen etwas verkaufen; verhandeln; rechtsprechen. Den Trojaner »Verhandeln« wollen wir hier stellvertretend etwas genauer betrachten. Natürlich sind im Zuge von Verhandlungen immer wieder auch Entscheidungen zu treffen. Aber sie verkommen leicht zu Mitteln einzig zu dem Zweck, ein bestimmtes Verhandlungsergebnis zu erzielen, und von diesem Moment an — und fast immer unter Zeitdruck — gerät die Qualität des Entscheidens oft völlig in den Hintergrund.

2.1.5 Das Wesen des Entscheidens in Organisationen

Ausblick auf das Gelände, das uns auf der fünften Etappe erwartet

Hier durchstreifen wir nun zum ersten Mal den Landstrich der *Organisation*. Es mag überraschen, wie sich dabei drei auf den ersten Blick kleine Unterschiede zu einem sehr großen auswachsen und den Charakter der Landschaft merklich verändern. Das *organisationale Entscheiden* ist eigenartig. Es ist mit dem allgemein bekannten *personalen Entscheiden* ebenso wenig vergleichbar, wie man Äpfel und Birnen vergleichen kann. Das Entscheiden in/von Organisationen birgt große Möglichkeiten, die in unserer globalisierten Welt zunehmend wertvoll werden. Dafür benötigt es jedoch eine starke Professionalisierung, welche in den nachfolgend skizzierten Aussichtspunkten *Prozessieren von Risikoeinschätzungen*, *Entscheidungssystem*, *Vielfalt* und *Spannweite* genauer umrissen wird. Gerade wegen des Unterschiedes zum besser bekannten Entscheiden in den Welten 1 (den kleinen Sozialsystemen des Privatlebens) und 3 (dem größeren gesellschaftlichen Zusammenhang) ist es unabdingbar, das Entscheiden in Organisationen extra zu lernen und einzuüben.

Die Landschaftseindrücke auf dieser Etappe zeigen deutlich: Wer sich die Mühe macht, das Entscheiden in seinem Einflussbereich der Organisation auf die Lernagenda zu bringen, gibt der Leistungskraft auf lange Sicht einen »Riesenkick« — und sich selbst hohe professionelle Befriedigung. Ein Win-win-Spiel, auch wenn der Lorbeer nicht kurzfristig winkt.

Was ist nun aber in diesem Landstrich so anders als in den vorher durchwanderten? Was sollten alle Mitglieder in Organisationen wissen, um sich in ihnen so entscheidungsstark wie möglich bewegen zu können — und die Organisation damit voranzubringen? Zunächst treffen alle bisher beschriebenen Aspekte auch auf Organisationen zu. In Organisationen entfalten sie jedoch in der Sache eine stark potenzierte Wirkung, sei es im Guten oder im Schlechten. Das ist sicher leicht vorstellbar, führt man sich z.B. Siemens mit seinen weltweit an die 350.000 Mitarbeitern[14] vor Augen. Wir wollen hier fünf Hauptunterschiede umreißen.

(1) Eine Zwischenwelt mit überraschend großen Gestaltungsmöglichkeiten

Die vergleichsweise moderne »Welt 2« des Entscheidens von und in Organisationen unterscheidet sich bei näherem Hinschauen nur in wenigen Merkmalen, dann aber mit überraschend starken Folgen von den viel älteren Welten 1 und 3. Der herausragende Unterschied ist durch die *Art der Mitgliedschaft* begründet. Sie ist in Organisationen in dreifacher Weise anders.

DREI WELTEN DES ENTSCHEIDENS

I.
Einzelne Menschen,
Paare, Familien,
Sippen, Stämme
= KLEINE
SOZIALSYSTEME

Die 3 Welten
des Entscheidens

II.
DAS
ENTSCHEIDEN
VON UND IN
ORGANISATIONEN

III.
DIE WELT-
GESELLSCHAFT
und ihre
gesellschaftlichen
FUNKTIONS-
SYSTEME,
wie etwa Politik,
Wirtschaft etc.

Die Differenz zu den Welten I. und III.
bietet viele große Gestaltungsmöglichkeiten

Abbildung 2.5: Das Entscheiden von/in Organisationen zwischen den Welten 1 und 3

- Die *zeitliche Zugehörigkeit* ist durch variable Verträge bestimmt, sie kann von lediglich einem Monat Probezeit bis zur Pensionierung reichen (dies allerdings immer seltener). Gleichzeitig kann sich die Zugehörigkeit an einem einzigen Ort abspielen oder auch überall in der Welt. Hingegen gibt es in der »Welt 1« der kleinen Sozialsysteme keine Zeitverträge. Das Gefüge von Vater-Mutter-Tochter-Sohn bleibt lebenslänglich bestehen, wie sehr oder wenig das einem behagen mag. Das gilt auch, wenn es auf den ersten Blick loser zu werden scheint. Man hat da einfach keine Wahl. Dasselbe gilt grundsätzlich für die »Welt 3« der Gesellschaft und ihrer Funktionssysteme. Man erlebt darin eine bestimmte, unverwechselbare Sozialisation, bleibt fast immer lebenslang Staatsbürger, wird geprägt durch den erlernten Beruf und weitere Funktionen, die man in der Gesellschaft übernimmt — auch, wenn die Neigung zu globalen Ortswechseln gesamtgesellschaftlich stetig zunimmt.

- Zudem ist der *Aufgabenbezug* in Organisationen einerseits sehr viel konkreter, andererseits auch innerhalb eines bestimmten Korridors sehr viel variabler. So ermöglicht er ganz unterschiedlich steile Karrieren, je nach veränderten Anforderungen des Umfeldes und der Marktlage und schlicht auch abhängig vom Glück — verkürzt formuliert. Das Aufgabenspektrum der kleinen Sozialsysteme in Welt 1 und der gesellschaftlichen Funktionssysteme in Welt 3 verändert sich sehr viel diffuser und meistenteils nicht an Leistung orientiert, d.h. auch tendenziell weniger effektiv im engeren Sinn. Im Fall der (einseitig behaupteten) mangelnden Beiträge für Organisationsziele jedoch — und das ist die tendenziell gefährliche parasitäre Wirkung von Organisationen, insbesondere global agierender — gibt diese ihre Mitglieder kühl abgefertigt zurück an die Welten 1 und 2. Diese Entwicklung hat inzwischen nahezu weltweit die Gegenbewegung der *Corporate Social Responsibility* ausgelöst, mit dem Ziel der Entwicklung neuer Entscheidungsregeln, um im Externalisieren ihrer Kosten allzu erfindungsreichen Organisationen einen gesellschaftlich tragfähigen Rahmen zu setzen.

- Der dritte wichtige und potenziell kreative Aspekt: *Das Entscheiden in Welt 2 bedient sich aus den Welten 1 und 3.* Dabei spielen die Entscheidungswelten 1 und 3 ebenso vielfältig wie unterschwellig in die Organisationswelt hinein. Daraus ergeben sich verschiedene Chancen und Gefahren. Diese zu nutzen bzw. zu beherrschen ist letztendlich der Dreh- und Angelpunkt von effektiver Organisation.

(2) Entscheiden von/in Organisationen

Der Entscheidungsprozess in Organisationen kann definiert werden als mehr oder weniger bewusstes und koordiniertes **Prozessieren von Risikoeinschätzungen** und damit als die Wurzel der Wertschöpfung bzw. Wertverschwendung. Er ist damit per se *eigenartig*, und in jeder konkreten Organisation *anders eigenartig*! Das Entscheiden von/in Organisationen ist, wie schon der Oberbegriff nahelegt, ein genuin *organisationales* Entscheiden. Diese Eigenart wird von erstaunlich vielen Menschen in Organisationen, gerne und gerade auch in Vorständen, konsequent missachtet. Geprägt durch die frühe Erfahrung in ihrer persönlichen Welt 1, ist ihr Bild des Entscheidens ein durch und durch *personales*! Dies ist das größte aller möglichen Missverständnisse und damit durchaus gefährlich. Eine kleine Interview-Kostprobe eines großen deutschen Premium-Automobil-Herstellers führt sehr anschaulich vor, was hier gemeint ist: »Worin wir uns alle einig sind ist, dass Entscheiden ein Thema bei [Name der Firma] ist. Es wird von allen geteilt, dass eine Reihe von Entscheidungen nicht schnell genug, nicht konsequent und auch nicht mutig genug getroffen werden. Aus dieser Beschreibung folgt die Diagnose, einzelne Menschen sind schuld daran. (...) Unser Vorstandsvorsitzender sagt: Unsere Führungskräfte sind nicht schnell, nicht konsequent, nicht mutig genug.« Und allein damit ist dem organisationalen Lernen schlagartig ein Riegel vorgeschoben — zumal die Aussage des Technik-Vorstandes in dieselbe Kerbe schlägt: »Ich habe mit dem Entscheiden kein Problem.« Was eigentlich meint: Wenn du (als Führungskraft in meinem Einflussbereich) mit dem Entscheiden ein Problem hast, dann kümmere dich gefälligst individuell darum, von mir hast du weder Verständnis noch Unterstützung zu erwarten.

Dieses grundlegende kolossale Missverständnis ist entwicklungsgeschichtlich vollkommen erklärlich und in unserem neurobiologischen Aufbau fest verankert. Das *personale Verständnis* als mentales Modell hat sich schließlich seit Millionen Jahren entwickelt, während das *organisationale Verständnis* dafür mickrige zweieinhalb Jahrhunderte Zeit hatte, bestenfalls. Denn die *Organisation* als soziale Form der koordinierten, aufgabenorientierten Zusammenarbeit ist erst seit etwa 250 Jahren ein großes, gleichwohl wenig anerkanntes Erfolgsmodell. Da gibt es noch viel zu lernen. Unsere gemeinsame globale Zukunft braucht dieses organisationale und systemische Lernen/Entscheiden dringend.[15]

(3) Jede Organisation operiert in ihrem Kern als ein soziales Entscheidungssystem

Ein überaus wichtiger, wenn auch eher »selbstverständlicher« und wenig beachteter Aspekt ist, dass sich die Risikoeinschätzungen und damit das Entscheiden in Organisationen in vielfältiger wechselseitiger Abhängigkeit und Bezogenheit entfalten. Sie wirken als ein *soziales Entscheidungssystem*. Alle Entscheidungen in Organisationen beziehen sich aufeinander, auch wenn darüber nur selten explizit gesprochen wird.

(4) Die Vielfalt der Organisationsformen nimmt weiter zu

Immer mehr Organisationen sind heutzutage auch Wirtschaftsorganisationen, d.h., sie sehen sich (auch) den wirtschaftlichen Regeln unterworfen. Gleichzeitig weisen Organisationen heute, jedenfalls, wenn sie sich als wissensbasiert verstehen, Tausende verschiedenartiger Aufgaben-, Branchen- und Produktbesonderheiten auf. Nicht zuletzt deshalb finden sich in der Fachliteratur vermehrt Begriffe wie pluralistische Organisation oder Hybrid-Organisation. Gefordert wird dabei der Umgang mit verschiedenen Rationalitäten, multirationales Management, das Entscheiden in pluralen Wirklichkeiten.[16] Wesentlich bleibt in allen Fällen, dass die angemessene Entscheidungsarchitektur und die jeweils angebrachten Prozesse des Entscheidens primär von der Aufgabe der Organisation, vom Organisationstyp und von der Organisationsreife (zwischen sehr reif und Start-up) abhängen.

(5) Die Spannweite von operativem »Business as usual« bis hin zu bewusst schöpferischem Entscheiden und strategischem Gestalten ist anspruchsvoll groß

Das Feld des Entscheidens muss all diese Bereiche umfassen, um die oben angesprochene Vielfalt und Komplexität abdecken zu können.

Diese enorme Spannweite ist in einzelnen Menschen genau so angelegt wie in ganzen Organisationen, allerdings birgt sie in Letzteren durch die gezielte Zusammenarbeit von Personen und geförderte Zusammenschau von Perspektiven ein ungleich größeres Hebelungspotenzial. Die Spannweite wird nicht zuletzt durch die zentral wichtige Unterscheidung zwischen operativen und strategischen Entscheidungen geprägt — wobei das Operative eher die naheliegenden Prozesse betrifft, das Strategische hingegen weiter gesteckte Ziele und Gestaltung, sei es nun im zeitlichen oder örtlichen Sinne. Und auch hier gilt: aus den Augen, aus dem Sinn! Darauf wird in der Welt der Politik viel leichter mit dem Finger gezeigt als in der Welt der Wirtschaftsorganisationen — auf in der Vergangenheit der Bequemlichkeit geschuldete versäumte Entscheidungen und die deshalb notwendig gewordenen, teuren Feuerwehraktionen. Einige Beispiele dafür sind die Terrorismusbekämpfung, die weltweiten Migrationsbewegungen, der späte Widerstand gegen Pegida und die stark verspätete Eurohysterie um Griechenland. Um nicht nur billig mit dem Finger auf Versäumnisse zu zeigen: Vielleicht gehört das »aus den Augen, aus dem Sinn« sogar zu den ultimativ am schwersten zu lösenden Problemen des Handwerks des Entscheidens!

Fazit. Das Überleben der — hoffentlich intelligenten und entscheidungsstarken — Organisation hängt genau davon ab, wie gut sie mit dieser anspruchsvoll großen Spannweite zurechtkommt![17]

2.1.6 Zwei unserer Lieblingsaspekte

Die beiden folgenden Aspekte scheinen uns einer besonderen Hervorhebung wert, weil sie hervorragendes Ermutigungspotenzial bergen und das Handwerk des Entscheidens extrem zu beflügeln vermögen. Von den Aussichtspunkten *Möglichkeitsraum* und *Partizipation* aus hat man nämlich den besten Blick auf ein reiches Lernpotenzial für alle Arten von Organisationen.

(1) Der Möglichkeitsraum und der Entscheidungsraum
Diese Differenz prägt die Wahrnehmung von Menschen (in Funktionen und Rollen) und Organisationen in ihrem Zugang zum Entscheiden äußerst stark, wie wir in den inzwischen fast 20 Jahren, die wir uns mit diesem Thema beschäftigen, immer wieder feststellen konnten. Menschen nehmen sowohl ihren Möglichkeitsraum als auch ihren Entscheidungsraum als sehr unterschiedlich groß oder klein wahr; eine banale Erkenntnis, gewiss — aber mit großen Konsequenzen für ihre Mitwirkung oder Absenz in Entscheidungsprozessen. Es gilt dabei, eine (theoretische) Möglichkeit vom Entscheidungsrelevanten zu unterscheiden. Ellen Langer (1990) wird in sehr überzeugender Weise und mit vielen guten Argumenten nicht müde »the power of possibility« zu preisen, die man weitgehend unabhängig von der eigenen hierarchischen Position wahrnehmen und nutzen kann. Daraus lässt sich unendlich viel für die weitere Entwicklung von Organisationen ableiten.

Die Vorstellungskraft im Möglichkeitsraum ist vielleicht sogar die zwischen den hierarchischen Ebenen wesentliche Differenz. Hierarchisch höher angesiedelte Personen/Funktionen/Rollen sollten idealtypischer Weise einen entsprechend größeren und anderen Möglichkeitsraum wahrnehmen und diesen auch in einen größeren Entscheidungsraum umsetzen. Oberste Hierarchen sehen dabei sicherlich mehr den Möglichkeitsraum der Organisation, »die da unten« mehr den Möglichkeitsraum der Personen in ihrem direkten Umfeld und ihres Teams. In den verschiedenen Perspektiven auf den Möglichkeitsraum schlummern viele Ansatzpunkte für die Personal- und Organisationsentwicklung.

(2) Inklusion, Partizipation, Mitbestimmung, Empowerment und Entscheiden

All diese Stichworte betreffen eine permanent mitlaufende Frage beim Entscheiden. Es geht hier um die Differenz zwischen dem üblichen hierarchisch-funktional fragmentierenden Blick auf das Entscheiden (»Teile und herrsche«) und dem integrierenden Blick. Letzterer zieht die Vorstellung von Organisationen als Netzwerke und Systeme und somit von Partizipation, Mitentscheiden und Mitverantworten nach sich. Das Old-school-Verständnis der Rolle und Funktion von Hierarchie in Organisationen steht heute ganz offensichtlich im Wettstreit und Spannungsfeld zu den aktuell vermehrt angebotenen Modellen. Auch hier gilt jedoch: kein Entweder-oder! Es ist durchaus möglich und notwendig, das global immer dringendere Problem der klug differenzierten Teilhabe in Organisationen konkret anzupacken. Und dies nicht etwa nur aus genuiner Menschenfreundlichkeit, sondern vorrangig, weil es handfeste ökonomische Vorteile der Bindung kompetenter Mitarbeiter verspricht. Diese Bindung möglichst vieler Personen gewährleistet erst die Ausschöpfung der Möglichkeiten des Entscheidens in Organisationen in voller Breite und Tiefe. *Breite* meint hier, den ganzen Prozess in allen Phasen mit durchgängig hoher Kompetenz zu durchlaufen. *Tiefe* bedeutet, die volle Spannweite (wie in Punkt 2.1.5 (5) beschrieben) gut auszuschöpfen, durch Perspektivenvielfalt und größtmögliches Mitgestalten. In voller Breite und Tiefe zu lernen ist im Übrigen auch ein sehr schönes Bild für eine gut und schnell lernende Organisation.

Ein Nebengedanke hierzu wäre, ob »Organisation« es in diesem Aspekt wohl vermag, eine Blaupause für Politik/Gesellschaft anzubieten. Eine Vermutung sei hier erlaubt: Das Spannungsfeld von Autokratie — Demokratie — Soziokratie bzw. zwischen den unterschiedlichen Annahmen zu Partizipation und Mitverantwortung ist jenes mit der größten zukunftsrelevanten Konsequenz.[18]

2.1.7 Ein unerwartetes Fundstück zum Schluss: das Kaleidoskop

Unverhofft kommt oft — das bewahrheitet sich auch bei Wanderungen im Land des Entscheidens, insbesondere dann, wenn man die Landschaft einfach auf sich wirken lässt und nichts Bestimmtes sucht. Im halbhohen Gras am Wegesrand liegt dann manchmal plötzlich ein ganz anderes »Ding an sich«. In diesem Fall: das Kaleidoskop des Gestaltens in Organisationen.

Mit der Entdeckung des Kaleidoskops hatte unsere Suche nach einem integrierten Verständnis des Entscheidens in Organisationen plötzlich und sehr beruhigend eine vorläufige Pause gefunden, in Ergänzung unserer bereits früher entstandenen Modelle *Entscheiden als der Kern von Führen*[19] und *Krone des Führens und Wurzeln des Entscheidens*[20]. Weiten wir nun noch einmal für einen Moment den Blick. Was bedeutet exzellentes Gestalten von Organisationen hier und heute, in der zweiten Dekade des 21. Jahrhunderts, in einer digitalisierten Welt und im Zeitalter der Netzwerkorganisationen? Die Antworten sind ein ziemliches Stück entfernt von dem, was man darüber vor 30 Jahren oder mehr gelernt hat oder wusste. Das Bild des Kaleidoskops legt nahe:

- Notwendig ist eine erheblich veränderte Vorstellung des Gestaltens von und in Organisationen. Dabei geht es darum, alle vier Aspekte des Kaleidoskops gleichwertig und gemeinsam zu professionalisieren, weiter kennenzulernen und zu praktizieren.
- Diese vier Bereiche hängen sehr eng zusammen. Sicherlich steht einer von ihnen jeweils im Vordergrund, die anderen drei, die gerade nicht im Fokus sind, laufen jedoch im Hintergrund immer mit. Das Kaleidoskop bildet eine Ganzheit der Gestaltung mit variablem Vordergrund bzw. Fokus ab und bietet damit eine Sortierhilfe an.[21]
- Jede der vier Aufgaben kann immer nur in Beziehung zu den anderen drei wahrgenommen werden. Jede einzelne von ihnen ist das Ergebnis von Kommunikation und Bezogenheit. Das Kaleidoskop ist ein interaktives Modell und in allen seinen Aspekten ein wirkliches Lernmodell, weil es ein Beziehungsmodell ist.
- Alle vier Gestaltungsaufgaben sind über die »Radnabe des Risikos« miteinander verbunden.
- Das Modell bezieht seine Legitimation aus der Annahme, dass mit der Wahrnehmung aller vier Gestaltungsaufgaben in ihrem guten variablen Zusammenspiel signifikant mehr Wertschöpfung und mehr Produktivität erreichbar werden.[22]

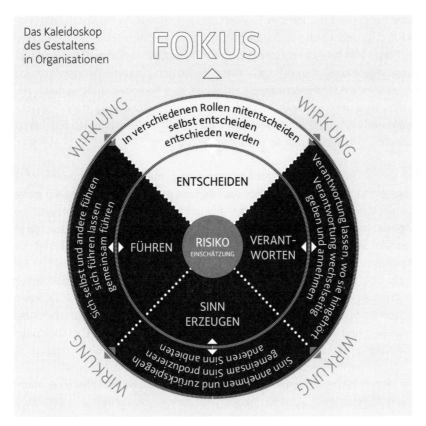

Abbildung 2.6: Das Kaleidoskop des Gestaltens in Organisationen

Dieses Modell eröffnet uns die Chance, das Entscheiden mit ganz neuen Augen zu sehen — als eine von vier primären gleichwertigen Gestaltungsaufgaben in Organisationen/Unternehmen. Das Bild würdigt die Tatsache, dass das Entscheiden ein anspruchsvolles Handwerk ist, welches man erlernen kann, das aber keineswegs mit dem Handwerk des Führens identisch ist und schon gar nicht lediglich dessen bloßes Anhängsel. Die besonderen Qualitäten, die das Entscheiden in das Quartett einbringt, sind — zumindest in Organisationen — der konsequente Fokus auf Wertschöpfung und die Dimension Zeit in den Gestalten von Chronos und Kairos (mehr dazu im Kapitel 3.1). Mit den Entscheidungen wird potenziell Wertschöpfung generiert. Ohne sie ist alles Vorsatz, gute Absicht oder gar Etikettenschwindel. Entscheiden bringt die potenzielle Wertschöpfung auf den Weg. Es gibt kein Handeln ohne Entscheiden, auch wenn uns das oft nicht bewusst ist. Die amerikanische Metapher »where the rubber meets the road« beschreibt das sehr schön. Nur das Entschiedene und das Handeln bergen daher Wertschöpfung (die nicht auf Zufall oder Schicksal beruht).

Verantworten ist der Partner von Entscheiden, es schafft die Voraussetzungen dafür, dass und welche Gestaltungs- und Entscheidungsräume offen sind. Wenn die Frage: *Was gilt es zu entscheiden?* nicht klar ist, kann man auf die Verantwortungsseite wechseln und fragen: *Was habe ich (jetzt) zu verantworten? Was kann ich, was will ich mitverantworten?* Und wenn man Verantwortung wirklich ernst nimmt, wird der nächste Schritt sein: *An welchen Entscheidungen wird meine/unsere Verantwortung sichtbar werden?* Es kann auch im Team hilfreich sein herauszufinden: *Was genau ist unser gemeinsamer Job?*

Die Gestaltungsaufgabe »Sinn anbieten und gemeinsam produzieren« ist die jüngste im Kaleidoskop. Die Idee, dass es Sinn genug anbiete, viel Geld zu verdienen, wird heute immer öfter als unzureichend abgelehnt. Organisationen/Unternehmen zu gestalten, hat heute viel mehr als früher damit zu tun, ob gemeinsam Sinn produziert wird. Eine spannende Fragestellung dazu lautet: *Was ist plötzlich anders, wie ändert sich etwa die Arbeitsatmosphäre, wenn sich ein Führungs- oder Projektteam gemeinsam auch als ein Team von »Sinnmultiplikatoren« versteht? Welchen einladenden Sinn haben sie Kunden, Mitarbeitern und Kooperationspartnern als Gruppe anzubieten?* Sinn gibt den Anstoß zu Entscheidungsprozessen und sollte ihr erkennbarer Output sein. Die besten Entscheidungen liefern ganz offensichtlichen Sinn.

Wer dem Entscheiden einen gleichwertigen Platz neben dem Führen einräumt, gewinnt gleichzeitig auch ein neues Verständnis von Führen und Verantworten — ein entlastendes, ermutigendes und belebendes.[23] Umgekehrt wird diese wohltuende Öffnung auch auf das Entscheiden konstruktiv zurückwirken. Es wird eine sehr viel breitere Wirksamkeit in Organisationen entfalten, sobald es mehr und mehr von der klassischerweise ausschließlichen engen Bindung an Führung befreit wird.

2.1.8 Zusammenfassung

Die zentrale Paradoxie des Entscheidens hat sich in diesem Kapitel in vielen Facetten zunehmend farbenprächtig und detailgenau entwickelt, ähnlich einem Polaroid-Foto (ältere Leser kennen diese Kameras noch). Entscheiden ist einerseits für den Menschen von Kindesbeinen an die selbstverständlichste Sache der Welt. Jeder ist auf seine Weise Experte des Entscheidens. Umso überraschender ist es — oder vielleicht gerade auch nicht? —, dass gleichzeitig die Kultivierung einer gemeinsamen Sprache des Entscheidens, mit Grammatik (Sprachlehre), Basiswortschatz und allem, was dazugehört, in Organisationen weitestgehend fehlt bzw. oftmals zwar stark vorhanden, aber explizit unzugänglich ist. Wen wundert es also, dass es auf diesem Gebiet noch sehr viel zu lernen gibt, durch bewussten Versuch und Irrtum, durch Tun und Reflexion. Für den einzelnen Menschen mag dieses paradoxe Manko in seinem Privatleben nicht störend oder gravierend sein. (Auch darüber kann man geteilter Meinung sein.) Aber für die Effizienz und Effektivität von Organisationen, inklusive der alltäglichen Arbeitszufriedenheit einer großen Zahl von Mitarbeitern, ist das Manko in jedem Fall gravierend. Jeder wird bei näherer Betrachtung erstaunt sein, wie groß in jedem Unternehmen die Bandbreite der individuellen Vorstellungen zu diesem Thema ist. Das Potenzial dieser Perspektivenvielfalt liegt so lange weiter brach und kann nicht systematisch zu einem Handwerk ausgebaut werden, wie in der Organisation keine Verständigung darüber stattfindet. Die in diesem Kapitel vorgestellten Begriffe und Beschreibungen mögen als erste Anregungen dienen. Wenn Sie nun die »Sprache des Entscheidens« und das Reden darüber in Ihre Organisation, in Ihren Einflussbereich hineintragen wollen, dann finden Sie nachfolgend erste Ansätze dazu.

3 Fragen für einen guten Start

- **Was** wollen wir in unserer Organisation im Wesentlichen unter Entscheiden verstehen?
- **Welche** Kriterien für gutes Entscheiden sind für unsere Organisation passend? (Die Antworten auf diese Frage helfen allerdings nur dann wirklich weiter, wenn sie maßgeschneidert entstehen.)
- **Wie** wollen wir den Sprung von der gewohnten individuellen Kompetenzsteigerung (z.B. in Form von Seminaren, Vorträgen und Personalentwicklung) zu einer gemeinsamen, sprich organisationalen Kompetenzsteigerung der Urteilskraft und Entscheidungsfähigkeit organisieren (z.B. als Projekt der Kultur- bzw. Organisationsentwicklung)?

Tipps für den Anfang

Beginnen Sie eine gemeinsame Sprache des Entscheidens zu entwickeln und einzuüben. Dies ist in vielen verschiedenen Spielarten und Intensitätsgraden möglich. Hier geben wir Ihnen drei erste Ansatzpunkte für unterschiedliche Ausgangslagen.

- Sie sind immer wieder **Mitglied in Arbeitsgruppen und Teams verschiedener Art**. Teams sind ein hervorragend geeigneter Ort, um die Initiative dafür zu ergreifen, das gemeinsame Entscheiden erfreulicher und effektiver zu gestalten. Ganz sicher werden sich Ihnen genügend Anlässe bieten. Entscheiden ist ein sozialer Vorgang — niemand entscheidet allein und unbeeinflusst, auch wenn man das selber gerne glaubt. Deshalb verspricht das gemeinsame Entwickeln, Vereinbaren und Einüben von Entscheidungsregeln (auf der Grundlage von gemeinsamer Grammatik und Basiswortschatz) unmittelbar spürbar wertvolle Wirkung zu entfalten. Sie brauchen für diese Initiative nicht zwingend die Unterstützung und Rückendeckung von Vorgesetzten und kundigen Personal- bzw. Teamentwicklern, aber sie hilft natürlich.

- Je mehr Sie sich als **Gestalter** Ihrer Organisation bzw. Organisationseinheit verstehen, desto mehr drängt sich die Frage auf: Wann ist die Zeit reif bzw. wann überwiegen die guten Gelegenheiten deutlich die Gefahren, um zuversichtlich ein Programm zur Kompetenzsteigerung der organisationalen Urteilskraft und des Entscheidens in Gang zu setzen? (Falls Sie nicht jetzt schon von den Vorteilen dieser Vorgehensweise überzeugt sind, werden Ihnen die folgenden Kapitel Klarheit bringen. Die Übung möge gelingen.)

- Als **HR-Verantwortlicher, Personal- und Organisationsentwickler, Projektleiter oder interner Fachberater** mag es in jedem Fall strategisch sehr lohnend sein, wenn Sie sich *organisationales Entscheiden und Urteilskraft* auf Ihre Fahnen heften. Voraussetzung dafür ist, dass Sie selbstverantwortlich nach einem über längere Zeit tragfähigen, d.h. unmodernen Thema suchen. Dieses Vorgehen wird Ihnen helfen, sich als anerkannter »Business Partner« (Dave Ullrich) auf Augenhöhe mit Ihren internen Kunden neu zu positionieren bzw. Ihre Position zu festigen. Dabei sollten Sie Ihre Entscheidungserfahrungen zum »Kompass« (Romhardt, 2015) Ihrer persönlichen und professionellen Lern- und Entwicklungsgeschichte machen. Unsere Erfahrung belegt in beruhigender Weise, dass Sie, um immer wieder hilfreich initiativ zu sein, in dieser Kompetenzentwicklung und Ihrer organisationalen Achtsamkeit Ihren internen Kunden immer nur ein bis zwei kleine Schritte voraus zu sein brauchen.

2.2 Der Pentaeder orientiert

Der Pentaeder ist unsere Praxistheorie. Sie ist für alle gedacht, die in der Komplexität des Entscheidens in Organisationen eine möglichst einfache Orientierung suchen, die es verstehen und verantwortlich gestalten möchten. Er zeigt mit seinen fünf Eckpunkten die unbedingt erforderlichen Aspekte des Entscheidens in Organisationen auf. In den Verbindungslinien sind die Zusammenhänge und Wirkungen dargestellt, deren Kenntnis eine substanzielle organisationale Urteilsfähigkeit begründet und eine optimale Gestaltung des Entscheidens ermöglicht.

Abbildung 2.7: Der Wirkungskreislauf der Urteilsfähigkeit zur Urteilskraft

Investitionen in die Entwicklung der organisationalen Urteilskraft zahlen sich vielfach aus. Je mehr und je gezielter in sie investiert wird, umso besser wird die Qualität des Entscheidens in der Organisation in der Folge sein. Die Qualität des Entscheidens zeigt sich wiederum in einer hohen Kompetenz, mit Risiken umzugehen und die vielfältigen Möglichkeiten zu nutzen. Unbestreitbar und nachgewiesenermaßen steigen damit die Wettbewerbsvorteile. Die Top 20 Prozent der untersuchten Unternehmen zeichnen sich durch hohe Entscheidungseffektivität aus und konnten Umsatz, Profitabilität und Aktienrendite im Vergleich zu Unternehmen mit geringerer Entscheidungseffektivität überproportional steigern (vgl. Blenko/Mankins/Rogers, 2010).

Die daraus resultierenden guten Ergebnisse und Erträge wiederum bieten den Raum, um weiter in die Urteilsfähigkeit zu investieren. Zunehmend wird dann aus der Urteils*fähigkeit* eine Urteils*kraft*, die sich unzweifelhaft unter Beweis gestellt hat — über die Ergebnisse im Markt selbst! »Wir *glauben* nicht, besser zu entscheiden, wir *wissen* es!« Das ist Urteilskraft, eine Überzeugung, die auf Wissen beruht.

Eine zusätzliche Gewissheit tritt dann fast zwangsläufig hinzu: Der Wirkungskreislauf ist ein Win-win-Kreislauf. Die Organisation gewinnt, die Mitarbeiter gewinnen und die Gesellschaft gewinnt. Wer wollte bestreiten, dass Mitarbeiter stolz darauf sind, in einer Organisation zu arbeiten, die zu den Besten gehört? Dass sie ein Interesse daran haben, selbst ihr Bestes zu geben? Und das können sie dann tun, wenn sie *urteilsfähig* sind — sowohl in Bezug auf das Geschehen in ihrer Organisation als auch auf ihre eigene Verantwortung in ihr. Und wer wollte bestreiten, dass urteilsfähige Organisationen mit engagierten Mitarbeitern nachhaltige Werte für die Gesellschaft erzeugen und ihren sozialen und ökologischen Verpflichtungen nachkommen?

Diesen Win-win-Kreislauf zu fördern, so gut wir können, dafür haben wir das Pentaeder-Modell entwickelt. Schritt für Schritt werden die Einzelaspekte beschrieben. Wir wollen zuerst die die beiden Spitzen des Pentaeders vorstellen, die *Risiken* als den Dreh- und Angelpunkt des Entscheidens in Organisationen, und wenden uns dann denjenigen zu, die diese Risiken *handhaben*. Das sind zunächst die einzelnen Personen, die Teams und Netzwerke, und schließlich die gesamte Organisation. Die entscheidende Frage ist: Was zahlt jeweils auf deren Risikokompetenz ein, damit der Win-win-Kreislauf des Entscheidens praktizierte Realität werden kann und kein leeres Versprechen bleibt?

2.2.1 Risiken als Dreh- und Angelpunkt des Entscheidens

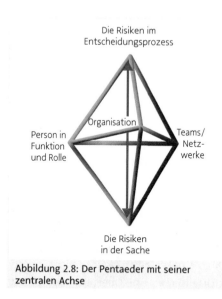

Die Risiken im
Entscheidungsprozess

Organisation

Person in
Funktion
und Rolle

Teams/
Netz-
werke

Die Risiken
in der Sache

Abbildung 2.8: Der Pentaeder mit seiner zentralen Achse

Die zentrale senkrechte Achse im Pentaeder ist die Verbindung zwischen den zwei grundsätzlichen Risikoarten: die Risiken in der Sache und die Risiken im Entscheidungsprozess — zwei Seiten einer Medaille. Wie bereits im Kapitel 2.1 dargelegt, dreht sich um diese Achse das gesamte Sinnen und Trachten beim Entscheiden in Organisationen. Wir haben im Zuge unserer Forschungsarbeit feststellen können, dass es dabei unerheblich ist, ob es sich bei der Organisation um ein Wirtschaftsunternehmen oder eine Non-Profit-Organisation handelt. Das einigende Band ist: Es geht in allen Organisationen um sachliche Risiken und um diejenigen des Entscheidungsprozesses selbst. Es ist dafür auch vollkommen unerheblich, wie groß die jeweilige Organisation ist, wie viele Mitarbeiter sie beschäftigt und welchen Umsatz sie macht. Das, was die Organisationen am Ende unterscheidet, ist die Frage, was sie als Risiken sehen und mit welchen davon sie sich auseinandersetzen, aber nicht, ob sich alles Entscheiden um die Risiken dreht.

Schon in diesem Sinne bietet das Pentaeder-Modell eine praktische Hilfe beim Vergleich von Organisationen: Man schaue auf die jeweiligen Risiken — schon hat man Klarheit. Genau an dieser Stelle finden sich die relevanten Unterschiede zwischen den Organisationen. Ein Wirtschaftsunternehmen hat das Risiko, für seine Leistungen Geld zu erhalten, eine politische Partei, gewählt zu werden, ein Fußballverein, zu gewinnen oder zu verlieren.

2.2.1.1 Was ist das eigentlich, Risiko?

Wenn Sie, lieber Leser, über Risiken nachdenken, wo schauen Sie zuerst hin? Suchen Sie nach Definitionen im Lexikon oder bei Wikipedia — oder betrachten Sie Ihr eigenes Leben und die Risiken, denen Sie begegnet sind? Die Sie haben wachsen und reifen lassen, an denen Sie verzweifelt oder fast zerbrochen sind? Denken Sie an Ihre Kapitalanlagen und Ihre Altersversorgung und an die Risiken, die mit ihnen verbunden sind? Betrachten Sie Ihre Arbeitssituation und die Risiken, die Sie dort eingehen oder vermeiden möchten? Schauen Sie bevorzugt auf die Gefahren, wenn Sie an Risiken denken, oder eher auf die Chancen, die mit ihnen einhergehen? Wir haben viele Menschen gefragt, was sie persönlich unter Risiken verstehen, was sie als Risiken erleben und wie es ihnen damit geht.

Nach und nach haben sich dabei bestimmte Grundlinien herausgeschält:
- Die Risiken sind so vielfältig und unterschiedlich wie die Menschen, die etwas als Risiko betrachten, und so unterschiedlich wie die Organisationen, denen sie angehören — Risiken sind also eine Frage des *Standpunktes*. Es ergibt demnach gar keinen Sinn, von »objektiven« Risiken zu sprechen. Wenn dieser Begriff dennoch verwendet wird, handelt es sich um eine (allerdings oftmals stillschweigende) Übereinkunft hinsichtlich des Standpunktes.
- Risiken werden von den einen mehr als etwas Gefährliches bzw. Bedrohliches, von anderen dagegen in der Hauptsache als Chance bzw. Gelegenheit gesehen. Oftmals wird diese Unterschiedlichkeit der Betrachtungsweise sogar als Charakterzug beschrieben — man sei von Haus aus *risikoavers oder risikoaffin, pessimistisch oder optimistisch*.
- Ob etwas als Risiko betrachtet wird und was das jeweils bedeutet, hängt ganz stark von der eigenen Lebenssituation, vom *Kontext* und der damit einhergehenden Gefühlslage ab. Risiko ist also beileibe kein rein verstandesmäßiges Konzept, sondern ein sehr emotionales.
- Der gleiche Umstand wird von den einen als *Gefahr*, von anderen als *Chance* gesehen. In Organisationen wurde dieser Unterschied immer dann besonders deutlich, wenn wir unterschiedliche Funktionsträger und Hierarchieebenen befragt haben.

- *Risiken sind unvermeidbar.* Sie gehören zum Leben dazu. Wer leben will, muss also Risiken eingehen. Das drückt sich auch sehr schön in den Bonmots aus: »Wer nichts riskiert, wird einfach nur älter« (vgl. Colette Dowling) und »Das Leben ist die Erkundung von Möglichkeiten« (vgl. Hilary Mantel).
- Allerdings gehört auch die Kehrseite, das Streben nach Sicherheit, zum Leben dazu, da waren sich unsere Gesprächspartner einig. Entscheiden ist daher immer auch die *Balance zwischen Wagnis und Sicherheit.* Manche unserer Gesprächspartner fühlten sich geradezu zerrissen zwischen der Sehnsucht, das Leben mit einem hohen Einsatz zu wagen, und dem gleich starken Streben nach Sicherheit. Ein wahres Dilemma tut sich da auf.
- Es macht einen Unterschied, ob wir von Risiken oder von Schicksal sprechen. Das Schicksal ereilt uns wie ein Erdbeben oder ein Gewitter — oder auch wie das große Glück. Risiken dagegen führen wir durch unsere *Entscheidungen* herbei. Ich muss mich also für oder gegen eine Möglichkeit entscheiden können, um etwas zu riskieren.

Welche Schlussfolgerungen können wir aus den Gesprächen und den Erfahrungen der vielen, die darüber geschrieben haben, ableiten?

Risiken sind perspektivische Wahrheiten

Manchmal wird zwischen technologischen und sozialen Risiken unterschieden. Ein technologisches Risiko ist objektiv gegeben und kann mit einer statistischen Eintrittswahrscheinlichkeit und einer Schadenshöhe kalkuliert werden. Die Versicherungswirtschaft, Statiker, Ingenieure z.B. kalkulieren mit solchen Risiken. Autofahren ist riskant, Bergsteigen auch. Der soziale Risikobegriff setzt uns als Entscheider in Beziehung zum Risiko. Wenn ich mich ins Auto setze, gehe ich ein Risiko ein, wenn nicht, dann gehe ich keines ein, obwohl Autofahren immer noch riskant ist.

Wenn wir über Risiken sprechen, müssten wir, um uns genau auszudrücken, immer von Risikoeinschätzungen aus bestimmten Perspektiven sprechen. Nur, wenn mitbedacht wird, aus welcher Perspektive etwas als Risiko eingeschätzt wird, kann sinnvoll damit umgegangen werden. Das Risiko an sich gibt es gar nicht. Jeder kann auf einen Baum oder ein Gebäude zeigen und die Aussage treffen, dass dies ein Baum oder ein Gebäude sei. Aber niemand kann auf etwas zeigen und sagen, dies sei ein Risiko. Risiken sind Gefahren- und/oder Chancenerwartungen, die jemand mit Entscheidungen verbindet.

Da in Organisationen viele Einzelne an Entscheidungen beteiligt sind — oder zumindest Beobachter von Entscheidungen sind — sind auch die Risikoeinschätzungen meist sehr vielfältig und unterschiedlich. Da aber die Qualität des Entscheidens von der Qualität der Risikoeinschätzungen abhängt, ist hier Perspektivenvielfalt eher hilfreich als hinderlich: Viele Augen sehen mehr.

Leider ist es jedoch nicht die einfachste Übung, in Organisationen über unterschiedliche Risikoeinschätzungen zu sprechen. Oftmals fehlen dafür die notwendige Offenheit und ein Klima des Vertrauens. Schließlich muss man sich ja erst mal trauen, nicht der gleichen Meinung zu sein wie »die anderen« oder der Chef. Manche Unternehmen sind geradezu stolz darauf, von sich behaupten zu können, alle seien der gleichen Meinung und so lange keine Meinungsgleichheit hergestellt sei, könne auch nichts entschieden werden.

Risiken tragen einen Januskopf

Wir wissen natürlich auch, dass es in unserem Sprachgebrauch üblich ist, Risiko mit Gefahr gleichzusetzen. Die Investition in die Entwicklung eines neuen Produktes ist riskant: An was denkt (fast) jeder bei so einer Aussage? Dass es hier um eine gefährliche Angelegenheit geht. Mal angenommen, die Sache wäre nur gefährlich — dann stünde sie wohl kaum zur Entscheidung an. Die Investition muss also zwangsläufig auch eine Chancenseite haben, ansonsten gäbe es auch nichts zu entscheiden. Schließlich ist es die Grundlogik des Entscheidens, zwischen (mindestens) zwei Alternativen eine Wahl zu treffen.

Die Aussage »Die Entwicklung eines neuen Produktes ist riskant« ist natürlich ohnehin etwas schlampig formuliert. Genauer wäre: »Von der Entwicklung eines neuen Produktes versprechen wir uns Chancen, es verbinden sich damit jedoch auch Gefahren.« Aber im Alltag wird eben oft ungenau und damit einseitig formuliert. Dabei ist es manchmal überaus vorteilhaft, sorgfältig zu formulieren. Denn genau dies bringt uns auf die Idee der Risikobilanzierung, indem wir die Chancen und Gefahren einer Entscheidung einander gegenüberstellen und gleichzeitig betrachten.

Bei der einseitigen Sicht hingegen können wir nur überaus schwer erkennen, dass sich Chancen manchmal gerade in großen Gefahren entwickeln können (mehr dazu: Slywotzky, 2007). Nicht eben neu ist in dieser Hinsicht die Vorstellung von der *Krise als Chance*, die in der Resilienzforschung auch auf Organisationen ausgeweitet wurde: Was uns nicht umbringt, macht uns stark. Oder auch: Wie werden wir so stark, dass uns nichts umbringen kann? Umgekehrt gilt allerdings das Gleiche: Wie sehr wurden doch die Chancen des Neuen Marktes bejubelt und wie blind vor den Gefahrenaspekten war man damals?

Es geht um Risiken, nicht um Schicksal

Wenn in Unternehmen über Risiken gesprochen wird, wird oftmals unterschiedslos auch Schicksalhaftes in die Betrachtung mit einbezogen. Risiken aufgrund höherer Gewalt oder Risiken der Cyberkriminalität, die nicht dem Einfluss der Organisation unterliegen, werden in dann einem Atemzug mit Risiken erwähnt, die von den Entscheidungen der Organisation abhängig sind.

Wir beschäftigen uns hier jedoch ausschließlich mit den Risiken, die durch das eigene Entscheiden in die Welt der Organisationen kommen, weil nur diese *Möglichkeiten* ins Auge fassen. Und auch dies hat wiederum zwei Seiten: eine ermutigende und eine beunruhigende. Ermutigend ist, dass wir und unsere Organisationen die eigenen Herren über diese Risiken sind, beunruhigend hingegen, dass wir die Risiken durch unsere Entscheidungen selbst herstellen. Das ist für viele Menschen besonders dann beunruhigend, wenn die *Gefahrenerwartungen* im Vordergrund stehen.

Wenn wir konsequent weiterdenken, müssen wir uns aber auch dem möglichen *Scheitern* stellen, denn es gehört zum Entscheiden und seinen Risiken logischerweise dazu.

> **!** Fragt ein Reporter einen Entrepreneur: Was ist der Schlüssel zu Ihrem Erfolg?
> Antwortet der Entrepreneur: Gute Entscheidungen.
> Reporter: Und was ist der Schlüssel für gute Entscheidungen?
> Entrepreneur: Erfahrung.
> Reporter: Und woher kommt die Erfahrung?
> Entrepreneur: Aus schlechten Entscheidungen.

Mittlerweile zelebrieren Start-ups ihr Scheitern bereits ironisch auf sogenannten Fuck Up-Nights, wie der Presse zu entnehmen ist.[24] Und sie lernen daraus. Wer Scheitern hingegen als Schicksal betrachtet, kann nichts aus ihm lernen. Der Slogan dieser Veranstaltungen, »Fail often and early«, hat nur dann einen Sinn, wenn mit ihm intensives Lernen verbunden ist.

Das doppelte Risiko: Risiken in der Sache und Risiken im Entscheidungsprozess
Hier geht es um die oben bereits angesprochenen zwei Seiten einer Medaille, die schwer auseinanderzuhalten sind. Tatsächlich sind auch die Risiken in der Sache — besser die sachlich/inhaltlichen Risikoeinschätzungen — Ergebnisse eines Wahrnehmungs-, Denk-, Fühl- und Kommunikationsprozesses, der in der Entscheidung mündet, etwas als sachliches Risiko zu bezeichnen.

Es scheint in Bezug auf die beiden Seiten der Medaille vor allem um bevorzugte Sichtweisen zu gehen. Die einen sind Experten und Fans der *Sach*seite, die anderen der *Prozess*seite. Erstere bewegen sich in der Welt der Zahlen, Daten und Fakten, während Letztere ihre ganze Aufmerksamkeit auf die Gestaltung der Prozesse richten. Vor lauter Begeisterung und Engagement für ihre jeweilige Seite der Medaille übersehen sie leider allzu oft entweder, dass es kein Ergebnis gibt, das nicht in einem Prozess erzeugt wurde, oder, dass jeder Prozess auch für etwas gut sein muss. Nicht immer stimmt eben die Weisheit, dass der Weg das Ziel sei — insbesondere nicht in Organisationen. Emotional außerordentlich belastend für die Beteiligten kann es werden, wenn sich die beiden Welten sprach- und verständnislos gegenüberstehen und sich gegenseitig abwerten. Und richtig schlimm für die Organisation wird es dann, wenn eine Seite, meist die der Zahlen, Daten und Fakten, die beherrschende Oberhand gewinnt, was oft genug passiert. Dann bleiben schnell Risiken unsichtbar, Chancen unerkannt, Gefahren ausgeblendet. So gilt die Notwendigkeit des Denkens im Sowohl-als-auch statt im Entweder-oder nicht nur für den janusköpfigen Charakter des Risikos, sondern auch für das doppelte Wesen des Risikos in der Sache und im Prozess. Im Kapitel 2.3 werden wir uns ausführlich und praxisnah mit der Gestaltung von Entscheidungsprozessen beschäftigen.

Das Sowohl-als-auch ist wie ein Mantra in die Urteilsfähigkeit und damit in das Entscheiden in Organisationen eingebettet.

> **Tipp** !
>
> Fördern Sie, egal, wo Ihr Verantwortungsbereich angesiedelt ist, stets die Urteilsfähigkeit in Ihrer Organisation, indem Sie für die Präsenz beider Seiten sorgen und sie in einen ausgewogenen Dialog bringen. Werden Sie zum Fürsprecher der jeweils gerade nicht gesehenen Seite und für das Denken im Sowohl-als-auch.

2.2.1.2 Risiken sind der Dreh- und Angelpunkt des Entscheidens — oder doch nicht?

Heribert Prantl hat vor Jahren in einem herrlichen Kommentar für die »Süddeutsche Zeitung«[25] geschrieben: »Angela Merkel gilt als die mächtigste Frau der Welt; aber das stimmt nicht. Die mächtigste Frau heißt Tina (…) Tina ist das Kürzel für ›there ist no alternative‹.« Merkels Politik sei, ihrer Meinung nach, alternativlos. Und wenn es keine Alternativen gibt, gibt es auch nichts (mit) zu entscheiden und nichts zu besprechen und — nichts zu verantworten. Und in diesem Fall gibt es naturgemäß auch keine Risiken, sondern nur Schicksal, das hinzunehmen ist. Prantl meint dazu: »Das ist, mit Verlaub, Unfug. Es gibt sicherlich nicht Tatas, nicht also Tausende von Alternativen (*there are thousands of alternatives*). Aber ein paar Alternativen gibt es immer (…)« Und wir ergänzen gerne: Ein paar Alternativen in der Sache *und* im Prozess des Entscheidens gibt es immer.

Also, was ist nun der Dreh- und Angelpunkt des Entscheidens? Sind es die Risiken, wie wir es nahelegen, oder sind es die Alternativen, zwischen denen zu entscheiden ist, oder, wie weiter oben zitiert, die Möglichkeiten, aus deren Erkundung das Leben besteht? Tinas sind es jedenfalls nicht. Tatas, also Tausende von Alternativen auch nicht, wie Prantl erklärt. Zur Beantwortung unserer Frage müssen wir die *zeitliche* Dimension einführen. Zuerst also nach Hilary Mantel:

Das Leben besteht aus Möglichkeiten. Dabei ist es zunächst egal, um wessen Leben es geht, um das Leben von Menschen oder das von Organisationen. Wir schwimmen sozusagen in einem Meer von Möglichkeiten. Der zweite Schritt ist dann die *Erkundung* dieser Möglichkeiten — insofern wir sie überhaupt bereits wahrgenommen haben.

Abbildung 2.9: Der Möglichkeitsraum

Die Wahrnehmung von Möglichkeiten und alles, was im Entscheidungsprozess darauf folgt, sind von dem *Kontext* abhängig, in dem die Organisation steht. Eine Bank betrachtet die Dinge anders als ein Maschinenbauer und der wiederum anders als ein Sportverein. Und das »Meer an Möglichkeiten« kann in einer existenziellen Krise schnell zu einer kläglichen Pfütze werden, in Wirtschaftsunternehmen z.B. zum »Friss oder stirb« der Gläubigerbanken. Druck, Ärger oder Angst verengen den Blick. Entscheiden in der Krise ist tatsächlich etwas anderes, erfordert andere Risikokalküle und einen anderen Prozess des Entscheidens als etwa strategische Entscheidungen in einem entspannten Kontext. In der Krise ist meist eine hohe Geschwindigkeit und Durchsetzungskraft die bessere Wahl.

Wie geht das nun mit der Erkundung? Genau hier liegt das Risikokalkül: »Was, liebe Möglichkeit, haben wir von dir, welchen Nutzen können wir von dir erwarten und/ oder welche Gefahr geht von dir aus, falls wir dich ergreifen?« Die Bewertung erfolgt in aller Regel derart schnell, dass kaum noch zu sehen ist, welches der erste und welches der zweite Schritt ist. In der Folge werden oftmals nur noch solche Möglichkeiten gesehen, die schon einem Risikokalkül unterworfen wurden.

Wenn Prantl sagt, dass es nicht um Tausende von Alternativen gehe, dann ist genau dies damit gemeint. Die ursprünglichen Tausende von Möglichkeiten schrumpfen gerade deshalb zu wenigen Alternativen zusammen, weil sie bereits auf ihre Chancen-/Gefahrenerwartungen hin bewertet worden sind. Und auch das ist eine Entscheidung. Entscheidungen trennen bereits vorab die Möglichkeiten vom Risiko.[26]

Die Risiken der zu vielen und zu wenigen Möglichkeiten

Es ist wahr, dass derjenige, der nur wenige Möglichkeiten sieht, es schlichtweg viel einfacher hat als derjenige, der in ihrer schieren Menge unterzugehen droht. Ersterer trifft seine Entscheidungen nach dem Prinzip *Keep it simple* und kann sich damit auf nur wenige Risikokalküle beschränken. Hat er zusätzlich auch noch treffsicher die wenigen Möglichkeiten im Blick, die relevant für ihn und seine Organisation sind, gilt sogar *Keep it simple, but not stupid*, womit wir bei einer Variante der KISS-Formel angelangt sind. Wie er jedoch so treffsicher zu den relevanten Möglichkeiten gekommen ist, bleibt im Zweifel sein Geheimnis — und manchmal sogar ihm selbst eines. Allerdings besteht die Gefahr, dass die Wahrnehmung nur weniger Möglichkeiten zu einem Schwarz-Weiß-Denken führt, welches die potenzielle Buntheit der Wirklichkeit ausschließt. Beschränkte Wahlmöglichkeit ist also das *Risiko der Einfachheit*.

Im gegenteiligen Fall sind wir jedoch gefährdet, uns von der Komplexität all der wahrgenommenen Möglichkeiten überwältigen zu lassen, ja, sogar entscheidungsunfähig zu werden. Es mag zwar ein intellektuelles Vergnügen sein, in all den vielen und verlockenden Möglichkeiten zu schwelgen, zur konkreten Handlungsfähigkeit trägt es aber nicht immer bei. Der große Vorteil von Organisationen gegenüber einzelnen Personen liegt genau darin, dass sie das Zuviel und Zuwenig an Wahlmöglichkeiten viel besser jonglieren können. Es liegt geradezu im Wesen von Organisationen, dass sie Komplexität atmen — einen ständigen Wechsel zwischen dem Blick auf die vielen und den auf die wenigen Möglichkeiten vollziehen können.

Das Risiko der Zeit

Ein geradezu fulminantes Risiko: Das Einbeziehen der zeitlichen Ebene ermöglicht es, darüber zu sprechen, welche Entscheidungen jetzt zu treffen sind und welche bis morgen oder übermorgen warten können, da ihre Zeit erst kommen wird. Und, nicht zu vergessen, welche schon lange hätten getroffen werden sollen und aus irgendeinem Grunde »hängen geblieben« sind. Die Zeit hilft uns zu priorisieren, Geschwindigkeiten festzulegen, zwischen Aktivität und Ruhe zu unterscheiden und damit, ganz allgemein, eine *Entscheidung über die Reihenfolge* unserer Entscheidungen zu treffen. Es sind nicht zuletzt Fragen nach dem Timing, dem Tempo, dem Rhythmus und dem Fluss der Zeit, die über Effizienz und Effektivität entscheiden.

Wie viele Erfolgspropheten postulieren ein »immer schneller«, reden von »zukunftsweisend« und geben Rezepturen für mehr Effizienz? Sie haben ja auch recht damit — aber eben nur partiell, mit der Uhr, dem Chronometer in der Hand. Es lässt sich nicht leugnen: Die Zeit ist schnelllebiger geworden und jede Organisation muss darauf eine Antwort finden. John P. Kotter ist in seinem lesenswerten Buch »Accelerate« der Frage nachgegangen, wie in Organisationen der allgemeinen Zunahme an Geschwindigkeit entsprochen werden kann. Andere Autoren bevorzugen die Langsamkeit beim Entscheiden und sind der Ansicht, in der Ruhe läge die Kraft. Und auch sie haben natürlich partiell recht.

Manche unserer Klientenunternehmen sind Weltmeister in Effizienz, deswegen aber noch lange nicht Weltmeister am Markt. Die *Dinge richtig machen* — die Kurzdefinition von Effizienz — das Ergebnis wird leider obsolet, wenn nicht *die richtigen Dinge* getan werden — die Bedeutung von Effektivität. Und beide Begriffe haben ebenfalls mit Zeit und Geschwindigkeit zu tun. Effizienz ist eher schnell, Effektivität bedächtig und langsam. So geht es auch hier beim Entscheiden wieder um ein Sowohl-als-auch — in diesem Fall um das von Chronos und Kairos. Kairos ist dabei das Gespür für den richtigen Zeitpunkt, für die Gunst der Stunde, in der man die Chance am Schopfe packen muss — sonst ist sie vorbei. Victor Hugos Ausspruch »Nichts ist stärker als eine Idee, deren Zeit gekommen ist!« wird in diesem Sinne oftmals zitiert. Diese Zeitqualität ist der Intuition zugänglicher als dem rationalen Verstand. Vielleicht benötigt man für das Sowohl-als-auch von Chronos und Kairos ganz besonders die Einstellung der *Achtsamkeit*.

> **!** **Tipp**
>
> Das dritte zu empfehlende Sowohl-als-auch: Zu dem Sowohl-als-auch von Chancen und Gefahren und dem von sachlichen und Prozessrisiken gesellt sich nun das Sowohl-als-auch von Chronos und Kairos.

Das Kosten- und Aufwandsrisiko

Jede Entscheidung kostet Geld; in der Regel wird sie dann getroffen, wenn der erwartete Ertrag die Kosten übersteigt. Wir kennen keine Entscheidungsvorlage in Organisationen, in der nicht der voraussichtliche finanzielle Aufwand kalkuliert wäre. Tatsächlich kostet aber der Entscheidungsprozess selbst auch Geld. Soll das Entscheiden mehr bewusste Aufmerksamkeit erhalten, wird also eine *Prozesskostenrechnung des Entscheidens* unumgänglich sein. Spätestens dann stellt sich die Frage, in welchen Fällen das Entscheiden mehr bewusste Aufmerksamkeit verdient. Gibt es nicht Tausende von Entscheidungen in Organisationen, die gewohnheitsmäßig und schnell, quasi mit dem Autopiloten getroffen werden können? In den Kapiteln 3.10 und 3.11 wird das entsprechende Handwerkszeug erläutert, mit dessen Hilfe der jeweils aufwandsmäßig sinnvollste Entscheidungsmodus gefunden werden kann.

Risikoentwicklung im Rahmen des Möglichkeitsraums

Es wird viel darüber diskutiert und gelegentlich auch gestritten, ob die Risiken heute im Vergleich zu früheren Zeiten mehr geworden sind oder ob nicht auch die Generation unserer Großeltern mit vielen und erheblichen Risiken konfrontiert gewesen ist — um an noch frühere Zeiten gar nicht zu denken. Eines mag in dieser Hinsicht als gesichert gelten: Vieles, was in früheren Zeiten als Schicksal betrachtet wurde, wird heute als Risiko gewertet, weil der Fortschritt des Wissens es in die Verfügungsgewalt des Menschen gelegt hat (vgl. Beck, 1986). Beispielsweise war früher der Kindersegen Schicksal. Kinder sind halt auf die Welt gekommen — oder das Schicksal hat sie verweigert. Heute ist die Familienplanung zum Risiko geworden, da sie Dank des medizinischen Fortschritts unseren eigenen Entscheidungen zuzurechnen ist — zumindest meistenteils.

Welche der neuen Möglichkeiten der heutigen Zeit führen aber zu einer größeren Risikolage für Organisationen? Zwei Entwicklungen betreffen ganz sicher alle Organisationen, unabhängig davon, ob sie Wirtschaftsunternehmen, soziale Institutionen oder anderer Provenienz sind. Zum einen vergrößern die technologischen, wirtschaftlichen und sozialen Innovationen im Rahmen der Digitalisierung den Möglichkeitsraum in vielen Bereichen auf unglaublich schnelle und überraschende Art und Weise — und machen wegen ihres Gefährdungspotenzials auch Angst. Bei kaum einem anderen Risiko wird der janusköpfige Charakter so deutlich erlebbar. Die zweite Entwicklung ist der zunehmende gesellschaftliche Druck im Hinblick auf mehr Nachhaltigkeit. Diesem wird sich keine Organisation auf Dauer entziehen können und auch nicht wollen, wenn denn die Chancen, die darin liegen, besser wahrgenommen und genutzt werden. Weitere Entwicklungen des Möglichkeitsraums wie etwa die Globalisierung und damit der Zugang zu neuen, weniger bekannten und weniger stabilen Märkten werden nur für bestimmte Organisationen zu einem neuen Risiko.

Im gleichen Maße entwickelt sich auch der Möglichkeitsraum für den *Entscheidungsprozess*. Die Tendenzen zur »Demokratisierung« auch der Entscheidungsprozesse in Organisationen, die Möglichkeiten zur Teilhabe mithilfe des Internets sowie die Verlagerungen von Entscheidungskompetenzen in Netzwerke an den Außengrenzen der Organisation sind verschiedene Aspekte dieser Entwicklung. Sie alle beinhalten neue Chancen und auch neue Gefahren.

2.2.1.3 Entscheiden als Ergebnis von Risikobilanzen

Alle sich uns bietenden Möglichkeiten sind danach zu bewerten, inwieweit wir sie im jeweiligen Kontext als Chance und/oder Gefahr einschätzen. Sie fordern uns dazu heraus, Risikobilanzen zu erstellen und uns dann zu entscheiden. Die bewusste, weitsichtige, vom Ende her gedachte Abwägung liefert eine wesentlich bessere Entscheidungsgrundlage. Und diese Risikobilanz kann heute ganz anders ausfallen als morgen. Risikobilanzen sind substanziell etwas ganz anderes als die Bilanzen in der Betriebswirtschaft, sind sie doch auf die (unbekannte) Zukunft gerichtet und nicht auf die (bekannte) Vergangenheit. In diesem Sinne sind Risikobilanzen selbst ein Risiko: Ihre Erstellung muss genauso verantwortet werden wie die Entscheidung selbst. Im Kapitel 3.6 finden Sie passende Instrumente, um *Risikobilanzen* erstellen zu können.

2.2.2 Möglichkeiten und Risiken: das soziale Dreieck des Pentaeders

Abbildung 2.10: Das soziale Dreieck des Pentaeders

Würden weder einzelne Personen noch Teams oder die ganze Organisation Möglichkeiten sehen (was zugegebenermaßen unmöglich ist, weil es die Organisation dann schlichtweg nicht gäbe), gäbe es auch keine Risikoeinschätzungen — und demnach auch nichts zu entscheiden. Wir wollen daher im nächsten Schritt die Sichtweisen dieser drei Teile unseres Pentaeder-Modells herausarbeiten und feststellen, was jeden von ihnen ganz einzigartig macht. Die eingangs betonte *organisationale Urteilsfähigkeit und -kraft* besteht unausweichlich aus der Summe aller drei Teile. Je stärker also jedes Element für sich ist, desto ausgeprägter wird die Risikokompetenz sein, was wiederum das Entscheiden eleganter, schneller, durchdachter macht. Die drei zusammen bilden das *soziale Dreieck des Pentaeders*. Nachdem wir die Risikokompetenzen der einzelnen Teile betrachtet haben, beleuchten wir zum Schluss die Frage, welche Leistung nur das ganze Dreieck *zusammen* erbringen kann.

2.2.2.1 Die Risikokompetenz der Personen[27]

Über welche Möglichkeiten verfügen die einzelnen Menschen im Rahmen ihrer Organisation und welche Risikoüberlegungen verbinden sie damit? Für sie alle, sei es nun der Chef der Organisation oder der einfache Arbeiter am Band, gilt zunächst: Mit allem, was und wie sie entscheiden (oder nicht entscheiden), bestimmen sie mit darüber, ob sie dort überleben oder untergehen, ob sie ihr Einkommen verdienen — oder eben nicht. Dieses Überleben oder Untergehen in der Organisation kann viele Gestalten annehmen. Von der steilen Karriere, dem Status- und Ansehensgewinn über das zufriedene Verbleiben in der angestammten Funktion bis hin zum Abstellgleis, dem Karriereende, schlussendlich der Kündigung, ist hier alles möglich. Gleichzeitig hängen das *Was* und *Wie* ihres Entscheidens davon ab, welche Möglichkeiten sie sehen — und welche Risikoeinschätzungen sie vornehmen.

Die Personen sind als deren Mitglieder der Organisation verpflichtet. Innerhalb der dortigen Verantwortungsarchitektur finden sie ihren Platz, leisten ihren Beitrag in den Geschäftsprozessen wie auch zur Strategie und sind (oft genug unbemerkt) an die vorherrschende Kultur gebunden. All das definiert ihren Möglichkeitsraum innerhalb der Organisation und den Rahmen für ihr eigenes Entscheiden. Die einen sehen in diesem definierten Rahmen ihre Chance zur Selbstverwirklichung, während andere ihn als Einengung ihres Potenzials empfinden.

Abbildung 2.11: Der Win-win-Kreislauf personaler Risikokompetenz

Organisationen selbst hören nicht und sehen nicht. Und denken und fühlen können sie auch nicht. Eben dazu brauchen sie die Menschen, die das, was sie sehen, hören, denken und fühlen, in Kontakt mit den anderen Beteiligten innerhalb der Organisation bringen. Erst damit und durch ihre Entscheidungen konstituiert sich der Möglichkeitsraum der Organisation — an den die Menschen dann wiederum gebunden sind. Je mehr sie über die Grenzen der heutigen Möglichkeiten hinausdenken und Dinge wahrnehmen, umso größer kann dieser Raum werden. So sind es die Grenzgänger, die Querdenker, die Unkonventionellen, die ihn dehnen und ausweiten können. Im Gegenzug sind es die meist unauffälligen Leistungsträger, die innerhalb der heutigen Möglichkeiten das Geschäft erledigen bis hin zu den Pragmatikern, die oftmals den Möglichkeitsraum einengen, um schnelles Entscheiden zu ermöglichen. Die Organisation benötigt sie alle — und das ganz ohne Wertung! Gleichzeitig können auch die Querdenker je nach Kontext und persönlicher Risikobilanz mal ganz angepasst sein, während andere zu Querdenkern werden. Es geht hier keineswegs um feststehende Charaktereigenschaften.

Dass den Menschen in Leitungsfunktionen hier eine besondere Verantwortung zukommt, ist wohl unbestritten. Sie sind es schließlich, die den Möglichkeitsraum und das Sowohl-als-auch seines Ausweitens und Reduzierens, den Wechsel von Komplexität und Einfachheit verantworten. Sie werden in dieser anspruchsvollen Aufgabe besonders dann viel Unterstützung erfahren, wenn sie unmittelbaren Kontakt zu den Funktionsträgern insbesondere an den Grenzen der Organisation halten — zu den Mitarbeitern mit Kunden- und Lieferantenkontakten, zu den Netzwerkern mit Außenbeziehungen.

Einen ganz wesentlichen Einfluss auf die Risikokompetenz üben die Grundüberzeugungen, die »Weltbilder« aus, die wir als Personen in die Organisation mitbringen und die uns leiten. Diese mentalen Modelle sind uns beim konkreten Entscheiden meist nicht bewusst — nichtsdestotrotz wirken sie sich aus. Wer z.B. davon überzeugt ist, dass der Ober den Unter sticht — und das nicht nur im Kartenspiel — wird in der Ausleuchtung seines Möglichkeitsraums stets beschränkt sein. Wer von der Überzeugung geleitet ist, dass eine Entscheidung richtig oder falsch sein kann, wird alles Erdenkliche daran setzen, auf der richtigen Seite zu landen — und dabei manchmal so lange zögern und sich Informationen beschaffen, bis der Zug bereits abgefahren ist.

Die persönliche Risikokompetenz erfährt eine außerordentliche Steigerung, wenn man sich die eigenen *mentalen Modelle* bewusst macht und selbst einer Risikobilanz unterzieht. Dabei geht es keineswegs darum, gewohnte und oftmals lieb gewordene Überzeugungen einfach über Bord zu werfen. Sie alle hatten irgendwann in unserem Leben ihre Berechtigung. Sie jedoch daraufhin zu überprüfen, welche Chancen und Gefahren in der *aktuellen* Entscheidungssituation mit ihnen verbunden sind, ist sehr kompetenzsteigernd. Im Kapitel 3.3 *Glaubenssätze* finden Sie einen kleinen Übungsteil zu den mentalen Modellen.

Viele Menschen sind ja davon überzeugt, dass die meisten Entscheidungen intuitiv und emotional getroffen und erst im Nachhinein rationale Begründungen zu ihrer Rechtfertigung herangezogen würden. Das reicht bis zu der Ansicht, Bauchentscheidungen seien besser und vor allem erheblich schneller als Kopfentscheidungen, oftmals mit überzeugenden Beispielen belegt. Mit solchen Meinungen darf man sich in vielen Organisationen allerdings gar nicht blicken lassen. Denn dort sind zumeist alle von ihren »vernünftigen« Entscheidungen überzeugt (oder müssen zumindest so tun, als seien sie es).

Wir wollen uns auf diese kontroverse Diskussion hier gar nicht einlassen. Uns ist eine andere Perspektive wichtiger: Gefühle beim Entscheiden sind riskant! Genauso übrigens, wie Wissen riskant ist beim Entscheiden.

Gefühle bieten uns beim Entscheiden viele Chancen, Sicherheit in der Unsicherheit des Entscheidens zu gewinnen, scheinbar Unentscheidbares zu entscheiden, Zweifel zu überwinden, Zuversicht zu gewinnen, Rücksicht zu nehmen, Empathie zu entwickeln usw. Auch Gefühle von Angst erfüllen ihren Zweck: Sie machen uns vorsichtig, warnen uns vor Übermut, machen uns Gefahren bewusst, sind oft genug auch Quelle von Inspiration und Kreativität. Gefühle bergen jedoch Gefahren. Leicht ist es, unter ihrem Einfluss die Augen vor der Realität zu schließen, sich lähmen zu lassen oder überheblich zu werden, schlussendlich sowohl Gefahren als auch Chancen aus dem Auge zu verlieren. Im Kapitel 4.5 gehen wir mit einem Beispiel auf die Schulung des *Sensoriums* ein, deren Ziel es ist, eine Sensibilität für Gefühle im Kontext unserer Arbeit zu entwickeln.

Tatsächlich lässt sich nicht genau sagen, wann und unter welchen Bedingungen Gefühle unsere Entscheidungen besser machen oder auch nicht. Gefühle alleine sichern die Qualität selbstverständlich nicht. Professionelles Wissen, so unbestreitbar wichtig es ist, alleine aber auch nicht.[28]

> **Tipp**   !
> Mit Mut, Herz und Verstand zu entscheiden, ist bestimmt nicht der schlechteste Rat. So erweitert diese Empfehlung die Liste der Sowohl-als-auchs um einen weiteren Faktor.

Einen noch breiteren und damit substanzielleren Einblick in die persönliche Risikokompetenz bieten unsere *Kairos-Entscheiderpräferenzen* im Kapitel 3.1. Deren jeweilige Chancen und Gefahren können im Rahmen von Coachings vertieft verstanden und genutzt werden.

Der Gewinn einer hohen Risikokompetenz für jedes Mitglied einer Organisation lässt dann vermutlich nicht lange auf sich warten. Die Selbstwirksamkeitsüberzeugung (vgl. Bandura, 1977) des Einzelnen wird durch die Rückwirkungen gestärkt, die durch die hohe Risikokompetenz zu erwarten sind. Sie bildet in der Folge die Urteilskraft über die eigenen Wirkungen beim Entscheiden.

2.2.2.2 Die Risikokompetenz der Organisation

Abbildung 2.12: Der Win-win-Kreislauf der Risikokompetenz der Organisation

Mit allem, was eine Organisation entscheidet, bestimmt sie über ihre Existenz, darüber, ob sie überlebt oder untergeht. Und was (und wie) sie entscheidet, hängt davon ab, welche Möglichkeiten sie sieht — und welche Risikoeinschätzung sie mit diesen verbindet. Dabei sieht sie aller Wahrscheinlichkeit nach jene Möglichkeiten besonders gut, die ein hohes Chancen- oder Gefahrenpotenzial beinhalten. Es gehört jedoch zur besonderen Kunst des Entscheidens, auch diejenigen Möglichkeiten und Risiken zu erkennen, die auf leisen Sohlen daherkommen (mehr dazu im Kapitel 4.5).

Zweck und Identität der Organisation bestimmen ihre Primäraufgabe und damit darüber, was sie als Möglichkeitsraum sieht. Bereits diese Betrachtung ist eine folgenreiche und riskante Entscheidung. Jede Organisation wählt einen bestimmten Ausschnitt des Möglichkeitsraums als für sie relevant aus. Und diese Entscheidung ist eine Konsequenz aus der Entscheidung, welchem Zweck die Organisation dient und der Identität, die sie ausgebildet hat. Ein Pkw-Hersteller sieht den Möglichkeitsraum eben als Pkw-Hersteller und nicht etwa als Pharmaunternehmen oder als soziale Institution. Mit dieser Grundentscheidung entscheidet er auch (implizit), was er *nicht* als Möglichkeitsraum sieht. Das ist natürlich einerseits wichtig, ertränke er doch sonst in Komplexität. Andererseits birgt es jedoch die Gefahr, potenziell relevante andere Ausschnitte nicht mehr in den Blick zu nehmen.

Dazu eine prägnant gefasste Überlegung von Gary Hamel und C. K. Prahalad: »Ein Unternehmen gibt das Geschäft von heute auf, wenn es schneller kleiner als besser wird. Und es gibt das Geschäft von morgen auf, wenn es besser wird, ohne anders zu werden« (Hamel und Prahalad, 1997, S. 41). Sie plädieren dafür, nicht mehr nur innerbetriebliche Prozesse auf die Bedürfnisse der derzeitigen Kunden hin zu optimieren, sondern sich eine Vorstellung von der Umwandlung der relevanten Branche zu machen, heute Strategien zu entwickeln, damit sich die Branche auf die für uns vorteilhafteste Art und Weise entwickelt und Chancen zu erkennen, die heute nicht in die Grenzen der Geschäftsbereiche und in die des ›bedienten Marktes‹ passen (ebenda S. 46 f).

Detaillierter betrachtet, beobachten und bewerten Organisationen ihre Möglichkeiten und Risiken nach *vier Dimensionen*, die zusammen und in ihren *Verbindungen* die Urteils- und Entscheidungsfähigkeit der Organisation bestimmen.

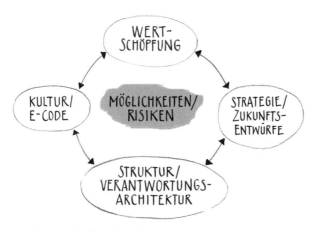

Abbildung 2.13: Vier Organisationsdimensionen

Die Wertschöpfungsprozesse, ihre Möglichkeiten und Risiken

Welch großes, unausgeschöpftes Potenzial an Effizienz und Effektivität liegt in den Möglichkeiten verborgen, die das eigentliche Geschäft von Organisationen beinhaltet, in den *Wertschöpfungsprozessen*? Oft genug erstarren sie doch in der Routine des täglichen Business und im Sicherheitsdenken dieser Routinen. So wichtig diese Routinen für eine sichere Geschäftstätigkeit auch sein mögen, so viel Intelligenz in ihre Gestaltung auch immer investiert wurde — es lohnt sich sehr, die Verbindung der aktuellen Wertschöpfung zum strategischen Potenzial in den Entscheidungsprozessen immer wieder neu zu beleben. Wer beste Wertschöpfung erreichen will, sollte die Entscheidungsprozesse optimieren. Noch stärker zugespitzt: Wettbewerbsvorteile haben die Organisationen mit den besseren Entscheidungsprozessen, und das sind diejenigen, die die strategischen Optionen in ihre Wertschöpfungsprozesse integrieren. Nicht zu vergessen sind dabei die Entscheidungsprozesse, die sich auf die *Optimierungspotenziale* beziehen. »Da geht immer was« — das gilt z.B. für Vereinfachungen des Geschäftsprozesses selbst.

Die strategischen Risiken

Durch die »strategische Brille« werden in aller Regel die Erfolgspotenziale der Möglichkeiten in den Blick genommen, die die (voraussichtliche) Zukunft bereithält bzw. die wir von ihr erwarten. Inwieweit die oben angedeuteten Möglichkeiten, wie Globalisierung, technologische und soziale Innovationen etc., überhaupt als Möglichkeiten und, genauer noch, als Chancen oder als Gefahren (oder beides!) betrachtet werden, ist Sache der jeweiligen Organisation. Die Schreinerei um die Ecke wird das sicherlich völlig anders sehen als die Sparkasse nebenan.

Unstrittig ist, dass die strategischen Entscheidungen die Organisation mit der Zukunft verbinden. Aus diesem Grunde lohnt sich jede Mühe, die Diskussion der strategischen Optionen (sprich der Möglichkeiten) auf eine breite Basis zu stellen und möglichst alle verfügbaren Sichtweisen einzubeziehen. Manche Querdenker sehen Möglichkeiten, die dem vertrauten Blick verborgen bleiben. Und manche Kreuz- und Querdenker sehen gar Chancen in Möglichkeiten, die für andere reine Horrorvorstellungen sind.

Aber, und das ist das Risiko der Strategie selbst: Je größer der Möglichkeitsraum wird, umso unsicherer wird das Entscheiden. Komplexitätsreduktion besteht daher vornehmlich darin, den Möglichkeitsraum *sinnvoll* einzuengen — was natürlich auch ein riskantes Entscheiden bedeutet. Organisationen erhalten ihre Ordnung dadurch aufrecht, dass sie den Möglichkeitsraum begrenzen und gegen chaotische Zustände abgrenzen. Auf der anderen Seite sichern sie ihre Zukunftsfähigkeit auch dadurch, dass sie den Möglichkeitsraum erweitern.

Diese Balance zu handhaben, ja, besser zu handhaben als die Mitbewerber, gehört zu den herausragenden Entscheidungskompetenzen von Organisationen und zum großen Lernfeld organisatorischer Urteilsfähigkeit. Wir sind davon überzeugt, dass dies der eigentliche Kern einer gelungenen Strategiearbeit und damit einer gelingenden Zukunftsbewältigung ist: den Möglichkeitsraum der Organisation bis an die scheinbaren Grenzen des Unmöglichen auszudehnen — als Gedankenexperiment und in Form realistischer Risikobilanzen. Ein »So-tun-als-ob«, als ob die Möglichkeiten Wirklichkeit würden, ein Denken von der Zukunft her, wie es Otto Scharmer beschreibt (Scharmer 2013), ist in der Lage, ein unglaubliches Potenzial sichtbar zu machen. Das ist jedoch keineswegs mit einem illusionären Träumen zu verwechseln. Bossart skizziert diese Welt der Illusionen sehr zutreffend: »Wir haben eine Welt der illusionären Erwartungen an unser Leben, an die Wirtschaft, an die Menschen geschaffen, die nur in immer größere Enttäuschungen münden können. Politiker, die gewählt werden wollen, müssen Versprechungen abgeben, die sie niemals erfüllen können. Manager, die einen hoch dotierten Job annehmen, müssen Versprechungen abgeben, die sie niemals erfüllen können. Marken geben Versprechungen ab, die sie niemals erfüllen können« (Bossart, 2011, S. 9).

Die strukturellen Risiken

Inwieweit Organisationen die ihnen gebotenen Möglichkeiten in den Blick nehmen und nutzen können, liegt nicht zuletzt an ihrer Struktur. Sie bestimmt die Verarbeitungskapazität der Organisation. Sie regelt, welche Entscheidung auf eine andere folgt, wer mit wem im Hinblick auf Entscheidungen kommuniziert und wer am Ende entscheidet — und wer an diese Entscheidungen gebunden ist und sein eigenes Entscheiden daran orientiert (vgl. Luhmann, 1992, S. 172). Insofern müssen wir von den allgemein üblichen Aufbauorganisationen Abschied nehmen, die die disziplinarischen Über- und Unterordnungen verdeutlichen. Entscheidungsprozesse folgen nicht unbedingt — oder sogar nur in seltenen Fällen — der Aufbauorganisation, sondern vielmehr den Wertschöpfungsprozessen. Die Entscheidungs- und Verantwortungsarchitekturen bestimmen ganz wesentlich die Risikokompetenz der Organisation.

Überdies dienen sie ihrem Wesen nach dazu, eine Ordnung in der Organisation herzustellen und sie damit vor Chaos bzw., weniger dramatisch formuliert, vor allzu großer Beliebigkeit und zu hoher Komplexität zu schützen. Gleichzeitig definieren sie Grenzen und Abgrenzungen nach außen und innerhalb der Organisation, deren Einhaltung ebenso Sinn haben kann wie deren gelegentliche Überschreitung — eben das ist das Risikokalkül, das in jeder Organisation anzustellen ist. Beklagt werden allzu häufig das »Silodenken« in Organisationen, die »Fürstentümer« der einzelnen Verantwortungsbereiche oder auch die »organisierte Verantwortungslosigkeit«, in der niemand mehr bezüglich seiner Verantwortung dingfest gemacht werden kann. Einer den heutigen Anforderungen gerecht werdenden Entscheidungsarchitektur muss es gelingen, sowohl das lokale Entscheiden in einzelnen Stellen oder Bereichen zu ermöglichen als auch ein verantwortliches Mitwirken an Entscheidungen für das große Ganze. Im Kapitel 4.1 *Vernetzt entscheiden* zeigen wir anhand eines Praxisbeispiels, wie eine fortschrittliche Entscheidungsarchitektur die veränderten Erfordernisse eines Logistikunternehmens berücksichtigt. Darüber hinaus hilft das Werkzeug im Kapitel 3.2 *Funktionen und Rollen* bei der Gestaltung einer dienlichen Verantwortungsarchitektur.

Die Risiken der Entscheidungskultur

Tief verwurzelt im Organisationsgedächtnis sind die Erfahrungen, die die Organisation (und die Branche, in der sie tätig ist) im Umgang mit ihren Möglichkeiten in früheren Zeiten gemacht hat. Das gilt ebenso für die glücklichen Chancen, die sie ergriffen hat und die zu herausragenden Erfolgen führten, wie auch für die bitteren Misserfolge, die sie erleiden musste. Die Erfolge und Misserfolge selbst sind mittlerweile oftmals verblasst, kaum jemand erinnert sich noch an sie — oder die damals Beteiligten sind längst nicht mehr an Bord. Aber die Organisation hat gelernt, wie das mit dem Entscheiden »zu laufen hat« und tradiert dies in ihrem Gedächtnis. Heute wissen die Menschen in der Organisation nur noch: So läuft das (mit dem Entscheiden) halt bei uns. So machen wir das hier — und nicht anders! (Vgl. Bright und Parkin, S. 13.) Und damit geht es um nichts anderes als um eine tief verwurzelte Annahme und ein intuitives Beurteilen. Das Risiko bei der Entscheidungskultur (dem E-Code, wie wir sie nennen) ist, dass sie verallgemeinert, keine Alternativen kennt und für heutige Gegebenheiten noch richtig sein *kann*, aber eben nicht *muss*. Sie kommt aus der Vergangenheit und damit mangelt es ihr automatisch am annähernd gleichgewichtigen Risikoblick aus der Zukunft.

Unseren Erfahrungen nach kommt dem Entschlüsseln und der Entwicklung der Entscheidungskultur eine herausragende Bedeutung zu. Dies kann mit Recht als Königsdisziplin der organisationalen Urteilsfähigkeit betrachtet werden, da alle drei anderen Organisationsdimensionen auf dem Boden der Entscheidungskultur wachsen. Im Kapitel 3.9 stellen wir das Handwerkszeug dazu und Beispiele vor.

Welche Anforderungen müssen heute an die Entwicklung des E-Codes gestellt werden, um ein sinnvolles Entscheiden zu ermöglichen? Welcher Kulturwandel ist vonnöten? Die vielleicht inzwischen schon nicht mehr überraschende Überschrift über diesen organisatorischen Kulturwandel heißt wieder einmal: »Vom Entweder-oder zum Sowohl-als-auch«.

Das fängt schon beim Risiko an. Werden hier, kulturell verankert, bevorzugt Chancen gesehen oder Gefahren? Lange Jahre waren z.B. die Banken und Sparkassen ein Hort risikoaverser Geschäftspolitik — dort gedeutet als Politik der Gefahrenabwehr und Sicherheit. Tief verankert in den Genen der Organisation lag das Gebot: »Vorsicht ist die Mutter der Porzellankiste!« Und vielleicht liegt der Grund für das Ausmaß der öffentlichen Empörung über die angebliche Zockerei so mancher Banker eben in der Verletzung dieses kulturellen Gebotes der Solidität von Banken, auf das sich viele Kunden verlassen hatten. Der E-Code vieler Organisationen ist heute sehr stark auf das ausgewogene Sowohl-als-auch beider Perspektiven angewiesen. Jede Organisation, die einseitig bevorzugt Gefahren oder Chancen sieht, verbaut sich den Blick auf viele Möglichkeiten und kann sich somit auch nicht professionell auf sie vorbereiten.

Bei diesem Sowohl-als-auch der Chancen und Gefahren bei der Entwicklung der Entscheidungskultur kann es nicht stehen bleiben. Weitere Risikodimensionen haben wir in das Instrument E-Code integriert.

2.2.2.3 Die Risikokompetenz von Teams und Netzwerken

Solange eine Person in der Organisation für sich alleine entscheidet und sonst niemand etwas davon merkt, ist das unerheblich und für die Organisation völlig irrelevant. Erst, wenn mehr als eine Person in der Organisation in irgendeiner Weise am Entscheiden beteiligt ist, erst, wenn die Beteiligten miteinander darüber kommunizieren und ins Handeln kommen, welches wiederum andere beobachten und darauf reagieren, erst dann geht es wirklich um das *Entscheiden in Organisationen*. Insofern gibt es kein Entscheiden ohne irgendeine Form der Kommunikation — sei es zwischen zwei Personen, in Gruppen und Teams, bei Besprechungen, in der Kantine oder auf der Betriebsversammlung. Offizielle und informelle Begegnungen, unter Kollegen genauso wie zwischen Führungskraft und Mitarbeitern. In diesem Sinne findet das Entscheiden in Organisationen immer in Form von Kommunikation statt. Entscheiden ist damit eine besonders relevante Form von Kommunikation, geht es doch um Verbindlichkeit, Verantwortung und Tun. Smalltalk-Kommunikation dagegen darf unverbindlich bleiben. Sie spielt Entscheidungen bestenfalls probehalber durch.

Abbildung 2.14: Der Win-win-Kreislauf der Risikokompetenz von Teams

Teams, Gremien, Netzwerke etc. stellen so etwas wie Brücken zwischen den einzelnen Personen und der Organisation dar. Die einzelnen Personen und die (oft anonyme, komplexe) Organisation begegnen sich dort, werden greifbar und erlebbar. Schade ist, dass es für diese Brücken keinen einheitlichen Namen gibt. Um nachfolgend nicht immer die Begriffskette »Teams, Gremien, Netzwerke, Gruppen, Dyaden usw.« verwenden zu müssen, wollen wir die Brücken hier zusammenfassend »Gruppen« nennen.

Wie bei realen Brücken auch kann bei den diversen Gruppen von ihrer Spannweite und Tragfähigkeit gesprochen werden. Sie bestimmen ihren Möglichkeitsraum. Die Spannweite wird dadurch definiert, welche Unterschiede und Vielfalt in den Perspektiven die Gruppe zur Verfügung hat. Aus Sicht der Organisation ist es zunächst einmal ausreichend, wenn die Spannweite genügt, um die übertragenen Aufgaben zu bewältigen. Die Risikokompetenz der Gruppe nimmt jedoch mit der Größe der Spannweite zu. Geht sie über das momentan erforderliche Maß hinaus, entwickelt sich ein Potenzial für zukünftige Aufgaben und für strategische Impulse. So benötigt etwa ein Team, das für das operative und gut gestaltete Geschäft der Wertschöpfung verantwortlich ist, eine kleinere Spannweite als z.B. ein Netzwerk, das über die Grenzen der Organisation hinaus ein Entwicklungsprojekt verantwortet.

Die Tragfähigkeit von Gruppen bestimmt, wie sie mit diesen Unterschieden und der Perspektivenvielfalt umgehen und zurechtkommen.

> **!** Wir kennen noch Zeiten, in denen es bei einer Versicherungsgesellschaft ein absolutes No-Go war, mehr als zwei Hierarchieebenen gleichzeitig in einer Besprechung zusammenkommen zu lassen. Es war einfach undenkbar, Vorstandsmitglieder mit Sachbearbeitern in Kontakt zu bringen — außer, die Sachbearbeiter waren Empfänger von Botschaften auf offiziellen Veranstaltungen mit »Musik von vorne«. Heute treffen sich Vorstände als Repräsentanten der Organisation zu ernsthaften und ernst gemeinten Dialogforen mit den Sachbearbeitern, die aus eigenem Erleben die Kundenperspektiven einbringen.
> Mit der Tragfähigkeit ist man allerdings noch nicht ganz so weit. Fragt man genauer nach, so bekommt man zu hören, auf dem Weg zu einem wirklichen und ungeschminkten *Face reality* sei man noch sehr entwicklungsfähig. Es fehle an Vertrauen. Man würde schlussendlich doch zu oft den Erwartungserwartungen folgen und nur das sagen, wovon man glaube, dass es der andere hören möchte, ohne gekränkt zu sein. »Nach oben hin werden die Probleme immer geschönter und ›grüner‹ dargestellt, bis von ihnen nichts mehr übrig bleibt«, so wird gewitzelt (und geklagt).

In welchem qualitativen Ausmaß Spannweite und Tragfähigkeit entstehen, hängt zunächst einmal von der personellen Besetzung der Gruppe ab. Dem *Staffing* kommt eine überragende Bedeutung für die Risikokompetenz zu, entscheidet es doch wesentlich über die Perspektiven und deren Vielfalt. Die Strategie der Organisation drückt sich nicht zuletzt im Staffing der Teams aus.

> **!** Ein bedeutendes Unternehmen der Hochtechnologie besetzte gewohnheitsmäßig die Leitungen seiner Abteilungen mit Technikern. Plötzlich trat jedoch ein Wandel ein: Binnen einer Frist von zwei Jahren gab es keinen einzigen Techniker mehr. Alle waren ersetzt worden durch Betriebswirte und Juristen. Hier lässt sich eine (fast) logische Konsequenz einer veränderten Risikoeinschätzung ablesen: Nicht mehr die technischen Risiken standen im Fokus, sondern die wirtschaftlichen, es ging nicht mehr um technisch Mögliches, sondern um Verkauf- und Finanzierbares.

Zum anderen wird die Spannweite und Tragfähigkeit von den *Interaktions-gewohnheiten* bestimmt. Je mehr und je intensiver die unterschiedlichen Perspektiven miteinander ins Gespräch kommen, dialogische Formen der gegenseitigen Neugier und des Verstehen-wollens die hierarchisch-dominanten bzw. abhängig-unterwürfigen ersetzen, umso tragfähiger werden sie sein können. Für akute Krisen gilt das natürlich nicht. Wenn es brennt, sollten lange Dialoge der Feuerwehrleute tunlichst vermieden werden, wohl aber sind sie beim vorbeugenden Brandschutz zielführend. Auf den Kontext kommt es also auch hier an. Im Kapitel 3.7 zeigen wir das sehr praktische Instrument von David Kantor zu den Interaktionsgewohnheiten in Teams.

Die Interaktionsgewohnheiten und die Entscheidungsmodi bedingen sich gegenseitig. Ob eine Konsens-, eine Mehrheits- oder Minderheitsentscheidung (der Hierarchie oder von Experten) die Wahl der Stunde ist, das hängt von der jeweiligen Risikoeinschätzung (im Kontext) ab und ist Ausdruck der *Risikokompetenz*. Umgekehrt entwickelt sich die Risikokompetenz von Gruppen mit ihren Entscheidungsmodi. Es bedeutet einen großen Unterschied für die Entwicklung der Risikokompetenz, ob sich Gruppen der Mühe unterziehen, im Konsensverfahren zu entscheiden, oder ob sie die bequeme und konfliktvermeidende Form der Mehrheitsentscheidung wählen. Bei Mehrheitsentscheidungen gehen oftmals die von der Mehrheitsmeinung abweichenden Sichtweisen der Minderheit völlig verloren und das Commitment der »Unterlegenen« leidet in vielen Fällen sehr.

Leider werden heute noch viele Teamtrainings und Maßnahmen der Personal- und Führungskräfteentwicklung in keiner Weise als Brückenbau konzipiert. Die Mitarbeiter bleiben unter sich, genauso wie die Führungskräfte. Und reale Kunden einbinden in die Risikoüberlegungen der Organisation, oder gar Mitbewerber, das geht schon überhaupt nicht. Hier liegt ein weites Lernfeld für die immer notwendiger werdenden Netzwerke, die auch über Grenzen hinaus wirksam werden. Bitte verwechseln Sie die Netzwerke nicht mit den Seilschaften in Organisationen, denen meistens nichts Gutes nachgesagt wird. Netzwerke werden in Zukunft eine viel bedeutendere Rolle spielen. Viele neue Risiken der Organisation werden nicht in den zentralen Führungsetagen zuerst sichtbar, sondern an den Grenzen zur Umwelt, dort, wo Netzwerke ihre Fühler ausstrecken.

2.2.2.4 Das soziale Dreieck im Pentaeder: mehr als die Summe seiner Teile

Die organisationale Urteils- und Entscheidungsfähigkeit einer Organisation entwickelt und formt sich mit der Kompetenz ihrer Mitglieder, Möglichkeiten wahrzunehmen und deren Risiken aus ihrer jeweiligen Perspektive einzuschätzen, mit der Tragfähigkeit der Teams und Netzwerke, mit dieser Perspektivenvielfalt zurechtzukommen und mit den Vorgaben der Organisation.

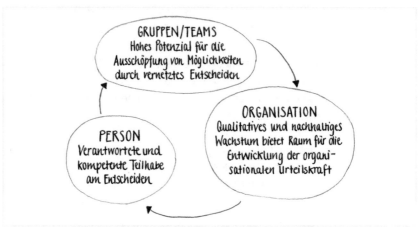

Abbildung 2.15: Der Win-win-Verstärkungskreislauf des sozialen Dreiecks

Groß ist die Fülle an Möglichkeiten, über die das soziale Dreieck verfügt, sobald der Win-win-Verstärkungskreislauf in Gang gesetzt ist. Das kann man wahrlich als *Intelligentes Entscheiden* (mehr dazu weiter unten) in Organisationen bezeichnen.

Sehr zu unserem Bedauern hören wir als Organisationsberater allzu oft pessimistische, traurig-resignative, manchmal auch wütende Geschichten über vom jeweils anderen Part nicht genutzte, ja sogar wechselseitig blockierte Möglichkeiten. Immer noch gibt es viel zu viele Organisationen, die intelligentes Entscheiden für unmöglich halten. Man kann es daher gar nicht oft genug betonen: Es ist eine ungeheure Urteilskraft, die durch das gemeinsame Lernen im sozialen Dreieck entstehen kann. Organisationale Urteilskraft besteht in ihrem Kern aus der Risikokompetenz des sozialen Dreiecks. Die Risikokompetenz der Personen, der Gruppe und der Organisation selbst bedingen und verstärken sich gegenseitig.

> **! Tipp**
>
> Unser Tipp für Gestalter und Verantwortliche in der Personal- und Organisationsentwicklung: Ihre größte Wirkung erzielen Sie, wenn Sie den Win-win-Kreislauf mehr im Blick haben als die einzelnen Elemente. Wenn Sie also unserer Auffassung folgen, dass die Gruppen die Brücken zwischen den Personen und der Organisation sind, werden Sie besonders in die Risikokompetenz der Teams investieren, von denen in beide Richtungen Impulse für das individuelle Lernen und das Organisationslernen ausgehen können. Stellen Sie sich nur die Möglichkeiten vor, die sich für die Organisation ergeben können, wenn sich das Team der Gestalter (an der Spitze) als »entscheidungslernende« Gruppe versteht, die sich für den Win-win-Kreislauf verantwortlich fühlt.

Das soziale Dreieck gibt dem Entscheiden Sinn — und beurteilt die Stimmigkeit

Und noch eines kann das soziale Dreieck, das seine drei Komponenten einzeln nicht können: Es verleiht dem Entscheiden der Organisation einen Sinn. Im sozialen Dreieck erzählen sich die Menschen gegenseitig »Geschichten«, wie sie die Welt ihrer Organisation und sich selbst in ihr sehen. Sie tun das in Zwiegesprächen zwischen Führungskraft und Mitarbeiter, in der Kantine, im Aufzug, sie tun es in Teams und in Besprechungen. Auch der CEO teilt seine »Geschichte« — die CEOs mögen es uns verzeihen, wen wir ihre Ausführungen hier als Geschichten bezeichnen — etwa auf der Mitarbeiterversammlung mit den Untergebenen. Die Interaktionspartner verwenden den Austausch, um sich in ihren Weltbildern zu bestätigen — oder um ihre gegenteilige Sicht der Dinge als Reibungsfläche zu nutzen. Die »Geschichten« dienen in ihrer Gesamtheit dazu, der Welt der Organisation einen Sinn zu verleihen, ihr eine Ordnung zu verschaffen. Die Personen erzählen sich gegenseitig Geschichten über die Möglichkeiten (und Unmöglichkeiten), über ihre Risikoeinschätzungen und -bilanzen, und sie transportieren dabei immer die Geschichte ihrer Urteilskraft mit. Kurzum, diese »Sinngeschichten« sind Geschichten übers Entscheiden. Und genau das ist die überragende Aufgabe des sozialen Dreiecks im Pentaeder: die Kommunikation über den Sinn.

> **Tipp** !
>
> Und genau darin besteht auch Ihre große Chance, lieber Leser: Sie sind immer Mitproduzent von Sinn. Es ist in keiner Weise unerheblich, welche Geschichte Sie über Ihre Organisation erzählen und wie Sie die Geschichten der anderen kommentieren. Sie sind, ob Sie das wollen oder nicht, Mitglied einer Sinn produzierenden Gemeinschaft. Ob etwa die Entscheidungen des Vorstandes für die Organisation letztendlich sinnvoll sind, entscheidet ja nicht der Vorstand, sondern diejenigen, die sie zur Kenntnis nehmen, umsetzen sollen, an ihrem Entstehen beteiligt waren (oder eben nicht), von ihnen betroffen oder auch nur unbeteiligte Beobachter sind.

»Das macht Sinn!« Wenn am Ende alles passt beim Entscheiden, ist dieser aus dem Englischen entlehnte Ausruf oftmals der kurze, jedoch im wahrsten Sinne des Wortes entscheidende Kommentar der Beteiligten. Und dieser Fokus auf das Ende führt uns zu einem weiteren Aspekt von Sinn und Sinndiskussionen in Organisationen. Die Unmenge an Entscheidungen und Entscheidungsprozessen überforderte unsere Urteilskraft, wollten wir sie in sämtlichen Details nachvollziehen und verstehen. Der zugrunde liegende bzw. resultierende *Sinn* reduziert die Komplexität auf ein Maß, das weiteres Entscheiden »sinnvoll« und möglich macht.

> **! Tipp**
>
> Unser Tipp für Gestalter: Fragen Sie sich immer mal wieder, inwieweit es Ihnen ein Anliegen ist, dass in Ihrer Organisation überzeugt und leidenschaftlich über den Sinn von Entscheidungen gesprochen und auch konstruktiv gestritten wird. Lassen Sie ruhig zu, dass auch über den Sinn Ihrer Entscheidungen engagiert diskutiert wird. Sie werden Ihre Gestaltungsmacht dadurch ganz sicher nicht einbüßen, sondern vergrößern.

2.2.3   Den Pentaeder sinnvoll nutzen

Fünf Punkte werden Ihnen helfen, das Pentaeder-Modell für Ihr Entscheiden gewinnbringend einzusetzen:

1. Wenn Sie den Pentaeder als *Orientierungsinstrument* nutzen, wissen Sie bei jeder Kommunikation übers Entscheiden in ihrer Organisation, was gerade im Vordergrund steht und was im Hintergrund bleibt, obwohl es relevant ist. Und grundsätzlich sind immer alle fünf Ecken und auch die Verbindungslinien relevant. Der Pentaeder liefert Ihnen die Möglichkeit, das jeweils nicht Gesehene trotzdem nicht ganz aus dem Auge zu verlieren. Ihre Urteilskraft beweist sich in einer substanziell gesamthaften Perspektive auch und gerade dann, wenn im Prozess nur Teilaspekte beleuchtet werden.

2. Wenn Sie den Pentaeder als *Versöhnungsinstrument* nutzen, werden Sie das integrieren können, was aus dem Prozess ausgeschlossen, negiert, verleugnet wird. Da sich diese Dinge immer an Personen festmachen, werden Sie damit zur integrierenden Kraft.

3. Sie können den Pentaeder auch als Instrument zur *Sinnstiftung, Stärkung und Ermutigung* einsetzen, indem Sie insbesondere die ungenutzten Möglichkeiten und deren Chancen beleuchten und damit den Win-win-Kreislauf ins Licht rücken.

4. Der Pentaeder kann Ihnen als *Gestaltungsinstrument* für die Entwicklung Ihrer Organisation dienen, wenn Sie bei der Betrachtung der Entwicklung der Urteilsfähigkeit der Organisation Vorrang geben und diese beispielsweise in Leitungsgremien erörtern.

5. Wenn Sie den Pentaeder schließlich als *Lerninstrument* verwenden, können Sie die Dimensionen der Risikokompetenzen der Personen, der Teams und der Organisation im Vertrauen auf ihre Solidität zur Grundlage von Lernagenden machen.

2.2.4 Statt einer Zusammenfassung

Zugegeben, auch das Entscheiden an sich hat zwei Seiten, in unserem Falle sogar vier. Die Metapher von der Medaille haben wir ja bereits reichlich strapaziert, hier kommt sie ein weiteres Mal zu ihrem Recht. Wenn wir bisher also vornehmlich von der Seite des intelligenten Entscheidens mit seiner Win-win-Dynamik gesprochen haben, transportieren wir die anderen drei Seiten der Verlierer-Dynamiken unausgesprochen immer mit. Sie sollen daher zum Ende des Kapitels über den Pentaeder nicht zu kurz kommen — mit einem Schmunzeln und der gebotenen Ironie.

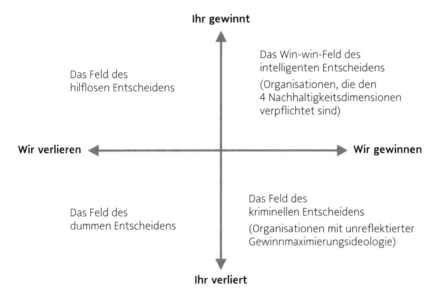

Abbildung 2.16: Eine andere, nicht ganz ernst gemeinte Matrix von Formen des Entscheidens

Das dumme Entscheiden

In unserer Abbildung liegt dem Win-win-Feld des intelligenten Entscheidens gegenüber das Feld des dummen Entscheidens, das im Grundsatz geprägt ist von einer Verlierer-Verlierer-Dynamik. Sie meinen, das kommt selten vor? Beileibe nicht. Auf der personalen Ebene funktioniert es nach der fatalen Überlegung: Wenn ich schon nicht gewinne, sondern verliere, dann sollen die anderen auch verlieren. Auch innerhalb von Teams finden wir dieses Verhalten gar nicht selten. Entscheidungen aus Rache (Haust du meinen Teddy, hau ich deinen Teddy!) bilden einen Prototyp für dieses Feld. Innerhalb von Organisationen entwickelt sich die Verlierer-Verlierer-Dynamik oftmals auch dann, wenn zwei »Banditen« — die gleich weiter unten vorgestellt werden — aufeinandertreffen. Die Nullsummenspiele sind hierfür gute Beispiele. Vielleicht kennen Sie aus Trainings bereits das »Prisoners Dilemma«? Die egoistische Gewinnabsicht beider Parteien führt hier am Ende zum beiderseitigen Verlieren. Der ruinöse Wettbewerb ist ein Pendant auf der Organisationsebene.

Das hilflose Entscheiden

Dieses Feld ist geprägt von einer Verlierer-Gewinner-Dynamik. Wir sind so auf den Gewinn, den Vorteil und Nutzen der anderen konzentriert, dass wir unseren eigenen Gewinn ganz aus dem Auge verlieren und selbst draufzahlen. Soziale Institutionen und ihre Beschäftigten sind für solche Dynamiken besonders anfällig. Böse Zungen bezeichnen solche Menschen in Organisationen gern als »nützliche Idioten«, eine Bezeichnung, die Lenin geprägt hat. Sie bügeln selbst- und klaglos (und etwas naiv) die Verantwortungsdefizite der Organisation aus, um sie funktionsfähig zu erhalten. Verantwortungslücken der Organisation üben eine magische Anziehungskraft auf sie aus. Sie werden gerne auch als Wasserträger der Karrieristen und Ellbogentypen benutzt, die man so lange (ge-)braucht, wie sie eben nützlich sind und dann fallen lässt. In Bezug auf das Entscheiden sind es diejenigen, die sich unreflektiert als die Opfer, die Ohnmächtigen definieren und dabei leider ihren eigenen Anteil an mangelnder Urteilsfähigkeit nicht sehen.

Das kriminelle Entscheiden

Das »Feld des kriminellen Entscheidens« scheint in und von manchen Organisationen recht gut besetzt zu sein. Manche meinen gar, es sei übervölkert — was nicht wirklich stimmen kann, weil die »Banditen« in Organisationen immer auf die Koproduktion der »hilflosen« Mitspieler angewiesen sind. Das Feld selbst ist von einer Ich-gewinne-du-verlierst-Dynamik bestimmt. Jeder, der auf Kosten anderer entscheidet — und umso rücksichtsloser, desto mehr — wird diesem Feld zugerechnet. Das gilt für das gesamte soziale Dreieck. Auch Gruppen und gesamte Organisationen halten sich oftmals für besonders clever, wenn sie auf Kosten anderer entscheiden. Ihr Handeln legitimieren sie mit dem überzeugten Hinweis auf die Logik des Wettbewerbs in unserem kapitalistischen System. Dabei übersehen sie allerdings die langfristige Wirkung — frei nach Lenins bekanntem Ausspruch, dass der Kapitalist so geldgierig sei, dass er seinem Gegner noch den Strick verkaufe, mit dem dieser ihn dann aufhänge. Aktuelle Beispiele lassen grüßen!

Gemeinsam ist allen drei Feldern des nicht intelligenten Entscheidens die mangelnde (langfristige) Urteilsfähigkeit, verbunden mit der geringen Kenntnis langfristiger Wechselwirkungen.

2.3 Prozesse gestalten und entscheiden: eine glückliche Verbindung

Der »Prozess« ist im Pentaeder-Modell bewusst als der oberste der fünf Eckpunkte dargestellt. Sowohl die Risiken, d.h. der sachlogische Dreh-, Angel- und Ausgangspunkt des Entscheidens, als auch die drei Perspektiven im »sozialen Dreieck« laufen schlussendlich auf die Spitze des Pentaeders hinaus, also auf das Gestalten des Prozesses des Entscheidens. Folgender Trend gibt uns ganz offensichtliche Hinweise: Je dynamischer, weniger eindeutig, unsicherer und riskanter sich Problem- und Entscheidungslagen »uns zeigen«, desto mehr sind wir gut beraten, dem Gestalten der Entscheidungsprozesse Achtsamkeit und Professionalität zu widmen. Professionell und transparent gestaltete Prozesse produzieren die neue Sicherheit. Diese grundlegende Einschätzung ist der Ausgangspunkt aller folgenden Überlegungen in diesem Kapitel.

Unsere ganz generelle Empfehlung, *von der Entscheidung zum Entscheiden zu wechseln,* gründet auf drei Annahmen mit weitreichenden ökonomischen Konsequenzen:

1. Im Geschäftsleben geht es um das Produzieren von Wertschöpfung. Diese ökonomische Binsenweisheit konsequent weitergedacht bedeutet: Wer die Wertschöpfung verbessern will, muss insbesondere auf die Entscheidungs*prozesse* achten, die in alle Geschäftsvorgänge eingebettet sind, und diese aktiv gestalten, optimieren oder erneuern.
2. Die bewusste Investition in überlegene Urteils- und Entscheidungskompetenz entpuppt sich in Unternehmen immer klarer als einer der wenigen verlässlichen Kern-Garanten für echte Zukunftsfähigkeit.
3. Die Erweiterung des eigenen Blicks von der Entscheidung zum Entscheiden, vom Blick auf die »Hammerfall-Sekunde« zum ganzen Prozess, wirkt wie ein Quantensprung in den Denkgewohnheiten und in der Wahrnehmung von Verantwortung. Wenn alle im Unternehmen diesen weiteren Blickwinkel einnehmen, wird sich die gesamte Arbeitspraxis zum Positiven wandeln.

In diesem Kapitel werden wir Ihnen aufzeigen, warum eine stärker auf die Entscheidungsprozesse bezogene Denk- und Arbeitsweise für wirklich jeden sinnvoll ist, der am Wohlergehen seiner Organisation interessiert ist. Aus dieser Denkweise erwächst sowohl für die ganze Organisation betriebswirtschaftlichstrategischer Nutzen als auch für die Mitarbeiter ein attraktiveres Arbeitsumfeld. Siehe oben: Prozesssicherheit »is the name of the new game«.

Dazu zeigen wir, illustriert mit kurzen Beispielen, wie der schrittweise Einstieg in eine solche Kompetenz- und Organisationsentwicklung in der Praxis gut gelingt. Die Leitidee dazu lautet: »Die entscheidungsstarke Organisation macht den Unterschied.«

2.3.1 Wie sich die Verbindung von Prozessdenken und Entscheiden in der Praxis auswirkt

Entscheiden ist die wohl anspruchsvollste Aufgabe, die in Organisationen zu bewältigen ist. Darüber hinaus ist sie nicht stereotyp, sondern begegnet uns in tausenderlei Formen. Der eleganteste Weg, diese Komplexität sauber und professionell zu verarbeiten, also vor der Komplexität weder zu kapitulieren noch sie gefährlich zu vereinfachen, liegt in einem klaren *Prozessdenken*.[29] Diese Herangehensweise macht das Entscheiden viel leichter und damit auch schneller. Oft hilft sie den Beteiligten zudem dabei, sich aus einem Stillstand oder einer Blockade zu befreien. Sie hat aber auch noch weitere Vorteile:

- Beim Entscheiden geht es grundsätzlich immer um das prozesshafte Handhaben von Risikoeinschätzungen aus verschiedenen Perspektiven. Damit macht das Prozessdenken das Entscheiden *greifbar*.
- Entscheiden als *gemeinsam* zu gestaltenden und zu verantwortenden Prozess zu verstehen, ist die wertvollste Grundlage für ein gestärktes Geschäfts- und Leistungsverständnis. Gute Leistung und Wertschöpfung sind nur gemeinsam möglich und somit auch nur gemeinsam im jeweiligen Geschäftsprozess zu verbessern. Das ist schon heute unbestritten — auch wenn es nicht in allen Organisationen konsequent so praktiziert wird. In Zukunft wird man diese Tatsache jedoch als genauso selbstverständlich sehen wie die Notwendigkeit gemeinsamer Entscheidungen, die laufend in den Geschäftsprozess bzw. das jeweilige Projekt integriert werden.
- Wissen allein — wer hat es nicht geahnt — ist keine ausreichende Grundlage für gute Entscheidungen. Für die Effektivität von Entscheidungen ist die *Gestaltung des Prozesses* »sechs Mal wichtiger als inhaltlich fundierte Analyse« (Lovallo/Sibony, 2010; siehe dazu auch Abbildung 2.19 später in diesem Kapitel).
- Menschen brauchen eine gewisse Sicherheit, um engagiert und unter Einsatz ihres vollen Potenzials beste Leistungen zu erbringen. Ergebnissicherheit kann in unserer Zeit niemand mehr versprechen, wohl aber *Prozesssicherheit*. Denn Gestalter in verschiedenen Rollen haben es in der Hand, diese Sicherheit in Aussicht zu stellen, zu verantworten, zu organisieren und damit letztendlich auch zu gewährleisten.
- Das letztendlich ausschlaggebende Argument für die Verbindung von Prozessdenken und Entscheiden ist sehr emotionaler Natur: In den Prozess des Entscheidens ist für die Beteiligten das *gemeinsame Gewinnen und Wachsen* natürlich eingebettet. Genau hier liegt der rote Faden der entscheidungsstarken Organisation.

Prozess des Entscheidens

Die ORGANISATION gewinnt		**PERSONEN in ihren Aufgaben gewinnen**
• weil der Win-win-Deal die Wertschöpfung in den Geschäftsprozessen verbessert • weil schnellere Anpassung an die Schwankungen (die Volatilität) im Geschäft möglich wird • weil das Know-how und die Leistungsfähigkeit der Mitarbeiter stärker ausgeschöpft wird • weil eine stärkere Leistungskultur entsteht • weil die Zukunftsfähigkeit der Organisation durch gesteigerte *organisationale* Urteils- und Entscheidungsfähigkeit viel wahrscheinlicher wird.	• entlastet alle vom Mythos des Alleinentscheidens • schafft einen verbindenden Basiswortschatz • öffnet neue Perspektiven • lässt ein *gemeinsames* Geschäftsverständnis entstehen • dient als »Schweizer Taschenmesser« (universeller Einsatz).	• weil ihre Mitarbeit als wertvoll wertgeschätzt wird • weil ihnen größere Einfluss- und Mitgestaltungsräume guttun • weil durch mehr konkrete Mitverantwortung Sicherheit wächst und persönliches Wachstum stimuliert wird • weil wachsende *persönliche* Urteils- und Entscheidungsfähigkeit das beste ist, was Menschen in Organisationen geschehen kann.

Abbildung 2.17: Der Prozess des Mitentscheidens Vieler, in verschiedenen Rollen, bildet eine Win-win-Energiebrücke zwischen den Menschen und der Organisation

Der Win-win-Deal in Entscheidungsprozessen

Gut strukturierte Entscheidungsprozesse verbinden alle beteiligten Personen in ihren Aufgaben mit der gesamten Organisation und deren Zweck. Die Prozesse des Entscheidens bilden damit eine *Energiebrücke*. Auf beiden Seiten dieser Energiebrücke stehen etliche gute Gründe, warum ein Engagement in diesem Win-win-Deal lohnend ist:

- Entscheiden explizit als Prozess zu gestalten, in dem verschiedene Rollen zusammenspielen, macht endlich Schluss mit dem Mythos der Alleinverantwortung und seinen fatalen Folgen. Wie häufig hört man von engagierten Experten, aber auch von Managern der mittleren Ebene, Aussagen bar jeder Motivation wie »Ich/wir habe/n nichts zu entscheiden« oder »Ich weiß nicht, wie die (da oben) entscheiden«?

- In einem als Prozess gestalteten Entscheiden entsteht nicht nur eine transparente neue Struktur, sondern es kann auch die »Weisheit der Vielen« vollumfänglich genutzt werden. Gleichzeitig wird mehr persönlicher Einsatz für die gemeinsame Sache resultieren, denn Führungskräfte und Mitarbeiter entdecken mehr *Sinn* in ihrem Arbeiten und entlarven sukzessive die Ursachen bisheriger Ressourcenverschwendung.

- Zusammen mit den Freiräumen für Einfluss und Mitgestaltung wächst auch ein gemeinsames *Geschäftsverständnis*. Daneben sorgt die prozesshafte Vorgehensweise für Ordnung im Verfahren.
- Prozessdenken öffnet den Blick auf völlig neue positive Möglichkeiten — für alle im Unternehmen. Das Ziel ist nicht zuletzt eine enorme Erweiterung der verfügbaren *Gesamtkompetenz*: Eine überlegene persönliche Kompetenz der Beteiligten wird in der Konsequenz auch eine überlegene *organisationale* Urteils- und Entscheidungsfähigkeit im Wettbewerb nach sich ziehen (vgl. Davenport/Manville, 2012).

Summa summarum ist das Prozessdenken sozusagen das »Schweizer Taschenmesser für das Entscheiden«: Es ist für einfache wie auch schwierige Entscheidungen aller Art universell geeignet. Der reflexartige Einwand »Wir wollen bei uns aber keine Basisdemokratie« ist hingegen Ausdruck eines alten Missverständnisses. Gemeinsames Prozessdenken hat mit Basisdemokratie nicht das Geringste zu tun, sondern stellt vielmehr die Transparenz im Vorgehen als auch die Ausrichtung auf gemeinsame Ziele sicher.

Das Problem der »Hammerfall-Sekunde«

Warum aber ist es so gefährlich, das traditionelle Denkmodell der »kurzen und schmerzlosen« Entscheidung von oben herab anzuwenden? Lassen Sie uns dazu noch einmal das klassische Verständnis von Entscheiden betrachten, wie wir es in Organisationen bis heute nur allzu oft antreffen: Aus dem Kopf einer Führungskraft entspringt die überzeugte oder auch eher zögerlich geäußerte Ansage »So machen wir es jetzt!« — eine Entscheidung, die auf Erfahrung, Bauchgefühl, der vorangegangenen Sammlung von Informationen und Fakten und auf Gesprächen dazu beruht, oder auch auf einer willkürlichen Mischung all dieser Komponenten. Ob diese Aussage sich nun auf die Entscheidung darüber bezieht, ein einzelnes Produkt mit schwachen Umsätzen aus dem Markt zu nehmen oder etwa darauf, ob eine Bankfiliale zu schließen ist — das Feld der Möglichkeiten und ihrer Auswirkungen ist weit (mehr dazu siehe Garvin/Roberto, 2001). Und für einfache Entscheidungen taugt diese traditionelle Denk- und Handlungsweise tatsächlich immer noch oftmals gut. Doch die sprunghaft gestiegene Komplexität im Wirtschafts- und Organisations-Alltag macht sie überaus gefährlich, wenn es um weitreichendere Entscheidungen geht — denn dann hat sie am Ende oft fatale Folgen.

Beispiel

Der Geschäftsführer eines erfolgreichen mittelständischen Unternehmens war sich sicher, dass er, um die Zukunftssicherheit seiner Organisation zu gewährleisten, den altgedienten Leiter der Technik austauschen und den Technikbereich neu strukturieren müsse. Er hatte diese Entscheidung insgeheim für sich getroffen. Gleichzeitig war er sich der Gefahren seines Vorhabens bewusst. So führte er zunächst monatelang sehr zeitaufwendige und mehr oder weniger verdeckte Einzelgespräche. Mit diesem Vorgehen versetzte er jedoch nach und nach die gesamte Organisation in ein Gefühl der Unsicherheit. Die Mitarbeiter waren von ihren eigentlichen Aufgaben abgelenkt und Ressourcen wurden großflächig verschwendet, weil sich alle zumindest unterschwellig mit dem Pro und Kontra der offensichtlich anstehenden Entscheidung beschäftigten. Als der Geschäftsführer die Folgen seines Verhaltens schließlich bemerkte, äußerte er einigermaßen naiv: »Aber es ist doch noch gar nichts passiert. Ich habe doch noch gar nichts entschieden.« Seine Erklärung erschien ihm selbst völlig plausibel. Er übersah dabei jedoch, wie sehr er durch sein Agieren im Vorfeld die Entscheidung überhöht hatte. Ein solches Resultat ist eine ganz typische Problematik, die entstehen kann, wenn man die Qualität der Phasen vor und nach der Entscheidung bei der Gestaltung des Entscheidungsprozesses außer Acht lässt.

Das traditionelle Denkmodell der »Hammerfall-Sekunde« ist gefährlich, weil es in den »Köpfen« der Organisationen tief verankert und selbstverständlich ist, sodass seine Defizite und Folgeprobleme oft unerkannt bleiben. Die wichtigsten davon wollen wir hier auflisten:

1. Der Entscheider, ganz gleich auf welcher hierarchischen Ebene, ist mit diesem mentalen Modell in einer strukturellen Verantwortung gefangen, die in Wirklichkeit alle Beteiligten betreffen sollte.
2. Entscheiden wird in diesem Verständnis ganz selbstverständlich als ein persönliches Problem gesehen, das sich in der psychodynamischen Black Box des Entscheiders abspielt. Es existiert kein organisationskulturell verankertes Verständnis darüber, wie ein konstruktiver Austausch in den einzelnen Phasen des Entscheidungsprozesses stattfinden kann. Nur dadurch könnte man jedoch das Entscheiden zu einer gemeinsam verantworteten Aufgabe machen. Entscheiden ist damit, wenn auch oftmals unausgesprochene, Privatsache. Die Konsequenz ist ebenso weitreichend wie fatal: Teams, Netzwerke und die ganze Organisation lernen nichts! Entscheiden als »Mannschaftssport« bleibt damit systematisch untrainiert — zum großen Nachteil der Wettbewerbsfähigkeit der Organisation.
3. Die Beiträge hierarchisch weniger hoch angesiedelter Menschen und Arbeitsgruppen bleiben in den allermeisten Organisationen systematisch unerwähnt und ungewürdigt — ein unhaltbarer Zustand in Zeiten, in denen die Mitverantwortung und überzeugte Präsenz gut ausgebildeter, kompetenter Mitarbeiter erfolgsentscheidender ist als je zuvor.

4. Die organisationskulturelle Intransparenz macht es selbstverantwortlichen Mitarbeitern unnötig schwer, Entscheidungen ohne Vorbehalte zu akzeptieren und überzeugt umzusetzen. Untersuchungen hierzu sprechen eine deutliche Sprache: Sind Menschen davon überzeugt, dass der Prozess des Entscheidens transparent, glaubwürdig und fair abgelaufen ist, dann sind sie viel eher bereit, ein Ergebnis zu akzeptieren, welches sie zu Beginn des Prozesses nicht präferiert hatten — und die Konsequenzen mitzutragen.
5. Die meisten Organisationen haben für das Entscheiden noch kein generisches, verbindliches Prozessmodell. In diesen Unternehmen fehlt also jeglicher verbindende Basiswortschatz, um sich professionell über Entscheidungen verständigen zu können.

Diese fünf Punkte mögen deutlich machen, warum es um die Qualität der Entscheidungen in Organisationen oft nicht gut bestellt ist. Kein Wunder also, dass in vielen Organisationen so viel Unmut, Unbehagen und Unlust herrschen. Wie frustrierend die Lage aber zu sein scheint — sie ist leichter zu ändern, als viele denken. Die beste Grundlage dafür ist ein breites Verständnis quer durch die Organisation darüber, wie Entscheidungsprozesse wirklich funktionieren. Notwendig ist zudem die Bereitschaft aller, mehr Verantwortung zu übernehmen. In den folgenden Basics finden Sie hierzu eine große praktische Ermutigung.

Die grundlegende IPO-Formel markiert den Ausgangspunkt:
Inputs → Process = Output

Diese Formel illustriert sehr schön, dass auch beim Entscheiden auf Organisationsebene in der Substanz jeder Output in seiner Qualität und seinem Nutzen nur so gut sein kann wie die Inputs der Risikoeinschätzungen und deren Bearbeitung. Sprich: Qualität entsteht durch das Prozessieren der Risikoeinschätzungen.

Spätestens seit der flächendeckenden Einführung von Geschäftsprozessmanagement (GPM) ist es für Organisationen selbstverständlich geworden, ihre Geschäftsprozesse zu messen, ganz unter dem Motto »What gets measured gets done« (Hammer/Champy, 1994). Ganz ähnlich gelagert ist auch der Ausspruch »Wer misst, der steuert«, auf einer Welle mit dem alten Schlachtruf: »Was nicht gemessen wird, ist meist in miserablem Zustand.«

Die Analogie liegt auf der Hand: Ebenso wie das für die Geschäftsprozesse gilt, ist es natürlich möglich, die *Entscheidungsprozesse* bewusster ins Auge zu fassen, sie zu messen und zu optimieren.[30] Als Belohnung winken erstaunliche Steigerungen in Effizienz und Effektivität. Grund genug, nicht länger abzuwarten. Doch bevor wir gezielt in die Verbesserung von Entscheidungsprozessen einsteigen, lassen Sie uns noch einmal die Frage nach dem übergeordneten *Warum?*

unter die Lupe nehmen: Warum also sollten Sie und Ihre Organisation gerade jetzt aus dem bequemen »Business as usual« aussteigen und sich über die großen Vorteile prozesshaften Entscheidens verständigen?

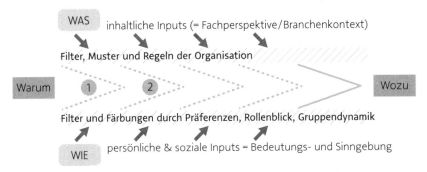

Abbildung 2.18: Das Prozessmodell des Entscheidens

Die folgende Formel illustriert das Prozessmodell in der obigen Abbildung mit anderen Begriffen:

Effektivität des Entscheidens = Qualität x Geschwindigkeit × Ertrag — Anstrengung (vgl. Blenko/Mankins/Rogers, 2010)

Stellen Sie sich die Organisation als ein *Pipeline-System* für das Verarbeiten und Durchschleusen von Entscheidungen vor. Die Formel dient dann als Maßstab für die Fließgeschwindigkeit und Verarbeitungskapazität, d.h. für die generelle Leistungsfähigkeit einer Organisation im Vergleich zu den relevanten Wettbewerbern. Je schneller Entscheidungen in hoher bzw. angemessener Qualität mit relativ geringer Anstrengung fließen, desto weniger träge oder sogar »verstopft« ist das System, desto öfter und schneller vermag es auf Veränderungen — seien es Gelegenheiten oder Gefahren — in seinem Umfeld zu reagieren. Schneller entscheiden bedeutet also, Marktchancen schneller zu nutzen.

Hand in Hand mit diesen betriebswirtschaftlich-rationalen Überlegungen achten wir in unseren Klienten-Projekten stets darauf, die Urteilskraft und das Verständnis der beteiligten Personen auf die drei übergeordneten Sinndimensionen zu lenken, gerne auch als explizite Punkte in der Formulierung des Projektauftrags:

1. Sachliche Ebene: Welche Verbesserungen in den Geschäftsprozessen, in denen sie mit tätig und damit mitverantwortlich sind, betrachten sie als sachlich/inhaltlich sinnvoll?
2. Prozessbezogene Ebene: Wie wird aus ihrer Sicht die Kooperation/Interaktion zwischen den in der Entscheidung engagierten Menschen/Gruppen sinnvoller?

3. Zeitliche Ebene: Der Sinn für Timing und Tempo ist nicht selten besonders wichtig. Warum ist ihrer Meinung nach gerade jetzt der passende Zeitpunkt dafür, einen Entscheidungsprozess anzustoßen? Welches Tempo und welche Prozessdynamik helfen der Sache am besten? Wann ist der passende Zeitpunkt für den Übergang von einer Phase in die nächste, etwa vom Beschluss in die Umsetzung?

»Ein unverzerrter Prozess des Entscheidens deckt mit Sicherheit schwache Analysen auf. Umgekehrt trifft das jedoch nicht zu. Denn eine exzellente Analyse ist nutzlos, wenn ihr im Prozess des Entscheidens kein faires Gehör geschenkt wird.« (Lovallo/Sibony, 2010)[31]

Abbildung 2.19: Auf den Prozess des Entscheidens kommt's an!

Es gibt inzwischen unzählige Beispiele dafür, dass die Effektivität strategischer Entscheidungen gravierend geschmälert wird, wenn Menschen — speziell unter Druck — Vorurteilen und Wahrnehmungsverzerrungen erliegen. Leider kann man als Betroffener selbst nur wenig dagegen tun, wie der Psychologe und Wirtschafts-Nobelpreisträger Daniel Kahneman bekräftigt: Er empfiehlt Top Executives sehr verständnisvoll und pragmatisch, keine besonderen Mühen in — aus seiner Sicht — von vornherein vergebliche Veränderungsversuche der eigenen Vorurteile und Wahrnehmungsverzerrungen zu investieren (vgl. Kahneman/Lovallo/Sibony, 2011). Stattdessen sollten sie lieber in ihrem Unternehmen eine sogenannte *decision quality control* einführen. Sein Fazit:

»*Wollen Führungskräfte wirklich eine Qualitätskontrolle für Entscheidungen einführen, dann scheitert das kaum an dem Zeitaufwand oder den Kosten. Die wirkliche Herausforderung liegt in der Notwendigkeit begründet, die Achtsamkeit dafür zu schärfen, dass selbst höchst erfahrene, überragend kompetente und sehr wohlmeinende Manager schlicht fehleranfällig sind. Organisationen müssen erkennen, dass ein disziplinierter Prozess des Entscheidens, nicht individuelles Genie, der Schlüssel zu einer soliden Strategie ist. Und diese Organisationen werden eine Kultur offener Debatte und Dialoge schaffen müssen, in der solche Prozesse aufblühen und gedeihen können.*« (Kahneman, 2009, S. 6)

Lassen Sie uns nun noch etwas weiter in die Tiefe gehen und uns mit der *praktischen Ausgestaltung* des Prozessdenkens beschäftigen.

2.3.2 Die fünf Phasen des Entscheidungsprozesses

Stellen Sie sich das Entscheiden als ein System von Wirkungszusammenhängen vor. Hierfür hat sich die Einteilung in die folgenden fünf Phasen über viele Jahre bewährt. Im Kern ist Entscheiden stets ein Prozess des Bearbeitens verschiedener Risikoarten. Jede dieser Risikoarten trägt zwei Aspekte zugleich in sich: die Gelegenheit und die Gefahr, die in der Entscheidung steckt. Daher geht es grundsätzlich in allen Phasen um das Bearbeiten (oder im schlechten Fall um das Übersehen oder Vernachlässigen) von Risiken — die sich jedoch von den jeweiligen Risikoarten der vier anderen Phasen deutlich unterscheiden lassen.

So steuert jede der fünf Phasen eine besondere Qualität zum gesamten Prozess bei. In der Zusammenschau wird daraus dann ein organisches Ganzes. Das Prozessphasen-Modell hilft einerseits dabei, selbst die komplexesten und undurchsichtigsten Entscheidungssituationen Schritt für Schritt zu bearbeiten. Andererseits bietet es die Chance, sich jederzeit auch länger in »nur« einer Region/Phase aufzuhalten und sein Thema dort so intensiv

Abbildung 2.20: Der Prozess des Entscheidens in fünf Phasen

und detailliert wie nötig zu bearbeiten. Möglicherweise, weil man gerade dort das aktuell größte Hindernis für ein Weiterkommen vermutet. Schließlich regt das Modell dazu an, den Überblick über das große Ganze zu behalten.

Der Zusammenhang der fünf Phasen wird am besten in der Betrachtung der beteiligten Menschen deutlich. Eine einzelne Persönlichkeit bringt mit ihren Präferenzen, Abneigungen und Wahrnehmungsverzerrungen selten für alle fünf Phasen des Gesamtprozesses gleichmäßig ausgewogene Achtsamkeit auf. Ein eingespieltes Team, möglicherweise auch ein sich gut ergänzendes Paar[32], ist dazu viel besser in der Lage. Schon deshalb sollten Unternehmen grundsätzlich in das Funktionieren und die Entscheidungsfähigkeit von Teams und Netzwerken investieren.

2.3.2.1 Phase 1 — das Quellgebiet

Das Quellgebiet ist eine Phase, die das Inoffizielle ans Licht holt. Dieser Phase wird selten die angemessene Zeit und Beachtung geschenkt, jedenfalls nicht in bewusster und strukturierter Weise. Trotzdem hält man sich auf diesem Terrain oft lange auf. Sie kennen das sicher aus Ihrem persönlichen Unternehmensalltag: Viele Gespräche am Einstieg eines Entscheidungsthemas werden zu zweit oder im kleinen inoffiziellen Kreis geführt. Nicht selten passiert das am Rande bei Bier oder bei Wein, im Flugzeug oder in der Kantine, und häufig genug mit verzweifeltem oder zynischem, machtlosem oder ratlosem Unterton. Change-Experten sind sich allerdings einig, dass solche Gespräche selbst keine organisationale Wirkung entfalten können. Wenige haben gelernt, die gefühlte Notwendigkeit und die vermuteten Konsequenzen eines riskanten Entscheidens mit einer anderen Person ungeschützt und vertrauensvoll zu teilen. Uraltes Konkurrenzdenken, nicht getestetes Vertrauen und auch deshalb gehemmte Konfliktbereitschaft sind die wichtigsten Gründe dafür.

Gelegenheiten und Chancen
Im Quellgebiet können Sie die Energie tanken, die in den folgenden Prozessphasen gebraucht wird: Es ist die *Aufladungsphase*. Sich hier der Wirklichkeit zu stellen, inspiriert und ängstigt zugleich. Im Quellgebiet gilt es die leisen inneren und äußeren Signale wahrzunehmen, die auf große Gelegenheiten und die Notwendigkeit zu entscheiden hindeuten. Meist spielt hier nicht das mit harten Fakten belegbare Erfahrungswissen eine große Rolle, sondern eher die Intuition, der innere Seismograf. Natürlich geht es in dieser Phase auch um Geschäftssinn, um im Bild zu bleiben, darum, die verborgenen Eingänge zur Goldmine zu entdecken. Hier sind der richtige Riecher gefragt und die Fähigkeit, Unsicherheiten aushalten. Die gute Nachricht dabei: Wenn Sie sich auf die Unsicherheit in dieser Phase wirklich einlassen, schaffen Sie die allerbesten Voraussetzungen für hohe Qualität und die notwendige Energie in den folgenden Phasen.

Es kann aus ökonomischer Sicht aber auch die beste Entscheidung sein, genau hier zu stoppen. Beispielsweise, wenn im gegenseitigen Austausch klar wird, dass derzeit einfach nicht genug Energien/Ressourcen/Kompetenzen vorhanden sind, um den nachfolgenden Prozess ökonomisch durchzuziehen und durchzustehen.

Gefahren
Die größte Gefahr ist hier sicherlich, das Quellgebiet im Entscheidungsprozess der Organisation gar nicht erst zu betreten. Man bleibt dann im »Business as usual«-Modus und driftet weiterhin, statt zu entscheiden — oft genug, obwohl man es intuitiv eigentlich besser wüsste. Dabei können Sie sicher sein: Auch be-

wusstes Nicht-Entscheiden gibt definitiv mehr Orientierung und Sicherheit als das energieschwache Driften.

Ebenso schade wäre es, sich über die individuellen Einschätzungen zu den Gelegenheiten und Gefahren nicht mit den anderen Beteiligten auszutauschen. »Meine teuersten Entscheidungen waren die nicht getroffenen« — von dieser Erkenntnis eines Unternehmers können wir uns sicher alle eine Scheibe abschneiden.

Sich nicht den wirklichen Ängsten, Sehnsüchten oder Ansprüchen zu stellen, nicht den Vertrauensvorschuss zu investieren, ein vages Unbehagen mit den Kollegen zu besprechen und dem Gefühl gemeinsam nachzugehen, dieser Gefahr sind wir alle ausgesetzt. Am stärksten betrifft sie aber erfahrungsgemäß die Menschen auf Vorstandsebene. Gerne wird dann in Wunschdenken, resolute Entschlossenheit und »Wir kriegen das schon irgendwie hin«-Muster ausgewichen oder zugelassen, dass jemand ein Thema »in den Raum stellt«, obwohl weder der Zeitpunkt passt noch der Inhalt Priorität haben sollte.

Das Quellgebiet ist im Entscheidungsprozess ökonomisch gesehen zwar eine sehr leise, aber gleichzeitig auch immens wirksame Phase. Sie bildet den Ausgangspunkt aller späteren Prozessphasen: Von der hier eingebrachten Achtsamkeit, Sorgfalt und Prioritätensetzung hängt immens viel ab — bei den besonders wichtigen Themen vielleicht sogar alles.

Lernchancen
Unser größtes Lernpotenzial liegt im Ausprobieren. Das gilt sowohl für die Sache selbst als auch im Kontakt zu anderen. Wie kann dieses ungewohnte »tiefer Schürfen« sowohl persönlich ergiebig als auch ökonomisch ertragreich gestaltet werden? Welche neuen Perspektiven lassen sich entdecken? Das Nachgehen dieser und ähnlicher Fragen kostet wenig Zeit, bringt aber viel in Bewegung. Vor allem im Vergleich zu all jenen Meetings, die Stunden über Stunden fressen und verschwenden, ohne dass daraus ein gemeinsames Lernen oder Entscheiden resultieren würde.

Ein weiterer ermutigender Aspekt: Die guten Gelegenheiten und Entwicklungschancen im Quellgebiet bieten sich für jeden Einzelnen im Unternehmen — nicht nur den wenigen Vorständen, sondern auch den vielen Experten und weiteren Mitarbeitern, die sich für das Wohlergehen ihrer Organisation engagieren wollen.

> **! Tipp**
>
> Drei Fragen zur Erkundung des Quellgebiets:[33]
>
> - Gibt es etwas (neu) zu entscheiden? (Diese simple Frage lenkt die Aufmerksamkeit auf das aktuell Vorrangige oder Wichtige, weg vom bequemen Gewohnten, raus aus der »Komfortzone«.)
> - Was passiert, wenn nichts passiert?
> - Worum geht's? Oder besser noch: Worum geht's wirklich?
>
> Wenn Sie diese und ähnliche Fragen im Team aufwerfen, können Sie sehr leicht den Grad der gemeinsamen Ausrichtung ermitteln. Was ist etwa, wenn die Antworten der Teammitglieder sehr verschiedenartig ausfallen — möglicherweise bis hin zur Demonstration von Unverständnis? Das kann Anlass sein, die aktuelle Entscheidungsbereitschaft und -fähigkeit des Teams umso nüchterner — aber eben auch realistischer — einzuschätzen: *Face reality* eben.
>
> Eine weitere gute Möglichkeit der Erkundung ist folgende Frage:
>
> - Was sind in meinem/unserem Aufgabengebiet aktuell die fünf wichtigsten operativen Entscheidungen? Und welches die fünf wichtigsten strategisch-existenziellen?

2.3.2.2 Phase 2 — das Land der Suche

Das Land der Suche taucht im Entscheidungsprozess der Organisation dann auf, wenn man den Blick weitet. Viele Entscheidungsprozesse laufen schief, weil sie nur als schneller *Download* von Meinungen verstanden und zum Durchsetzen von Interessen praktiziert werden. Wieder einmal: Der Ober sticht den Unter — und leitet daraus seine Daseinsberechtigung ab. Das Fatale daran ist, dass im Grunde alle schon im Voraus spüren und wissen, dass es so laufen wird. Und da sich damit alle (außer den Mächtigen) langweilen, geben sie dann weit weniger als ihr Bestes. Leicht kann es auch passieren, dass sich Meinungen und Gegenmeinungen gegenseitig lähmen. Dieses Phänomen ist eine häufige Quelle enormer Ressourcenverschwendung.

Gelegenheiten und Chancen

Ein Entscheidungsprozess, der die investierte Zeit wert ist, lässt sich nicht von den Symptomen irreführen, sondern geht den Kern des Problems an. Er macht echten Gebrauch von der Perspektivenvielfalt der Betroffenen. Statt Alibi-Alternativen generiert er damit echte Optionen. Und er produziert reale Risikobilanzen. Wer der Meinung ist, er habe keine Wahl, keine Optionen, keine Alternativen — der hat eben auch nichts wirklich zu entscheiden!

An dieser Stelle gilt es, eine der häufigsten Entscheidungsfallen zu umgehen: ein Problem in einen zu engen Rahmen zu setzen und nur in *einer* Weise darüber nachzudenken.

Misstrauen Sie daher stets dem üblichen Entweder-oder-Gedanken und unterziehen Sie stattdessen Ihre bisherigen Annahmen einem Realitäts-Check. Schließlich ist es nur zu menschlich, eher denjenigen Informationen zu glauben, die unsere Annahmen bestätigen, als andersherum. Im idealen Fall geht es nicht etwa nur um einen Plan B oder zweitbeste Alternative. Ihre große Chance liegt im *Spiel mit den Möglichkeiten*. Am ergiebigsten ist diese Prozessphase, wenn es allen Beteiligten gelingt, sich von der eigenen Entscheidungsgeschichte zu distanzieren und nicht vorschnell festzulegen. Übrigens: Bei Entscheidungen, die besonders wichtig oder dramatisch sind, muss zum Ende dieser Phase das *Mobilisieren und Motivieren der Organisation* beginnen.

Gefahren

Eine klare Gefahr im Land der Suche besteht darin, dass nicht wirklich nach relevanten Lösungsoptionen gesucht wird. Stattdessen folgt man bequem der mehr oder weniger offen geäußerten Meinung bzw. der Präferenz des hierarchisch Höherstehenden. Eine weitere Gefahr ist, dass entschieden wird, ohne vorher echte Optionen abzuwägen.

Schließlich kann sogar ein Aufschieben der Entscheidung als klügstes Mittel der Wahl unter den Tisch fallen. Es ist niemals die beste Möglichkeit, sich für eine Option zu entscheiden, ohne dass eine klare Notwendigkeit für den resultierenden Einsatz von Energie und Ressourcen besteht.

Lernchancen

Bescheidenheit bei allen Akteuren ist hier zu gewinnen. Und die Akzeptanz der Erkenntnis, dass im Endeffekt kein noch so brillantes Denken und Wollen, Planen und Entscheiden relevant ist, sondern allein die spätere Wirkung in der Realität.

Tipp   !

Acht Fragen, die in dieser Phase wertvoll sein können:

- Gilt es eine Gunst der Stunde zu nutzen?
- Was ist der Kern des Problems und dessen, was wir erreichen wollen?
- Was ist die angemessene Menge an Optionen und Alternativen? (Es sind ganz sicher nicht nur die naheliegenden und auch nicht nur die Lieblingsoptionen der hierarchisch oberen Entscheider.)
- Was wäre, wenn die von uns favorisierte Option plötzlich nicht mehr realisierbar ist? Was könnten wir stattdessen tun?
- Was wären die Konsequenzen, wenn die Alternative, die wir gerade überlegen, sich in der Zukunft als schlechte Entscheidung erweisen würde? Welche Hinweise darauf können wir, wenn wir wollen, hier und jetzt schon finden?
- Wie können wir uns einer Entscheidung erst einmal vorsichtig annähern, anstatt uns sofort kopfüber hineinzustürzen? (Kleine Experimente und Realitäts-Checks können hier relevante Informationen liefern.)

■ Was würde ich meinem besten Freund raten, wenn er in derselben Situation wäre?

■ Wie groß ist meine/unsere Bereitschaft, das als richtig Erkannte auch zu tun — ganz unabhängig davon, wie schwierig es uns erscheint? (Mut — auch »organisationaler Mut« — ist nicht zuletzt die Risikobereitschaft, die aus starken Überzeugungen und Werten wie Integrität erwächst.)

2.3.2.3 Phase 3 — die Beschlussphase, also die Entscheidung im engeren Sinn

In der Organisationswirklichkeit schlägt mit dem klassischen *Beschluss* traditionell die Stunde der formal Verantwortlichen und Mächtigen. Hier findet der grundsätzliche Übergang vom Denken und Abwägen, Reden und Planen in das konkrete Tun und Investieren von noch mehr Zeit und Sachmitteln statt. Daher besitzt diese Phase tatsächlich einen besonderen Stellenwert. Hier geht es um das Übermitteln inhaltlicher Kraft und intuitiver Glaubwürdigkeit aus dem engeren Kreis der Entscheider und Entscheidungsvorbereiter an die Organisation. Dabei wird jeder angemessen bescheidene und in der Hauptsache an Wirkung interessierte Entscheider gerne eingestehen, dass nicht nur diejenigen für den Erfolg der Organisation wichtig sind, die »in der Verantwortung« und damit im Rampenlicht stehen. Genauso wichtig sind eben die vielen anderen, die in den Phasen vorher und nachher die Mitverantwortung tragen.

Gelegenheiten und Chancen
Hier kommt es gleichermaßen auf gute zeitliche Taktung (*griech. Chronos*) und die Wahrnehmung des günstigsten Augenblicks (*griech. Kairos*) an. Wenn also die Gunst der Stunde genutzt wird und das Timing passt (Kairos!) und wenn sich die hierarchisch Höheren auf realistisch gestaltete Zeitpläne ohne Beschönigungen und falsche Versprechungen verlassen können (Chronos!) — dann steigt der Energiepegel in dieser Phase in ebenso ermutigender wie beruhigender Weise. Und die Wahrnehmung ihrer Rolle im Entscheidungsprozess wird für alle Beteiligten spürbar leichter.

Gefahren
Im Rahmen der Beschlussphase besteht die größte Gefahr darin, dass die inhaltliche Kraft und die intuitive Glaubwürdigkeit der Entscheidergruppe nicht beim »Rest der Organisation« ankommen. Denn in diesem Fall findet auch das so oft beschworene *Buy-in* nicht statt. Auch die für die Umsetzung so notwendige Energie springt dann nicht über.

Lernchancen

Es ist viel gewonnen, wenn der »Rest der Organisation« weiß, spürt und davon überzeugt ist, dass es auf ihn ankommt, wenn es darum geht, nun alles zu tun, um dem Beschluss eine faire Verwirklichungschance zu geben. Und wenn die Entscheider glaubwürdig signalisieren, dass nicht sie die tatsächlich entscheidenden Faktoren sind, sondern eben die Umsetzer des Beschlusses bzw. alle Beteiligten im Zusammenspiel. Und, auch hier wieder: Letztendlich entscheidet immer die Wirklichkeit, was tatsächlich wirkt.

Tipp   !

Acht Fragen im Vorfeld eines guten Beschlusses:

- Sind die Risikobilanzen ordentlich erstellt und stimmt das Timing?
- Haben wir alle wesentlichen Bedenken an die Oberfläche gebracht und ausgeräumt, ist *Konsent* hergestellt? (Mehr dazu finden Sie im Kapitel 4.3.) Oder wird bewusst eine andere Entscheidungsregel angewandt, weil sie in der Situation besser passt?
- Wie werden wir die Entscheidung kommunizieren? (Diese Frage ist von enormer Wichtigkeit, damit sie die bestmögliche Chance hat, auch realisiert zu werden.)
- Der Kompetenzen-Check: Was gilt es im Zuge der Realisierung zu lernen? Was können wir noch nicht (gut genug)?
- Wie können wir die nicht gewählten Optionen so im Auge behalten, dass sie uns beim Umsetzen nicht behindern, aber bei Bedarf weiterhin zur Verfügung stehen?
- Woran werden wir (und die anderen Mitbetroffenen) eine gelungene Umsetzung messen?
- Was wird uns die Praxis im Zuge der Realisierung lehren? Sind wir bereit dafür, diese Lehren anzunehmen?
- Welche Vorkommnisse in der Umsetzungsphase könnten uns dazu bewegen, eine Überarbeitungsschleife einzulegen, weil uns die Wirklichkeit eines Besseren belehrt? (*Prepare to be wrong* ist eine gute Grundhaltung, weil sie die Achtsamkeit durch den ganzen Prozess wachhält.)

2.3.2.4 Phase 4 — das Land der Realisierung

In der alltäglichen Wirklichkeit von Organisationen klafft allzu oft eine riesengroße Lücke zwischen gut gemeinter Entscheidung und deren tatsächlicher Wirkung. Dies nicht zuletzt, weil für erstaunlich viele höherrangige Manager, sobald sie erst einmal entschieden haben, das Nachfolgende nicht mehr wirklich interessant ist, sondern eher den unteren Chargen überlassen wird. Das Thema ist für sie abgehakt. Viele glauben, dass sie damit ihrer Verantwortung durchaus gerecht geworden sind. Doch damit enthalten sie sich selbst den befriedigendsten Teil ihrer potenziellen Lernreise vor. Schon Erich Kästner wusste schließlich: »Es gibt nichts Gutes, außer man tut es.«

Gelegenheiten und Chancen

Wer nach der Entscheidung im engeren Sinne die Reise ins Land der Realisierung fortsetzt, wird schnell merken, wie die Absicht tatsächlich wirkt oder nicht wirkt. Ohne seine Realisierung bleibt jeder Beschluss formale Aktion, bloße Absichtserklärung und Wunschdenken — im schlimmsten Fall sogar Etikettenschwindel, der zu Zeitverlusten führt und früher oder später zum Bumerang in der Organisation wird. Es ist also überaus relevant, das Gedachte und Gewollte immer wieder an der neu entstandenen Wirklichkeit zu überprüfen und eventuell zu überarbeiten. Nicht zuletzt geht es darum, sich von der Wirklichkeit belehren zu lassen, sie daraufhin weiter zu gestalten und neue Gewohnheiten zu verankern, so lange dieser Prozess auch manchmal dauern mag. Kurzum: Nach der Entscheidung ist vor der Entscheidung.

Und das »Land der Realisierung« hat noch eine weitere, ganz besondere Funktion. Die besten Gründe, einen Entscheidungsprozess anzustoßen, entstammen natürlich ihrem Ursprung nach diesem Land — und zwar sowohl die gelungenen als auch die weniger gelungenen. »Sand im Getriebe« ist daher kein Beinbruch, sondern Anstoß für eine Beobachtung, die unschätzbare Potenziale für zukünftig wirkungsvolleres Entscheiden birgt. Und dies gilt sowohl bezogen auf die sachlichen Aspekte als auch darauf, wie und mit wem im Dialog entschieden wird. Tatsächlich ist Entscheiden überhaupt nur dann wirklich gefordert, wenn im »Land der Realisierung« wichtige Dinge nicht funktionieren — bzw. nicht zielgerichtet, nicht konsequent genug, nicht schnell oder auch kostengünstig genug sind.

Gefahren

Eine bedeutende Gefahr in dieser Phase manifestiert sich darin, dass das »Jetzt gilt es wirklich!« nicht ernst genommen wird. Das kann sogar dann passieren, wenn die rationalen Gründe nicht plausibler sein könnten. Ebenfalls gefährlich wird es, allerdings zeitverzögert, wenn die notwendigen Ressourcen, Geduld, Stehvermögen und Entschlossenheit, im »Land der Realisierung« nicht ausreichend investiert bleiben, weil »schon wieder eine neue Sau durchs Dorf getrieben« wird.

Lernchancen

Veränderung, insbesondere die von Verhalten, braucht schlichtweg vor allem eines: Zeit. Zeit, Geduld und anhaltenden Fokus, um genau zu sein — und zwar fast immer mehr davon, als Manager im Normalfall und in der alltäglichen Aufgabenflut zu investieren bereit sind. Doch genau hier liegt die größte Innovations- und Lernchance. Denn aktuelle neurobiologische Erkenntnisse geben uns sehr eindeutige Hinweise darauf, dass effektives Lernen/Change nur wirklich funktioniert, wenn das Verändern geduldig und lang genug auf wenige Themen fokussiert bleibt. Dies verspricht den sehr wohltuenden Effekt, dass »Sie sich insgesamt gesehen viel Mühe und Energie sparen, wenn Sie sich die Zeit nehmen, die Reihenfolge Ihrer Entscheidungen zu überdenken. (...) Die Reduktion von Warteschlangen verhindert, dass Sie die gleichen Themen immer wieder auf die und von der Bühne bringen« (Rock, 2011, S. 68).

Tipp   **!**

Vier Fragen für die erfolgreiche Realisierung von Entscheidungen:

- Wie schaffen wir es, den Sinn der Entscheidung und die pragmatische Notwendigkeit zu kommunizieren?
- Wie können wir uns auf konstruktive Weise gegenseitig dabei helfen, zu experimentieren, Fehler zu machen und aus Fehlern schnell zu lernen? Kurzum: Wie kann es gelingen, Erkenntnisse zu gewinnen, die nur aus dem Handeln entspringen können?
- Was sind die größten Motivationsfaktoren und Hindernisse bei der Umsetzung?
- Was können wir im Rahmen der Realisierungsphase tun, um Vertrauen zu entwickeln? (Misstrauen ist der größte und teuerste negative Faktor beim gesamten Entscheiden.)

2.3.2.5 Phase 5 — das Feedback bzw. die Lessons Learned

Diese Phase fristet im hektisch-operativen Alltag der meisten Organisationen ein ebenso unverdientes Schicksal der geringen Beachtung wie die Phase 1 *Quellgebiet*. Dabei bieten sich schon im Verlauf des Entscheidungsprozesses immer wieder wunderbare Möglichkeiten, die dabei gemachten Erfahrungen zu nutzen und wertvolle Orientierungshilfen für die Zukunft abzuleiten.

Gelegenheiten und Chancen

Sehr gut geeignet für diese Rückkopplung sind vorab festgelegte Meilensteine. Am ergiebigsten ist die Feedback-Phase jedoch als angemessener *Abschluss* jedes Entscheidungsprozesses — und in diesem Stadium sind Erfolge wie Misserfolge, Wege wie Umwege, und auch erkannte Fehleinschätzungen gleich viel wert. Denn alle Erfahrungen schenken den Beteiligten praxisbasierte Gestaltungskraft, Energie und Besonnenheit. Diese Phase kann also eine exzellente Grundlage für neues Augenmaß und kollektive Zuversicht in den nächsten wichtigen Entscheidungsprozessen liefern — und das nicht formaltheoretisch aus der Luft gegriffen, sondern organisationsindividuell fundiert. Der Wirtschafts-Nobelpreisträger Daniel Kahneman (2009, S. 7) hat die Feedback-Phase in Entscheidungsprozessen sogar als seinen größten Wunsch bezeichnet: »Organisationen berauben sich der besten naheliegenden Lern- und Entwicklungschancen, wenn sie diese Phase unbeachtet lassen. Tatsächlich lernen sie gar nicht gern.«

! **Beispiel**

Führungskräfte und Vorstände eines namhaften Unternehmens sagten einmal: »Die letzte Akquisition hat uns so viele Schmerzen bereitet, darüber wollen wir nicht mehr reden.« Diese Haltung ist zwar verständlich, aber dennoch fatal. Denn man könnte sie genauso gut ersetzen durch die Aussage: »Wir wollen am aktuellen Beispiel für zukünftige Akquisitionen nicht reflektierend lernen.« Wirklich schade, denn gerade bei diesem Unternehmen sind Akquisitionen und schnelle Integration derselben mittlerweile Teil der Marktstrategie geworden. Lernverweigerungen solcher Art werden sich Organisationen in der Zukunft immer weniger leisten können.

Gefahren

Die größte Gefahr ist natürlich, dass einzelne Gruppen oder sogar die ganze Organisation diese wertvolle Phase einfach nicht wahrnehmen und jede Chance verpassen, aus dem Gesamtprozess zu lernen. Denn dann können sich auch keinerlei Vorstellungen davon entwickeln, welche riesigen Entwicklungs- und Lernchancen tatsächlich ungenutzt in der Organisation schlummern! Jeder anregende Dialog dazu wird damit im Keim erstickt. Investiert man hier jedoch die angemessene Aufmerksamkeit und Zeit, zahlt sich der daraus gewonnene Kompetenzzuwachs vielfach aus. Das werden Sie in allen späteren Entscheidungsprozessen deutlich spüren.

! **Tipp**

Zwei Fragenkomplexe, die durch das Feedback-Land leiten können:
- Was gibt es zu lernen — und zu verlernen? Was hat uns in der Umsetzung klüger gemacht? Welche Anteile sollten wir als *Best Practice* sichern?
- Welche Lernagenden für Teams und für die Gesamtorganisation lassen sich aus der aktuellen Erfahrung unmittelbar ableiten? (Etwa zu Prozessverbesserungen, zu Regeln der Zusammenarbeit und des Entscheidens etc.)

2.3.2.6 Ein wichtiger Begleiter in allen fünf Phasen: Die Terra Incognita

Die Terra Incognita besitzt auf unserer Karte zum Entscheidungsprozess keine eigene Nummer. Doch hier sind alle Einflussgrößen auf den Entscheidungsprozess versammelt, über die man nicht so gerne redet, die man vielleicht sogar bewusst verschweigt. Das betrifft jedoch auch die Aspekte, die einem unbewusst sind oder vollkommen unbekannt: die *Known Unknowns* und die *Unknown Unknowns*. Ebenfalls hier verortet sind die organisationskulturellen Wurzeln und ungeschriebenen Regeln im Umgang mit Gelegenheiten und Gefahren. In diesem Landstrich kann man also Kontakt zum Latenten und zum tief Verwurzelten in der Organisation aufnehmen. Beispielsweise kann man dabei entdecken, dass manche versteckten Tabus überhaupt nicht mehr so schrecklich sind, wenn sie erst einmal auf den Tisch kommen. Ein kleiner Umweg über die Terra Incognita lohnt sich im Prozess immer dann, wenn eine Situation verfahren scheint. Ein befreundeter interner Personalentwickler hat es auf den Punkt gebracht: Er kann sich die Landkarte gar nicht mehr ohne die Terra Incognita vorstellen. Denn er bringt damit Ungewohntes zur Sprache und schöpft daraus in seinen Gesprächen viel Konstruktives, das die stockende Arbeit mittels gezielter Fragen wieder in Gang bringt. Auf der Meta-Ebene dient uns die Terra Incognita letztendlich auch als leise Erinnerung daran, dass wir im Allgemeinen sehr Vieles weder wissen wollen noch können.

Tipp   !

Vier Fragen zur Erkundung der Terra Incognita:

- Was ist unbewusst schon entschieden, aber noch nicht in Kontakt zur Außenwelt und zum Handeln?
- Welche unausgesprochenen Machtinteressen oder Karrierebedürfnisse spielen eine Rolle?
- Welche Ziele und Absichten verfolge ich, verfolgen andere und wir alle zusammen als Gruppe, die bisher im Verborgenen geblieben sind?
- Wie stark bzw. in welcher Weise ermutigt die Organisationskultur das Nutzen von Gelegenheiten, fördert sie eine positive Fehlerkultur, oder gerade nicht? (Die Selbsteinschätzung einer Sparkassenmitarbeiterin spricht hier Bände: »Einen Fehler zu vermeiden ist uns wichtiger, als ein Geschäft zu machen.«)

2.3.3 Generelle Fragen für den Überblick

Diese beiden generellen Fragen zum Entscheidungsprozess helfen Ihnen in jeder Phase den Überblick zu behalten:

- Bin ich mit dem Prozess-Fluss zufrieden? Stimmen Richtung, Dynamik und Geschwindigkeit? (Eine rundum positive Antwort deutet auf die größtmögliche Prozesssicherheit und Gelassenheit hin, die man in der Organisation haben kann — an welcher Stelle auch immer.)
- Besteht die Notwendigkeit und Verantwortung, in die Prozessgestaltung einzugreifen? (Dies ist angezeigt, wenn aktuelle Ereignisse darauf hinweisen, dass der Prozess des Entscheidens »irgendwie nicht in Ordnung« ist.)

Der Königsweg: neugierig fragen

Die Fähigkeit, bessere und tiefer greifende Fragen zu stellen, führt uns einen großen Schritt weiter auf dem Weg zu erfolgreicheren Entscheidungen. Fragen (und Bilder) versetzen uns in die Lage, auch die komplexesten Entscheidungsprozesse sicher zu steuern und zu strukturieren. Denn Fragen bringen die notwendigen Perspektiven ein und steuern die Ausrichtung im Vorgehen.

Wer fragt, der führt. Das ist kein Hexenwerk, setzt allerdings Neugier voraus. Offene und neugierige Fragen zu stellen, ist Kunst und Handwerk zugleich. In der Summe geht es hier um eine außerordentlich wertvolle Kompetenz für die gesamte Organisation, die keineswegs den Führungskräften oder den speziell ausgebildeten Prozessberatern und Moderatoren vorbehalten bleiben sollte. Der Königsweg zu hoher Qualität ist es also, *neugierig zu fragen – und ergebnisoffen zuzuhören*. Ein kluges Repertoire an Fragen und das Beherrschen der Fragekunst helfen uns dabei, uns mit dem eventuell ungewohnten Umgang und der erweiterten Verantwortung des Entscheidens in Organisationen vertrauter zu machen. Bisher nie oder selten öffentlich gestellte Fragen flankieren dann plötzlich den Weg zur größeren Mitgestaltung für möglichst viele Mitglieder der Organisation.

Einige einfache Fragen, Regeln und Tipps sind generell für alle Entscheidungsprozesse anwendbar und nützlich. Für konkrete Themen, Prozesse und Projekte kommen situativ anzupassende Fragen, Regeln und Tipps dazu. All diesen Fragen können Sie sich allein, zu zweit mit einem kompetenten Sparringspartner oder im Team stellen. Das Ziel dabei ist stets, die Risiken professionell zu erkunden und zu managen und die Risikobilanzen transparent zu machen.

Am Ende der fünf Phasen unserer Karte zum Entscheidungsprozess (unterfüttert durch die Erfahrungen jahrzehntelanger Arbeit in und mit Organisationen) steht die Schlussfolgerung: Das Potenzial, das in den Entscheidungsprozessen von Organisationen noch ungenutzt schlummert, ist riesig. Bisher wird in der Regel wenig getan, um dieses Potenzial besser zu nutzen. Wenn Sie aber Ihrer Organisation helfen wollen, den großen Chancen im Markt besser gerecht zu werden dann ist die beste Empfehlung: Widmen Sie sich gezielt der Professionalisierung der wichtigsten Entscheidungsprozesse. Was immer Ihre *Big Opportunity* (Kotter, 2014) ist — erfolgreiche Entscheidungen sind in jedem Fall die beste Antwort auf die Herausforderungen und Chancen Ihres Marktes. Und die Wahrscheinlichkeit ist groß, dass Sie daraus ein außerordentlich stärkendes und ermutigendes neues Kapitel Ihrer Personal- und Organisationsentwicklung machen können.

Letzter Blick von oben — aus Organisationssicht
Skeptiker könnten hier einwenden, dass Prozessdenken nicht wirklich neu ist. Philosophisch gesehen stimmt das auch. Sagte nicht schon vor 2500 Jahren der Philosoph Heraklit »Alles fließt«? Bestimmt würde er sich wundern, wie perfekt sein Verständnis der Welt in unsere heutige, global vernetzte Zeit passt. So hat sich das Denken in Geschäftsprozessen (und Zusammenhängen) in den letzten Jahrzehnten als absolut nützlich und überzeugend erwiesen.[34] Doch noch viel zu selten wird diese Erfahrung in Organisationen auch auf das spezielle Feld des

Entscheidens übertragen. Wir sind jedoch der festen Überzeugung, dass sich genau diese Sicht der Dinge letztendlich mit der gleichen Überzeugungskraft auch hier durchsetzen wird. Denn mehr und mehr wird dieses Vorgehen für den Berufs- und Geschäftserfolg unerlässlich sein.

Abbildung 2.21: Die Organisationslogik, die das Gestalten von Prozessen und das Entscheiden verbindet

Immer öfter und immer drängender wird von und in Organisationen eine schnellere Reaktionsfähigkeit erwartet. In seinem 2014 erschienenen Buch *Accelerate* identifiziert der Global-Leadership-Experte John Kotter genau das als die größte ungelöste Herausforderung. Deren Lösung ist seinen Worten nach nur in achtsam gestalteten Entscheidungsprozessen zu finden. An möglichst vielen Stellen professioneller — und damit auch in vielen Situationen schneller — zu entscheiden, ist demnach unbedingte Voraussetzung, um Organisationen handwerklich fundiert reaktionsfähiger zu machen.

Prozessdenken, ausgeweitet auf das Entscheiden, avanciert so mehr und mehr zu einem zentralen Lösungsansatz, zu einem Generalschlüssel für alle am Arbeitsprozess Beteiligten.

2.3.4   Zusammenfassung

Prozessdenken macht das Entscheiden ganz zweifellos leichter — und das gleich auf drei Ebenen: der handwerklich-praktischen, der betriebswirtschaftlichen und der sozialen Ebene. Das beginnt damit, dass man insbesondere ungelöste, drängende Probleme und überfällige Entscheidungen leichter (oder überhaupt) angeht. Das fällt mit diesem Instrument viel leichter, weil man sie Schritt für Schritt dokumentieren und reifen lassen kann. Das aktionsorientierte Kommunizieren während des Prozesses endet idealerweise damit, dass man in der Phase des Feedbacks wertvolle Zuversicht für das Gelingen zukünftiger Entscheidungsprozesse tankt.

Absolut niemand in Organisationen oder in der Politik kann *Ergebnissicherheit*, also die Sicherheit eines ganz bestimmten erwünschten Outputs versprechen. Aber *Prozesssicherheit* zu versprechen, zu gestalten und laufend zu verbessern: das haben wir in der Hand! Jeder von uns kann Einfluss darauf nehmen, dass Transparenz entsteht, dass ein Einbeziehen und Ernstnehmen verschiedener Perspektiven erfolgt, dass Verantwortung im Prozess übernommen und eingefordert wird und dass gegenseitige Achtsamkeit und Dialogbereitschaft zustande kommen.

Nachfolgend wollen wir Ihnen nun noch einige Tipps dazu geben, wie Sie die hier vorgestellten Ideen in Ihrer Praxis erfolgreich integrieren können.

Tipps für alle Prozessbeteiligten

1. Geben und verlangen Sie Prozesssicherheit.
2. Wählen Sie Ihren Sparringspartner beim Entscheiden sehr sorgfältig. Wenn Sie derzeit keinen haben, suchen Sie sich jemanden, der für Sie persönlich vertrauenswürdig ist. Einer unserer Klienten sagte dazu: »Als unser Vorstandskollege ins Unternehmen kam hat der Lernprozess des bewussten und professionellen Entscheidens erst wirklich eingesetzt. In der intensiven Auseinandersetzung mit einer anderen Person haben wir schrittweise an Qualität gewonnen. (…) Das Spannende daran ist, dass wir sehr unterschiedlich sind, und es ist eine akzeptierte Unterschiedlichkeit.«
3. Denken Sie vom Ende her, d.h. von dem wünschenswerten Nutzen oder Ergebnis des einzelnen Entscheidungsprozesses, von seiner Wirkung her. Schauen Sie konsequent von der Zukunft her auf das, was heute zu entscheiden und tun ist. Diese altbewährte Prozessregel ist heute relevanter denn je: Der Wechsel der Blickrichtung wird, eben wegen der Beschleunigung und erhöhten Ungewissheit unserer Zeit, immer hilfreicher. Der Blick von der Zukunft her liefert den qualitativen Unterschied zum bislang üblichen Problemlösungsblick.
4. Selbst als »einfaches Mitglied der Organisation« haben Sie in vier der fünf oben geschilderten Phasen mit neugierigen Fragen und selbstbewussten Antworten alle Möglichkeiten der Mitgestaltung und Mitverantwortung! Aufgrund Ihrer speziellen Kompetenz bzw. Ihrer Aufgaben an der Peripherie

der Organisation verfügen Sie oft über wertvolles Know-how und größere Urteilskraft als die formalen Entscheider. Vertrauen Sie Ihren Möglichkeiten. Nutzen Sie sie. Verändern Sie die Organisationskultur »von unten her«. Wer es versucht, wird erfahren: Es geht.

Tipps für Gestalter
1. Machen Sie (ggf. noch konsequenter als bisher) klar, dass nicht nur die Führungskräfte die Prozesse des Entscheidens (in verschiedenen Rollen) mitgestalten, sondern alle verantwortungsbereiten Mitarbeiter. So erzielen Sie in der gesamten Organisation besseren Output und echten Mehrwert — und das fast immer auch schneller, in höherer Qualität, mit (auch emotional) geringerem Aufwand und wesentlich nachhaltiger.
2. Verzichten Sie (als Vorbild) auf das Argumentieren und das Durchsetzen oder Entkräften vorgefasster Meinungen, inklusive der oft so heiß geliebten eigenen. Fördern Sie stattdessen konsequent einen Prozess des Erkundens und Dialoges. Das schmälert in keiner Weise Ihre Entschlossenheit »to get things done«. Bleiben Sie im Prozess konsequent überraschungsbereit und achtsam bis in die Umsetzung hinein. Versuchen Sie zu akzeptieren, dass Ihre Rolle sich damit hin zum *Prozessmanager* wandelt — zumindest, wenn es sich um wichtige Weichenstellungen in der Organisation handelt.
3. Sorgen Sie für die Einführung einer *decision quality control* im Sinne der Empfehlung Daniel Kahnemans.
4. Freunden Sie sich mit der neuen Maxime der Organisationsgestaltung und Organisationskultur an: Alle Beteiligten/Betroffenen haben nicht delegierbare Mitverantwortung am Prozess! Und das gilt nicht nur für die (gerne zurückgehaltenen) Inputs oder die (nicht mitverantworteten) Outputs. Machen Sie es allen unkompliziert und transparent möglich, ihre Mitverantwortung wahrzunehmen. Das konsequente Fordern und Fördern dieser Mitverantwortung wird Ihrer Organisation und allen am Entscheiden Beteiligten eine reiche Win-win-Ernte bescheren.

Wie es weitergeht
Im Handwerkzeug-Kapitel 3.4 *Die Decisio-Prozesslandkarte* werden Beispiele aus der Organisationspraxis im Fokus stehen und Ihnen Möglichkeiten aufzeigen, wie die hier geschilderten Phasen im Entscheidungs-Alltag zu füllen sind.

Im Anwendungs-Kapitel 4.1 *Vernetzt entscheiden* finden Sie mannigfache Hinweise und Tipps zur Entscheidungsarchitektur in der Organisation. Dort wird vertieft erläutert, wie wichtig organisationskulturelle Rückendeckung und Ermutigung sind, damit Menschen in Prozessteams ihre bestmögliche organisationale Urteils- und Entscheidungsfähigkeit entwickeln und entfalten können.

2.4   Die Zukunft des Entscheidens

Sehr viele Menschen sind in einer eigenartigen Weise von Prognosen, Prophezeiungen, Orakeln und Zukunftsentwürfen fasziniert. (Das gilt ganz universell und kulturübergreifend.) Andere verdienen genau damit ihren Unterhalt, indem sie bereitwillig alle Wirtschaftszweige mit Voraussagen füttern. Das ist nicht unser Geschäft. Wir pfuschen nicht etwa den Zukunftsforschern ins Handwerk sondern sind der — allerdings sehr westlich gedachten — Überzeugung, dass die beste Zukunft immer die von uns heute achtsam gestaltete ist.

In diesem Kapitel rückt die unersetzliche Initiativfunktion des Führens im Zusammenhang mit der Kompetenzentwicklung des Entscheidens ins Bild.

> »In Zeiten des stetigen Wandels muss es Ziel von Führung sein, resiliente und agile Organisationen zu schaffen. Effizienzgetriebene Führung kommt an Grenzen. [Es gilt,] Menschen und Organisationen viel stärker als bisher zu befähigen.«[35] (LEAD, 2016, S. 6)
> Ein alles andere als leichtes Unterfangen wird hier eingefordert, gilt es doch, ein Paradox zu handhaben: »Die rasanten Veränderungen erhöhen den Druck auf das Tagesgeschäft. Man hetzt von eiliger Aufgabe zu eiliger Aufgabe, die Taktzahl ist hoch. Eine Stärkung der ›organisationalen Weisheit‹ hingegen braucht Ruheräume, Auszeiten, tiefe Gespräche. Gute Führung schafft es, beides in der Organisation zu ermöglichen – Geschwindigkeit und Innehalten.« (Ebd., S. 7)

Was können wir einer Führung, die eine gezielte Entwicklung der organisationalen Entscheidungskraft einleiten will, und den vielen mitarbeitenden Gestaltern, die sich dieser Führung anvertrauen wollen, anbieten? Wir werden diese Frage aus drei verschiedenen zeitlichen Perspektiven beleuchten:

1. erstens aus der Perspektive des *vergangenen Entscheidens* und seiner Bedeutung für das Heute und die Zukunft,
2. zweitens mit der Frage, wie ein konsequent *von der Zukunft her* gestaltetes Entscheiden aussähe
3. und drittens mit Überlegungen dazu, welches *Entscheiden in der Gegenwart*, im Hier und Heute auf keinen Fall verkehrt wäre.

Wir sind zuversichtlich, dass Sie gemeinsam mit uns aus dem Zusammenspiel dieser drei zeitlichen Perspektiven einige überaus interessante und relevante Erkenntnisse gewinnen können.

Abbildung 2.22: Das Entscheiden im Hier und Heute — gespeist aus drei zeitlichen Perspektiven

Annahmen zur Zukunft unserer Organisationen[36]

Auch für unsere Überlegungen zur Zukunft unserer Organisationen finden wir die folgende Aussage sehr plausibel: »Die Aufgaben von Führungskräften haben sich mit Beginn des 21. Jahrhunderts drastisch verändert. Globalisierung, Digitalisierung und Forderung nach mehr Beteiligung machen Führung komplexer.« (LEAD, 2015, S. 3) Dabei müssen wir also auf jeden Fall ausgehen von weniger Stabilität der uns bekannten Art (mehr dazu in ZOE 1/15). Die vielen Start-ups, die kommen und gehen, sind dafür ebenso Beispiele wie das umfangreiche vagabundierende Venture Capital, Restrukturierungen, Mergers und Akquisitionen. Die alten Formen der Stabilität, Struktursicherheit und Einflussnahme wie etwa das funktional-hierarchische Ordnungsprinzip müssen dafür weiterentwickelt werden. Gleichzeitig sollten sie mit neuen Formen der Stabilität wie der Prozesssicherheit konstruktiv verbunden werden.

Die konstatierte Notwendigkeit von Agilität und Resilienz weist in eine aussichtsreiche Richtung.

Agil und resilient sein bedeutet: aufmerksam, bereit und widerstandsfähig genug sein, um dem nicht direkt Verwertbaren, den Überraschungen, schnellen Wendungen und disruptiven Innovationen, die immer häufiger zu erwarten sind, »besser« zu begegnen. Die *Windows of Opportunity* öffnen — und schließen — sich heutzutage wesentlich schneller. Agil und resilient heißt in vielen Unternehmen schlicht: anders *entscheiden* als gewohnt. Und das ist überhaupt nicht selbstverständlich.

! **Agilität und Resilienz: Ein Beispiel auf privater Ebene**

Das immer häufiger überraschend wechselnde Wetter »zwingt« uns etwa im Winter, uns schneller als früher zu entschließen, zum Langlauf oder Schlittschuhlaufen zu gehen. Schneller, als man gucken kann, ist sonst kein Schnee mehr da, der See nicht mehr fest zugefroren, die Saison vorbei — oder aber sie kommt in fünf Wochen überraschend noch einmal zurück.

2.4.1 Das vergangene Entscheiden

2.4.1.1 Die Wirkmächtigkeit der Geschichte unseres Entscheidens

Betrachten wir zunächst das Phänomen des Entscheidens aus einiger historischer Distanz. Die faktische Macht der Geschichte angemessen zu bewerten, d.h. sie weder zu unter- noch zu überschätzen ist nicht leicht; man kann sie auch als *Pfadabhängigkeit* bezeichnen. In unserem Metier gilt es in jedem Fall, die Kraft der *Organisations*kultur in Hinblick auf die *Entscheidungs*kultur zu respektieren. Sie gibt unabdingbar den selbstverständlichen Takt vor. Matthias Horx sagt dazu sinngemäß: Als Zukunftsforscher muss man mit der Geschichte verbunden sein, sie verstehen. Wer die Zukunft verstehen (und auf dieser Basis mit größerer Wirksamkeit beeinflussen) will, sollte also zunächst die Vergangenheit verstehen: Zukunft basiert auf Herkunft!

Wie leicht verliert ein zuversichtlicher, ambitionierter Can-do-Change-Manager (oder -Berater) die Bodenhaftung des Realisierbaren, wenn ihn sowohl die dringende Notwendigkeit als auch all die vielen Möglichkeiten, das Entscheiden in Organisationen zu verbessern, allzu stark beflügeln? Da lohnt es sich, eine historisch gespeiste besonnene Stimme als ausgleichendes Gegengewicht, als »Gegencheck« zu hören. Wie sind Menschen vergangener Gesellschaften mit der Zumutung des Entscheidens umgegangen? Was sagt uns die jüngere Vergangenheit des Entscheidens über das zukünftige Entscheiden, was der Kontrast?

Der besondere Blick der Historikerin Barbara Stollberg-Rilinger führt uns den Unterschied zwischen dem Verständnis des Entscheidens in der Vormoderne und den heutigen Ansichten dazu sehr plastisch vor Augen (Stolberg-Rilinger 2013, S. 1–13). Gleichzeitig hebt er aber auch ans Licht, wie viel des vormodernen Verständnisses (nicht nur in Organisationen) heute noch allgegenwärtig ist und — aus sehr nachvollziehbaren Gründen — praktiziert wird. Ihre Kernaussagen:

- *Entscheiden ist nicht selbstverständlich.* Genauer gesagt: Es versteht sich nicht von selbst, dass Handeln als Entscheidungshandeln gerahmt, geformt und wahrgenommen wird.

- Bis ins 12. Jahrhundert war die Thronfolge nirgendwo in den europäischen Monarchien abstrakt formalisiert. In der Regel ging es darum, die Herrschaftsnachfolge in einen quasi-natürlichen Automatismus zu verwandeln und mit der *Aura des Unverfügbaren* zu umgeben, d. h. Entscheidungssituationen auszuschließen.
- Hingegen musste im Papsttum und im Heiligen Römischen Reich Deutscher Nation immer wieder neu entschieden werden. Das schuf Probleme. Die Erfahrung von Herrschaftskrisen aufgrund von Doppelwahlen führte im Römischen Reich zu einer frühen *Formalisierung des Entscheidens*. Die berühmte Goldene Bulle (1356) sollte dafür sorgen, dass der Prozess des Entscheidens sicher in Gang gesetzt und mit Gewissheit zu Ende geführt wurde. Das war ungewöhnlich.
- Im Normalfall einer vormodernen politischen Versammlung war *Einigung* angemessener als Entscheidung.
- An dieser Stelle kommt die *Inszenierung des Entscheidens* in den Blick. Jede Formalisierung erzeugt ihrerseits neuen Bedarf an Informalität, an Vorbereitung hinter den Kulissen, Gegenleistungen, Versprechungen und Drohungen.
- Es ging in der Vergangenheit manchmal gar nicht so sehr darum, *wie* entschieden wurde, sondern darum, *dass überhaupt entschieden wurde* und wer das tat.

Welche Schlüsse ziehen die Historiker für unsere Zeit? Auch hier greifen wir auf die Aussagen Stollberg-Rilingers zurück:

- »Wir leben heute in einer *Entscheidungsgesellschaft*. Damit ist gemeint, dass in unserer Gesellschaft — wesentlich mehr als in traditionalen Gesellschaften — alles menschliche Handeln tendenziell als Entscheidungshandeln, und zwar als rationales Entscheidungshandeln geformt ist.
- Was in der Moderne zugenommen hat, ist zweifellos der Optimismus, mit dem man an die *Möglichkeit rationalen Entscheidens* glaubt. Rationale Entscheidungen sind die heiligen Kühe der Moderne (Uwe Schimank). Damit haben wir uns in ein Dilemma manövriert: Je geringer aufgrund der steigenden Komplexität moderner Gesellschaften die reale Aussicht auf rationales Entscheiden, desto höher zugleich die Erwartung, dass dies erforderlich und auch möglich sei. In dieser selbst gestellten Falle unerfüllbarer Machbarkeitserwartungen sitzen die Entscheider heute offensichtlich fest. Was bleibt ihnen anderes übrig als fortwährende Nachrationalisierungen?

Was kann man — solchermaßen zu historischer Besonnenheit ermahnt — für unser Entscheiden heute ableiten?

Bleiben wir noch kurz auf der gesellschaftlich-politischen Ebene. Ja, von der Kaiserwahl bis heute sind die politischen Entscheidungsprozesse verlässlicher, schneller und vernetzter geworden. Doch aktuell ist der dringend erforderliche nächste signifikante Evolutionssprung in den Verfahren und Entscheidungsregeln der gesellschaftlichen/politischen Institutionen kaum zu sehen. Die geringe Lerngeschwindigkeit in den gesellschaftlichen Funktionssystemen der *Welt 3* (siehe Kapitel 2.1.5), insbesondere der Politik, kann einem als Weltbürger Angst und Bange machen. Hier nur zwei Beispiele: Es gelingt Europa seit vielen Jahren nicht, den längst dysfunktional gewordenen Maastricht-Vertrag von 1992 zu verbessern. Im Gegenteil: 2015 erwies sich als das früher unvorstellbare Jahr des reflexartigen Rückfalls in unverblümtes nationalstaatliches Denken, Entscheiden und Handeln. Und die mageren Ergebnisse der verschiedenen Weltklimakonferenzen seit 1992 dokumentieren diese geringe Lerngeschwindigkeit. Kriegt die Welt jetzt, Dezember 2015, mit dem Vertrag von Paris die Kurve? Naive Euphorie ist nicht angebracht. Die Symbolik der archaischen Inszenierung dramatischer Nachtsitzungen (wie letzthin etwa in Minsk zum Ukrainekonflikt) und Verhandlungsmarathons (z.B. zur Iran-Atom-Problematik) ist ein untrügliches Zeichen ineffizienter und ineffektiver Verfahren. In der Folge wird der Einfluss der Zivilgesellschaft, der Bürgerinitiativen und vieler NGOs — multipliziert durch das Netz — zum vorantreibenden Ausdruck der Unruhe der Massen. Dieser Druck — indirekt auch auf alle Organisationen — wird nicht nachlassen, allein schon deshalb, weil wir zum ersten Mal in der Menschheitsgeschichte in einer Welt leben, die wirklich alle angeht und uns zum ersten Mal wirklich bewusst wird: Es ist die einzige Welt, die wir haben. Diese Welt braucht achtsam entscheidungsstarke Organisationen.

Eine sehr wichtige Aufgabe ist nun, diese sehr plausiblen Befürchtungen daran zu hindern, lediglich eine Steigerung des allgemeinen Angstpegels zu bewirken. Denn Angst birgt immer die Gefahr in sich, dumm zu machen, zu blockieren — was nur dazu führen würde, dass noch mehr an wertvoller Zeit verschwendet würde. Eine alternative, ermutigende Rahmung könnte lauten: *Gestaltungslust durch kompetentes Entscheiden.* Dieser Ansatz gibt viel mehr Kraft als das reine Beschwören des permanent stärker werdenden Veränderungsdrucks. Die Geschwindigkeiten zwischen den Welten 3 und 2 scheinen immer asynchroner zu werden. In der Konsequenz erscheint uns das Entscheiden in der Welt 3 als kaum noch mehr denn ein der Wirklichkeit hoffnungslos hinterherhinkender Reparaturbetrieb.

In der *organisationalen Welt 2* stimmen uns die signifikant höheren Reaktionsfähigkeiten und Lerngeschwindigkeiten viel zuversichtlicher, zumal die dort systemimmanente gemeinsame *Aufgabenorientierung* auch das gemeinsame Produzieren von verbindendem Sinn wesentlich erleichtert. Andererseits sind auch dort »Rückfälle« in vormodernes Entscheidungsverhalten zu beobachten — gut verständlich, weil sie eben situativ kulturelle Sicherheit geben. Man kann sie vermehrt bei allen Beteiligten erwarten, sobald der Stress steigt und auf eine Organisationskultur der »alten Schule« trifft: Dort werden dem Einzelnen zu wenig psychologische Sicherheit und Vertrauen geboten und es bestehen kaum Spielräume dafür, genügend Lernzeit in das Ausprobieren neuer Entscheidungsregeln und Verfahren/Prozesse zu investieren. Dies wären jedoch die Grundlagen eines strategischen Investierens in *die intelligente »Software des Betriebssystems« der Organisationen* — um ein Sprachbild der digitalen Welt zu nutzen.

2.4.1.2 Auf Sicht fahren: Die kontinuierliche Verbesserung des Entscheidens in Organisationen

Wie kann es nun gelingen, die Spielräume und Verbesserungspotenziale des Entscheidens in den Organisationen der Gegenwart realistisch einzuschätzen und zu nutzen? Hier ist es hilfreich, ja eigentlich unersetzlich, die *Wirkmacht der gegenwärtigen Vergangenheit*, d.h. die reale Präsenz der Entscheidungen der Vergangenheit und ihres (oft durchaus unbewussten und zum Teil ungewollten) Einflusses auf die gegenwärtigen Entscheidungen so genau wie möglich wahrzunehmen. Die Tonalität des Entscheidens von der Vergangenheit her — und insbesondere von einer erfolgreichen Vergangenheit her — ist eine voreingenommene, nicht selten eher defensive. Einerseits ist ja bekannt: Wer viel hat, kann auch mehr riskieren. Je größer jedoch der Druck ist, der von einer (von wem auch immer) behaupteten möglichen Zeitenwende ausgeht, desto mehr kann sich dieser in einem defensiven, verkrampften und (wenn auch uneingestanden) ängstlichen Vermeiden oder Aufschieben von Entscheidungen niederschlagen. Je leichter es ist, das — oft über Jahrzehnte und Generationen — Erworbene und Verdiente auch wieder zu verlieren — und das kann schnell gehen! —, desto schwerer tut man sich, die Wirklichkeit des Hier und Jetzt seinen Entscheidungen zugrunde zu legen. Ein Entscheiden »aus der Vergangenheit heraus« birgt die Chance der Selbstgewissheit auf Grund des Erreichten wie auch die sichere Gefahr, damit allein der Zukunft keinesfalls gerecht werden zu können.

> **Achtung: Zukunft kann man nicht gewinnen, wenn man als Organisation (unbewusst) in der Vergangenheit gefangen bleibt.** !
>
> Insbesondere in Unternehmen, die sich selbst als traditionell erfolgreich und pragmatisch einschätzen, ist die folgende Frage hilfreich: Was muss sich (vorbeugend in unseren Haltungen und Verhaltensweisen) ändern, damit sich nichts (an unserer nachhaltigen ökonomischen Erfolgsgeschichte) ändert? Gemeint ist damit eigentlich: Was müssen wir ändern, um unsere zwei bis drei allerwichtigsten Werte und Ziele aus unserer Geschichte sichern und bewahren zu können?

Fragen und Anliegen aus unseren Interviews

Im Rahmen unserer Interviews und Erkundungen zum Thema »*Wie sehen Sie die Zukunft des Entscheidens in Ihrem Unternehmen?*« konnten wir etliche typische Fragen und Problemfelder herauskristallisieren. Allerdings ist dabei weder sprühender Optimismus noch entschlossener Gestaltungswille deutlich geworden. Zwar haben wir sehr viele und sehr klar formulierte Forderungen nach Verhaltensveränderungen gehört, allerdings waren diese — wen wundert's — ganz überwiegend adressiert an gerade nicht anwesende Parteien. Gleichzeitig gab es zumeist nur sehr wenige Ideen dazu, *wie* diese Verhaltensänderungen durch Personal- oder Organisationsentwicklung, durch alternative Strukturen oder neue kulturelle Achtsamkeit realisiert werden könnten. Und die Idee »Entscheiden soll zum Kern einer Kompetenzentwicklung im Rahmen unseres Change-Managements werden« war allerhöchstens leise und sehr unsicher am Rande zu hören. Diese Notwendigkeit ist ganz offensichtlich noch nicht im Mainstream der Organisationen angekommen.

Typische Fragen und Anliegen aus den Interviews:[37]

- Einen sehr wichtigen Komplex bildet natürlich die *Partizipation beim Entscheiden*. Wie können wir die Partizipationsformen, die sich in der Vergangenheit bewährt haben, sichern und weiterentwickeln? Und wie können wir mit neuen, sicherlich zunächst verunsichernden Formen der Partizipation mit kalkuliertem Risiko die Mitarbeiter dazu provozieren/motivieren, zu experimentieren, ohne unsere Organisation und ihre Kultur zu überfordern?
- Eine weitere deutlich erkennbare Anforderung war: Wir müssen dazu ermutigen, *mehr Entscheidungen nach unten zu delegieren.* Dies bezieht sich vor allem auf die Arbeit an der Entwicklung neuer Produktbündel und Geschäftsmodelle. Hier geht es darum, schneller und schlagkräftiger zu werden, eine gute Balance zwischen Übermut und Mut zu produzieren. Offen ist dabei meist die Frage geblieben, wie diese Anforderung in der Praxis konkret zu realisieren ist.
- *Das Verlernen muss schneller gehen, aber auch das Lernen,* und damit das Neuerfinden als eine plausible Antwort auf den Markt und die Kundenanforderungen. Dafür einen schnelleren, mutigen mentalen Prototyping-Prozess zu etablieren, war ein vielfach geäußerter Wunsch.
- Der Umgang mit dem heute so rasanten Technologiewechsel wird vielfach als Problem und Chance erkannt: *Schnelle, kurzfristig vernetzte und transparente Entscheidungsprozesse durch Technologie* zu ermöglichen, ist damit eine oft erkannte Notwendigkeit. Die modernen Kommunikations- und Sharing-Tools, Audio und Video, so die allgemeine Erwartung, werden die Unterscheidung *Wer bin ich? Linie oder Matrix?* relativieren und in ihrer Relevanz entschärfen. Mit der Nutzung von Telekonferenzen soll es dem Einzelnen leicht und kostengünstig ermöglicht werden, in einem komplexen Umfeld als einer von vielen an Entscheidungsprozessen mitzuwirken. Automatisch stellt sich

so — und darauf kommt es wesentlich an! — das selbstbewusste Gefühl ein: Ich bin ermöglicht (»enabled«), wichtig, relevant.

- Eine weitere Erwartung: Wir werden in Zukunft noch viel stärker schnell getaktete »kleine« Entscheidungsprozesse benötigen, die öfter stattfinden und damit automatisch den Symbolcharakter des *großartigen Entscheidens* verlieren werden. Daraus kann eine hochwillkommene Miniaturisierung, Vernetzung und Entkrampfung von Entscheidungsprozessen resultieren, »weil sie nicht mehr so eingebettet sind in Lachsbrötchen und Champagner«.
- Nicht wenige obere und oberste Führungskräfte sind zu der Erkenntnis gelangt, dass sowohl *Achtsamkeit* als auch *Fokussierung* in Zukunft überaus wichtig sein werden: »Ich werde diese Achtsamkeit beibehalten und auch weiter im Vorstand adressieren. Wir haben als Vorstandskollektiv noch Luft, uns das zu leisten, weil heute viel »runterdelegiert« ist. Wir sind überlastet, aber es gibt Spielraum für diese Achtsamkeit.«

Diese kleine Auswahl an Aussagen illustriert den Normalfall des *ökonomisch klugen, achtsamen »Fahrens auf Sicht«*. Hier gilt das lebenskluge Motto: Nur die Zukunft, die in der jeweiligen Organisationskultur vorstellbar und attraktiv ist, hat eine überdurchschnittlich faire Chance (mit-)gestaltete Zukunft zu werden. Die Suche danach ist und bleibt eine permanente Gratwanderung. Schauen wir ausgewogen sowohl von der Vergangenheit als auch von der Zukunft her auf die gegenwärtigen Herausforderungen? Sind das achtsame Beobachten der Markterfordernisse und das Scannen der Umwelt plus einer schrittweisen Personal- und Organisationsentwicklung als Entscheidungsgrundlagen ausreichend? Dazu abschließend die Aussagen von Mathias Döpfner, Vorstandsvorsitzender der Axel Springer AG:

> »Kritische Selbstreflexion ist bei mir ein gut trainierter Muskel. Man darf nicht für eine Sekunde ein Gefühl der Zufriedenheit entwickeln. (...) Durch die Digitalisierung ist Gründergeist ein globales Phänomen geworden. (...) Kulturen sind immer wichtiger als Strukturen. Kulturveränderung war deshalb von meinem ersten Tag bei Axel Springer die oberste Priorität. Da liegen die größten Errungenschaften.«

Das klingt gut und lässt hoffen. Aber die Gefahr ist natürlich in keiner Weise gebannt: Eine von der — erfolgreichen — Vergangenheit imprägnierte Gegenwart hat oftmals die viel besseren Karten gegenüber einer Zukunft, die hier und heute nichts greifbar Attraktives zu bieten hat. In diesem Sinne kann man der Vergangenheit zurufen: Ich sehe dich und respektiere dich. Aber zu viel von dir tut auch nicht gut. Die Zukunft verdient unsere Aufmerksamkeit und unsere Entscheidungen allemal mehr.

2.4.2   Von der Zukunft her entscheiden

Von der Zukunft her entscheiden ist eine moderne Interpretation der alten Weisheit *respice finem* (bedenke das Ende), die ja, oft genug zitiert, angeblich von Angela Merkel als Entscheidungsregel hochgeschätzt wird. Zu Recht, wie wir anerkennen. Allerdings geht es uns dabei eher um die (natürlich schwer zu beantwortende) Frage, von welchen mentalen Modellen und Werten der Zukunft aus gesehen hier und heute gut zu entscheiden ist, damit es uns (aller Wahrscheinlichkeit nach) gelingt, eine nachhaltig gute wirtschaftliche Zukunft zu gestalten. Sie halten diese Überlegung für vollkommen skurril und nutzlos? Das ist sie durchaus nicht! Wir alle haben es in den letzten Jahren sehr konkret erleben können: Die Zukunft kommt viel schneller, als es uns je vorstellbar war. Da uns jedoch die Evolution nicht fit gemacht hat für eine so schnelle Wandlung der Dinge, können wir einen großen Schub an Bewusstseinsentwicklung und Vorstellungskraft definitiv gut gebrauchen. Das Spüren einer im Entstehen begriffenen Zukunft ist naturgemäß ungewohnt und kann nur von einer »Wandlung des inneren Ortes, von dem aus wir handeln« (vgl. Scharmer, 2013) her beantwortet werden.[38]

Dabei geht es also gerade nicht um *business as usual*, und das jetzt notwendige Handeln bzw. Entscheiden kann nur durch die Vorstellungskraft Einzelner oder, noch viel wirksamer, von ganzen Gruppen ausgelöst werden. Probieren Sie es aus: Viele Chancen, Potenziale und Gefahren sehen aus der Zukunft betrachtet ganz anders aus, werden vielleicht überhaupt erst sichtbar oder sind definitiv anders zu priorisieren und damit auch anders zu entscheiden. Unbedingt sollten wir die Zukunft ernst nehmen, denn sie kommt ganz sicher schneller als wir meinen — und unsere Entscheidungen heute brauchen ja auch in vielen Fällen ihre Zeit, um konkret praktische Wirkung zu zeigen.

Wir sind ganz sicher: Die Konsequenzen dieses regelmäßigen Blicks von der Zukunft her würden sich sehr vorteilhaft in der Nachhaltigkeit unseres Entscheidens niederschlagen — sowohl in Form früher genützter Chancen als auch in Gestalt früher erkannter und bearbeiteter Gefahren.

Und was ist mit dem altbekannten Einwand: Im Nachhinein ist man immer klüger? Lassen Sie uns hierzu kurz das Beispiel Griechenland betrachten. Die Risikoanalyse des (erschlichenen) Beitritts zur Euro-Zone 2001 war eine »aus politischen Erwägungen« verzerrte. Es gab durchaus ernsthafte ökonomische Bedenken, die zwar wahrgenommen, jedoch gering geschätzt und heruntergespielt wurden. Was folgte, war mehr als ein Jahrzehnt des unentschiedenen Driftens. Die systemische Dynamik ist im Grundsatz natürlich bekannt — wurde aber von allen Seiten geflissentlich ignoriert. Und heute wundert man sich darüber, dass die

Kosten dieses Vorgehens um ein Vielfaches höher liegen als jemals angenommen. Was hätte man hier für Fehler (= massive Verschwendung von Ressourcen) vermeiden können mittels konsequentem Denken und Entscheiden von der Zukunft her! Und gar nicht so wenige einflussreiche Menschen haben das damals schon gewusst — und geäußert.

Das Beispiel Griechenland steht stellvertretend für viele: Je früher man eine schädliche Dynamik erkennt und eingreift, desto leichter ist sie zu stoppen und drehen. Und je früher man eine konstruktive Dynamik erkennt und stützt, desto eher wird sie Fahrt aufnehmen und positive Ergebnisse nach sich ziehen.

2.4.3 Das gegenwärtige Entscheiden

Unsere Entscheidungen heute sind die einzigen Zukunftsentwürfe, die uns bleiben.

Mit diesem Leitsatz von Niklas Luhmann (in verschiedenen seiner Werke variiert) wollen wir Ihnen die vier folgenden Plädoyers ans Herz legen. Seine Aussage ist ebenso grandios wie hilfreich: Denn das gegenwärtige Entscheiden ist tatsächlich das einzige Mittel, das wir besitzen, um die Zukunft zu gestalten! Spätestens Luhmann sollte uns klargemacht haben, dass Konzepte der Vergangenheit wie »Schicksal« oder »Evolution« tendenziell dazu verführen, unsere konkrete Verantwortung hier und jetzt von uns wegzuschieben. Und diese Erkenntnis ist keineswegs zu fürchten. Sie eröffnet uns gleichzeitig immense Einflussmöglichkeiten.

Insbesondere in diesem Kapitel nehmen wir uns an verschiedenen Stellen die Freiheit, uns ein wenig »auf den Schultern von Riesen« zu bewegen und uns — und damit auch Ihnen — aus dieser privilegierten Position neue Ausblicke zu gönnen. Neben dem »Riesen« Luhmann werden wir Ihnen in diesem Kapitel noch einige weitere geniale Meister des Metiers vorstellen. Zwei Entscheidungsregeln sind dabei ganz besonders wichtig. Die erste ist, *so wenige neue Regeln wie möglich* aufzustellen, weil organisationale Veränderung nur gut dann funktioniert, wenn *wenige* neue Gewohnheiten *gut eingeübt werden*, eine nach der anderen. Ungeduld ist da von Übel und wird zum Bumerang. Die gute Absicht der neuen Initiative verdrängt oder erdrückt dann nur allzu leicht die ebenso gute Absicht der vorangegangenen (vgl. Kapitel 2.3). Die zweite Regel in Bezug auf das gegenwärtige Entscheiden ist tatsächlich eher konservativ geprägt: *Was ist hier und heute auf keinen Fall falsch zu entscheiden und zu tun?*

Luhmann erweist uns für das Verständnis des Entscheidens und die Entwicklung des passenden Handwerks mit seiner (tatsächlich sehr geschichtsbewussten!)

Aussage einen großen Dienst: Verschwende keine Zeit damit, dich auf Schicksal oder Evolution herauszureden. Was immer geschieht, geschieht. Und was immer du dazu beizutragen hast, solltest du verantwortungsbewusst und so gut es dir möglich ist hier und jetzt entscheiden! Nicht mehr und nicht weniger ist dein Einflussbereich. Das muss man keineswegs als beschwerlich und verantwortungsdüster betrachten. Stattdessen können Sie sich lebensfroh sagen: Okay, die Auswirkungen der Entscheidungen von heute bleiben uns tatsächlich erhalten. Und morgen ist ein neuer guter Tag, um uns — ein bisschen klüger geworden — aufs Neue gut zu entscheiden.

Peter Senge fügt dieser prozessualen Erkenntnis eine inhaltlich entscheidende an: »Es gibt keinen zukunftsfähigen Weg, der die Bedürfnisse künftiger Generationen unberücksichtigt lässt. (…) Wir müssen in der Gegenwart auf eine Weise leben, die die Zukunft nicht gefährdet.« Und: »Jeder echte Wandel gründet in neuen Denk- und Wahrnehmungsweisen.« (Senge, 2011, S. 23f.) Hinzuzufügen ist dem aus unserer Sicht lediglich noch: … die zu neuen Weisen des Zusammenarbeitens und Entscheidens führen. Diese Forderung nach »Nachhaltigkeit« ärgert uns in der Benennung unserer konkreten Verantwortung höchstwahrscheinlich mehr als Luhmanns eher allgemein gehaltene Erkenntnis, legt sie doch den Finger auf eine recht schmerzhafte Lücke, der mit herkömmlichem Manager-Handwerk auch nicht so einfach beizukommen ist. Wir spüren also instinktiv, dass die Aussage wahr ist, wissen aber nicht, wie die resultierenden Anforderungen zu erfüllen sind. Positiv formuliert: Hier haben wir ein wirklich attraktives Rätsel für strategische Köpfe (ganz egal, wo in der Organisation sie sich befinden).

2.4.3.1 Plädoyer für eine Organisationskultur der achtsamen Entscheidungskraft

Achtsamkeit ist in unserer Arbeit als Organisationsberater ein tendenziell tabuisierter oder zumindest heikler Begriff. Wie schnell wird doch der Versuch, den Bogen zu Effizienz und Effektivität in betriebswirtschaftlich orientierten Organisationen zu schlagen, durch die Ansage abgestoppt: »Das ist Esoterik und hat nichts mit der Aufgabe von Organisationen zu tun.« Dieser automatischen Negativ-Koppelung wollen wir nicht mehr gehorchen. Zu stark sind die Argumente für das Konzept der »Meaningful Leadership« im Gestalten moderner Organisationen geworden (vgl. Bains, 2007, insbesondere die Abbildungen auf S. 81 und 115). Der Frage nachzugehen, was achtsames Gestalten und Entscheiden konkret bedeutet, ist heute zweifelsfrei legitim, ja mit erfolgsentscheidend geworden.

Stellvertretend für die vielen Schultern, auf die wir uns stützen, sagt Dirk Baecker (2007, S. 21): »Die innovativen Unternehmen der nächsten Gesellschaft werden entdecken, dass Geistesgegenwart — Weik und Sutcliffe sprechen von *mindfulness* — im Umgang mit Menschen, Maschinen und Ideen die knappste Ressource von allen ist. Und sie werden entdecken, dass nur der Mensch diese Ressource bereitstellen kann. Dies wird die innere Organisation von Unternehmen grundlegend verändern.« Man muss es also lediglich wagen, die Grenzen klassisch definierter »Betriebswirtschaft« zu überschreiten: Dann wird beim Anlegen des Maßstabs *Achtsamkeit* ganz automatisch ein wahrer Reichtum von Anregungen dafür sichtbar, das Leben in Organisationen nicht nur betriebswirtschaftlich effektiver zu gestalten. Für Führungskräfte mag es durchaus interessant sein, sich einen generellen Überblick über das weite und florierende Feld der »Mindful Leadership« und Achtsamkeit am Arbeitsplatz zu verschaffen. Aber hier wollen wir uns — ganz im Sinne unseres Themas — auf die *Achtsamkeit beim Entscheiden* beschränken.

Abbildung 2.23: Die Achtsamkeits-Basisschleife ist der entscheidende Hebel in der Dynamik

Ellen Langer untersucht seit über 40 Jahren wissenschaftlich — und dabei ebenso kreativ wie humorvoll —, in welchem Ausmaß Achtlosigkeit die Quelle der meisten (wenn nicht sogar aller) Probleme ist und wie sehr im Gegenzug bewusste Achtsamkeit zu mehr Vitalität sowie stärkerer Leistung und besserem Entscheiden führt. Und sie beschreibt sehr eindrucksvoll, dass und wie Unternehmen Innovation und ihre eigene Verjüngung voranbringen können, indem sie für die Kultivierung eines achtsamen Kontextes in ihren Organisationen sorgen.

»Sorge dich nicht, ob eine Entscheidung richtig ist, sondern sorge dafür, dass sie funktioniert. Achte darauf, was geschieht, und dann wird dir, wenn eine Entscheidung schief läuft, bewusst, wie man die Situation verbessern kann, ohne die eingeschlagene Richtung zu verlassen.« (Langer, 2015, S. 7)

Karelaia/Reb widmen sich der nützlichen Wirkung von Achtsamkeit in den einzelnen Phasen des Entscheidungsprozesses. Inzwischen ist allgemein anerkannt, dass Achtsamkeit Entscheidern dabei hilft, *Schlussfolgerungen* zu ziehen. Darüber hinaus mehren sich die Hinweise darauf, dass der Einfluss der Achtsamkeit bzw. Achtlosigkeit viel weiter geht und sich auch in der Art und Weise, wie Entscheidungen *identifiziert, getroffen, implementiert* und *bewertet* werden, niederschlägt, d.h. in allen Phasen des Entscheidungsprozesses. Fünf Aspekte heben Karelaia/Reb (2015, S. 163—189) besonders hervor, alle an die einzelne Person adressiert:

1. **Rahmen der Entscheidung.** Achtsamkeit hilft einzuschätzen, ob und wann eine Entscheidung wirklich notwendig ist. Sie hilft z.B. besonders jungen Führungskräften, sich nicht zu leicht bzw. reflexartig einem sozialen Druck zu beugen, sondern sich eine kurze Auszeit zu nehmen und auf das innere Selbst zu hören. Sie unterstützt auch das Klären von Zielen, das Generieren von Optionen und das Vermeiden irrationaler Eskalation des Ressourceneinsatzes in der Absicht, eine frühere schlechte Entscheidung zu reparieren (»sunk cost bias«).

2. **Sammeln von Informationen.** Es wurde zu Recht argumentiert, dass Achtsamkeit den Fokus des Entscheiders beschränkt und damit auch die Menge an Information. Aber andererseits ist auch wahrscheinlich, dass durch aufmerksamere Suche die in Betracht gezogenen Informationen relevanter für die vorliegende Entscheidung sein werden. Achtsame Entscheider kennen und anerkennen vermutlich eher die Grenzen ihres Wissens, sie haben sich in Untersuchungen als toleranter angesichts von Unsicherheit erwiesen und entschlossener in ihrer Wahl trotz vieler Unbekannter.

3. **Beschließen und Umsetzen.** Achtsamen Entscheidern gelingt es eher, eine gute Balance zwischen systematischer Analyse und Intuition zu finden. Sie können besser zwischen relevanten und irrelevanten Informationen unterscheiden, können sich auch — auf dem sprichwörtlichen »Balkon« stehend — von ihren Emotionen und Gedanken distanzieren. Achtsame Menschen fallen weniger wahrscheinlich der Lücke zwischen Absicht und Verhalten in der Umsetzung zum Opfer, d.h. der fehlenden Verbindung zwischen dem Wissen, was zu tun wäre, und dem tatsächlichen Tun.

4. **Aus Feedback lernen.** Es ist leicht zu verstehen, dass diese letzte Phase des Entscheidungsprozesses für den Aufbau einer langfristig wirksamen Kompetenz die tatsächlich wichtigste ist. Mit Achtsamkeit bemerkt man eher, wenn Feedback ausbleibt, und kann man sich von Ego-Bedürfnissen besser distanzieren, d.h. man bleibt offener für negatives Feedback. Da Achtsam-

keit eng mit geringeren kognitiven Abwehrreflexen einhergeht, hilft sie, das Ergebnis einer Entscheidung ehrlich einzuschätzen, selbst wenn es weniger positiv ausfällt als erwartet oder erwünscht. In der Summe steigt die Wahrscheinlichkeit, dass man aus den gemachten Erfahrungen und Feedbacks die relevanten Schlüsse zieht.

5. **Sich an der Erfahrung des Entscheidens insgesamt freuen.** Manchmal mag bewusstes achtsames Entscheiden tatsächlich mehr Zeit in Anspruch nehmen, aber diese extra investierte Zeit kann auch als Vorteil betrachtet werden. Und wer achtsam entscheidet, darf damit rechnen, insgesamt weniger oft (immer wieder dasselbe) zu entscheiden müssen. Jeder weiß, dass man Dinge umso mehr schätzt, je mehr Aufmerksamkeit man ihnen schenkt. Das Neue und Erstaunliche in den ganz gewöhnlichen Dingen des Lebens wie beispielsweise dem »ganz gewöhnlichen Entscheiden« zu entdecken, ist nur eine der erfreulichen Konsequenzen von Achtsamkeit.

2.4.3.2 Plädoyer für mehr Systemdenken in der Organisationspraxis

Eigentlich ist die Sache ganz einfach: Bei wichtigen Entscheidungen geht es praktisch immer um Komplexität; alternativ auch Mehrdeutigkeit, Undurchsichtigkeit, Volatilität, weltweite Verbundenheit. Und die Aufgabe in jeder Organisation und fast jedem Beruf lautet analog dazu: Kompetenz im Bewältigen von Komplexität zu erwerben. Das grundlegende Handwerk zum Erwerben dieser Kompetenz ist seit längerer Zeit eindeutig bekannt, wird aber leider noch immer nicht als Basiswissen der Betriebswirtschaft gelehrt. Wir sprechen von Systemtheorie, Systemdenken, System Dynamics, d.h. vom Spüren, Denken und Kommunizieren, vom Entscheiden und Handeln über und in Zusammenhängen. Das sind sicherlich Themen, deren Beherrschung in früheren Zeiten nicht so (überlebens-)wichtig war. Der alles überragende Nutzen des Systemdenkens besteht darin, dass es dazu anleitet, konsequent und sauber zu denken. Es öffnet so fast zwangsläufig den Zugang zu den tieferen unsichtbaren Zusammenhänge und Dynamiken. Es wartet noch viel Entwicklungsarbeit, um diesen Zugang möglichst vielen Menschen möglichst leicht zu machen. Deshalb verdient das Handwerk des Visualisierens systemischer Zusammenhänge/Dynamiken unbedingt größere Aufmerksamkeit. Unser bescheidener Beitrag dazu ist das Entwickeln von und Arbeiten mit »Schleifengrafiken«, die oft gesprächsbegleitend aus schnellen Handskizzen entstehen. Bilder sind das probate Mittel gegen die permanente Gefahr des »aus den Augen, aus dem Sinn«, welches eigentlich ein Synonym ist für »Wesentliches nicht zu entscheiden, weil man es nicht sieht bzw. nicht spürt«.

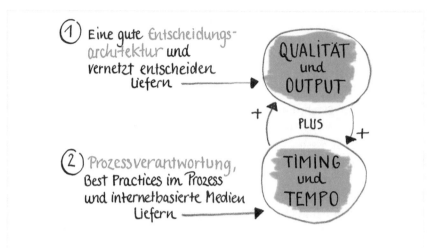

① Eine gute Entscheidungs-architektur und vernetzt entscheiden Liefern ──▶ QUALITÄT und OUTPUT

+ PLUS +

② Prozessverantwortung, Best Practices im Prozess und internetbasierte Medien Liefern ──▶ TIMING und TEMPO

FAZIT: Die alten Vorurteile sind überholt.

Abbildung 2.24: Qualität oder Schnelligkeit? Ein Dilemma des Entscheidens, das keines mehr ist!

Abbildung 2.24 möge stellvertretend als Beispiel für angewandtes Systemdenken dienen. In praktisch allen Organisationen hält sich, und dies ist geschichtlich gesehen völlig verständlich, hartnäckig ein Dilemma, das sich jetzt in unserer Zeit immer mehr als ein riesiges Hindernis auf dem Weg zu höherer organisationaler Entscheidungskraft auftürmt. Das Dilemma plagt und blockiert viele Führungskräfte in ihrer täglichen Praxis. Systemisch tiefer betrachtet, wird es durch zwei sich wechselseitig stützende, starke Glaubenssätze aufrechterhalten. Glaubenssatz 1 ist: Mitbestimmung kostet Zeit und zerredet Lösungen. Und der ebenso sehr reale Glaubens- bzw. Erfahrungssatz 2 lautet: Was einer bzw. wenige schnell durchdrücken, ruft reflexartig Opposition, Widerstand und Obstruktion hervor. Nicht selten wird die »entschiedene« Lösung nicht akzeptiert und daher auch nicht realisiert. Diese beiden Glaubenssätze sind in modernen Organisationen potenziell überholt, aber natürlich trotzdem noch sehr wirksam. Die Abbildung skizziert, wie die Auflösung des Dilemmas heute möglich ist und einen Lernsprung freizusetzen hilft. Ansatzpunkt 1: Eine gute Entscheidungs-architektur und vernetztes Entscheiden ermöglichen Qualität und Output. Ansatzpunkt 2: Eine klare Verantwortung in der Prozessgestaltung des Entscheidens ermöglicht, natürlich auch unter selektiver Nutzung der internetbasierten Medien, ein früher so nicht vorstellbares Timing und Tempo. Tiefer liegende Zusammenhänge und Dynamiken sichtbar zu machen, ist natürlich nur der erste Lernschritt (Mehr dazu finden Sie in den Kapiteln 3 und 4).

Die Alternative dazu, eben *nicht* in Zusammenhängen zu denken, ist nach wie vor nur allzu oft anzutreffen — und ziemlich schrecklich: die Sinne verschließen, sich abspalten und andere ausgrenzen (und das beginnt nicht selten schon bei der Nachbarabteilung). In größeren Zusammenhängen führt das dann gerne zu nationalen Alleingängen und generellem Abwerten und Bekämpfen alles Fremden. Wir sind jedoch entschlossen, die Zuversicht zu behalten, dass diese Alternativen nicht die Oberhand gewinnen werden. So banal es klingen mag: Dieses alternative Verhalten schadet schlicht der nationalen wie auch der Weltwirtschaft, es verhindert die Zunahme von (nicht nur ökonomischem) Wohlstand und Wohlbefinden. Das betrifft nicht zuletzt die Effektivität von Organisationen und die Zufriedenheit und das persönliche Wachstum von Menschen. Das kann ja die überwältigende Mehrheit definitiv nicht wollen! Götz Werner sagt dazu:

> »Die Bewusstseinsentwicklung einer Verbundenheit ist die Aufgabe unseres Zeitabschnitts. Die ganze Welt ist für uns tätig, wir sind für die ganze Welt, für unsere Kunden tätig. Da ist Egoismus kontraproduktiv. Das wird uns immer einsichtiger werden lassen und zu einer neuen Kultur führen.« (Sinngemäß dem Dokumentarfilm »From Business to Being« entnommen.)

Was hat das nun aber mit Entscheiden zu tun? Beruhigend ist zunächst, dass das Systemdenken langsam, aber unaufhaltsam zum Teil des »gesunden Menschenverstands« wird. Einen deutlichen Hinweis darauf tragen etwa die Mitarbeiter des Giesinger Bräus in München auf ihren T-Shirts spazieren: *Think global, drink local*. In die Sprache des Entscheidens in Organisationen übersetzt: Das *strategische* Führen und Entscheiden »sieht sich in einem immer größeren Geflecht von Abhängigkeiten« (LEAD, S. 4). Und auch das *operative* Führen und Entscheiden in den heute etablierten Geschäftsprozessen braucht das volle Verständnis und die Zuarbeit aller Beteiligten. Nur dann kann es optimal funktionieren und für den ganzen Geschäftsprozess (und nicht etwa nur den direkt verantworteten Teilabschnitt) den größtmöglichen Sinn und Nutzen ergeben, damit dieser, permanent aktualisiert und optimiert, seine ideale Wertschöpfung verlässlich erbringt.

Der direkt daraus folgenden Frage »Was fördert, was behindert die Bereitschaft, die Vorstellungskraft und das handwerkliche Können, in relevanten Zusammenhängen zu denken, zu entscheiden und zu handeln?«, werden wir uns im Kapitel 3 *Mit Pinzette und Feile* ausführlich widmen.

2.4.3.3 Plädoyer für das Handwerk des Entscheidens

Das *Handwerk* des Entscheidens begründet die zukunftssicherste Form von Organisationslernen. Wir halten es sogar für durchaus angemessen, zu behaupten, dass das Konzept der *bewusst achtsam entscheidenden Organisation* das

Zeug hat, zum legitimen Nachfolger des Konzeptes der *lernenden Organisation* (Senge, 1990) zu werden. Gleichzeitig ist es nicht wirklich vorstellbar, dass sich die Mehrheit der Menschen im Gros der Unternehmen diesem neuen, erweiterten Verständnis des Organisationslernens anvertrauen wird. Das ist aber auch gar nicht erforderlich: Für einen substanziellen Wandel reicht eine qualifizierte, zukunftsfreudige Minderheit der Organisationen durchaus aus. Die interessante Frage ist: Werden Sie, lieber Leser, dieser Minderheit angehören?

Abbildung 2.25: Der Zusammenhang von »Selberdenken« und der Lernkultur in der Organisation

Abbildung 2.25 skizziert einen Zusammenhang, den wir uns lebhaft als eine sehr fruchtbare Win-win-Dynamik zwischen den eigenständigen, geschätzten Mitgliedern und der Organisation als Ganzem vorstellen können. Wir gehen davon aus, dass die Lernkultur in der Organisation als der tiefste Dreh- und Angelpunkt der Zukunft des Entscheidens fungiert. Und dass in dieser Dynamik der konsequenten Förderung des »Selberdenkens« möglichst vieler Mitglieder kreuz und quer durch die Organisation mehr und mehr eine entscheidende Rolle zukommt.

2.4.3.4 Last but not least: Loslassen. Die Zukunft des Entscheidens liegt bei den Jüngeren

Dazu Auszüge aus einem sehr erhellenden Gespräch von Othmar Sutrich mit Prof. Egon Endres, unserem langjährigen professionellen Freund, Sparringspartner und Co-Autor.

Egon Endres: In der Zukunft des Entscheidens wird es sehr darauf ankommen, dass es gelingt, Menschen wahrzunehmen und zu identifizieren, aufzubauen und zu befähigen, um neue Modi des Entscheidens weiter auszubreiten und mit solchen Instrumenten und Know-how zu arbeiten, wie ihr sie in diesem Buch zu beschreiben plant.

Wie meinst du das, kannst du es an einem Beispiel demonstrieren?

Ich glaube, dass wir am stärksten wirken über die Befähigung unseres Nach-wuchses, die Dinge weiterzuentwickeln, für neue vorherrschende Kontexte in einer neuen Zeit. Nimm z.B. die Start-ups: Da ist die jüngere Generation viel eher in der Lage als du und ich, Zugang zu finden und sich dort zu bewegen. Konzepte, die ihr allein nie hättet weiterentwickeln können, kann sie in die Welt transferieren und dort fruchtbar machen. Unsere Aufgabe dabei ist, unsere Nachfolger zu identifizieren und ihnen die Dinge weiterzugeben. Wir selbst haben das *Sesam-öffne-dich* für die Zukunft nicht, weil wir Kinder einer anderen Zeit sind. Wir können unser Wissen den Jüngeren im Dialog überge-ben und dann vertrauensvoll loslassen.

Um welche Befähigungen geht es da, beim Identifizieren dieser jüngeren Nachfolger?

Das läuft über Personen, so trivial es klingen mag. Wie wir es beispielsweise gerade besprochen haben in Hinblick auf die Weiterentwicklung eurer Kon-zepte mithilfe eures jungen Kollegen S., dass er viel eher als du und ich die Möglichkeit hat Zugang zu finden zu dieser Start-up-Szene, die ganz anders tickt. Er kann sich da ganz locker bewegen und dorthin Konzepte transferie-ren, die ursprünglich du und Bernd Opp entwickelt habt, die ihr aber allein nie hättet weiterentwickeln können. Durch diesen anderen Kontext können die jetzt richtig fruchtbar gemacht werden.

Das ist ein wirklich interessanter Blickwinkel. Wenn man älter wird, glaubt man ja leicht, man hat so viel Erfahrung, dass man selbst sich am ehesten vorstellen kann, was und wie Zukünfte sein werden, weil sie sich eben aus der Vergangenheit heraus deduzieren, mit allen Befürchtungen und Erwar-tungen. Du sagst jetzt aber, die Sache sei genau umgekehrt: Die Zukünfte werden garantiert ganz andere sein, als wir erwarten, weil sie in verschie-denen Milieus entstehen, von denen wir keine Ahnung haben.[39]

Deine beiden Kinder sind geradezu ein ideales Beispiel dafür. Sie bewegen sich in sehr unterschiedlichen Milieus, wo dein Know-how und eure Konzepte möglicherweise auf unglaublich fruchtbaren Boden fallen werden. Das könntest du selbst trotz all deiner Netzwerkzugänge der letzten Jahrzehnte nie erreichen. Wenn du aber deine Kinder darin begleitest, dass sie dein Know-how aufbereiten, entsteht daraus etwas Anderes, Neues. Ich kenne so viele Organisationen, in denen sehr verdiente Leute Großes auf die Beine gestellt haben. Irgendwann sind aber auch sie mit ihrem Latein am Ende.

Wenn ich die Zwischentöne richtig wahrnehme, dann denkst du die digitale Revolution mit. Vielleicht ist die Annahme nicht übertrieben, dass aufgrund der Digitalisierung der Welt nichts mehr so sein wird, wie wir es uns bisher vorgestellt haben?

Du hast recht, das sind Kulturformen, die uns so nicht vertraut sind. Und bestimmt sind auch Konzeptentwicklungen ab einer bestimmten Stufe viel besser möglich, indem man z. B. die Konzepte digitalisiert und ins Netz stellt und sie über die dortigen Weiterentwicklungen auf eine neue Innovationsstufe hebt. Und aus dem, was zuerst wie ein Ausverkauf des Business aussieht, entsteht dann vielleicht eine ganz neue Innovationsstufe und Geschäftsreife. Da haben unsere Kids eher den Zugang und das Vertrauen dazu.

Weil für die »Vernetzung« die eigentliche Lebensform ist?

Genau, das erlebe ich auch bei meinen eigenen Kindern. Die bewegen sich in einer Weise in und durch die Welt, die für uns schwindelerregend wäre. Gerade vor dem Hintergrund glaube ich, dass wir uns in eine neue Rolle des »Schattenberaters« der Jüngeren begeben müssen, um ein Szenario der Zukunft des Entscheidens überhaupt zu ermöglichen.

Uns selbst aus dem Weg räumen, damit sich mehr bewegen kann?

Ja. Die Stiftung Mercator[40] macht deutlich, dass die digitale Welt eine neue Plattform ist, wo die Dinge ganz anders gebündelt werden. Und möglicherweise entstehen auch völlig neue Beratungsformen. Deine Entscheiderprofile (siehe Kapitel 3.1), so wie du sie jetzt schon gewinnbringend telefonisch mit Kunden auswertest, werden dann zum Beispiel in einem Chatroom von einem Team genutzt, das digital über die ganze Welt verbunden ist. Vor dem Hintergrund ist die Zukunft des Entscheidens nicht eine Frage, die wir heute beantworten können. Wir schaffen lediglich die Voraussetzungen dafür, über jüngere Personen, die wir qualifizieren.

Und wir schaffen Räume, in denen sich das entwickeln kann. Jetzt aber noch ein Punkt: Es geht um die Beziehungen der Menschen in solchen Kontexten. Bereits in den 1970er-Jahren wurde prognostiziert, dass *High Tech* notwendigerweise auch *High Touch* bedingen wird (vgl. Toffler, 1971). Wie siehst du den Zusammenhang der digitalen Revolution unserer Zeit und der Zukunft unseres Zusammenarbeitens und gemeinsamen Entscheidens?

Die sozialen Begegnungen werden trotz des Vormarsches der digitalen Welt weiterhin wichtig bleiben. Es gilt da, neue Formen zu finden, um die sozialen Beziehungsfähigkeiten weiterzuentwickeln. Günther Schiepek hat immer wieder festgestellt, dass gerade in Umbruchphasen die Fähigkeit und Bereitschaft nötig ist, Beziehungen zu halten und aufzubauen (vgl. Haken/ Schiepek, 2010). Das läuft leicht Gefahr zu verkümmern in der Welt der digitalisierten Herausforderungen.

Kannst du noch etwas zum Netzwerken aus deiner aktuellen Erfahrung sagen?

Wichtig ist, dass Netzwerke verantwortungsvolles Agieren notwendig machen. Die Fähigkeit des »Bridgings« (Burt, 2009) überbrückt sogenannte »Netzwerklöcher«. Die Verbindung ganz unterschiedlicher Milieus durch solche Brückenschläge ist außerordentlich wichtig, denn sie begünstigt Innovationen. Diejenigen, die solche Brückenrollen einnehmen, spielen einerseits eine Schlüsselrolle für Lernen, Entfaltung und Innovation, andererseits aber auch für den verantwortungsvollen Umgang mit Macht. Dem gegenüber steht die starke soziale Normierungsfunktion von klassischen Netzwerken, die sehr homogen sind, wo keine Netzwerklöcher sind, weil eben jeder mit vielen anderen verbunden ist. Das bedeutet eine starke soziale Kontrolle und verhindert eben auch, dass Leute eigene Wege gehen.

… und unterbindet damit tendenziell auch Innovationen?

Ja genau. Konflikte, aber gleichzeitig auch Innovationen, weil man so stark eingenordet ist, dass man gar nicht auf »dumme Ideen« kommen kann.

Eine kleine Ermutigung für Gestalter (auf allen hierarchischen Ebenen)

Alle, die ihre Organisation, ihren Bereich, ihre Abteilung oder ihr Team — wir wollen da wirklich keine Bedeutungsunterschiede suggerieren — in eine gute Zukunft des Entscheidens führen wollen, können sicher sein, dass hier eine sehr befriedigende und lohnende Aufgabe wartet. Die sollte nach aller Möglichkeit weitgehend ohne überhöhten Erwartungsdruck angegangen werden, stattdessen einfach, weil die Entwicklung darauf hinausläuft. Die stete Ermahnung, dass moderne Organisationen auf ständige Veränderung angewiesen sind, haben Sie sicherlich schon öfter als genug gehört. Deshalb wollen wir hier den Fokus einmal verschieben. Dass Innovationen bei Produkten, Dienstleistungen und Geschäftsmodellen notwendig sind, ist unbestritten. Nüchtern betrachtet, ist ihr Gelingen — wie eigentlich jeder sehr gut weiß — jedoch davon abhängig, wie gut die weniger auffälligen Innovationen in den *Arbeitsgrundlagen* gelingen: in den Regeln der Zusammenarbeit und des gemeinsamen Entscheidens, in den dafür gebauten Arbeitsprozessen und Strukturen. Hier werden die wahren Voraussetzungen für Optimierung und Innovation geschaffen. Und damit schließt sich der Kreis dieses Kapitels: Es braucht Führung, um diese Voraussetzungen zu schaffen — insbesondere die ermutigende Initiative und geduldige Rückendeckung der obersten Unternehmensführung.

3 Handwerkszeug — mit Pinzette und Feile

3 Handwerkszeug — mit Pinzette und Feile

Auch das Entscheiden in Organisationen ist letztendlich Handwerk und benötigt professionelle Instrumente und Werkzeuge[1]. Wofür genau brauchen wir beim Entscheiden in und von Organisationen dieses Handwerk mit seinen verschiedenen Instrumenten und Werkzeugen? Wir alle erleben es tagtäglich: *Wissen allein verändert das Handeln nicht.* Erst die Instrumente und Werkzeuge ermöglichen es uns, die mithilfe des Pentaeders gewonnenen Erkenntnisse auch ins Handeln von Personen, Teams und Organisationen zu überführen. Es gilt dafür den *missing link* (siehe auch Kapitel 2.1) zwischen dem Raum für *Denken, Planen, Reflektieren, Überprüfen* etc. und dem Raum für *Erleben und Lernen* herzustellen. Genau das kann uns mithilfe des professionellen Einsatzes der Instrumente und Werkzeuge gelingen. Die erste Voraussetzung dafür ist jedoch das *Können*. Es ist also zu lernen, wie die einzelnen Hilfsmittel funktionieren und ihre Anwendung zu üben. Bevor wir Ihnen unsere Instrumente und Werkzeuge und deren Anwendung anhand von Beispielen konkret nahebringen, wollen wir Ihnen jedoch noch einige Grundgedanken zum *Handwerk des Entscheidens* mit auf den Weg geben.

Die gute Nachricht vorweg: Achtsames Entscheiden lässt sich erlernen — auch durch Organisationen. Wenn wir von Handwerk sprechen, schließen wir uns den Überlegungen von Richard Sennett (2008) an. Für ihn ist gutes Handwerk der Wunsch, eine Arbeit um ihrer selbst willen gut zu machen.

Dazu notwendig ist, den ständigen Dialog zwischen *Kopf und Hand, Denken und Tun, Reflexion und Handlung* als kontinuierlichen Lernprozess zu begreifen. Er führt uns zu zuverlässigen Routinen und damit zu einem soliden Handwerk. Jeder, der schon einmal versucht hat, ein Musikinstrument zu spielen, weiß, wovon wir hier reden — da hilft nur *üben, üben, üben.* Erst auf der Basis von Übung und Wissen sind wir in der Lage zu optimieren, neu zu kombinieren, eingetretene Pfade zu verlassen und auch ganz andere Wege zu gehen. Wenn der Komponist die Noten nicht kennt, kann er auch keine Oper schreiben, und jede Malerin braucht ein Grundwissen über Farbkomposition, Perspektivengestaltung und Maltechnik, um ein Bild zu erschaffen. Die Verankerung der Kompetenz ist also das permanente ineinander Übergehen von Denken und Handeln, von Reflektieren und Analysieren.

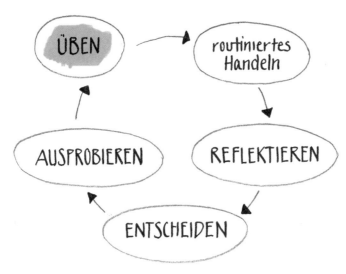

Abbildung 3.1: Kreislauf der Verankerung von Kompetenzen

Wenn wir uns nun dem Handwerk des Entscheidens in Organisationen zuwenden, gibt es jedoch zu unseren oben erwähnten freischaffenden Künstlern einen gravierenden Unterschied: Entscheiden findet in der Regel im Miteinander statt oder anders gesagt, wir arbeiten dabei mit »lebendigem Material«. Die Ideen der Gestalter treffen auf *das Lebendige*, das mitgestaltet und damit selbst wiederum zum Gestalter wird. Die Kräfte dafür entspringen allen an diesem Prozess Beteiligten. Sie gilt es zusammenzuführen, neuzuordnen, anzupassen, Arbeitstempi und -weisen aufeinander abzustimmen. Im Hegen und Pflegen, im gemeinsamen Gehen von geraden und krummen Wegen kommt zusammen, was zusammengehört.

Wie verändert sich nun der Gestaltungsprozess, wenn die Oper fertig geschrieben ist und zur Aufführung kommen soll? Jeder der beteiligten Künstler versteht sein Handwerk. Sänger, Musiker, Kostüm, Kulisse, Maske, Licht, alle wirken sie zusammen — und erst dadurch kommt die Oper zur Entfaltung. So wird jedes Opernhaus, das auf sich hält, eine andere Aufführung mit anderen Schwerpunkten und zentralen Aussagen gestalten—die tatsächliche Aufführung des Werkes hängt also mitnichten nur vom Komponisten, sondern von der Gesamtorganisation »Oper« des jeweiligen Hauses ab. Darüber hinaus wird dann auch noch jede einzelne Aufführung anders sein! Das alles ist nur möglich auf der Grundlage eines soliden Handwerks, das sich selbst in Beziehung setzt zu dem, was es erreichen möchte. Die Vision ist der Motor, das Handwerk ist der Treibstoff. Oder anders ausgedrückt: Die Prämissen sind durch den Komponisten als »Architekten« des Werkes vorgegeben. Die Ausgestaltung übernehmen dann aber die »Bauleiter« und »Handwerker« der »Organisation Oper«.

Entscheiden ist dabei ein wesentlicher Teil des Alltagsgeschäfts des Organisationshandwerks. Jede Organisation ist daher sehr geübt im Entscheiden — sie muss es sein. Zum Thema wird das Entscheiden meist erst dann, wenn es nicht so läuft, wie es soll. Das kann die verschiedensten Ursachen haben: weil Entscheiden komplex, diffus und schwierig ist, weil zu langsam oder zu schnell entschieden wird, weil zu einsam entschieden wird, weil Entscheidungen nicht gefällt werden oder ihre Umsetzung ausbleibt, und, und, und ... — »Jammergeschichten« zum Entscheiden in Organisationen gibt es ohne Ende! Und genau hier setzen wir mit unseren Instrumenten und Werkzeugen an: um Lösungen für Ihr »Entscheidungsproblem« zu finden — denn wer eine Vielfalt an Werkzeugen hat, hat mehrere Optionen und kann damit ein besserer Handwerker sein.

Die Logik der hier vorgestellten Hilfsmittel entspringt direkt der Struktur des *sozialen Dreiecks*, das Sie bereits aus Kapitel 2.2 kennen: Wir betreten den Entscheidungsraum zuerst aus der Perspektive der *Person* in Funktion und Rolle. Dann folgen die Perspektiven der *Teams und Netzwerke* und der *Organisation*. Unsere Hauptwerkzeuge Kairos, Decisio und E-Code werden jeweils ergänzt durch weitere Tools.

Das *Kairos-Entscheiderprofil* öffnet die Tür zur Person in Funktion und Rolle. Hier entdecken Sie, wie Personen entscheiden, welche Entscheidungspräferenzen Personen, Teams und Organisationen kennzeichnen. Sie lesen, wie Sie typische Muster beim Umgang mit Risiken bewusst machen und damit in die Bearbeitung bringen können. Weitere Reflexionstools, die Sie hier aus der Personenperspektive kennenlernen, sind die *Funktionen und Rollen beim Entscheiden* und die *Glaubenssätze beim Entscheiden*.

Mit der *Decisio-Prozesslandkarte* öffnen wir die Tür zur Teamperspektive. Mit ihr gelingt es, Entscheidungsprozesse bewusst zu gestalten, Rollen im Entscheidungsprozess zu ergründen und Verantwortungen zu verorten. Mit dem *Fragebogen zur Entscheiderkompetenz*, den *Risikobilanzen*, dem *Interaktionsmodell* von David Kantor und den *Balanceakten des Entscheidens* wird die Team- und Netzwerkperspektive vervollständigt.

Der Zugang durch die Tür der Organisation führt uns direkt zum *E-Code*, dem Code des Entscheidens. Mit seiner Entschlüsselung gelingt es, Widerstände, Stolpersteine und ungenutzte Ressourcen aufzudecken und Letztere einer nützlichen Verwendung zuzuführen. Die Auswirkungen der kulturellen Wurzeln des Entscheidens auf den Geschäftserfolg können damit sichtbar gemacht und notwendige Veränderungsprozesse initiiert und nachhaltig verankert werden. Die Kapitel *Autopilot und Pilot*, *Vier-Felder-Matrizen*, *Entscheidungs- und Problemlösungs-Box*, *Entscheiden und Vertrauen – die Vertrauensorganisation*, *Entscheiden* und *Zeitmanagement* und *Entscheiden und Probleme lösen* bieten eine vortreffliche Ergänzung der Werkzeuge aus der Organisationsperspektive.

Gemäß dem Motto »Hilfe zur Selbsthilfe« laden wir Sie nun herzlich ein, unsere Instrumente und Werkzeuge näher zu betrachten, sich mit ihnen auseinanderzusetzen und sie — wo immer möglich — gerne auch auszuprobieren. Unsere besonders hervorgehobenen Tipps werden Ihnen Hinweise darauf geben, wo das Ausprobieren besonders gut möglich ist.

Wir wünschen Ihnen viel Freude beim Entdecken, Explorieren, Ausprobieren und Reflektieren.

3.1 Das Kairos-Entscheiderprofil

Jeder Mensch entscheidet anders, darin sind wir alle gleich.

Nach einem Workshop zum Kairos-Entscheiderprofil[2] sagte eine Führungskraft vor einiger Zeit: »Ich habe hier das erste Mal ganz bewusst meine eigenen Entscheidungspräferenzen betrachtet. Das klingt banal, und natürlich weiß ich eine ganze Menge über mich, aber ich bin aktuell mit schwierigen Situationen im Unternehmen konfrontiert. Es war überaus hilfreich, einmal sehr fokussiert meine Gewohnheiten beim Entscheiden zu hinterfragen und zu schauen, wie ich mein Potenzial bewusster situationsadäquat einsetzen kann. Und ich kann nun die Unterschiede zu Kollegen und Mitarbeitern viel besser verstehen und fühle mich in meiner Urteilskraft gestärkt. Das hilft dem Entscheidungsprozess enorm. In meinem Job muss ich mit Unsicherheit und Nicht-Wissen umgehen können, um Stabilität und Orientierung zu vermitteln.«

Das Kairos-Entscheiderprofil wurde 2007 von Othmar und Ulrike Sutrich und dem Diagnostiker Max Lanzenberger[3] entwickelt. Aussagen wie die obige erfüllen uns durchaus mit Stolz und bestätigen uns darin, dass wir damit auf dem richtigen Weg sind.

Abbildung 3.2: Kairos (griech.): der Gott des rechten Augenblicks, der günstigen Gelegenheit. Es gilt, beim Entscheiden die günstigen Momente nicht zu verpassen. Modern: »Das Timing!«

In diesem Buch wird das Entscheiden in Organisationen aus vielen Perspektiven beschrieben. Beim Kairos-Entscheiderprofil geht es um die ganz pragmatische Frage, wie man das theoretisch gewonnene Wissen in Organisationen hineintragen und im Alltag wirksam machen kann. Unser wichtigstes Ziel beim Entwickeln der Methode war es, das Entscheiden und die auf der persönlichen Ebene damit einhergehende Unsicherheit besprechbar und anwendbar zu machen. Über die gemeinsame Exploration in Form eines Dialogs entwickelt sich eine offene Kommunikation. Gleichzeitig verstärkt das Bewusstmachen und Offenlegen der eigenen »inneren Klugheit« die Neugier und Lust der Anwender, tiefer in das anstehende Thema einzutauchen. Ein weiteres Potenzial des Instruments liegt darin, unterschiedliche Entscheidungsstile und Risikoeinschätzungen sichtbar zu machen und diese in ihrer jeweiligen Unverwechselbarkeit zu akzeptieren und zu würdigen.

Doch zunächst noch einige grundsätzliche Gedanken zum Verstehen des Entscheidens von Individuen an sich.

3.1.1 Die persönlichen Entscheidungswelten

1. Entscheiden heute
»Wir brauchen eine Entscheidung!« Vor dieser elementaren Herausforderung stehen Führungskräfte, Mitarbeiter und Experten in Organisationen jeden Tag. Entscheidungen sollen getroffen werden, auch dann, wenn es keine Grundlage in Form eindeutiger Informationen z.B. über die Zukunft, die Entwicklung der Märkte, die Interessen der Mitarbeiter gibt. Führungskräfte müssen entscheiden, auch wenn sie nicht selten durch die eigenen Mitarbeiter von Informationen ferngehalten werden. Überdies müssen Führungskräfte in Entscheidungssituationen den Balanceakt zwischen Sicherheit und Unsicherheit vollführen. Obwohl alle Welt von ihnen »richtige« Entscheidungen erwartet, müssen sie Entscheidungen unter Bedingungen höchster Unsicherheit treffen. Ob diese allerdings gut, richtig oder falsch sind, zeigt sich erst im Lauf der Zeit. Qualität und Professionalität von Füh-

rung äußert sich darin, trotz dieser Unsicherheitsspanne Entscheidungen nicht zu meiden, sondern im Wissen um diesen Balanceakt dennoch zu entscheiden.

Speziell bei riskanten Entscheidungen mit weitreichenden Konsequenzen sind sich alle einig: Niemand möchte sie einer unreflektierten Routine oder gar dem Zufall überlassen. Doch wie setzt man sich als Individuum oder als Organisation gezielt mit Entscheiden auseinander? Wie kann man gar die Qualität von Entscheidungen verbessern? Die Antwort ist: durch Innehalten, Nachdenken, für sich selbst Prioritäten setzen und durch das Reflektieren der eigenen Werte und Antriebe. Gute Führungskräfte werden durch die bewusste Auseinandersetzung mit der Entscheidungskompetenz befähigt, beides in ihrer Organisation zu ermöglichen — Geschwindigkeit und Innehalten.

> »Jede halbwegs wichtige Entscheidung und der dazugehörige Prozess ist der beste Ort, wo man seine Urteilskraft entwickeln, seine Potenziale testen und dazu lernen kann. Die Biografie eines jeden Menschen ist die ›Chronik seiner Entscheidungen‹.«[4]

2. Routinen und Gewohnheiten

Routinen können entlasten, indem sie uns Struktur geben. Sie können uns aber auch herausfordern, indem Neues in der Konfrontation mit ihnen erst einmal grundsätzlich infrage gestellt wird. Ein Großteil der Handlungen, die wir täglich vollziehen, besteht nicht aus bewussten Entscheidungen, sondern beruht auf antrainierten Gewohnheiten. Es ist unbestreitbar: Wir alle sind »Gewohnheitstiere«.

Mit dieser Tatsache kommt man im alltäglichen operativen Geschäft in der Regel sehr gut zurecht. Allerorten gibt es Entscheidungsroutinen, die sich als Gewohnheiten in der täglichen Praxis fest verankert haben. Die Neurowissenschaft spricht hier von *eingefahrenen Routinen* oder der *Macht der Gewohnheit*, die uns Sicherheit verschaffen nach dem Motto: »Das haben wir hier schon immer so gemacht, das hat sich bewährt.« Diese Routinen des Gewohnten können beim Entscheiden durchaus sinnvoll sein, wie uns die Gegenüberstellung von *Autopilot – Pilot* zeigt. In riskanten, komplexen oder neuen Situationen verlieren sie jedoch plötzlich ihre Funktion. Andere kreativere Vorgehensweisen sind notwendig, um zu guten zukunftsfähigen Lösungen zu kommen. Was also ist zu tun?

Der Kognitionswissenschaftler Daniel Kahneman (2012) meint dazu, dass bestehende Denk- und Verhaltensmuster tief im Unbewussten abgelegt sind. Sie arbeiten automatisch und sie zu überwinden, ist aufwendig. Sie bilden eine Art *Default Mode* (Voreinstellung) für Kontinuität und Beharrung. Alle Entscheidungs-Routinen in Unternehmen, die gepflegt werden und positiv besetzt sind, führen im Gehirn zu starken Verbindungen, die sich nachfolgend nur sehr schwer wieder lösen lassen: Sie sind kulturbildend.

Unser kognitives System ermöglicht es uns jedoch, diese Gewohnheiten trotz ihrer tiefen Verankerung zu verändern. Dafür steht uns ein Mechanismus zur Verfügung, mit dem wir *Neues* in Situationen erkennen können. Wenn also etwas Ungewöhnliches passiert, in Krisen oder grundsätzlich veränderten Situationen sind wir sofort mobilisiert. Wir strengen uns genau dann an und investieren Energie, wenn es uns *nützlich* erscheint. Unsere Denk- und Verhaltensmuster ändern sich, wenn wir erkennen, dass das bisherige Verhalten nicht mehr angebracht ist und eine Veränderung uns Vorteile bringen wird.

3. Risiko und Unsicherheit

Das Treffen einer Entscheidung ist grundsätzlich immer riskant, weil damit zukünftige Handlungsmöglichkeiten ausgeschlossen werden, ohne dass die »Richtigkeit« der Entscheidung im Moment des Entscheidens selbst zu gewährleisten ist. Erst aus der Möglichkeit der Fehlentscheidung ergibt sich die Freiheit der Wahl. Gleichzeitig bleiben die verworfenen Optionen als denkbare Alternativen in Erinnerung. In diesem Buch betrachten wir Risiko als *Gefahr* und als *Chance*, als zwei Seiten derselben Medaille.[5]

Psychologisch steht dem Begriff Risiko ein Sicherheitsbedürfnis gegenüber, da sehr viele Menschen mit ihm zunächst einmal den Aspekt der Gefährdung verbinden und erst in zweiter Linie die mögliche Chance. Es entsteht also *Unsicherheit* darüber, wie man vernünftigerweise entscheiden soll. Und diese Unsicherheit wird schnell noch größer, wenn die Entscheidungsoptionen angesichts unüberschaubarer Informationsmassen immer unabwägbarer und die Entscheidungsfolgen angesichts hochkomplexer Strukturzusammenhänge immer schlechter einzuschätzen sind. Das Entscheiden wird in solchen Fällen oftmals als wirkliche Zumutung empfunden. Ein hoher Unsicherheitspegel kann dann leicht dazu führen, dass eine Person sich der Chancenseite überhaupt nicht mehr öffnet und auf bewährtes Verhalten der Vergangenheit zurückgreift. Gerade in unklaren, komplexen Situationen ist diese Reaktion jedoch sehr gefährlich, da sie neue Perspektiven verhindert und damit in eine völlig falsche Richtung führen kann.

Ein achtsamer Umgang mit sich selbst und das Erkennen Ihrer persönlichen Gewohnheiten beim Umgang mit riskanten Situationen können Sie entspannen und es Ihnen ermöglichen, den Blick auf die vorhandenen Optionen zu lenken.

4. Intuition

Der Intuition ist in unseren Zeiten ein immer größerer Stellenwert zuzumessen. Nicht zuletzt aufgrund der Erkenntnisse der Neurowissenschaft wissen wir, dass sie für das Entscheidungsverhalten hochrelevant ist. Die meisten Menschen begreifen Intuition als das Gegenteil des logischen, rationalen Denkens. Gleichzeitig liefert sie jedoch meist wesentlich schneller ein Urteil als unser Verstand, und ebenso wie dieser arbeitet sie auf der Grundlage harter Daten und Fakten. Der Unterschied besteht lediglich darin, dass dieses Wissen *unserem Bewusstsein nicht zugänglich* ist und auch meist nicht hinterfragt wird.

Ein Mensch, der seine intuitiven Kompetenzen einsetzen kann, verfügt über die Möglichkeit, bei komplexen Entscheidungsprozessen unzureichende oder sich widersprechende Informationen über *Mustererkennung* zu managen. Erkennbar ist dieser Vorgang oftmals an den »Geistesblitzen«, die uns ereilen. Bei diffusen Entscheidungslagen wiederum können wir tatsächlich auf unser Körpergefühl hören und uns in bestimmten Situationen, in denen wir genau wissen, was zu tun ist, auf unser intuitives Handlungswissen, unsere *Geistesgegenwart* verlassen.

Intuition treibt Entscheidungen mühelos voran. Wie wir uns dabei verhalten, wird gesteuert über die Summe aller im Laufe unserer bisherigen Existenz gemachten Erfahrungen (sowohl den selbst erlernten als auch den kulturell ererbten). Der größte Teil dieser gigantischen Datenmengen ist im Unterbewusstsein gespeichert, denn unser Bewusstsein wäre mit ihnen aufgrund seiner bescheidenen Kapazitäten hoffnungslos überfordert.[6]

Intuition kann sich allerdings auch irren. Bewusste und unbewusste Erwartungen, oft im Sinne von Wunschdenken, verzerren die Wahrnehmung, subjektive Beurteilungen führen zu falschen Erkenntnissen und neue Situationen erfordern oft andere Zugänge, als das persönliche Erfahrungswissen hergibt. In Zeiten rasanten Wandels liefert unser Erfahrungswissen allein keine ausreichende Orientierungsgrundlage mehr. Hier hilft es, mit der Rationalität ein Bündnis einzugehen oder bei innovativen Entscheidungen auf die Kraft des »wir« und die unterschiedlichen intuitionsgeleiteten Perspektiven einer Gruppe zu vertrauen.

Die Intuition ist eine Grundfähigkeit des Menschen, die sich über Achtsamkeit und Reflexion hervorragend weiterentwickeln und trainieren lässt. Ihre scheinbare Unergründlichkeit hat nur einen einzigen Grund: Wir wissen nicht, dass wir wissen, was wir wissen.

5. Möglichkeitsräume

Was für ein herrlich offener Begriff, dieser Möglichkeitsraum, nicht wahr? Aber was genau ist das nun und wie kann man diese Möglichkeitsräume nutzen? Hier kann die soeben besprochene Intuition überaus hilfreich sein, mit ihrem Gespür für das Mögliche, dem *Möglichkeitssinn*. Frei nach dem altbekannten Wirklichkeitssinn wird dieser *Sinn für das Mögliche* gerade in Organisationen gebraucht, um den nicht planbaren Fortschritt zunächst zu erträumen, dann zu denken und schließlich experimentell umzusetzen.

Robert Musil beschreibt den Möglichkeitsraum schon 1931 in seinem Jahrhundertroman *Mann ohne Eigenschaften*:

> »Wer ihn besitzt, sagt beispielsweise nicht: Hier ist dies oder das geschehen, muss geschehen; sondern er erfindet: Hier könnte, sollte oder müsste geschehen; und wenn man ihm von irgendetwas erklärt, dass es so sei, wie es sei, dann denkt er: Nun, es könnte wahrscheinlich auch anders sein. So ließe sich der Möglichkeitssinn geradezu als die Fähigkeit definieren, alles, was ebenso gut sein könnte, zu denken und das, was ist, nicht wichtiger zu nehmen als das, was nicht ist.« (Musil, 2009, S. 16)

Auf der persönlichen Ebene müssen wir uns diesen Raum erst erobern und können ihn mit der Zeit vergrößern. Wir müssen uns selbst erlauben, nicht nur »Wirklichkeiten« wahrzunehmen, in ihnen zu denken, zu entscheiden und zu handeln, sondern auch die potenziellen Möglichkeiten zu sehen und sie gleichberechtigt danebenzustellen. Als Resultat macht sich Optimismus breit, denn wir können uns eingestehen, dass die Dinge viel besser sein können, als sie in der bestehenden Wirklichkeit sind. Hier haben wir die Chance, Zufälle und Fehler zu erkennen und gewinnbringend umzusetzen. Schließlich wurden auch viele heute sehr berühmte Persönlichkeiten wegen ihrer Leidenschaft für Möglichkeiten und der damit verbundenen Risikofreudigkeit zunächst nicht ernst genommen: Bill Gates und Paul Allen, Steve Jobs, Larry Page und Sergey Brin, Mark Zuckerberg u.v.a.

So ein Potenzial kann allerdings nur gedeihen, wenn Unternehmen nicht einzig auf die bestehenden Wirklichkeiten fokussiert sind, sondern eben die Möglichkeitsräume und auch die Ermutigung als kulturelles Merkmal fördern — und auf der strukturellen Ebene konsequent Zeit und Ressourcen dafür bereitstellen. Denn individuelle, kulturelle und strukturelle Möglichkeitsräume können innovative Entscheidungen befördern und somit eine wahre unternehmerische Evolution in Gang setzen.

3.1.2 Kairos als Instrument

Widmen wir uns nun den verschiedenen Aspekten des Kairos-Entscheiderprofils, um zu untersuchen, wie die vorangegangenen theoretischen Überlegungen in die Praxis des Instruments und der Anwendungen konkret eingebettet sind.

Die acht Dimensionen

Sie sind entstanden aus der grundsätzlichen Überlegung: Was ist der psychologische Kern des Entscheidens? Was macht das Entscheiden auf der individuellen Ebene schwierig, sei es auf der rationalen Ebene, auf der emotionalen oder auch auf beiden gleichermaßen? Die Antworten haben wir sowohl in der Verhaltenspsychologie gefunden als auch in der umfangreichen konkreten Befragung und Datenerhebung bei Führungskräften und Experten der verschiedensten Ebenen.[7]

Abbildung 3.3: Die acht Dimensionen des Kairos-Entscheiderprofils

Präferenzen

Das Kairos-Entscheiderprofil weist persönliche Verhaltenspräferenzen in Entscheidungssituationen aus. Es macht also unser gewohnheitsmäßiges Entscheidungsverhalten, dessen wir uns selten vollkommen bewusst sind, sichtbar. Die Auseinandersetzung mit seinen *acht Dimensionen* ermöglicht eine fundierte Kommunikation über die Kernaufgabe Entscheiden — also genau das, was in der Praxis ungewöhnlich ist und immer noch viel zu selten geschieht. Führungskräfte, Mitarbeiter oder Experten werden dabei unterstützt, herauszufinden, was sie beim Entscheiden vorrangig tun oder auch unterlassen. Das persönliche

Kairos-Profil spiegelt das eigene *Risiko-/bzw. Sicherheitsmuster* beim Entscheiden wider. Es beantwortet Fragen wie: Welche Dimensionen präferiere ich vorrangig und hole mir damit die Sicherheit im Umgang mit den Chancen und Gefahren bei der Risikoeinschätzung? Welche anderen Dimensionen sind für mich nicht so wichtig oder stehen mir nur in geringerem Maße zur Verfügung? Was sagt mir das über meine Wurzeln von Unsicherheit und Risikoscheu?

Durch diese Auseinandersetzung wird klar, mit welchen bevorzugten Präferenzen man selbst die anspruchsvollen Balanceakte bei Entscheidungen individuell managt. Gleichzeitig wird einem deutlich, wie sehr der Stil des Entscheidens persönlich geprägt ist. Auf dieser Grundlage kann man getroffene Entscheidungen und deren Ergebnisse hervorragend reflektieren und daraus sinnvolle Ableitungen zugunsten eines flexibleren Einsatzes der acht Dimensionen und der Generierung alternativer Handlungsoptionen für zukünftige Entscheidungssituationen treffen. Seien Sie sicher: Nicht immer ist das gewohnheitsmäßige, leicht von der Hand gehende Entscheidungsmuster die ideale Wahl. Im Bewusstsein der eigenen Vorlieben erlangen Sie die Möglichkeit, auch einmal ganz anders an eine Entscheidung heranzugehen. Und in einem weiteren Schritt ermöglicht Ihnen das, sich in Ihrer ganz individuellen Art des Entscheidens zu akzeptieren, wertzuschätzen und auf dieser Basis eine wesentlich größere Bandbreite zu gewinnen.

Auch ein Blick auf unterschiedlich ausgeprägte Präferenzen und Muster von Kollegen im Team kann sich als sehr erhellend erweisen. Möglicherweise schaut ja der Nebenmann tatsächlich mit einer komplett anderen »Brille« auf das Entscheiden, was Ihnen noch nie bewusst geworden ist. Das kann im Alltag aufgrund der Andersartigkeit durchaus Irritationen und Konflikte auslösen. Trotzdem birgt die Perspektivenvielfalt die Chance, wesentlich zu einer gemeinsam verantworteten Entscheidungsqualität beizutragen. Und das Erlebnis, in der eigenen Art wirklich wahrgenommen zu werden, führt in Teams zu mehr Akzeptanz und Entlastung — und nicht selten auch zu großer Heiterkeit.

Entscheiden im Situationsdreieck

Persönliches Entscheiden findet nicht im luftleeren Raum statt, sondern braucht eine Rahmung. Es ist immer in einen Zusammenhang zu setzen mit der Funktion/Rolle im Unternehmen, mit der Aufgabe und dem Organisationskontext. Dabei geht es um die Gestaltung der Anforderungen der Organisation an diese Funktion/Rolle. Wichtig sind auch das eigene professionelle Verständnis und die spannende Frage, wie die jeweilige Rollenanforderung von der Führungsperson individuell ausgefüllt wird.

Person in
Rolle/Funktion

Präferenzen
persönliche
Vorlieben/
Abneigungen

Kontext   Aufgabe

Abbildung 3.4: Das Situationsdreieck

Unser *Situationsdreieck* bietet die Möglichkeit herauszufinden, in welchen unterschiedlichen Situationen das persönliche Entscheidungsmuster wie zum Tragen kommt: Wie flexibel kann ich die acht Dimensionen meines Entscheiderprofils innerhalb meiner Möglichkeiten einsetzen? Unter welchen Voraussetzungen geht das Entscheiden mir eher leicht von der Hand und wann erfordert es mehr Anstrengung, weil ich bewusst einmal anders vorgehen will?

Ganz praktisch kann man sich dabei folgenden Fragen widmen:

- Wie nehme ich momentan meine Funktion in meinem Unternehmen wahr? Wenn ich mein Präferenzprofil mit den jeweiligen Vorlieben und Abneigungen betrachte, wie gestalte ich damit meine Rolle(n) und kann ich diese eventuell mit einer größeren Bandbreite ausstatten?
- Wie passen meine Vorlieben und Abneigungen zu den jeweiligen konkreten Aufgaben, die ich zu bewältigen habe? Was gelingt besser, was schlechter?
- Wie passen meine Vorlieben und Abneigungen in meinen Arbeitskontext? Fühle ich mich wohl/unwohl?

Achtsamkeit entwickeln

Die Entwicklung von Achtsamkeit ist beim Entscheiden ein wichtiges Ziel. Viele Führungskräfte zögern, in diese Fähigkeit zu investieren und sie ernst zu nehmen: Zeitaufwand und Reflexion passen nicht in den zumeist hektischen operativen Alltag. Die Gefahr in diesen Situationen ist, dass gefühlt die Geschwindigkeit steigt, in der Entscheidungen zu treffen sind, man aber gleichzeitig leicht den Überblick verliert. Mitarbeiter erwarten gerade in unsicheren Situationen von ihren Führungskräften, dass diese der »Leuchtturm im Nebel« sind. Um den von außen einwirkenden Kräften standzuhalten, braucht es Stabilität und Übersicht. Nur diese versetzen einen schließlich in die Lage, darüber zu urteilen, wann genau es wichtig ist, das Steuer des Entscheidens *bewusst* in die Hand zu nehmen:[8] eine paradoxe Situation.

Das individuelle Achtsamkeitskonzept meint die Wahrnehmung und Erforschung der eigenen Innenwelt und der sinnlichen Erfahrung der Außenwelt. Mit diesem Hintergrund und dem Wissen um die eigenen Präferenzen und die Möglichkeit,

situativ anders und ganz bewusst an schwierige Problemstellungen heranzugehen, können Sie dieses schwierige Unterfangen immer wieder achtsam betrachten, einüben und daran jedes Mal weiter lernen. Auf diese Weise steigern Sie
stetig Ihre Sicherheit und Gelassenheit.

3.1.3 Kairos in der Anwendung

Einige Anmerkungen vorab:

- Die individuell unterschiedlichen Ausprägungen auf den der folgenden Pro-
  filgrafiken beziehen sich auf die Verhaltensebene und nicht auf die Ebene
  von Charakterzügen. Dabei ist zu betonen, dass keine der acht Dimensionen
  wichtiger ist als irgendeine andere. Schließlich geht es bei der Auswertung
  um die achtsame *Exploration gewohnter Verhaltensmuster* beim Entscheiden;
  interessant ist also das gesamte »Konzert« und nicht so sehr, was die einzelnen »Musikinstrumente« dazu beitragen.
- Beim ersten Betrachten eines solchen Profils neigt fast jeder reflexartig
  dazu, die einzelnen Ausprägungen in »gut« und »schlecht« einzuteilen. Es
  geht aber hier keineswegs um eine Stärken-Schwächen-Interpretation, sondern vielmehr um Gestaltungs- und Urteilskraft und um das Wahrnehmen
  des Potenzials und der Grenzen, die im jeweiligen Profil angelegt sind.
- Für die vertiefte Betrachtung der einzelnen Dimensionen und des Gesamt-
  profils sind drei Wechselwirkungen regelmäßig von besonderer Relevanz und
  Ergiebigkeit:
  1. zwischen den beiden nach außen gerichteten Dimensionen *Energisch*
     und *Pragmatisch* und den beiden nach innen orientierten Dimensionen
     Besonnen und *Sorgfältig*,
  2. zwischen *Pragmatisch* und *Flexibel*, die man auch mit Wirklichkeitssinn
     und Möglichkeitssinn oder mit Bewahren und Verändern annähernd um-
     schreiben kann, was z. B. in Veränderungsprojekten wichtig ist, sowie
  3. zwischen *Kommunikativ* und *Unabhängig*, was den sozialen Aspekt beim
     Entscheiden widerspiegelt.

1. Kairos im Coaching

Kairos kann immer dann eingesetzt werden, wenn Menschen neugierig sind und
ihr Vorgehen beim Entscheiden und Lösen von Problemen explorieren möchten. Es eignet sich besonders gut für Entscheidungssituationen, die sich als diffus, komplex, schwierig oder riskant, oftmals auch längst überfällig darstellen.
Kairos kann aber auch proaktiv eingesetzt werden, wenn sich jemand in seiner
Führungsaufgabe generell unsicher fühlt. Und nicht zuletzt hilft Kairos in allen
Situationen von beruflicher Neuorientierung.

Wir wollen das an der Coaching-Situation eines Kairos-Beraters näher betrachten:[9]

Der Anlass des Coachings: Der Coachee spürt, dass er eine berufliche Umorientierung braucht, weil er mit seiner derzeitigen beruflichen Situation unzufrieden ist. Zudem zeigen sich zunehmend gesundheitliche Beeinträchtigungen. Er möchte Klarheit darüber erhalten, welcher Weg für ihn in dieser Situation der richtige ist. Dafür erstellt er zunächst online sein persönliches Kairos-Entscheiderprofil.

KAIROS-Entscheiderprofil
Selbsteinschätzungsskala zum »Problemlösungs- und Entscheidungsverhalten«

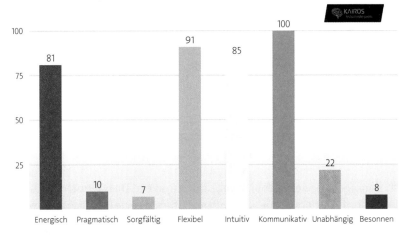

Abbildung 3.5: Entscheidungsprofil des Coachees im Einzelcoaching

Das gemeinsame Explorieren des Kairos-Profils
Wir sehen hier ein interessantes Profil mit vier sehr hohen und vier besonders niedrigen Ausprägungen. Auf den ersten Blick ist zu erkennen, dass der Coachee sich beim Entscheiden sehr auf die vier hohen Vorlieben *Energisch, Flexibel, Intuitiv* und *Kommunikativ* stützt, also gerne sehr schnelle Entscheidungen trifft, und die unteren vier Dimensionen *Pragmatisch, Sorgfältig, Unabhängig* und *Besonnen* nicht bewusst in seine Entscheidungen mit einbindet.

Der Klient sieht in allem, was ihm begegnet, eine neue Herausforderung. Er entscheidet schnell, risikofreudig und aktionsorientiert (*Energisch, Flexibel* und *Intuitiv*). Die Verbindung der vier hohen Aspekte seines Entscheiderprofils motiviert ihn stark. Er kommt immer intuitiv, von Gefühlen gesteuert, zu einem Urteil. Damit ist er manchmal erfolgreich, manchmal aber auch nicht. Sorgfältiges Überprüfen und Nachdenken über Konsequenzen schätzt er jedoch gar nicht (*Sorgfältig, Besonnen*). Dafür ist er immer offen für Neues, bewegt sich gerne und sicher im Raum der vielen Möglichkeiten *(Flexibel)*. Veränderungen ängstigen ihn überhaupt nicht. Daher würde sich die Qualität seiner Entscheidungen bei einer ausgewogeneren Verteilung möglicherweise stark verbessern.

So kündigte er beispielsweise spontan seinen Job, ohne sich viele Gedanken zu machen oder sich über die Modalitäten zu informieren. Die Kündigungsfrist war jedoch kürzer als angenommen, sodass er früher als gewünscht gehen hätte müssen und dadurch in finanzielle Schwierigkeiten geraten wäre. Deshalb musste er intern um eine individuelle Übergangslösung bitten.

Beim Entscheiden bezieht er außerordentlich kommunikativ gewohnheitsmäßig sein Umfeld mit ein, ansonsten würde er sich schlecht fühlen. Eigenständiges, unabhängiges Handeln und das Abgrenzen und Vertreten eines eigenen Standpunkts fällt ihm sehr schwer. Er tritt schnell von seinen Ansichten zurück, wenn er denkt, der andere hat recht. Er selbst drückt das so aus: »Ich habe keine klare Meinung, was für mich richtig ist. Da sind oft so viele Möglichkeiten im Raum.«

Um zu guten Entscheidungen zu gelangen, kommuniziert er intuitiv mit unterschiedlichen Menschen und erzeugt Perspektivenvielfalt (*Flexibel*), aber eher unbewusst. Tatkräftig und entscheidungsschnell wird er dann, wenn sein Leidensdruck wächst und es ihm seelisch und/oder körperlich schlecht geht, oder auch dann, wenn die eigene Begeisterung für ein Thema hoch ist. Generell schaut er nicht auf Konsequenzen und macht auch keine Risikoeinschätzungen. Da die »blauen« Dimensionen *Sorgfältig* und *Besonnen* Reflexionszeit benötigen, lehnt er sie als langweilig ab. Seine Erkenntnis dazu: »Mir fehlt der Blick auf das große Ganze. Ich weiß oft nicht, in welche Richtung ich mich orientieren soll.« Im gemeinsamen Gespräch wird ersichtlich, dass er sich »mit hoher Drehzahl bewegt«. Das kann mit der Zeit sehr anstrengend und kräftezehrend werden, da die notwendige Kontrolle und Beruhigung fehlen.

Die Konsequenzen

Zwischen Coach und Coachee besteht ein sehr großes Vertrauensverhältnis und damit eine sehr gute Grundlage, um Neues auszuprobieren. Sie vereinbaren daher, dass der Klient das Einbeziehen der blauen, reflexiven Dimensionen bewusst üben wird. Dieser von ihm als hart empfundene Weg ist für ihn zunächst einmal mit Unsicherheit verbunden. Zum ersten Mal soll er nicht dem Muster und Impuls des schnellen Entscheidens folgen, sondern ruhig abwarten. In der Konsequenz bespricht der Coachee mit dem Personalleiter des alten Unternehmens eine Möglichkeit, sich anstelle der Kündigung als Coach im Personalbereich auszuprobieren.

Während des gesamten Prozesses der vereinbarten Verlangsamung ist der Coachee unruhig und nervös. Häufig sucht er zur Absicherung das Gespräch mit dem Coach. Dieser empfiehlt ihm, weiterhin Ruhe zu bewahren, aufmerksam wahrzunehmen, was sich in ihm zeigt und ein Tagebuch darüber zu führen. Das Reflektieren der eigenen Befindlichkeit ist für ihn ganz neu und sehr wichtig.

Am Ende haben sich das Abwarten und Einüben neuer Verhaltensweisen gelohnt: Das Ansuchen des Klienten wird bewilligt und er erhält die Gelegenheit, sich in ein völlig neues Arbeitsgebiet einzuarbeiten. Neues schreckt ihn ja nicht: Er trainiert und coacht jetzt interne Berater, was für ihn bisher unvorstellbar war. Seine aktuelle Situation und Befindlichkeit thematisiert er weiterhin im Coaching-Prozess, um sein neu erlerntes Verhalten in Routine zu überführen.

Konkrete Lernerfahrungen
Dem Coachee wurde bewusst, welches präferierte Entscheidungsverhalten er bislang zugrunde gelegt hat und was dies in der Praxis für Konsequenzen hatte. Ihm wurde deutlich, dass es ihm durch die Aktivierung der Dimensionen *Sorgfalt* und *Besonnenheit* möglich würde, qualitativ bessere Entscheidungen zu treffen, und dies mit größerer Gelassenheit. Es war für ihn sehr wichtig, die einzelnen Dimensionen und ihr Zusammenspiel zu verstehen und zur Anwendung zu bringen. Das Einüben stärkte sein Bewusstsein darüber, in welcher Situation welche Dimensionen am besten zum Einsatz kommen. Seine Intuition spielte dabei eine hilfreiche Rolle.

2. Kairos in der Teamarbeit
Der Einsatz von Kairos hat sich bewährt
- in klassischen Teamentwicklungssituationen,
- beim Kick-off von Projekten und bei
- jährlichen Teamklausuren von Führungskräften einer Abteilung/eines Geschäftsbereichs.

Die individuelle Arbeit mit dem Kairos-Entscheiderprofil führt häufig zu dem Wunsch neugieriger Führungskräfte, Mitarbeiter oder Experten, die persönlichen Ergebnisse im eigenen Team zu besprechen. Sie können sich spontan gut vorstellen, dass das Wissen um die unterschiedlichen Entscheidungsmuster der anderen eine große Verbesserung in einem Team- oder Kooperationsprozess bedeuten könnte.

In der Projektarbeit von Teams lassen sich mit Kairos Fragen untersuchen bezogen auf die aktuelle gemeinsame Aufgabe, die optimale Zusammensetzung des Teams, die wertschätzende und gezielte Nutzung der besonderen Fähigkeiten der einzelnen Mitglieder, das bewusste gemeinsame Lernen und überhaupt auf die gemeinsamen Geschäftsthemen.

Dabei können beispielsweise folgende Fragen geklärt werden:

- Wie passen die Profile der einzelnen Beteiligten zu ihren Rollen im vorliegenden Arbeitskontext? Welche Unterstützungen müssen institutionalisiert werden, um diese Rollenträger im Team zu stärken?
- Welche einzigartige Kombination an Verhaltenspräferenzen bringe ich als Einzelner in die Gruppe ein? Wie intensiv nutzt die Gruppe mein Potenzial?
- Mit wem aus der Runde sollte ich besonders stark kooperieren, damit wir zusammen einen maximalen Beitrag zur Aufgabenerfüllung erbringen können?

In einer Teambesprechung ist es besonders wichtig, die Tatsache im Auge zu behalten, dass es dabei kein »besser« oder »schlechter« gibt, sondern nur ein »anders«. Das mildert den Wettbewerbscharakter der Situation und macht ein qualitativ hochwertiges Ergebnis möglich. Bei der gemeinsamen Ausdeutung der Einzelprofile tritt die Frage in den Vordergrund: Wenn jemand in einer der Dimensionen zulegen will, welche andere möchte er dann reduzieren? Sind dann im Team die unterschiedlichen Entscheidungsmuster im Verhalten der einzelnen Personen einmal bekannt, entstehen daraus ein gegenseitiges Verständnis und ein Gespür dafür, warum in bestimmten Situationen das Entscheiden besonders mühsam oder im Gegenteil ganz leicht vor sich geht.

Ein Manager resümierte es sehr treffend so: »Bei unseren strategischen Entscheidungsprozessen erkennen wir viel zu wenig die unterschiedlichen mentalen und persönlichen Präferenzen der an den Entscheidungsprozessen beteiligten Personen. Die Präferenz- und Wahrnehmungsmuster kommen als ›Software‹ nicht auf den Tisch.«

Im Folgenden finden Sie die Beschreibung einer Teamberatung durch eine Kairos-Beraterin, die sowohl die Personenebene als auch die Interaktionen auf Teamebene beispielhaft beleuchtet.[10]

Drei Geschäftsführer eines kleinen Unternehmens

Auf den ersten Blick wird bei der Betrachtung der Kairos-Profile deutlich, dass jeder der drei Geschäftsführer der GmbH ein ganz individuelles kraftvolles Entscheidungspotenzial hat, das sich von den jeweils anderen teilweise erheblich unterscheidet. Dies ruft sofort eine deutliche Ahnung hervor, weshalb die drei Geschäftsführer sich nicht leicht tun, gemeinsam Entscheidungen zu treffen. Beim Anblick der Grafiken wurde ihnen dies schlagartig bewusst, noch bevor ein erstes erläuterndes Wort fiel.

KAIROS-Entscheiderprofil
Selbsteinschätzungsskala zum »Problemlösungs- und Entscheidungsverhalten«

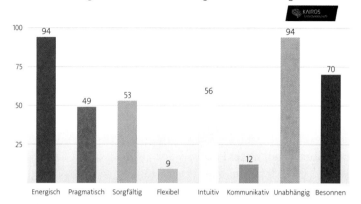

Abbildung 3.6: Entscheiderprofil Geschäftsführerin A

Geschäftsführerin A zeigt ein stark output- und ergebnisorientiertes Entscheidungsverhalten und handelt gerne nach ihren eigenen Überzeugungen (hohe Werte bei *Unabhängig* und *Energisch*), verbunden mit Ansprüchen an *Besonnenheit* und *Sorgfalt*. Die Brücke zwischen diesen beiden eher widersprüchlichen Kräften schlägt sie über ihre *Intuition*, die sie häufig nutzt und als große Bereicherung erlebt. Durch ihre ausgeprägte Autonomie in Kombination mit den wahlweisen Zugriffsmöglichkeiten auf die blauen oder roten Dimensionen fühlt sie sich auch in unklaren Situationen außerordentlich sicher. Gerade wegen ihrer starken Unabhängigkeit, kombiniert mit dem niedrigen Wert bei *Flexibel*, sind für sie Verbindlichkeit und das Einhalten von Regeln in der Zusammenarbeit von großer Bedeutung. Einmal getroffene Vereinbarungen (»ein Handschlag gilt«) sind für sie von hohem Wert, werden diese dann nicht eingehalten, reagiert sie schnell gekränkt und enttäuscht.

KAIROS-Entscheiderprofil
Selbsteinschätzungsskala zum »Problemlösungs- und Entscheidungsverhalten«

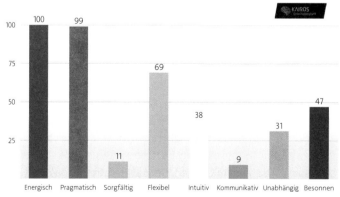

Abbildung 3.7: Entscheiderprofil Geschäftsführer B

Das Entscheidungsverhalten von Geschäftsführer B ist stark geprägt durch hohes Tempo (*Energisch* und *Pragmatisch*, kombiniert mit hoher *Flexibilität*). Er geht mit der sicheren Überzeugung durch das Leben, dass er alles erreichen kann, was er sich vornimmt. Seine Entscheidungen fällt er ganz »im Dienste« der Unternehmensziele und, wenn in seinen Augen notwendig, auch sehr offen und flexibel und im Widerspruch zu bestehenden Vereinbarungen. Von der Außenwelt wird sein Verhalten als sehr druckvoll wahrgenommen. Es gelingt ihm mit Pragmatismus, Sachverhalte in kürzester Zeit auf das Wesentliche zu reduzieren und sie auch für andere anschaulich darzustellen. Unter Druck gerät er, wenn aus seiner Sicht Entscheidungen zu treffen sind, die für die Umsetzung der Unternehmensziele von großer Bedeutung sind, dieser Prozess jedoch »künstlich« in die Länge gezogen wird. Seine *Intuition* steht ihm dann zur Verfügung, wenn es ihm gelingt, Pausen der *Besonnenheit* und körperlichen Ausgleich für sich zu schaffen; andernfalls empfindet er sich mit seiner ausgeprägten Energie und seinem extrem hohen Arbeitseinsatz wie im Hamsterrad, was direkt in Erschöpfung und Überlastung führt.

KAIROS-Entscheiderprofil
Selbsteinschätzungsskala zum »Problemlösungs- und Entscheidungsverhalten«

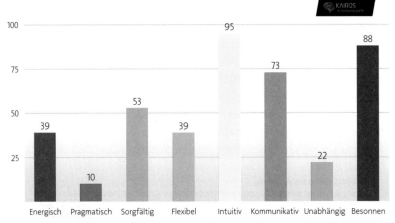

Abbildung 3.8: Entscheiderprofil Geschäftsführer C

Geschäftsführer C fühlt und denkt sich in Probleme ein, nimmt sich bei Bedarf dafür ausreichend Zeit und kann mit Ambivalenzen gut umgehen. Für ihn ist es von hoher Bedeutung, bei Entscheidungen alle relevanten Zusammenhänge und Konsequenzen sehr *besonnen* zu berücksichtigen. Sein Verhalten ist außerordentlich *kommunikativ*; die Ausrichtung des Unternehmens an den Bedürfnissen der Kunden ist ihm besonders wichtig. Entscheidungen, die diesem Ziel nicht dienlich sind, kann er schwer mittragen. Der Katalysator für das Treffen schneller Entscheidungen ist seine *Intuition*, die ihm hilft, auch in schwierigen Situationen schnell und sicher Einschätzungen vorzunehmen. Er kommt in Bedrängnis, wenn er das Gefühl hat, andere träfen Entscheidungen wider besseres Wissen zu schnell und unüberlegt.

Die drei Geschäftsführer haben sich (vor noch nicht allzu langer Zeit) gerade wegen ihrer Unterschiedlichkeit dazu entschlossen, gemeinsam ein Unternehmen zu gründen. Sie versprechen sich davon ein breites Angebotsspektrum und ganz persönliche Lernchancen. Gleichzeitig sind sie sich im Klaren darüber, dass ihre Unterschiedlichkeit auch Risiken und Konfliktpotenzial birgt. Die Beschäftigung mit ihren Profilen führt nun dazu, dass sie ihre unterschiedlichen Herangehensweisen noch besser begreifen und beschreiben können und die Ursachen von Schwierigkeiten in zurückliegenden Entscheidungsprozessen klarer werden.

Kleine humorvolle Geplänkel wie das folgende (ausgelöst durch die zwei doch sehr unterschiedlichen Profile des schnellen und druckvollen Geschäftsführers B, und seines nachdenklichen und überlegten Kollegen C) haben oft eine sehr entlastende Wirkung:

»Genau, du brauchst ja drei Tage, bis du überhaupt aufs Pferd steigst!«
»Und du reitest, ohne zu überlegen, in die Schlacht, nur raus, raus, raus!«

Das Teamprofil
Das Teamprofil, das aus den Einzelprofilen ebenfalls online erstellt wird, zeigt das arithmetische Mittel inklusive der Streuungen bei den einzelnen Dimensionen. Auf dieser Grundlage können sehr gut erste Einschätzungen vorgenommen werden.
- Was sagt das Teamprofil über die Problemlöse- und Entscheidungsvorlieben des Gesamtteams aus? Welche Stärken, aber auch tendenziell blinde Flecken des Teams werden deutlich?
- Welche Schwerpunkte würden wir uns setzen, wenn wir unsere Aufgaben stärker aus der Perspektive der eher schwach besetzten Dimensionen beleuchten würden? Was würde sich dann anders oder neu darstellen?

Über die Auseinandersetzung mit dem Teamprofil wird den Geschäftsführern in unserem Beispiel deutlich, welches Entscheidungsverhalten ihnen als Gesamt-Unternehmensführung gut ausgeprägt zur Verfügung steht und welches eher unterrepräsentiert ist. Die gemeinsame Klammer um die drei Entscheidungsprofile bilden die Besonnenheit und die (zupackende) Energie, die allen Dreien in Entscheidungsprozessen zugänglich sind.

KAIROS-Entscheiderprofil
Selbsteinschätzungsskala zum »Problemlösungs- und Entscheidungsverhalten«

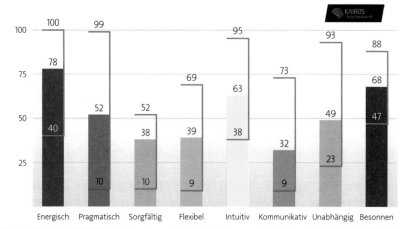

Abbildung 3.09: Teamprofil

Eine entscheidende gemeinsame Erkenntnis der drei Kollegen ist, dass sie sehr konsequent darauf achten müssen, gemeinsame Unternehmensziele und klare Vorstellungen von der Zukunft zu haben, da diese den tragenden Unterbau unter der Verschiedenartigkeit ihres Entscheidungsverhaltens liefern. Als Mittel dafür erscheint ihnen das regelmäßige Vornehmen von *Risikoeinschätzungen* sehr geeignet und sicherheitsstiftend. Darüber hinaus wollen sie bei zukünftigen Entscheidungen methodisch bewusst Raum für intuitives Herangehen lassen. Gleichzeitig haben sie Klarheit darüber gewonnen, wie wichtig regelmäßige »Beziehungshygiene« für ihre Zusammenarbeit ist, um zu vermeiden, dass ihre Unterschiedlichkeit zu Missverständnissen, Abwertungen oder Kränkungen führt.

> **!** **Tipp**
>
> Wenn Menschen wissen, wie sie ticken, und über Begriffe verfügen, um sich darüber auszutauschen, können sie zu besseren Entscheidungen kommen. Kooperation ist der Schlüssel, weil »man die Fehler anderer leichter erkennt als die eigenen« (vgl. Kahneman, 2012).

3. Kairos in Change-Projekten

Wenn Gestalter in Unternehmen über Change sprechen, haben sie in der Regel bereits die erwünschten Ergebnisse im Kopf und deren Notwendigkeiten. Gleichzeitig wissen sie aber, dass sie bei der Umsetzung auf ihre Führungskräfte und deren Mitarbeiter angewiesen sind und auf deren Offenheit, ihr Entscheidungsverhalten und ihre Entscheidungsgewohnheiten zu reflektieren und gegebenenfalls zu ändern — und dass das nicht über Anordnungen geschehen kann.

Kairos hilft, den Schritt zu tun vom gewohnheitsmäßigen zum bewussten, reflektierten Entscheiden. Führungskräfte können in dieser Situation, in der ihre Mitarbeiter Orientierung benötigen, ihr eigenes Potenzial dank der acht Kairos-Dimensionen ausloten. Sie werden dann erkennen, wo sie gut aufgestellt sind und wann sie mit Kollegen mit anderer Entscheidungsperspektive kooperieren sollten. Hieraus kann eine echte Win-win-Situation entstehen. Die beiden folgenden Beispiele zeigen, wie mithilfe der Kairos-Dimensionen Orientierung hergestellt werden kann, sowohl auf der Personen- als auch auf der Team- und Organisationsebene.

Unterschiedliche Kompetenzen im Dialog
Hier soll es um zwei interessante Entscheidungsaspekte gehen, die besonders hilfreich sein können, wenn mit Veränderungssituationen umzugehen ist. Besonders bei solchen Vorhaben kommt es zunächst auf das gute Zusammenspiel der Dimensionen *Pragmatisch* (der *Wirklich*keitssinn, das Bewahrende) und *Flexibel* (der *Möglichkeits*sinn, das Verändernde) an.

Die zweite wichtige Perspektive bei Change-Projekten betrifft den *sozialen Aspekt* von Veränderung: Gemeinsames Entscheiden in Hinblick auf Veränderungsmaßnahmen benötigt sowohl das *Kommunikative* (die Bezogenheit) als auch das *Unabhängige* (die Eigenständigkeit).

Eines der beiden hier betrachteten Profile enthält ein Kairos-Entscheidungsmuster mit Betonung auf Bewährtem, dem erfolgreichen Handeln in der Vergangenheit und dem Vertrauen in die eigene Urteilskraft, während das andere seine Schwerpunkte auf der Offenheit für Neues und flexiblem Herangehen an Veränderungsnotwendigkeiten sowie hoher Kommunikationsbereitschaft und Bezogenheit hat. Die Erfahrung hat gezeigt, dass Personen mit diesen diametral entgegengesetzten Verhaltensweisen sich aufgrund ihrer Unterschiedlichkeit sehr irritieren können bis hin zu gegenseitiger Abwertung. In Veränderungsprojekten bildet jedoch eine reflektierte Kooperation und Wertschätzung *beider Kompetenzen* ein besonderes Pfund zum Managen der anstehenden Herausforderungen.

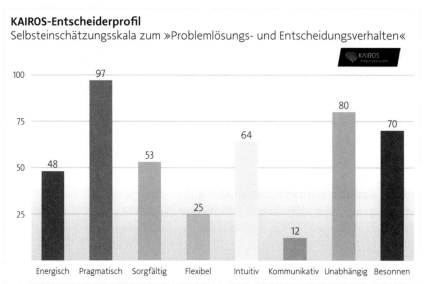

KAIROS-Entscheiderprofil
Selbsteinschätzungsskala zum »Problemlösungs- und Entscheidungsverhalten«

Abbildung 3.10: Profil: Pragmatisch. Schwerpunkt: Bewährtes und erfolgreiches Handeln in der Vergangenheit mit Betonung auf der eigenen Urteilskraft

Das hier betrachtete Profil zeigt einen Manager, der sich beim Entscheiden durch ein sehr *pragmatisches* Vorgehen auszeichnet. Sein bewährtes Muster ist, sich (natürlich im Zusammenspiel mit den restlichen Dimensionen) auf bisher erfolgreiche Erfahrungen und Gewohnheiten zu verlassen, also auf das Bewährte (*Pragmatisch*). Er hat großes Vertrauen in seine eigenständige, *besonnene* Urteilskraft und verfügt damit über Stehvermögen im Team. Auf Mitarbeiter und Umfeld bezieht er sich nur sehr selektiv und neigt dazu, *unabhängig* von den anderen zu seinen Entscheidungen zu kommen.

Seine Achillesferse ist die gering ausgefallene *Flexibilität*. Allzu schnell zieht er sich fast reflexartig auf das Pragmatische zurück, gibt dem Neuen keine Chance und hört beim Vortrag inhaltlich interessanter alternativer Perspektiven nicht sorgfältig genug zu. Es sind extrem gute Argumente notwendig, um ihn von anderen Möglichkeiten zu überzeugen.

Eine bewusste Auseinandersetzung mit den eigenen Sichtweisen, der Einsatz seiner ausgeprägten Intuition sowie erhöhte Aufmerksamkeit auf Personen oder Gruppen, die beim Entscheiden einfach »anders ticken«, können ihm helfen, in Change-Projekten eine hilfreiche Rolle einzunehmen anhand der Überlegungen: Wann kann ich mich auf meine bisherigen erfolgreichen Erfahrungen verlassen und wann benötige ich besondere Aufmerksamkeit für riskante, komplexe, ungewohnte Entwicklungen? Wie kann ich den meinen entgegengesetzte Potenziale im Sinne der Zielerreichung wertschätzen und mich gut auf eine Kooperation einlassen?

KAIROS-Entscheiderprofil
Selbsteinschätzungsskala zum »Problemlösungs- und Entscheidungsverhalten«

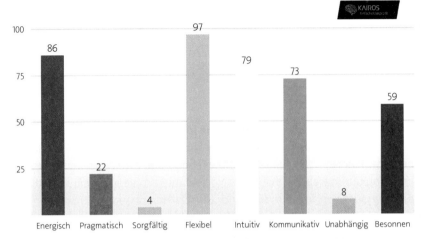

Abbildung 3.11: Profil: Flexibel. Schwerpunkt: Offenheit für Neues und Riskantes als Herausforderung, entscheidet schnell und bezieht Mitarbeiter mit ein

Das Profil *Flexibel* einer Managerin zeigt das gegenteilige Entscheidungsverhalten: Sie steht auf der Seite der Veränderung. Offenheit für Neues, innovative Ideen und Unvoreingenommenheit sind ihr Kompass. Die deutlich ausgeprägten Dimensionen *Intuitiv* und *Energisch* sorgen für schnelles Entscheiden mit Freude am Risiko. Die Mitarbeiter bindet sie gerne in ihre Entscheidungen mit ein; Kooperation ist für sie kein Problem. Die *besonnene* Dimension hilft ihr, geerdet zu bleiben und mögliche Konsequenzen zu überlegen.

Ihre Achillesferse liegt sowohl im Vernachlässigen des pragmatischen Vorgehens, also der Wertschätzung der bewahrenden Kräfte im Prozess, als auch in der gering ausgeprägten Neigung zum autonomen Vorgehen. Ihre gering ausgeprägte autonome Seite verlangt bewusste Aufmerksamkeit und reflektierte Betrachtung, um sich in bestimmten Situationen eigenständig durchsetzen zu können und sich des eigenen Standpunkts bewusst zu sein.

Wie kann man nun diese beiden Entscheidungsmuster in einer Win-win-Situation zusammenführen? Kairos hilft dabei, die Aufmerksamkeit auf die ganz konkreten Do's und Don'ts der Kooperation in Change-Projekten zu lenken. In der Zusammenarbeit gibt es immer ein Entfremdungs- und ein Kooperationspotenzial. Mit Kenntnis der jeweiligen persönlichen Entscheidungsmuster ist es viel leichter möglich, zu einer Verständigung zu kommen und die Gegenseitigkeiten auszunutzen. Dafür gilt es, über die verschiedenen dominanten Dimensionen Verständigung zu erzielen, um eine gemeinsame »Success-Story« schreiben zu können.

Die Rückmeldung eines Vorstandsmitglieds eines Finanzinstituts an einen seiner Kollegen findet dafür deutliche Worte: »Sie nerven mich zwar immer noch sehr schnell, aber Gott gebe, dass Sie uns erhalten bleiben. Jetzt habe ich verstanden, wie bedeutsam das ist, Sie können mich gerne weiter irritieren.«

Ist das nicht ein wunderbares Versöhnungsangebot? Und weist gleichzeitig darauf hin, wie in einem Team Unterschiedlichkeiten genutzt und zur Entfaltung kommen können.

4. Vorstand und oberste Führungsebene in Zeiten von Veränderung
In unserem zweiten Beispiel geht es um den jährlichen Strategie-Workshop eines Unternehmens. Die Teilnehmer, bestehend aus zwei Vorständen und der obersten Führungsebene, haben im Vorfeld ihre Profile in einem individuellen Coaching ausgewertet und zur Hand. Nun sollen anhand des Teamprofils der beiden Vorstände und des Teamprofils der obersten Führungsebene Beobachtungen und Hypothesen erstellt werden, die für das Arbeitsergebnis hilfreich sein können.

Die Arbeitsfragen dafür:
- Was kann man jeweils im Teamprofil der beiden Vorstände/der obersten Führungsebene erkennen?
- Was kann man aus der Differenz beider Teamprofile erkennen?
- Auf was sollten Vorstand und oberste Führungsebene in Zukunft achten?

KAIROS-Entscheiderprofil
Selbsteinschätzungsskala zum »Problemlösungs- und Entscheidungsverhalten«

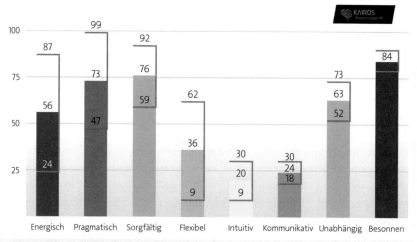

Abbildung 3.12: Teamprofil: 2 Vorstände

Das *Profil der beiden Vorstände:* Es fällt sofort ins Auge, dass sich die beiden aufgrund ihrer starken Ähnlichkeit (zu erkennen an der eng ausgelegten Streuung der oberen und unteren Zahlenwerte) nur wenig gegenseitig helfen können. Es zeichnet sich ein sehr ähnliches Muster ab.

Betrachtet man die Mittelwerte, dann verfügen sie gemeinsam mit *Energisch* und *Pragmatisch* über ausreichend Aktionsorientierung, ebenso gemeinsam über viel *Sorgfältig* und *Besonnen*, was in der Kombination spannungsreich sein kann und zügiges Entscheiden eher behindert. Der Wirklichkeitssinn *(Pragmatisch)* ist höher ausgeprägt als der Möglichkeitssinn *(Flexibel)*, was auf ein gewisses Beharrungsvermögen bei Change-Projekten schließen lässt. Der Intuition gegenüber sind beide sehr skeptisch, also eher der Ratio verpflichtet und die Bezogenheit auf das Umfeld *(Kommunikativ)* ist nicht ihre erste Wahl.

Bei Change-Projekten werden damit beide vermutlich eher auf der Seite der »Bewahrer« stehen und laufen daher Gefahr, mit zu geringer Intuition zu wenig auf das Einbinden der Mitarbeiter zu achten.

KAIROS-Entscheiderprofil
Selbsteinschätzungsskala zum »Problemlösungs- und Entscheidungsverhalten«

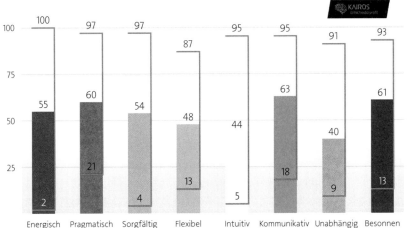

Abbildung 3.13: Teamprofil: oberste Führungsebene

Das *Profil der obersten Führungsebene* bietet aufgrund seiner Spannweite im Vergleich zum Vorstandsprofil viel mehr Möglichkeiten — zumindest auf theoretischer Ebene. Dieses Potenzial zu nutzen, kann eine anspruchsvolle, aber durchaus lohnende Angelegenheit sein. Dafür lohnt es sich, zunächst die Fragen zu stellen: Wer sind die Stakeholder für die jeweils situativ in den Vordergrund rückenden Dimensionen? Gibt es dafür überhaupt Interessenten?

Auswertung der Profile mit Fokus auf Veränderung in der Organisation:

- Die oberste Führungsebene favorisiert sowohl die Dimension *Pragmatisch* als auch *Flexibel*, während der Vorstand eindeutig *Pragmatisch* ausgerichtet ist — gleichzeitig sind die Dimensionen *Flexibel*, *Intuitiv* und *Kommunikativ* bei ihm gering ausgeprägt. Das gute Zusammenspiel von *Pragmatisch* (das Bewahrende) und *Flexibel* (das Verändernde) ist bei Veränderungsprozessen jedoch immens wichtig. Beide Ebenen sollten deshalb darauf achten und darüber nachdenken, an welchen Stellen der Veränderung es diese bislang unbeleuchteten Kompetenzen auch aus der Risikobetrachtung heraus dringend braucht und mit wem und wie solche Prozesse in der Organisation zu organisieren sind.
- Auch die Konstellation von *Kommunikativ* und *Unabhängig*, die sozialen Aspekte von Veränderung, gilt es zu beachten. Veränderung benötigt das Kommunikative (die Bezogenheit), um Veränderungsmaßnahmen in Form gemeinsamer Entscheidungen voranzubringen. In dieser Hinsicht wird die oberste Führungsebene den Vorstand herausfordern müssen.
- Folgende Fragestellung sollte unbedingt beachtet werden: Wann müssen Entscheidungen in der Organisation schnell gefällt werden und wann nicht, welche Qualität ist jeweils vonnöten? Die hohen Ausprägungen bei den reflexiven Dimensionen Sorgfältig und Besonnen implizieren die Gefahr von Beharrungstendenzen, die in manchen Situationen riskant und schädlich sein können. Hierfür gilt es ein achtsames Gefühl zu entwickeln.
- Der Vorstand sollte im Prozess auf jeden Fall darauf achten, dass die »Change-Gruppe« in allen acht Dimensionen optimal besetzt ist. Dadurch kann sie dem Vorstand in der Entscheidungsvorbereitung einen veritablen Mehrwert liefern.

5. Kairos im Verlauf der Zeit

Häufig wurde uns bereits die Frage gestellt, ob sich das persönliche Profil im Verlauf der Jahre ändern kann. Unsere eindeutige Antwort darauf lautet: Nein, außer, wenn sich in der Zwischenzeit Job, Funktion und Rolle, Kontext oder andere Lebensumstände geändert haben. Das hat sich, statistisch belegt, mannigfach bestätiget. Wenn sich jedoch in Umfeld, Kontext oder Aufgabe der betrachteten Person relevante Änderungen ergeben haben, sieht der Fall anders aus.

Das folgende Beispiel führt uns in ein Unternehmen im Wandel. Die gesamte oberste Führungsebene hatte für einen Strategieworkshop drei Jahre zuvor erstmalig ein Kairos-Profil ausgefüllt und das dazugehörige telefonische Auswertungsgespräch geführt. Nachdem diese Art der persönlichen Herangehensweise an das Thema Entscheiden damals als hilfreich empfunden worden war, wurde das ganze Prozedere nun, wieder als Vorbereitung für den jährlichen Strategieworkshop, noch einmal wiederholt.

Diese Gelegenheit haben wir genutzt, um die neuerlichen telefonischen Auswertungsgespräche inhaltlich zu erweitern mit dem Ziel, unterschiedliche Verantwortungsperspektiven in den Blick zu nehmen und besprechbar zu machen. Dafür haben wir eine Zweiteilung des Gesprächs vorgenommen:

1. Ist das Profil gleich geblieben oder hat es sich verändert im Hinblick auf Änderungen im Umfeld, bei der Aufgabe und/oder dem Kontext? Wie wird mit den aktuellen Situationen umgegangen im Vergleich zu vor drei Jahren? Was wird leichter, was anstrengender erlebt? Hat sich das Repertoire, mit der jeweiligen Funktion umzugehen, erhöht?
2. Wie kann ich das persönliche Muster des Entscheidens in direkten Bezug setzen zu der Aufgabe im Strategieworkshop? Was habe ich dort für meinen Bereich zu verantworten? Könnten meine Entscheidungen womöglich mit Blick auf die Verantwortung für die Gesamtorganisation eine andere Färbung erhalten?

Beide dialogisch erörterten Fragestellungen wurden von allen sehr interessiert aufgenommen. Besonders die Perspektive der Verantwortungsübernahme für die Gesamtorganisation war für sie ungewohnt, wurde aber als gute Vorbereitung für die kommende Veranstaltung betrachtet.

Im Folgenden betrachten wir prototypisch das Beispiel eines Personalleiters anhand seiner beiden Profile, die im Verlauf von drei Jahren tatsächlich außergewöhnliche Unterschiede aufweisen.

KAIROS-Entscheiderprofil
Selbsteinschätzungsskala zum »Problemlösungs- und Entscheidungsverhalten«

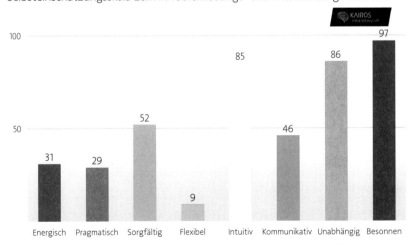

Abbildung 3.14: Profil: Personalleiter (2011)

Beim ersten Profil von 2011 ist deutlich ablesbar, dass dieser Mensch beim Entscheiden das *besonnene* und überlegte Vorgehen bevorzugt, verbunden mit dem Bedürfnis nach eigenständigem, *unabhängigen* Entscheiden. In der Regel wird ihm damit von seinen Mitarbeitern gute Urteilskraft und Verlässlichkeit zugeschrieben. Die *Intuition* kann ihm dabei helfen, Situationen gut einzuschätzen, nicht zuletzt, wann es nützlich sein kann, andere Menschen in die Entscheidungsfindung mit einzubeziehen. Die *Sorgfalt* steht parat, wenn ein kontrollierendes Vorgehen vonnöten ist. Die geringe *Flexibilität* kann zu einem Stolperstein werden, wenn es darum geht, Veränderungen voranzutreiben. Die Komponenten *Energisch* und *Pragmatisch* stehen ihm bei Bedarf zur Verfügung, er greift aber nur auf sie zurück, wenn es ihm dringlich erscheint.

KAIROS-Entscheiderprofil
Selbsteinschätzungsskala zum »Problemlösungs- und Entscheidungsverhalten«

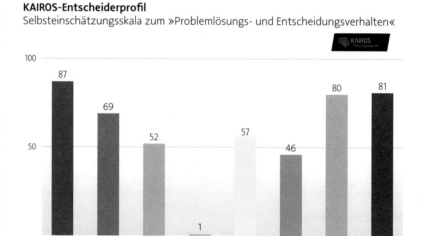

Abbildung 3.15: Profil: Personalleiter (2014)

Die Betrachtung des Profils von 2014 zeigt ein bemerkenswert starkes Wachstum der beiden aktionsorientierten Dimensionen *Energisch* und *Pragmatisch*. Da ist »Drive« ins Entscheiden gekommen und ein zusätzlicher Fokus auf Herausforderung, Entschlossenheit und eben pragmatisches Umsetzen beim Entscheiden. Die anderen sechs Dimensionen haben sich hingegen nur unwesentlich verändert. Lediglich die Flexibilität ist noch weiter zurückgegangen. Möglicherweise werden ihn daher Personen mit einer hohen Ausprägung inspirieren können, aber zunächst einmal Irritationen auslösen.

Will man nun die Gründe für solche Veränderungen herausfinden, kann das nur im persönlichen Dialog mit dem Beteiligten gelingen. Schnell hört man dann oftmals: »Das ist nicht merkwürdig, das kann ich Ihnen genau erklären«, gefolgt von einer begeisterten Entwicklungsgeschichte. Hier also der O-Ton des Personalleiters:

Vor drei Jahren, als das erste Kairos-Profil entstand, war ich kurz davor, das Unternehmen zu verlassen. Das war einfach kein Ort der Entfaltung mehr für mich: immer »schaumgebremst« als ein vor 15 Jahren von außen Hinzugekommener. Zu diesem Zeitpunkt wollte mich der Vorstand jedoch ungern gehen lassen. Sie boten mir einen Job mit mehr gestalterischem Freiraum und mehr Klarheit in der Verantwortung an, außerdem gab es in meinem Ressort einen Vorstandswechsel. Das brachte die Wende. Wir benötigten beide etwa ein Jahr der Annäherung: ich, um zu erkennen, dass mir jetzt ein großer Spielraum zugestanden wurde, und er, um sicherzugehen, dass er mir das zutrauen konnte. Seitdem verantworte ich große Projekte. Der neue Chef war ein wirklich neuer Typ Manager. Mit ihm konnte ich die Risikokultur der Abteilung grundlegend ändern. Ich habe viel dazugelernt.

Mit den Möglichkeiten seiner Entscheidungspräferenzen, der über die Zeit gewachsenen Urteilskraft und dem Wissen, dass es nicht unbedingt seine Sache ist, Veränderungen anzustoßen, kann er inzwischen gut leben. Für den bevorstehenden Workshop ließ er sich gerne auf die mentale Übung ein, wie er dort mit der Perspektive des Personalleiters und seinem ganz eigenen Entscheidungsmuster Verantwortung übernehmen wird. Die Frage, wie er in seiner Funktion für die Gesamtorganisation Verantwortung wahrnimmt, war sehr ungewohnt, er war sich auch nicht ganz sicher, wie das gehen könnte und ob es überhaupt gewünscht und auch belohnt werden würde.

6. Kairos im Pentaeder
Das Kairos-Entscheiderprofil findet man im Pentaeder-Modell unter dem Aspekt *Person in Funktion und Rolle*. Der individuelle Fokus ist für Führungskräfte, Mitarbeiter und Experten der beste Einstieg, um sich mit ihrem persönlichen Vorgehen beim Entscheiden und Lösen von Problemen auseinanderzusetzen. Das stärkt die Urteilskraft beim Entscheiden und hilft, Optionen besser einschätzen zu können.

Individuelles professionelles Entscheiden ist zwar immer der Ausganspunkt für eine nachhaltige Veränderung der Entscheidungskultur, aber nicht ausreichend. In dieser Hinsicht bietet das Profil die gute Gelegenheit und Ermutigung, es als »Tür« in den Pentaeder zu nutzen, als »Warming-up« und erste Ahnung, was es in der Welt des Entscheidens noch alles zu entdecken und anzuwenden gibt. Von diesem Ort aus kann man alle anderen Aspekte des Pentaeder in den Blick nehmen. Zum Beispiel ist das A und O des Entscheidens die Fähigkeit einer professionellen Risikoeinschätzung in Chance und Gefahren. Allein die Förderung dieser umfassenden Kompetenz und des dazugehörenden Verantwortungsgefühls kann zu einer bewussten Entscheidungskultur im Unternehmen wesentlich beitragen.

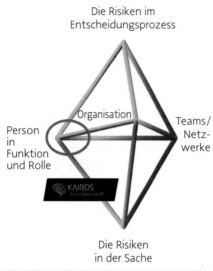

Die Risiken im
Entscheidungsprozess

Organisation

Person
in
Funktion
und Rolle

Teams/
Netz-
werke

Die Risiken
in der Sache

**Abbildung 3.16: Das Kairos-Entscheiderprofil
im Pentaeder-Dreieck**

Mit diesem Wissen wird der Blick auf Teams und Netzwerke und auf die Organisation als Ganzes geschärft, da es gilt, sich mit deren eigener Logik auseinander zu setzen. Mit dem sogenannten sozialen Dreieck im Fokus und der Risikokompetenz lernt man, was es heißt, von »Entscheiden in Organisationen« zu sprechen.

Je nachdem, was in der persönlichen Entscheidungswelt gerade in den Vordergrund gehört und was in den Hintergrund rückt, wird Komplexität reduziert und man kann den Rahmen für das eigene Entscheiden umfassend definieren und immer wieder anpassen.

Wenn Sie gerne Ihre eigenen persönlichen Entscheidungspräferenzen kennenlernen möchten, laden wir Sie ein, unser kostenloses Kairos-Kennenlernangebot zu nutzen. Mehr darüber erfahren Sie am Ende dieses Buches.

3.2   Funktionen und Rollen beim Entscheiden

Das Entscheiden in Organisationen benötigt Ordnung und Flexibilität gleichermaßen und erfordert von den Beteiligten ein hohes Maß an Klarheit bezüglich ihrer Beiträge beim Entscheiden. »Was habe ich verantwortlich zu entscheiden und was steht anderen zu?« »Welche Rollen kann ich in den Entscheidungsprozessen sinnvollerweise übernehmen?« Das vorliegende Reflexions- und Gestaltungstool stellt zunächst die *vier Funktionen in Organisationen* (nach Pechtl, 1995) mit einer möglichst knappen und verdichteten Beschreibung von deren Verantwortung vor. Sie sind Grundlage für die Ordnung, die ihre letztendliche Form in der Verantwortungsarchitektur der Organisation erhält (vgl. Kapitel 2.2). Die Ordnung ist immer dann gestört, wenn sich die Beteiligten nicht im Rahmen ihrer jeweiligen Verantwortung bewegen.

Anschließend werden zwei Konzepte zur großen Bandbreite von möglichen *Rollen* im Entscheidungsprozess erläutert. Je mehr Wahlmöglichkeit in der Organisation bezüglich der Rollen gegeben ist, umso höher ist deren Flexibilität. Das RAPID-Konzept von Bain & Company eignet sich gut für einen schnellen Überblick. Unser eigenes Konzept auf der Grundlage der Decisio-Prozesslandkarte ist differenzierter und unterscheidet Rollen nach den bereits im Kapitel 2.3.2 vorgestellten *fünf Phasen des Entscheidungsprozesses*.

Das Tool *Funktionen und Rollen* wird all jenen gute Dienste leisten, die ganz persönlich Klarheit im o.g. Sinn gewinnen möchten, wie auch denen, die über die Verantwortungs- sprich Entscheidungsarchitektur ihrer Organisation gestaltend zu befinden haben.

Die vier Funktionen in Organisationen

Was habe ich zu entscheiden (und damit zu verantworten) und was nicht? Die Antwort auf diese Frage ist im Grunde genommen recht einfach, und wird doch in der Praxis allzu oft missachtet: Es kommt darauf an, aus welcher *Funktion* heraus entschieden wird. Herr X als Leiter eines Bereiches seiner Organisation z.B. hat die unten beschriebene Entscheidungsverantwortung. Ob er sie will oder nicht, ob er sie wahrnimmt oder nicht, ob sie von ihm erwartet wird oder nicht ist dabei zunächst unerheblich. Sie ist schlicht Bestandteil seiner Funktion. Entscheidungsverantwortung gibt Antworten auf die Fragen: Welche Möglichkeiten nehmen wir in unserer Organisation wahr (und welche nicht!) — und damit unausweichlich verknüpft: Welche Risiken gehen wir ein und welche nicht?

Derselbe Herr X kann in einer anderen Situation in der Funktion der Mitgliedschaft gefordert sein, z.B. dann, wenn er seinem Vorgesetzten begegnet. Seine Verantwortung ist hier eine andere.

Um Missverständnissen vorzubeugen: Mit Funktionen meinen wir nicht etwa die Funktionen Vertrieb, Produktion, Entwicklung, Finanzen oder HR, wie sie in Bezug auf die »funktionalen Struktur« einer Organisation oftmals benannt werden, sondern folgende vier:

1. Die Funktion *Leitung*

   Sie verantwortet die Wahrnehmung von Möglichkeiten der sozialen Gemeinschaft (Organisation, Team, Gruppe, Netzwerk), die sie leitet, und damit auch die mit den Möglichkeiten einhergehenden Risiken. Sie gibt verbindliche Antworten auf die Fragen, wie die Gemeinschaft die Welt sieht und wozu sie selbst existiert: Was ist unser Zweck, unser Geschäft, heute und morgen, und was nicht? Wer gehört zu uns und wer nicht? Welchen Möglichkeiten wenden wir uns zu und welchen nicht? Welche Risiken wollen und können wir tragen und welche nicht? Mit den Antworten auf diese und ähnliche Fragen verantwortet Leitung den Sinn der sozialen Gemeinschaft und setzt einen Rahmen für deren Entscheidungen.

   Das Wesen jedes sozialen Systems ist vergleichbar mit einer Russischen Puppe: Es ist Teil eines größeren Systems und beinhaltet auch selbst wieder Teile. Die Anzahl dieser Puppen-Teile bestimmt, ob wir das System als komplex oder (relativ) einfach wahrnehmen. Der Schreinereibetrieb um die Ecke besteht vielleicht aus drei Puppen, während der Weltkonzern möglicherweise aus zehn besteht. Jede einzelne dieser Puppen benötigt die Funktion *Leitung,* der größte Konzern ebenso wie die kleinste Arbeitsgruppe. Der Unterschied liegt nicht in der *Art* ihrer Verantwortung, sondern in ihrer *Reichweite*.

   Dieses Bild kann uns auch Klarheit darüber verschaffen, wem gegenüber Leitung verantwortlich und rechenschaftspflichtig ist: ihrer Gemeinschaft gegenüber und der ihr übergeordneten. Gleichzeitig wird klar, von wem Leitung mit ihren Antworten abhängig ist und wer von den ihren — es wird genau widergespiegelt von der Puppe-in-der-Puppe-in-der-Puppe-Relation.

2. Die Funktion *Mitgliedschaft*

   Diese Funktion verantwortet dreierlei Dinge: Weil die Organisation eine soziale Gemeinschaft bildet, verantwortet die Mitgliedschaft die Zusammenarbeit mit anderen in dieser Gemeinschaft — die Kooperation ist hier nicht ins Belieben gestellt. Zudem verantwortet sie ihre Verpflichtung gegenüber den verbindlichen Antworten der Leitung. Und schließlich verantwortet sie ihren Beitrag zur Urteilsbildung der Leitung. Denn Leitung kann nur dann zu tauglichen Risikoeinschätzungen (und Wirklichkeitsbildern) kommen, wenn sie alle professionellen Risikoeinschätzungen ihrer Mitglieder zur Verfügung hat.

   Der Leiter einer Klinik z.B. ist für seine grundlegenden Entscheidungen auf die professionellen Risikoeinschätzungen all seiner ärztlichen Sparten, der Pflege und der Verwaltung angewiesen. Werden ihm diese vorenthalten, sind die Mitglieder ihrer Verantwortung für die Ermöglichung der bestmöglichen Führung nicht nachgekommen.

3. Die Funktion *Verhandlung*

    Hierbei geht es um die Verantwortung der *Repräsentation* der Entscheidungen der eigenen sozialen Gemeinschaft nach außen sowie um die *Koppelung* mit den Entscheidungen der jeweiligen Verhandlungspartner. Um die Funktion Verhandlung ausfüllen zu können, ist *Kooperationsfähigkeit* vonnöten, also eine schwächere Verpflichtung gegenüber den Entscheidungen der Leitung. Von dieser Funktion können die stärksten Veränderungsimpulse für die Gemeinschaft ausgehen, verantwortet sie doch sozusagen die »Stunde der Wahrheit«, die zeigt, ob sich die Gemeinschaft mit der Umwelt konkret austauscht oder nicht. Diese Funktion ist daher auch für die Kooperation in Netzwerken von besonderer Bedeutung.

4. Die Funktion *Beratung*

    Sie verantwortet eine *helfende Beziehung* zu den drei anderen Funktionen und der gesamten Organisation insbesondere dadurch, dass sie Wissen, Methoden und Reflexionsmöglichkeiten zur Verfügung stellt. Diese Funktion Beratung unterstützt die anderen dabei, ihrer Verantwortung nachzukommen. Sie selbst verantwortet mit dem eigenen Wissen, dem »State of the Art« gerecht zu werden.

Das Rapid-Rollenmodell von Bain & Company

Dieses Modell verwenden wir gerne als Einstieg, wenn Organisationen sich Klarheit über die Verteilung der Rollen in einem Entscheidungsprozess verschaffen wollen. Es hilft vor allem dabei, die eigene Funktion leichter zu nehmen und auch anderen einmal die Verantwortung zu überlassen. Zur Absicherung kann man beispielsweise jederzeit die Rolle *Zustimmen* (mit begründetem Vetorecht versehen) in die Prozessbeschreibung aufnehmen. Nicht direkt betroffene Einheiten können ihre Rolle dagegen im *Recommend* finden und bleiben damit in den Entscheidungsprozess eingebunden. Da das Modell selbsterklärend ist, stellen wir es hier ohne weitere inhaltlichen Erläuterungen vor.

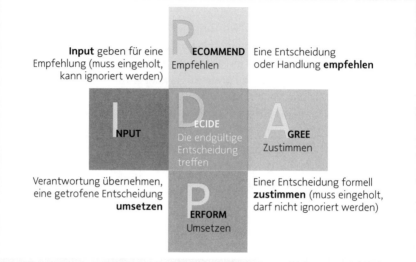

Abbildung 3.17: Das Rapid-Modell der Entscheidungsrollen

Die Schwerpunktrollen im Entscheidungsprozess nach der Decisio-Landkarte
Sehr viel ausführlicher und mit deutlich mehr Wahlmöglichkeiten für alle am Entscheidungsprozess Beteiligten erfolgt die Sortierung der Schwerpunktrollen nach der Decisio-Landkarte, die im Kapitel 3.4 noch genauer unter die Lupe genommen wird. Sie ist dann als Reflexions- und Gestaltungstool geeignet, wenn große und komplexe Entscheidungen mit vielen Beteiligten anstehen, die alle ihre unterschiedlichen Kompetenzen einbringen wollen und sollen.

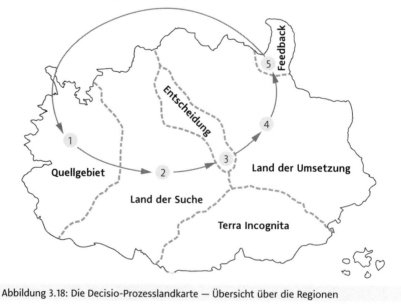

Abbildung 3.18: Die Decisio-Prozesslandkarte — Übersicht über die Regionen

1. Schwerpunktrollen im Quellgebiet

Der Issue-Seller/Agenda-Setter stellt sicher, dass

- die richtigen Themen zur richtigen Zeit angepackt und vorangetrieben werden,
- sie auf die Agenda kommen und lange genug dort bleiben,
- der Spannungsbogen zwischen Anspruch und Wirklichkeit nicht in sich zusammenbricht.

Der Hofnarr oder Advocatus diaboli

- hat den expliziten Auftrag, der Organisation zum *Face reality* zu verhelfen,
- hat ein gutes Gespür für die »unerledigten Geschäfte« des Unternehmens,
- ist hierarchisch ungebunden und genießt unbestrittene Autorität als unbestechlicher Realist.
  Diese Rolle wird oftmals — wenn sich kein interner Träger findet —, ein externer Berater übernehmen, mit dem Vorteil, dass dieser nicht allzu »gefällig« sein will.

2. Schwerpunktrollen im Land der Suche

Der Entscheidungsvorbereiter

- ist gern und viel im Land der Suche unterwegs,
- macht Optionen denk- und vorstellbar,
- lässt aus dem Spiel von Pro und Contra das Beste entstehen,
- weiß mit dem Blick ins Land der Umsetzung, dass er nichts suchen soll und darf, was dort keinen Bestand haben würde,
- hat eine vornehmlich inhaltliche Aufgabe, die er eng mit dem Prozessmanager abstimmt,
- kooperiert intensiv mit dem Umsetzungsverantwortlichen, der in Phase vier seine Aufgaben findet.

Der Opponent

- trägt Einwände vor, zeigt Gefahren auf und ist Gegengewicht für allzu starke Gefolgschaft,
- hilft in kritischen Passagen, die notwendige Vorsicht walten zu lassen.

3. Schwerpunktrolle im Land der Entscheidung

Der Entscheider

- tut sich häufig leichter als andere, der inneren Inszenierung von Verstand, Gefühlen und Intuition zu folgen und zu spüren, wann der Kompass zum Weitergehen, wann zum Innehalten rät,
- beendet die vorangehenden Prozessphasen der Suche mit der Entscheidung und entlastet damit die anderen Rollen (»macht den Sack zu«),
- übernimmt (nach außen) die Verantwortung für die Entscheidung,
- macht die Entscheidung personell zurechenbar,

- geht idealerweise gut mit den nicht gewählten Optionen um und gibt auch ihnen eine Chance,
- ist auf die Offenheit, Ideen und Entscheidungsentwürfe der anderen angewiesen.

4. Schwerpunktrollen im Land der Umsetzung

Der Umsetzungsverantwortliche/Realisierer

- realisiert die Entscheidung im Sinne und nach den Absichten der Entscheider und passt sie an die Wirklichkeit zum Zeitpunkt der Umsetzung an,
- ist im besten Sinne auch ein Change-Manager, der die Instrumente der Personal- und Organisationsentwicklung beherrscht.

Alle Beteiligten

- setzen sich mit ihren neuen bzw. veränderten Rollen auseinander,
- erwerben die für das Neue erforderlichen fachlichen und sozialen Kompetenzen,
- lernen in veränderten Beziehungen zu handeln.

5. Schwerpunktrolle im Land des Feedbacks

Der Tutor

- sorgt dafür, dass die Beteiligten und Betroffenen im laufenden Prozess von Anfang an so viel wie möglich lernen und aus dem abgeschlossenen Prozess — auch und gerade aus Misserfolgen — gestärkt hervorgehen,
- regt zu *Lessons Learned* an und stellt entsprechende Methoden zur Verfügung,
- kooperiert eng mit der Rolle des Issue-Sellers/Agenda-Setters und entwickelt gemeinsam mit diesem Ideen zur Umsetzung der Lessons Learned in zukünftigen Herausforderungen.

6. Schwerpunktrolle in der Terra Incognita

Der Entscheidercoach

- ist die vertrauensvollste Rolle der gesamten »Inszenierung« mit den höchsten Anforderungen an die Professionalität des Rolleninhabers,
- macht mit den Beteiligten (unter vier Augen) blinde Flecke, unbewusste Bestrebungen und mögliche »Hidden Agendas« besprechbar und bearbeitet aus diesen entstehende Prozessstörungen,
- bearbeitet hemmende Muster in der Unternehmenskultur,
- stärkt die Rolleninhaber in ihrer Entscheiderpersönlichkeit,
- wird in aller Regel ein externer Berater mit großer Reputation sein.

7. Schwerpunktrollen für den gesamten Entscheidungsprozess

Der Entscheidungsprozessmanager, vergleichbar mit den Prozessverantwortlichen von Geschäftsprozessen, achtet auf

- Tempo und Timing,
- anspruchsvolle Ziele,
- Prozesskosten,
- Beteiligung der Betroffenen.

Vielen Organisationen täte es außerordentlich gut, diese Rolle, mit Anerkennung und Macht versehen, offiziell ins Organigramm und Organisationshandbuch aufzunehmen — als konsequenten Beitrag zur nachhaltigen Leistungssteigerung mittels prozesszentrierter Organisationsgrundsätze.

Auch ein Projektleiter/-manager kann diese Rolle übernehmen, wird sie jedoch anders ausfüllen als ein den Inhalten verpflichteter.

Der Mentor/Sponsor/Senior-Experte

- trägt das Wissen von einem Ort zum andern,
- speichert und sortiert Ideen, Bedenken und Ziele,
- ist machtpolitischer Brückenbauer,
- dient als hochrangiger Sparringspartner für den Prozessmanager.

Die Trennlinie zwischen Funktion und Rolle

Man kann gar nicht deutlich hervorheben: Welche Rolle bzw. Rollen die einzelnen Personen im Entscheidungsprozess auch immer übernehmen, dies entlässt sie niemals aus der *Verantwortung ihrer Funktion*. Besonders deutlich wird dieser organisationale Grundsatz anhand der Funktion *Leitung*. Der Leiter einer Organisation oder eines Bereiches kann beispielsweise selbstverständlich die Rolle eines Tutors übernehmen, falls dies seiner Neigung und Kompetenz entspricht. Dennoch verantwortet er die Entscheidungsprämissen seiner Organisation, unabhängig davon, wer diese formuliert und entschieden hat — haftungsrechtliche Fragen inbegriffen!

Genau das meint Pechtl mit seinem Postulat: Entscheide *funktionsbewusst und rollenflexibel*. Uns scheint das der Königsweg zu sein, um Verantwortungskonfusion und -diffusion zu vermeiden. Sehr häufig entstehen Probleme in Organisationen dann, wenn die Beteiligten keine Klarheit darüber haben, was sie und andere zu verantworten haben und sich jeweils in die Verantwortung anderer einmischen. Wir ergänzen das Postulat daher gerne so: *Lass die Verantwortung dort, wo sie hingehört.*

3.3   Glaubenssätze beim Entscheiden

Die Wichtigkeit von *Sowohl-als-auch* für die Urteilskraft von Organisationen haben wir ja bereits mehrfach erwähnt, sie zieht sich als einer der roten Fäden durch das gesamte Buch. Immer dann, wenn das Sowohl-als-auch nicht mehr möglich ist, wenn ein starkes Entweder-oder sich bei Ihnen, in Ihrem Team oder in Projektsitzungen in den Vordergrund drängt, liegt der Verdacht nahe, dass *mentale Modelle* bzw. *Glaubenssätze*[11] der beteiligten Personen verletzt bzw. angegriffen wurden. Die bei ihren Mitgliedern vorherrschenden Glaubenssätze prägen die Organisationen beim Entscheiden als Teil des *E-Codes* (siehe Kapitel 3.9). Gerade solche Veränderungen, die die mentalen Modelle/Glaubenssätze infrage stellen und/oder in Konflikt mit ihnen stehen, haben es besonders schwer, umgesetzt zu werden. Daher öffnen das bewusste Aufspüren der vorherrschenden Glaubenssätze und die konstruktive Auseinandersetzung mit ihnen den Blick für das Sowohl-als-auch im Entscheiden und stärken die Veränderungskompetenz der Personen in der Organisation.

Diese mentalen Modelle kann man auch als unsere »Landkarten der Wirklichkeit« bezeichnen. Wie dies für alle Landkarten gilt, stellt sich nicht die Frage, ob sie »richtig« sind. Es gibt keine einzige, die das wäre, schon allein deshalb, weil die Erdkrümmung nicht abgebildet ist. Aber sie können dennoch nützlich sein — eine Straßenkarte für Autofahrer, eine Wanderkarte für den Urlaub. Und gelegentlich werden die Karten überarbeitet: Fehler werden korrigiert, neue Wege und Straßen eingezeichnet, Entfernungen neu vermessen etc. So ähnlich können auch Sie es mit Ihren ganz persönlichen »Landkarten der Wirklichkeit« halten.

Denn auch das Entscheiden in Organisationen ist von einer Vielzahl individueller Glaubenssätze geprägt. Wir stellen Ihnen hier eine Auswahl unterschiedlicher Grundüberzeugungen vor, die sich den fünf Perspektiven des Pentaeders zuordnen lassen: dem *Risiko*, dem *Prozess*, der *Person in Funktion und Rolle*, dem *Team/Netzwerk* und der *Organisation*. All diese Glaubenssätze begegnen uns häufig in unserer Praxis.

! **Tipp**

Prüfen Sie einmal, welcher dieser Glaubenssätze Ihnen bekannt vorkommt und wie sich dieser auf Ihr Entscheiden auswirkt. Überlegen Sie dann, welchen Unterschied es macht, wenn Sie Ihre Wirklichkeit als »Landkarte« betrachten und herauszufinden versuchen, wie sich Ihre »Landkarte« von denen Ihrer Mitarbeiter, Kollegen oder Vorgesetzten unterscheidet.

Die Glaubenssätze im Überblick

In der folgenden Auflistung verkörpert jeweils die linke Seite der Gegenüberstellung das häufig vorherrschende Bild über »Entscheidungen treffen in Organisationen«. Die Sichtweise des Pentaeders hingegen beschreibt die rechte Seite. Treffen diese beiden aufeinander, führt das zu deutlich unterschiedlichen Bewertungen, häufig gefolgt von Frustration, Demotivation und Blockade.

Die Pole aus der *Risikoperspektive*:

Entscheidungen sind der Übergang von Unsicherheit in Sicherheit.	Entscheidungen sind der Übergang vom Möglichkeitsraum ins Risiko, wobei das Risiko eine Chancen- und eine Gefahrenseite hat.
Dieser Glaubenssatz fußt auf der Überzeugung, dass wir vorhersagen können, dass die Entscheidung »richtig« ist, dass nach der Entscheidung Klarheit herrschen und ein »Endpunkt« gesetzt sein wird. Wir können uns daraufhin etwas Neuem zuwenden.	Dieser Glaubenssatz spiegelt die Überzeugung wider, dass wir vorher nicht wissen können, ob eine Entscheidung richtig oder falsch ist. Dies kann uns nur die Zukunft beantworten. Fehler und Scheitern gehören zwingend zum Entscheiden dazu und beinhalten immanente Lernchancen für Folgeentscheidungen.

Die Pole aus der *Prozessperspektive*:

Die Hammerfallsekunde der Entscheidung ist relevant.	Qualität wird durch den ganzen Prozess des Entscheidens erzeugt.
Dieser Glaubenssatz geht fest davon aus, dass nur der Moment der Entscheidung sichtbar und wahrnehmbar sein muss. Diese Phase ist den Mächtigen vorbehalten, da sie die »Wichtigste« ist.	Bei diesem Glaubenssatz herrscht die Überzeugung vor, dass nur das Durchlaufen aller Prozessschritte — von der Vorbereitung bis zur Umsetzung und Überprüfung der Entscheidung — die notwendige Qualität und damit die bestmögliche Sicherheit gibt.

Die Pole aus der *Perspektive der Person in Funktion und Rollen*:

Beim Entscheiden kommt es auf die Entscheider an.	Alle Beteiligten im Prozess des Entscheidens sind wichtige Player: Agenda-Setter, Entscheidungsvorbereiter, Umsetzer und Beobachter.
Dieser Glaubenssatz beruht auf der Überzeugung, dass die Kompetenz und die Macht zum »richtigen« Entscheiden bei wenigen Personen liegen und diese die Verantwortung für die Entscheidung tragen.	Dieser Glaubenssatz geht von der Überzeugung aus, dass erst durch das Einbinden der notwendigen hierarchieübergreifenden Risikoperspektiven — vertreten durch die beteiligten Funktionen und Rollen — der Entscheidungsprozess zum Erfolg geführt wird.

Die Pole aus der *Teamperspektive*:

Teams geben sich ihren Sinn in Bezug auf die Aufgaben, die ihnen zugewiesen werden, selbst.	Teams sind die Brücke zwischen den Sinnentwürfen der Organisation und denen der Personen.
Dieser Glaubenssatz gründet auf der Überzeugung, dass die Entscheidungen Top-down getroffen werden. Aus diesen Entscheidungen holen sich die Teams, den Teil, der für sie relevant ist, inklusive des eigenen Sinns. Die Wirkung/Auswirkung auf das Ganze gerät aus dem Blick.	Dieser Glaubenssatz basiert auf der Überzeugung, dass Teams über den Tellerrand schauen und die Verbindung zwischen den Zielsetzungen der Organisation und denen der eigenen Person herstellen. Das geschieht über die Einbindung der Teamaufgabe in die Gesamtaufgabe.

Die Pole aus der *Organisationsperspektive*:

Organisationen bestehen aus Menschen, Anlagen und Kapital.	Organisationen bestehen aus Entscheidungen und Anschlussentscheidungen und der Kommunikation darüber.
Dieser Glaubenssatz repräsentiert die Überzeugung, die Summe der Menschen, Anlagen, Kapital usw. sei die Organisation.	Dieser Glaubenssatz ist das Resultat der Überzeugung, dass die Definition von Organisation nur unter Einbeziehung der Systemtheorie möglich ist. Organisationen brauchen Funktionserfüllung, Kompetenzen und Ressourcen, um bestmögliche Entscheidungsverbünde realisieren zu können. Die Organisation hört auf zu existieren, wenn es nichts mehr zu entscheiden gibt.

Ein Beispiel zur Illustration

In einer Unternehmensvision steht der Satz: »*Unsere Mitarbeiter sind unser höchstes Gut.*« Die Mitarbeiter sehen sich dadurch in ihrem Verständnis bestätigt, dass sie Elemente der Organisation sind, extrem wichtig sind und dementsprechend gut behandelt werden. Dieser Satz motiviert also und vermittelt das Gefühl von (Familien)-Zugehörigkeit. Nun tritt jedoch folgende Situation ein: Das Unternehmen stellt sich strategisch neu auf. Unprofitable Geschäftszweige werden zurückgefahren, abgestoßen oder stillgelegt. Die dort beschäftigten Mitarbeiter fühlen sich betrogen, ausgenutzt und hintergangen — *sind sie doch das höchste Gut des Unternehmens.*

Einmal angenommen, stattdessen wäre der Glaubenssatz »*Organisationen bestehen aus Entscheidungen und Anschlussentscheidungen*« in den Mitarbeitern verankert. Dann wäre dies zwar immer noch eine schwierige Situation, sie ließe sich jedoch zurückführen auf Funktionen, Kompetenzen und Ressourcen, die in dieser Form nicht mehr gebraucht werden. Der »gefühlte Vertrag« ist ein anderer. Auf der persönlichen und emotionalen Ebene ist die Situation unter dieser Prämisse wesentlich leichter anzunehmen, da sie nicht mehr mit dem Glaubenssatz in Konflikt steht.

Eine Reflexionsrunde in vier Schritten

Schritt 1: Die Auswahl
Suchen Sie (gemeinsam mit Ihrem Team) einen Glaubenssatz aus, der Ihnen besonders bekannt vorkommt/besonders hinderlich in Ihrer täglichen Arbeit erscheint.
Schritt 2: Der Blick auf das Hier und Jetzt
Woran erkennen Sie den Glaubenssatz? In welchen typischen Situationen tritt er besonders stark hervor? Welche Schwierigkeiten und Probleme sind damit verbunden?
Schritt 3: Der Blick auf die Pentaeder-Seite
Angenommen, der Glaubenssatz entspräche dem der Pentaeder-Seite: Was wäre leichter, entspannter? Was wäre anders? Wo wären Sie, wäre Ihr Team anders gefordert? Welchen Gestaltungsraum würde das neu eröffnen?
Schritt 4: Der Blick in die Zukunft
Was wäre ein guter erster Schritt für Sie (und Ihr Team), um den Pentaeder-Glaubenssatz auszuprobieren? Welche konkreten Situationen fallen Ihnen ein? Welche Vereinbarungen treffen Sie, um diesen ersten Schritt auch zu tun? Wie und wann prüfen Sie das Ergebnis und legen den nächsten Schritt fest?

Die Beschäftigung mit Ihren Glaubenssätzen hilft Ihnen zu verstehen, was Ihren Autopiloten »antreibt«, was ihm Nahrung gibt. Was sind die Beweggründe hinter Ihren Entscheidungen, welche Prägungen kommen dabei zum Tragen? Gemeinsam mit Ihrem Team, Ihren Kollegen und Vorgesetzten können Sie herausfinden, wo Sie stehen und wie Sie damit umgehen wollen. Gegenseitiges Verstehen ist der erste Schritt um herauszufinden, ob die weitere Vertiefung lohnenswert ist. Er hilft dabei, Blockaden und Widerstände zu identifizieren und zu bearbeiten. Sollten Sie zu dem Entschluss kommen, sich bewusst dem mentalen Modell des Pentaeders zuzuwenden, empfehlen wir Ihnen eine professionelle Begleitung. Denn auch hier gilt: Mentale Modelle/Glaubenssätze sind lange antrainiert und werden unwillkürlich, intuitiv und damit schneller, als wir denken können, abgerufen. Zum Abschluss noch etwas zum Schmunzeln:

Es grämte sich ein Mann zur Qual,
Er sah die Welt als Jammertal,
Bis er erstaunt den Fehler fand,
Es war der Punkt, auf dem er stand.
Er ging nun ein paar Schritte weiter
Und plötzlich schien sie ihm ganz heiter.
Karl-Heinz Söhler

3.4 Die Decisio-Prozesslandkarte erkunden oder: Tanz auf dem Backbone des Pentaeders

In diesem Kapitel erwarten Sie folgende Dinge: Zunächst erhalten Sie eine kurze Einführung in das *WAS* und *WIE* des Entscheidens. Darauf aufbauend, erfahren Sie anschließend alles über den Kontinent des Entscheidens, den Sie mittels der Decisio-Prozesslandkarte entdecken können, anschaulich geschildert mithilfe von Anwendungsbeispielen. Jeder Abschnitt enthält zudem die Einladung, das Erfahrene selbst auszuprobieren, und wertvolle Tipps, wie Sie das angehen können.

Am Beginn unserer Arbeit zum Prozess des Entscheidens mit Führungskräften und Beraterkollegen in Workshops, Aus- und Weiterbildungen werfen wir gerne die Frage auf: »Warum ist (wirksames) Entscheiden heute so relevant?« Unsere Teilnehmer haben uns dabei oftmals überrascht: Immer wieder spannen sie mit ihren Aussagen ganz eigenständig unser *Pentaeder-Modell* aus Kapitel 2.2 auf! Fassen wir ihre Antworten zusammen:

Abbildung 3.19: Aufstellungen mit der Decisio-Bodenlandkarte

Entscheiden hat immer etwas mit Risiko zu tun. Es gibt dabei Chancen (auf Erfolge) und Gefahren (von Misserfolgen). Dabei liegen die Risiken nicht nur in der Sache/Aufgabe, also im *WAS*, sondern auch im Prozess, dem *WIE* des Entscheidens. An diesem Prozess sind sowohl Personen in ihren Rollen und Funktionen als auch Teams und die ganze Organisation beteiligt.

Wie Sie sehen können, spiegeln sich in den Beschreibungen unserer Teilnehmer genau die Eckpunkte des Pentaeder-Modells wieder. Die Dreh- und Angelpunkte des Entscheidens, das *Risiko in der Sache (WAS)* und *im Prozess (WIE)* bilden das Rückgrat und damit die Drehachse des Pentaeders (die senkrechte grüne Linie in Abbildung 3.20). Wie wir spätestens seit der McKinsey-Studie zur achtsamen Prozessgestaltung[12] wissen, ist das *WIE* mindestens genauso erfolgsrelevant wie das *WAS*. Das lässt sich bei »Merger & Akquisition«-Prozessen besonders gut erkennen. Die Prognosen (beispielsweise Einsparen von Kosten, Heben von Synergien, Ausweiten von Marktpotenzialen) halten in der Regel nicht das, was sie zum Zeitpunkt der Fusion oder Übernahme versprechen. Die Beschäftigung mit dem WAS überwiegt, die Erfolge stehen und fallen jedoch mit einem ausbalancierten und an Zielen und Zukunft orientierten WIE. Die Verbindung der beiden Perspektiven, also das gleichzeitige Risikomonitoring der Was- und der Wie-Risiken ist der Königsweg. Dies gelingt über das Einbinden der relevanten unterschiedlichen Risikoperspektiven und deren Monitoring über den gesamten Veränderungsprozess.

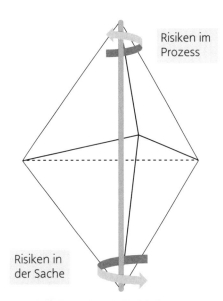

Risiken im Prozess

Risiken in der Sache

Abbildung 3.20: Der Backbone (das Rückgrat) des Pentaeders: Risiken in der Sache und Risiken im Prozess als Drehachse

Ein äußerst geeignetes Werkzeug, um Fragestellungen des *WAS* und des *WIE* zu verbinden, ist die *Decisio-Prozesslandkarte*. Mithilfe dieser Landkarte können die unterschiedlichen Risikoeinschätzungen in der Sache, dem *WAS*, und die im Prozess, dem *WIE*, gleichzeitig und gemeinsam bearbeitet werden. Je professioneller und virtuoser es gelingt, sich auf dieser Hauptachse des Pentaeder-Modells zu bewegen, auf dieser Klaviatur spielen zu können, umso meisterhafter wird das Tanzen auf dem Backbone des Pentaeders gelingen, umso höher wird also die Wahrscheinlichkeit gekonnter, nutzenbringender Entscheidungen. Wie das konkret geht, beschreiben wir Ihnen in den folgenden Anwendungsbeispielen.

Dieses Kapitel bietet wertvolle Informationen für alle Menschen mit Gestaltungswillen in Organisationen — seien es Führungskräfte, Projektleiter oder Experten —, die einen roten Faden in ihrer komplexen Aufgabenwelt suchen. Diese vielfältig einsetzbare Methode ermöglicht es Ihnen, Ihre Aufgaben, sprich Ihren Beitrag zum Geschäftserfolg, mit den zugehörigen Prozessen und den Menschen zu verbinden, die diese gestalten. Zudem können Sie sich durch ihren Einsatz stetig weiterentwickeln und gemeinsam mit den anderen Beteiligten dazulernen.

Decisio bietet sich aber auch an für unternehmensinterne und -externe Berater, Moderatoren und Kommunikationsexperten, die erfahren wollen, wie sinnvoll es sein kann, ihren Auftrag unter der »Entscheiderbrille« zu gestalten. Sie erhalten hier die Gelegenheit, uns bei unserer Arbeit über die Schulter zu schauen und zu prüfen, inwieweit sich dieser Ansatz auch für Ihre Arbeit eignet.

Im Folgenden erfahren Sie, wie und in welchen Situationen Sie konkret mit der Decisio-Prozesslandkarte arbeiten können. Wir beginnen mit einer kurzen grundsätzlichen Darstellung des Werkzeugs, soweit sie für das Verstehen der Beispiele notwendig und sinnvoll ist. Allen, die sich vertieft mit den Grundlagen des Verständnisses von *Entscheiden als Prozess* beschäftigen wollen, empfehlen wir Kapitel 2.3. Dort finden Sie die ausführliche Beschreibung, die Herleitung und den theoretischen Unterbau.

3.4.1 Beschreibung der Decisio-Prozesslandkarte

Die Übersichtskarte in der folgenden Abbildung zeigt es: Wichtig ist, den *gesamten* Entscheidungsprozess zu gestalten und zu verantworten. Das betrifft ebenso das *WAS* und *WIE* (also Inhalt und Prozess) wie auch die drei *Systemebenen* (Organisation, Teams/Netzwerke und Personen in ihren Funktionen und Rollen). Damit ist der gesamte Pentaeder auf der Landkarte abgebildet, sodass wir seine fünf Perspektiven gut im Auge behalten können.

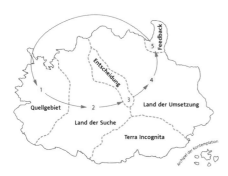

Abbildung 3.21: Der Gesamtprozess im Überblick

Die Übersichtskarte beschreibt den Prozess des Entscheidens in seinen fünf Phasen: ausgehend vom Quellgebiet (1) über das Land der Suche (2) ins Land der Entscheidung (3), von dort aus dann ins Land der Realisierung (4) und schließlich ins Land des Feedbacks (5).

Abbildung 3.22 zeigt die Hauptfunktionen der einzelnen Länder. Damit bleibt das Wichtigste immer im Blick.

Im Quellgebiet (1) haben wir die Chance zu erkennen, worum es in diesem Prozess wirklich geht, was es zu entscheiden gilt bzw. auch nicht gilt. Gleichzeitig können wir hier die Chancen und Gefahren (auch des nicht Entscheidens) entdecken sowie die »Reiseroute« festlegen.

Das Land der Suche (2) hat zum Ziel, den ganzen Entscheidungsraum in den Blick zu nehmen, echte Optionen/Alternativen mit ihren Risikobilanzen abzuwägen und Einschätzungen von Erfolgswahrscheinlichkeiten in der Umsetzung vorzunehmen.

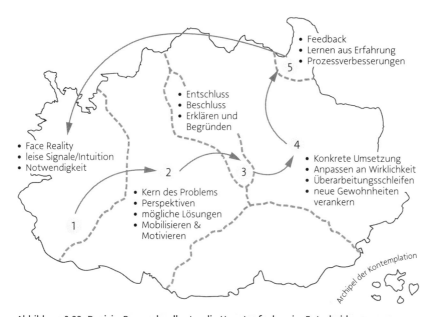

Abbildung 3.22: Decisio-Prozesslandkarte: die Hauptaufgaben im Entscheidungsprozess

Im Land der Entscheidung (3) gilt es die Entscheidung zu treffen und zu begründen. Gleichzeitig ist hier die Kommunikation auf den Weg zu bringen: Zu welchen Konsequenzen und Folgeentscheidungen führt die getroffene Wahl und was bedeutet das für die Realisierung?

Im Land der Realisierung (4) erfolgt die zielorientierte und sinngemäße Umsetzung der Entscheidung — mit allen nötigen (und möglichst kreativen) Anpassungen an die Wirklichkeit. Hier findet das Management des Wandels statt und die notwendigen Ressourcen (inkl. Geduld und finanzieller Mittel für das Lernen) werden eingebracht.

Das Land des Feedbacks (5) bietet der Organisation die Möglichkeit, aus den gemachten Erfahrungen für die Zukunft zu lernen. Hier werden Prozesse festgeschrieben und der Organisation zur Implementierung »übergeben«. Es wird festgelegt, was die Organisation lernen und auch, was sie verlernen muss.

Auf das Beste ergänzt wird dieser Prozess durch die *Terra Incognita*. Sie beinhaltet die unbekannten Gebiete des Entscheidens, die im Unbewussten, Unterschwelligen liegen und den gesamten Prozess durchziehen. Hier spüren wir unser unbewusstes *Erfahrungswissen*, hier treffen wir auf die kulturellen Aspekte der Organisation, die uns ganz selbstverständlich sind und deshalb auch nicht besprochen werden. Dabei erleben wir einerseits Blockaden und Widerstände und andererseits Dinge, die uns ganz selbstverständlich und ohne jedes Überlegen von der Hand gehen. Es geht hier also um all das, was beim Entscheiden unterhalb des sichtbaren Teils des »Eisbergs« liegt.

Ein Besuch auf der *Terra Incognita* ist immer dann besonders lohnenswert, wenn es stockt, nicht weitergeht, die vor Kurzem noch vorhandene Energie abhandenkommt — aber auch dann, wenn besonders geglückte Entscheidungsprozesse in den Lernprozess der Organisation einfließen sollen. Hier ist der Ort, an dem vor allem das »Unbewusste« der Organisation zum Tragen kommt. Hier haben die Fehlerkultur, das Silodenken, eigene »Positionierungslogiken« und ganz automatische Bewertungen ihre Heimat. Diese Dinge ins Bewusstsein zu bringen und damit besprech- und veränderbar zu gestalten, bringt Ihnen einen wahren Quantensprung in der Erstellung und Bilanzierung der Risiken.

Als Letztes betrachten wir nun den *Archipel der Kontemplation*. Er ist der notwendige Reflexionsraum für das Lernen von Personen und bietet eine geschützte Umgebung mit dem notwendigen Abstand zur allgemeinen operativen Hektik. Auf diese Inselwelt können Sie sich auch jetzt immer wieder zurückziehen, um die Anwendungsbeispiele aus Ihrer Sicht zu reflektieren, die eigenen Muster beim Entscheiden zu entdecken und daraus gute nächste Schritte für einen Transfer in Ihre Arbeit, Ihr Team, Ihre Organisation abzuleiten.

Gerade die *Terra Incognita* und der *Archipel der Kontemplation* finden sich in den klassischen Methoden zur strukturierten Entscheidungsfindung — wie beispielsweise FORDEC — nicht wieder.[13] Auch das Quellgebiet kommt dort im Allgemeinen nicht vor. Diese drei »Länder« öffnen damit einen Zugang, der den Beteiligten in Entscheidungsprozessen normalerweise verschlossen bleibt. Plötzlich werden hier Dinge transparent und stehen offen im Raum, die bisher im Verborgenen »lauerten«. Hier können Sie bereits sehr schön sehen, welche (Aus-)Wirkung das Verwenden einer solchen Sprache hat: Es entstehen dabei sofort Bilder im Kopf jedes einzelnen Beteiligten. Gerne wird diese Arbeit mit Metaphern und Bildern in die »spielerische« Schublade gesteckt. Der außerordentlichen Kraft und Wirkung dieses metaphorischen Zugangs kann das jedoch keinesfalls gerecht werden (vgl. hierzu Lafkoff, Georg/Johnson, Mark, 2011).

Betrachten wir nun die metaphorische Variante der Prozesslandkarte (siehe Beilage im hinteren Buchumschlag bzw. im E-Book: Grafik am Buchende) und die Arbeit mit ihr.

Diese Variante fördert Erkenntnisse zutage, die dem herkömmlichen »digitalen« Denken unzugänglich sind. Sie lädt dazu ein, sich durch die Begriffe anregen und inspirieren zu lassen. Hier können Ängste, Freude und Zuversicht benannt, festgefahrene Situationen und Blockaden gelöst werden. Lassen Sie sich gemeinsam mit Ihren Kollegen auf eine Expedition durch diesen Kontinent ein: Gerade der bewusste Wechsel zwischen der gewohnten Welt der strukturierten, analytischen und zielorientierten Vorgehensweise und der Welt von Möglichkeiten, Unsicherheit, Unwägbarkeiten, Überraschungen und Risiken birgt eines der größten Potenziale für Gestalter in Organisationen. Diesen Raum abzutasten und aus der Tabuzone zu befreien, ermöglicht es Ihnen, die Vielzahl von Entscheidungen hervorzuholen, die normalerweise in den Geschäftsprozessen (oftmals unsichtbar) eingebettet sind. Damit können Sie diese in die bewusste Bearbeitung bringen, mit dem klaren Ziel, als Organisation(seinheit) urteilsfähiger zu werden. Die folgenden Beispiele zeigen Ihnen verschiedene Möglichkeiten dazu auf.

3.4.2   Anwendungsbeispiele

Beispiel 1: *Decisio im Coaching* oder was ein klassisches Coaching von einem Entscheider-Coaching unterscheidet
Das Entscheider-Coaching ist der »mittlere Weg« des Coachings:[14] Es vereint den Anspruch, einen geschützten Reflexionsraum zu bieten, mit der Möglichkeit einer ökonomischen Nutzung der zur Verfügung stehenden Zeit durch die klare Fokussierung auf die wichtigsten Entscheidungen und die dazugehörenden

Entscheidungsprozesse. Im Ergebnis können die Entscheidungen mit erhöhter Urteilskraft getroffen werden.

Die erste Führungsaufgabe — eine klassische Situation

Aufgrund von Wachstum, Verschiebung von Produktmarktanteilen und notwendiger Umorganisation entschloss sich die Leitung, in einer Organisationseinheit eine Führungsebene neu einzuziehen. Eine langjährig bewährte Sachbearbeiterin erhielt die Chance, diesen neuen Bereich zu leiten. Ihr bisheriges Gebiet wurde zusammengeführt mit einer anderen Einheit, die in den letzten zwei Jahren kommissarisch geführt worden war. Die Fragestellungen, mit denen die Klientin zu uns kam: Wie kriege ich mich besser organisiert? Wie schaffe ich es, nicht mehr als neun Stunden pro Tag zu arbeiten? Wie gelingt es mir, den neuen Bereich möglichst schnell zu verstehen? Wie kann ich das zurzeit frustrierte Team motivieren, gute Arbeit zu leisten?

Die Lernreise »von der Entscheidung zum Entscheiden«

Wir begannen mit einer kleinen Aufstellungsarbeit mit der Aufgabe: Stellen Sie sich eine anstehende Entscheidung vor, die gerade auf Ihrem Schreibtisch liegt. Suchen Sie sich im *Land der Entscheidung* einen Platz, von dem aus Sie einen »Rundumblick« wagen möchten. Welche Begriffe auf der Landkarte gehören für Sie dazu, wenn Sie über Ihre Urteilsfähigkeit nachdenken?

Abbildung 3.23: Start in den Entscheidungsprozess

Neben den zu erwartenden Begriffen wie *Kompetenz* und *Klarheit* gehörten zu ihrer Antwort Begriffe wie *Leuchtfeuer der Experten*, *St. Bleib dir treu*, *innere Überzeugung*, *Optionen*, *Befürchtungen* etc. All dies sind Themen, die tendenziell ins Quellgebiet bzw. ins Land der Suche gehören. Es war damit sehr schnell klar, was es noch an Vorbereitung für diese Entscheidung brauchte — einen genauen Blick auf das *WAS* nämlich, um zunächst einmal zu verstehen, wofür diese Entscheidung wirklich notwendig ist: Kann ich gut hinter diesem *WAS* stehen, bin ich wirklich davon überzeugt?

Denn nur, wenn im Quellgebiet genügend Not-Wendigkeit (welche Not gilt es zu wenden) verspürt wird, ist auch genügend Energie für den weiteren Entscheidungsprozess vorhanden. Wenn die Entscheidung von den Beteiligten nicht als wirklich relevant gesehen und akzeptiert wird, sollte man besser die Finger von ihr lassen. Die Wahrscheinlichkeit, dass es anschließend zu keiner Umsetzung käme, ist ansonsten sehr hoch.

Die Frage nach dem relevanten *WAS* haben wir in der Bearbeitung direkt gekoppelt mit der Frage: *WIE* kann die Klientin das gewünschte Ziel erreichen? Welchen weiteren Input braucht sie dafür, und wie kann dieser dann verarbeitet werden? Wie kommt sie mit ihrem Team zu echten Alternativen? Diesen Weg und die daraus abgeleiteten nächsten Schritte haben wir in der unten abgebildeten Arbeitslandkarte dokumentiert. So sind sie festgehalten und konnten anschließend mit den Mitarbeitern vergemeinschaftet und weiter be- und verarbeitet werden.

Dadurch ist es der Klientin gelungen, den Entscheidungsbedarf gemeinsam mit den Mitarbeitern neu zu definieren, über tatsächliche Alternativen zur notwendigen Entscheidung zu kommen und die Umsetzung zu gestalten. Das dadurch gewonnene Gefühl, die Situation und damit den Entscheidungsbedarf gut erfasst zu haben und damit deutlich urteilsfähiger geworden zu sein, gab ihr die notwendige Sicherheit.

Abbildung 3.24: Eine gefüllte Arbeitslandkarte

Kommen Ihnen solche Situationen bekannt vor? Stehen Sie als Führungskraft, Projektleiter etc. auch vor der Herausforderung, Dinge zu entscheiden, bei denen Sie sich das ein ums andere Mal gefragt haben: Habe ich genügend Urteilskraft, um das mit gutem Gewissen zu entscheiden? Nun können Sie konkret erfahren, welchen Unterschied es macht, sich über die Decisio-Prozesslandkarte Ihren Entscheidungen zu nähern. Dafür laden wir Sie nun zu einem »Selbstcoaching« ein.

! Selbstcoaching mit der Decisio-Prozesslandkarte

Nehmen Sie sich eine Entscheidung vor, die ansteht oder sogar schon lange überfällig ist. Welche der Begriffe auf der Landkarte springen Ihnen dazu ins Auge? Notieren Sie diese Begriffe in der Arbeitslandkarte und ergänzen Sie sie mit den Erklärungen, die Ihnen dazu einfallen.

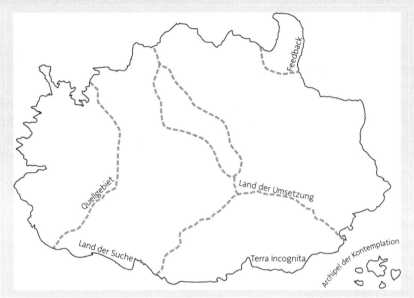

Abbildung 3.25: Arbeitskarte

Betrachten Sie nun Ihr Gesamtbild und prüfen Sie es anhand von Fragen. Hier finden Sie einige beispielhafte Fragen dafür:

- Ist die Entscheidung wirklich notwendig? Warum gerade jetzt?
- Welche Optionen sind denkbar für Sie?
- Welche zusätzlichen Perspektiven/Risikoeinschätzungen gehören auf den Tisch?
- Wie lautet die konkrete Entscheidung? Und warum gerade diese?
- Woran werden Sie eine gelungene Umsetzung erkennen/messen können?
- Auf welche Überraschungen durch die Realität sollten Sie sich einstellen? (Veränderungsträgheit, nötiger Zeitaufwand für die Realisierung, Konsequenzen,...)
- Was sollten Sie als Best Practice sichern und warum?
- Welche bewussten/unbewussten Interessen und Bedürfnisse werden von mir und anderen verschwiegen bzw. sind unterschwellig vorhanden?

Sicherlich fallen Ihnen selbst noch eigene Fragen zu Ihrer Entscheidungsthematik ein. Nun können Sie Ihre Schlüsse ziehen:

- Hat sich durch die nun erfolgte Arbeit etwas verändert?
- Wie lautet der Entscheidungsbedarf jetzt?
- Welche Folgeentscheidungen zieht die Entscheidung nach sich?
- Was sind Ihre konkreten nächsten Schritte?

All das können Sie in einer Liste analog folgender Abbildung festhalten.

Lessons Learned:

Neuformulierung des Problems:

Folgeentscheidung:

Abbildung 3.26: Reflexionsübersicht

Beispiel 2: Decisio in der kollegialen Fallberatung oder wie deren Qualität verbessert werden kann

Die *kollegiale Beratung* ist ein heute weitverbreitetes Werkzeug, in dem Kollegen sich wechselseitig zu beruflichen Fragen und Schlüsselthemen beraten und gemeinsam Lösungen entwickeln — eine gewisse Alternative zum klassischen Coaching. (Einen beispielhaften Ablauf finden Sie in Abbildung 3.27.) Die Qualität hängt von verschiedenen Faktoren ab. Zum einen ist es wichtig, Perspektiven und Suchrichtungen einzubringen, die der Fallgeber bisher nicht in seiner Aufmerksamkeit hatte. Zum anderen kommt es darauf an, wie gut es dem Fallgeber gelingt, neue, erweiterte Perspektiven in seinen Fall einzubinden. Dabei sind die beteiligten Personen in der Regel auf Ihre eigenen Phantasie/Kreativität im »luftleeren Raum« angewiesen.

Genau an diesen beiden Punkten bietet die kollegiale Fallberatung mit Decisio echte Vorteile. Methodisch kann sie genauso ablaufen wie die klassische kollegiale Fallberatung. Auch hier beginnt sie jedoch damit, dass der Fallgeber seinen Fall in die Arbeitskarte (Abbildung 3.25) einträgt und damit bereits eine »Sortierung« und Strukturierung vornimmt, wie wir es auch in Beispiel 1 gesehen haben. Die Fragestellungen hierzu: Welcher Aspekt meines Falles gehört wohin — ins Quellgebiet, Land der Suche, Land der Entscheidung, Land der Umsetzung, in die Terra Incognita oder in das Land des Feedbacks? Zu welchen Aspekten meines Falles möchte ich die Kollegen befragen? Der *Kontinent des Entscheidens* liefert auch hier Inspiration und Anregungen durch Begriffe wie *Sumpf der Nöte, Forst der Zusammenarbeit, 5 x Warum, geheime Spielregeln, Terrasse der Kundenzufriedenheit* usw. Bildliche Metaphern wie der Flow im Fluss und die Stromschnellen, Straßen und Wege, das Bergwerk, das Theater, das Wirtshaus etc. ergänzen die Möglichkeiten der Einordnung. Durch die bildhafte Beschreibung und Vorsortierung erhält schon die Fallbeschreibung eine völlig andere Qualität. An den Anfang tritt automatisch die Fragestellung: Worum geht's hier eigentlich? Einer unserer Workshop-Teilnehmer fasste das so zusammen: »Decisio ist eine Sortierhilfe, die inspiriert und nicht gängelt.«

Neben den faktischen Inhalten lassen sich insbesondere emotionale Situationsbeschreibungen vornehmen, es wird also das benannt, was sonst oftmals unbesprechbar bleibt. Damit werden bei den beratenden Kollegen ganz andere »Kanäle« angesprochen, als üblicherweise durch das reine Beschreiben des Falles erreicht werden können. Auch der zeitliche Ver- und Ablauf findet durch die prozesshafte Darstellung eine ganz natürliche Berücksichtigung: Das *WAS* wird damit in das *WIE* eingebettet. In der Konsequenz liegt die Fallbeschreibung dann für alle transparent auf dem Tisch, was eine perfekte Arbeitsgrundlage bildet.

Das Nachfragen durch die kollegialen Berater wird dadurch unterstützt, dass alle sehr schnell sehen, ob bestimmte Länder nicht gut oder gerade besonders gut ausgeleuchtet sind. Sie können daraufhin klären, ob darin besonderes Potenzial für die anschließenden Hypothesen steckt. Bei der Hypothesenbildung lassen sich durch die Fokussierung auf das *WAS* und das *WIE* besonders gut die beiden Seiten des Risikos, also Chancen und Gefahren beleuchten. Das Bilanzieren der Risiken kann dann entweder vom Fallgeber selbst oder von allen gemeinsam vorgenommen werden. (Mehr zur Erstellung von *Risikobilanzen* finden Sie im Kapitel 3.6.)

Im Anschluss stellen wir Ihnen vor, wie Sie die kollegiale Fallberatung mit Decisio ausprobieren können.

❗ Kollegiale Fallberatung mit Decisio: Vorgehensweise

Bereiten Sie Ihren Fall wie beschrieben mit der Arbeitskarte vor. Notieren Sie Ihre Überschrift in der Zeile: *Worum geht's?* Nehmen Sie sich die Decisio-Prozesslandkarte (Beilage bzw. im E-Book: Grafik am Buchende) vor und suchen Sie sich eine gute Startposition. Welche Begriffe, welches Land, welche Symbole, Metaphern etc. beschreiben Ihre derzeitige Position am besten? Tragen Sie alles, was Ihnen dazu einfällt, in die Arbeitskarte ein. Nutzen Sie dabei Ihre spontanen Eindrücke ebenso wie die wohldurchdachten. Es geht dabei nicht darum, die Entscheidungsprozessschritte 1 bis 5 »abzuarbeiten«. Halten Sie einfach alles fest, was Ihnen zu Ihrem Thema ein- und auffällt. Stellen Sie anschließend das Ergebnis Ihren ausgewählten Kollegen vor. Folgen Sie dem Ablauf aus Abbildung 3.27. Anschließend an die Runde der Verständnisfragen gehen Sie an die Risikobilanzierung (Abbildung 3.28): Hören Sie sich dafür an, welche Chancen und Gefahren Ihre Kollegen in den verschiedenen Punkten im *WAS* und *WIE* sehen und notieren Sie diese. In der Rolle des Beraterkollegen lassen Sie sich auch durch die Assoziationen leiten, die die vom Fallgeber gewählten Begriffe, Metaphern etc. bei Ihnen auslösen. In Ihren Hypothesen zu Chancen und Gefahren sollten Sie Ihrem Fallgeber auch Ihre eigenen Begriffe und Assoziationen zur Verfügung stellen. Ordnen Sie im Anschluss gemeinsam die gewonnenen Erkenntnisse den drei Systemebenen *Person in Funktion und Rolle*, *Team/Netzwerk* und *Organisation* zu.

Kollegiale Beratung

Zeit	Fallgeber	Berater
5 Min.	Fall schildern (A)	zuhören/notieren (B)
10 Min.	Antworten (B)	Verständnisfragen (A)
10 Min.	zuhören und notieren (B)	Hypothesen (A)
5 Min.	welche »Treffer« gab es, was verfolge ich weiter (A)	zuhören (B)
10 Min.	zuhören (B)	Lösungen/Ideen (A)
5 Min.	kurz Stellung nehmen — neu, hilfreich, realistisch — was möchte ich umsetzen (A)	

Abbildung 3.27: Beispielhafter Ablauf einer kollegialen Fallberatung

Abbildung 3.28: Risikobilanzen erstellen

Je weitreichender die anstehende Entscheidung ist, umso tragfähiger wird sie sein, wenn alle drei Systemebenen ebenso wie die beiden Risikoperspektiven gut ausgeleuchtet sind. Prüfen Sie gemeinsam, wie weit das geschehen ist. Nützliche Fragen hierzu:

- Wie gut sind die einzelnen Prozessschritte (Länder) in den Risikobilanzen vertreten? Wo wäre es wichtig, noch genauer hinzuschauen?
- Wie gut sind die einzelnen Systemperspektiven in den Risikobilanzen vertreten? Welche Perspektive verdient zum jetzigen Zeitpunkt mehr Aufmerksamkeit, welche weniger? Welche verdient zu einem späteren Zeitpunkt mehr Aufmerksamkeit, welche weniger?
- Was gilt es konkret hier und jetzt zu entscheiden? Was sollte bis später warten? Was ist längst überfällig?
- Was ist im Moment auf jeden Fall richtig zu tun, was ist auf keinen Fall falsch?

- Was gilt es zu korrigieren oder nachzujustieren?

Mit hoher Wahrscheinlichkeit wird diese Vorgehensweise zu Beginn ungewohnt für Sie sein. Legen Sie deshalb einfach nach jedem Fall eine kleine gemeinsame Reflexion ein und fragen Sie sich: Was hat gut funktioniert? Was nicht? Was wollen wir in der nächsten Runde verstärken, was wollen wir weniger intensiv betrachten? Sie werden sehen, mit jeder Runde wird der Prozess flüssiger und selbstverständlicher. Gemeinsam mit den Kollegen ist es oftmals leichter und macht auch mehr Freude zu experimentieren.

Wenn Sie sich dann gut eingeübt fühlen, können Sie das Werkzeug gemeinsam mit Ihrem Team bzw. in Ihrer Projektgruppe einsetzen und erfahren, wie sich die Form der Zusammenarbeit verändert, wo Sie Geschwindigkeit gewinnen und wie es Ihnen gemeinsam beim Priorisieren helfen kann.

Decisio in der Gestaltung von Veränderungen

Gerne würden wir heute für uns reklamieren, dass wir die Veränderung »erfunden« haben. Allerdings sagte schon Heraklit von Ephesus: »Nichts ist so beständig wie der Wandel.« Was Organisationen heute jedoch in dieser Hinsicht stark beschäftigt, sind das Tempo und häufig auch die Radikalität, mit der Veränderungen zu bewältigen sind. Ein sehr gutes Beispiel hierfür ist die Firma Nokia: Vom Gummihersteller zum Weltmarktführer bei Handys aufgestiegen, folgte zunächst ein Absturz bei den Smartphones und schließlich die Fokussierung auf die Netzwerksparte, mittels der sich Nokia gerade wieder neu erfindet. Natürlich haben Veränderungen nicht immer dieses Ausmaß, aber auch kleinere Veränderungen stellen Organisationen häufig vor Herausforderungen. In welcher Weise Decisio hier überaus nützlich sein kann, sollen Ihnen die nächsten beiden Beispiele zeigen.

Beispiel 3: Decisio in der Aufarbeitung einer Krisensituation oder die Bewältigung von Übergangszeiten im Team

Eine sehr geachtete, fachlich hochkompetente Führungskraft verlässt die Organisation. Eine Nachfolge ist noch nicht gefunden. Der Stellvertreter nimmt im Übergangszeitraum die Leitungsfunktion wahr. Die ehemalige Führungskraft hatte zum Ende ihrer Beschäftigung für die Mitarbeiter bei uns eine Schulungsmaßnahme zu Decisio mit dem Thema *Entscheidungsprozesse neu entdecken* beauftragt.

Den Einstieg gestalteten wir mit der Prozesslandkarte als Bodenlandkarte (ca. 2 × 3 m) und der Fragestellung: Welche Begriffe beschreiben am ehesten mein besonderes Interesse an Entscheidungsprozessen und was ist daran besonders wichtig für mich? Die Teilnehmer wurden eingeladen, sich selbst an den entsprechenden Stellen der Landkarte aufzustellen (siehe Abbildung 3.20 am Beginn dieses Kapitels). Dies taten sie mit viel Engagement und erfreulichem Tiefgang. Die anschließende Sammlung der Entscheidungssituationen, die wir an diesem

Tag bearbeiten wollten, gestaltete sich jedoch überraschend zäh und schwierig. In der Reflexion darüber wurde rasch klar, dass das anstehende Thema etwas ganz anderes war. Wir vereinbarten daher, die durch den Weggang der Führungskraft entstandene aktuelle Situation gemeinsam zu reflektieren und daraus geeignete nächste Schritte abzuleiten unter der Überschrift: Wie gestalten wir den Übergang und wie werden/bleiben wir in der Übergangsphase handlungsfähig? Decisio als Werkzeug im immer wiederkehrenden Auftragsklärungsprozess — das war auch für uns eine neue Anwendungsebene.

Die Einheit fand nach zwei Stunden mit konkreten Vereinbarungen ein gutes Ende. Der Rest des Tages konnte dann sehr ergiebig mit Arbeit an aktuell anstehenden Fällen der Teilnehmer gestaltet werden. So schnell kann sich ein Arbeitsauftrag also verändern.

Nach drei Monaten fand der verabredete »Boxenstopp« statt: Wo stehen wir, was hat sich bewährt, was nicht, was ist neu dazugekommen? Die nun anstehenden Themen wurden in Arbeitsgruppen mithilfe der Arbeitskarte (Abbildung 3.25) unter die Lupe genommen. Dabei galt es jeweils zu prüfen: Wovon brauchen wir mehr, wovon weniger, was wollen wir beibehalten, was nicht mehr machen? Auf Basis dieses Ergebnisses wurden dann die nächsten Schritte entwickelt und die anstehenden Themen konnten in der Übergangszeit gut eigenständig weiterverfolgt werden.

Für Ihren eigenen »Boxenstopp« mit Decisio finden Sie nachfolgend eine konkrete Anleitung.

Abbildung 3.29: Ausschnitt aus einer Arbeitskarte

! ***Decisio beim Boxenstopp* — hier: Projektreview**

Suchen Sie sich — am besten gemeinsam mit Ihren Kollegen/Team/Projekt — eine konkrete Situation, in der Sie momentan stecken, vielleicht sogar feststecken. Nehmen Sie sich die Arbeitskarte, schauen Sie aus dem *Land des Feedbacks* und notieren Sie sich die Dinge, die Ihnen vom Start des Prozesses an bis heute bemerkenswert und wichtig erscheinen.

Nützliche Fragen hierfür:

- Was genau war unsere konkrete Ausgangssituation? Weshalb haben wir diesen Veränderungsprozess überhaupt begonnen?
- Wie tief gehend haben wir uns mit dem *Quellgebiet* auseinandergesetzt? Welche Perspektiven waren dort vertreten?
- Was haben wir als Kern des Problems identifiziert?
- Welche Alternativen haben wir wie untersucht? Für welche der Alternative haben wir uns entschieden und warum? Für eine oder für mehrere Alternativen?
- Wie läuft die Realisierung? Was fällt uns (immer wieder) auf die Füße?
- Wo gibt es Probleme, Stolpersteine, Konflikte? Wie sind wir damit umgegangen?

Als nächsten Schritt können Sie betrachten: Was passt schon gut, wo gilt es noch nachzujustieren? Dafür hat sich das Schema in der folgenden Abbildung als nützlich erwiesen.

Im Anschluss können Sie dann gemeinsam die nächsten Schritte ableiten.

mehr	weniger
beibehalten	sein lassen

→ konkrete Empfehlungen

Abbildung 3.30: Entwicklung konkreter Empfehlungen

Beispiel 4: *Decisio bei der Prozessbegleitung* oder Teamentwicklung »en passant«

In diesem Fall ging es darum, die Neuaufstellung eines Leitungsteams mit Blick aus der »Entscheidungsprozessbrille« zu gestalten: Nach der strategischen Neuausrichtung mit anschließender Umstrukturierung eines eigenverantwortlichen Unternehmensbereichs wurden neue Aufgaben und Funktionszuschnitte vorgenommen und auch das Leitungsteam neu aufgestellt. Dies brachte deutliche Veränderungen für jeden einzelnen Mitarbeiter der Organisation mit sich — insbesondere jedoch für das in Teilen neu zusammengesetzte Leitungsteam.

Bereits in der Auftragsklärung hatten wir das Entscheidungsverhalten der Organisation gemeinsam mit den Verantwortlichen des Organisationsentwicklungs-Prozesses reflektiert. Das wichtigste Ergebnis war, dass dieses Entscheidungsverhalten in der Vergangenheit gut und nützlich gewesen war, für die Erreichung der Ziele in der Neuausrichtung jedoch zumindest in Teilen eher kontraproduktiv sein würde.

Die Ausgangspunkte für die gemeinsame Arbeit mit dem neu formierten Leitungsteam:

- Im Vordergrund standen die veränderten Entscheidungsprozesse und -kompetenzen sowie die zugehörigen Verantwortungsbereiche. Diese galt es gemeinsam zu gestalten, verbindliche Vereinbarungen zu treffen und ebenfalls gemeinsam erfolgreich umzusetzen.
- Die Begleitung des Führungskreises wurde Bestandteil des bereits laufenden OE-Prozesses.

Ein Schwerpunkt der Arbeit war festzulegen, was gemeinsam im Team entschieden werden sollte und wo hingegen die »Entscheidungshoheit« jedes Einzelnen liegen sollte. Zudem wurden die Verantwortung für das Leitungsteam insgesamt und die jedes Einzelnen in seiner Funktion festgehalten. Diese Ergebnisse wurden in Handlungsfelder und Lösungsansätze überführt: *Das neue WAS in Abgrenzung zu dem alten war vereinbart.*

Im nächsten Schritt wandten wir uns dem *WIE* zu — also den zugehörigen Entscheidungsprozessen. *Wie* wollen wir das Vereinbarte als Leitungsteam miteinander tun? Angenähert haben wir uns dieser Aufgabe über die Frage: Wie läuft es eigentlich bisher? Dazu haben sich die Mitglieder des Leitungsteams auf zwei konkrete Fälle aus ihrer Praxis geeinigt, die wir uns gemeinsam angeschaut haben. Die Aufgabe war gewesen, eine Entscheidung zu finden, die gut gelaufen war, und eine, die »gehakt« und zu deutlicher Frustration geführt hatte. Beide Entscheidungssituationen haben wir dann »nachgestellt« auf der Decisio-Bodenlandkarte. Nach einer kurzen individuellen Vorbereitung legten die Mitglieder des Teams den Weg, den sie bei den beiden Entscheidungssituationen jeweils aus ihrer individuellen Perspektive gegangen waren, auf der Bodenlandkarte zurück. Wir als Moderatoren haben diesen Weg jeweils in einer leeren Landkarte festgehalten. Die beiden folgenden Abbildungen zeigen die Ergebnisse.

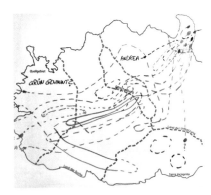

Abbildung 3.31: Entscheidungsprozess, der als gut gelaufen erlebt wurde

Abbildung 3.32: Entscheidungsprozess, der als holprig und frustrierend erlebt wurde

Das Ergebnis war recht beeindruckend — sowohl für die Teammitglieder als auch für uns Moderatoren. Und all dies hatten wir ohne analytischen Ansatz herausgefunden. Das in den Vordergrund gestellte persönliche Erleben hatte die »gefühlte Realität« hervorgebracht. In den Karten wurde sofort sichtbar: Je komplexer die Zusammenhänge und je unterschiedlicher der Einstiegszeitpunkt in den Entscheidungsprozess, umso unübersichtlicher wurde das Gesamtbild. Der Entscheidungsprozess, der gut gelaufen war, zeigte ein relativ einheitliches Bild — auch wenn einzelne Personen zu unterschiedlichen Zeitpunkten in den Prozess eingestiegen waren. Die *Terra Incognita* war hier eher selten besucht worden und diese Besuche waren klar mit singulären Ereignissen verknüpft. Der »holprige« Entscheidungsprozess ließ hingegen deutlich erkennen, dass dort eher ein »Herumirren« stattgefunden hatte, verbunden mit einer Vielzahl von Besuchen in der *Terra Incognita*. Die Mitglieder des Leitungsteams waren und fühlten sich auch zu unterschiedlichen Zeitpunkten unterschiedlich stark in den Prozess eingebunden. Dies hatte zu persönlichem »Nicht verstehen« bis hin zu Verletzungen und Rückzug geführt. In der nachfolgenden Herleitung der *Lessons Learned* wurden diese wichtigen Erkenntnisse genutzt, um daraus Handlungsfelder und die entsprechenden Transferschritte abzuleiten.

Wie erleben Sie selbst in Ihrem Team/Projekt Ihre Entscheidungsprozesse? Möchten Sie herausfinden, ob dort Handlungsbedarf für Sie und Ihre Kollegen besteht? Nachfolgend erfahren Sie, wie Sie selbst Decisio als »Diagnoseinstrument« nutzen können.

> **!** **Decisio als Diagnoseinstrument: Wo stehen wir mit unseren Entscheidungsprozessen?**
>
> Wählen Sie gemeinsam mit Ihrem Team/in Ihrem Projekt zwei repräsentative Entscheidungen aus der Vergangenheit, eine mit positiv empfundenem Verlauf und eine eher negative Entscheidungssituation. Zeichnen Sie jeweils Ihre Wege in eine leere Arbeitskarte ein. Lassen Sie sich dabei von den Begriffen der Prozesslandkarte inspirieren. Überführen Sie die Einzelzeichnungen anschließend in ein gemeinsames Bild für jede der Entscheidungen. Wie sehen die beiden Bilder aus? Was erkennen Sie unter den Fragestellungen:
>
> - Wie treffen wir heute in vergleichbaren Situationen Entscheidungen?
> - Worin unterscheiden sich die beiden betrachteten Entscheidungssituationen?
> - Wie gut sind die jeweiligen Ergebnisse?
> - Wie brauchbar ist unser heutiger Entscheidungsfindungsprozess in der Zukunft?
> - Welchen Handlungsbedarf sehen wir?
>
> Im Anschluss können Sie Risikobilanzen unter folgenden Gesichtspunkten erstellen: Wie sehen die Chancen und Gefahren aus, wenn wir alles so lassen, wie es ist? Wie, wenn wir den Veränderungsprozess/die Teamentwicklung angehen? Sollte Ihre Bilanzierung einen deutlichen Veränderungsbedarf ergeben, empfehlen wir Ihnen, sich in diesem Prozess professionell begleiten zu lassen — sei es durch interne oder externe Beraterkollegen.

Beispiel 5: Decisio in der Entwicklung von Leitungskräften **oder den eigenen Gestaltungsspielraum entdecken**

In unseren Entwicklungsprogrammen für Führungskräfte und Projektleiter steht die »Entdeckung« des eigenen Gestaltungsspielraums im Zentrum. Sehr häufig wird dieser Spielraum deutlich geringer wahrgenommen als er dem tatsächlich ausverhandelten Handlungsrahmen nach ist. Auch hier gilt: Das *WAS* ist in der Regel gut beschrieben. Die Stellenbeschreibung enthält Punkte wie Aufgabenbeschreibung, Führungs-/Projektverantwortung, Budget-/Umsatzverantwortung, Qualifikations- und Kompetenzanforderungen etc. Was häufig fehlt, ist die Beschreibung, *wie* das konkret auszufüllen ist. In welche (bereichs- oder unternehmensweiten) Prozesse sind die Leitungskräfte eingebunden und was genau ist der Beitrag, den sie leisten sollen? Dies gilt es herauszufinden und ggf. auch mit der Organisation »auszuhandeln«.

In den Seminaren setzen sich die Teilnehmer im ersten Schritt mit den unterschiedlichen Entscheidungs*arten* und den möglichen *Rollen* im Entscheidungsprozess (siehe Kapitel 3.2) auseinander — sprich mit dem *WAS* (siehe Abbildung unten).

Entscheidungsarten	Führen + Entscheiden	
	Rollen im E-Prozess (RAPID-Modell von Bain)	
1) Personelle Entscheidungen Einstellungen, Entlassungen, Umsetzung, Qualifizierung, …	R: Recommend A: Agree P: Perform I: Input D: Decide	Mentor und Processmanager
2) Strategische Entscheidungen Innovation, Aufstellung für die Zukunft, Kooperation, Marktposition, Neuentwicklungen, …	Welche Rolle nehme ich ein und wie nehme ich diese wahr?	
3) Operative Entscheidungen Reklamation, daily business, Kapazitätsplanung/-einsatz, Optimierungen, …	Wie stehen die Rollen in Bezug zu den Entscheidungsarten?	
4) Entscheidungen in der Krise Hopp oder Top, Timing, Fokussierung, Personalabbau, …	Wie — glaube ich — verschieben sich diese Rollen auf der nächsten Ebene?	

Abbildung 3.33: Entscheidungsarten, Rollen im Entscheidungsprozess

Im zweiten Schritt, bei der Erkundung der Frage, *WIE* der vorhandene Entscheidungsspielraum genutzt wird, kommt nun Decisio ins Spiel: Es kann sehr gut dabei unterstützen, den eigenen Gestaltungsspielraum zu entdecken und daraus die nächsten Schritte für die Realisierung abzuleiten. Die konkreten Fragen dazu finden Sie im nachfolgenden »Fahrplan«.

> **!** **Den eigenen Gestaltungsspielraum mit Decisio ausloten und nutzen**
>
> Suchen Sie sich für den Arbeitsprozess am besten einen Gesprächspartner, mit dem Sie Ihre Gedanken austauschen können. Bilden Sie mit interessierten Kollegen eine kollegiale Beratungsgruppe (Intervisionsgruppe), um gemeinsam zu reflektieren und zu lernen. Ihre Erkenntnisse notieren Sie in einer Arbeitskarte, um sie während der Arbeit und auch später bildlich vor Augen zu haben. Stellen Sie sich zunächst die Fragen:
>
> - Wie nutze ich den bestehenden Entscheidungsraum heute? Welche Länder betrete ich besonders gerne, welche eher nicht? Welche Wege beschreite ich heute typischerweise und wie?
> - Was sagt mir das über meine eigenen »Begrenzungsgedanken«, was davon möchte ich weshalb verändern und wie möchte ich das angehen?
> - Bei welchen Entscheidungsarten habe ich wann, wie und wo die Möglichkeit der Mitgestaltung?
> - Wann bin ich besonders in der Realisierung gefragt und was brauche ich, damit ich mich dann gut einbringen kann, auch wenn ich nicht bei der Vorbereitung bzw. beim »Hammerfall« der Entscheidung dabei war?
> - Wie erkenne, akzeptiere und verhandle ich Entscheidungsprämissen als Leitplanken, innerhalb derer ich mich in der Organisation bewegen kann?
>
> Der Abschluss der Fragerunde könnte etwa so aussehen:
>
> - Was kann ich aus den gewonnenen Erkenntnissen für meinen eigenen Gestaltungsspielraum ableiten und was sind nun meine konkreten nächsten Schritte?

Zusammenfassung: Decisio auf einen Blick

- Decisio bietet die Möglichkeit, das Pentaeder-Modell in seiner Ganzheit abzubilden und damit alle Perspektiven des Entscheidens bearbeitbar zu machen. Dabei kann es einerseits als Container dienen, in dem alle Felder gleichermaßen Berücksichtigung finden können — sofern dies notwendig erscheint. Andererseits kann mit Decisio auch eine Fokussierung auf einzelne Perspektiven des sozialen Dreiecks vorgenommen werden, indem diese in den Vordergrund geholt werden und die anderen eher in den Hintergrund treten.
- Mit Decisio lernen heißt, kognitives und emotionales Lernen zu verbinden. Hier wird in bester Weise deutlich, dass es die Menschen sind, die den Entscheidungsprozess gestalten und mit Leben füllen. Gleichzeitig werden die »theoretischen« impliziten und expliziten Regeln in der Organisation sichtbar und besprechbar. Mögliche nächste Schritte treten deutlich hervor, das Verändern wird tatsächlich machbar.

- Mit Decisio können sowohl Prozesse optimiert als auch ganz neue Prozesse von der Zukunft her in den Blick genommen und auf der »grünen« Wiese vorab gestaltet werden. In beiden Fällen ist es dabei nützlich, eine Fokussierung auf die Hauptprozesse vorzunehmen, um sich nicht auf Nebenschauplätzen zu verlieren.
- Mit Decisio sind wir direkt mit dem Geschäft verbunden: Entscheiden ist Bestandteil aller Geschäftsprozesse. Es ist sozusagen darin eingebettet. Je bewusster wir darauf fokussieren, die unterschiedlichen Risikoeinschätzungen der Beteiligten in die Prozesse einzubinden, umso höher wird die Wertschöpfung sein.
- Mit Decisio können wir Entscheiden in Organisationen als das abbilden, was es sein sollte: ein kommunikativer und sozialer Prozess.

3.5 Fragebogen zur Einschätzung der Entscheiderkompetenz

Der Fragebogen umfasst Aussagen zu den 18 *Kernfeldern des Entscheidens* in Organisationen. Die linke Seite beschreibt dabei jeweils ein eher problematisches Entscheiden, die rechte das Ideal. Schätzen Sie möglichst ehrlich ein, welche Seite jeweils *überwiegend* zutrifft — zum einen bei Ihnen selbst als Entscheider mit Ihrem Team und zum anderen, wie die Kompetenz in der gesamten Organisation, der Sie angehören, ausgeprägt ist. Kennzeichnen Sie Ihre Einschätzung jeweils mit einer Markierung an der zutreffenden Stelle des Pfeils zwischen den beiden Aussagen. Besprechen Sie dann das Ergebnis mit Ihrem Team und erörtern Sie gemeinsam den Handlungs- und Lernbedarf. Denken Sie dabei daran, dass es keine »Ideallösung« für alle Organisationen und Teams geben kann. Ziel ist, die Urteilsfähigkeit und Entscheiderkompetenz im Team und in der Organisation kontinuierlich zu verbessern.

Kernfelder	☹	● Ich selbst als Entscheider mit meinem Team ▲ Meine Organisation	😊
1. Das Entscheiden selbst — und seine Unausweichlichkeit »Man kann nicht nicht entscheiden.«	Eine Entscheidung steht an, wird aber nicht getroffen, weil die Chancen als zu gering bzw. die Gefahr als zu groß eingeschätzt werden.	⟷	Ich/wir überprüfen offen und schonungslos, ob eine Entscheidung wirklich ansteht und ob sie an den Wurzeln des Problems ansetzt und nicht etwa an den Symptomen. Ich/wir sind uns bewusst, dass — besonders in großen Organisationen — häufig eine Tendenz zur persönlichen Risikoscheu anzutreffen ist und belohnt wird. Gleichzeitig wissen wir, dass die teuersten Entscheidungen oft die nicht getroffenen sind.
	Eine Entscheidung wird getroffen, obwohl sie nicht ansteht, da die Chance als verlockend groß bzw. das Risiko als sehr gering eingeschätzt wird (»Spieler«-Entscheidung).	⟷	
2. Inhalt der Entscheidung »Worum geht es wirklich?«	Entscheidungen sind oftmals von vornherein inhaltlich falsch bzw. erweisen sich in der Umsetzung als falsch.	⟷	Ich/wir überprüfen, ob alle relevanten Perspektiven/Expertisen zum Thema angemessen gewichtet auf den Tisch gekommen sind und befrage/n mich/uns offen: Wie viel Mut braucht die beste Entscheidung? (Wie) können wir diesen Mut aufbringen und absichern?
3. Auswahl der Alternativen »Welche Spielräume und Optionen haben wir?«	Aus der Vielzahl von Alternativen werden auch solche verworfen, die wert wären, gelebt zu werden. Die Entweder-oder-Logik behält unreflektiert die Oberhand. Die Sowohl-als-auch-Logik wird zu wenig in Betracht gezogen.	⟷	Ich/wir nutzen die Erkenntnis, dass die »monopolistisch« gewählte Alternative oftmals zu schmalbrüstig ist. Ich/wir holen viel Feedback am Beginn der Umsetzungsphase ein, solange der Point of no Return noch nicht erreicht ist.

Kernfelder	☹	● Ich selbst als Entscheider mit meinem Team ▲ Meine Organisation	☺
4. Die Vielzahl von Alternativen »*Buridans Esel*«	Die Vielzahl attraktiver Alternativen macht entscheidungsunfähig, so wie sich der Esel zwischen den zwei Heuhaufen nicht entscheiden kann — und verhungert.	←——————→	Ich/wir legen den Entscheidungsprozess möglichst so an, dass ich/wir es uns mit den aktuell nicht gewählten Alternativen nicht verderben.
5. Imagination »*Was man sich nicht lebhaft vorstellen kann, wird nicht selbst gewählte Realität.*«	Man kann sich die Konsequenzen oder Reichweite der Entscheidung nicht angemessen vorstellen.	←——————→	Bei wichtigen und weitreichenden Entscheidungen bin ich/sind wir offen im (strategischen) Dialog, entwickeln Fehlertoleranz und Perspektivenvielfalt, haben ein Ohr auch für schwache Frühwarnsignale und (kollektive) Vorstellungskraft.
	Man kann sich die Notwendigkeit einer Entscheidung nicht vorstellen bzw. verschließt die Augen davor. Das zu entscheidende Thema kommt gar nicht erst auf die Agenda oder wird ohne angemessene Risiko-Ertrags-Einschätzung entschieden.	←——————→	
6. Preis bzw. Kosten der Entscheidung	Man zahlt den falschen oder einen zu hohen Preis für eine Entscheidung (z.B. emotionale Preise).	←——————→	Ich/wir zahlen gewöhnlich den Preis für Entscheidungen, den wir uns vorgestellt haben — auch den emotionalen bzw. Beziehungspreis.
	Die Kosten der Umsetzung der Entscheidung erweisen sich als erheblich höher als erwartet/versprochen.	←——————→	

Kernfelder	☹	● Ich selbst als Entscheider mit meinem Team △ Meine Organisation	☺
7. Sorgfalt	Die Entscheidungsfindung wird— z.B. weil als nicht wichtig oder risikobehaftet eingeschätzt — zu schnell und nicht sorgfältig genug durchlaufen. Es bestehen inhaltliche Schwächen und/oder Lücken im Prozess.	←——→	Ich/wir passen die Sorgfalt beim Entscheiden generell der Bedeutung und Wichtigkeit der Entscheidung an.
8. Färbungen, die Personen in die Entscheidungssituation einbringen	Personen sehen die Entscheidungssituation durch eine allzu pessimistische/ängstliche bzw. optimistische/abenteuerlustige Brille.	←——→	Ich/wir kennen unsere »blinden Flecke«, kümmern uns dezidiert um beide Brillen und einen ausgewogenen Blick durch beide.
9. Persönliche Haftung *(in zwei grundverschiedenen Ausprägungen)*	a) Verantwortliche werden für grobe Fehlentscheidungen nicht wirklich verantwortlich gemacht.	←——→	Ich/wir tragen die Verantwortung für Fehlentscheidungen nach innen und außen und besitzen ein System zum Risikomanagement. Weder werde ich noch werden andere zum Sündenbock. Wir übernehmen gemeinsam unsere Verantwortung.
	b) Für das Scheitern von Entscheidungen wird ein Einzelner haftbar und zum Sündenbock gemacht, während viele andere Mittätige (in der Hierarchie und/oder im Projekt) ihre Hände in Unschuld waschen.	←——→	

Kernfelder	☹	⬤ Ich selbst als Entscheider mit meinem Team ▲ Meine Organisation	☺
10. Zeit und Prozess »*Das Wie ist für das Gelingen eines Entscheidungsprozesses oft wichtiger als das Was.*«	Die Entscheidung ist zwar sachlogisch-inhaltlich richtig und für die relevanten Betroffenen akzeptabel. a) Sie fällt jedoch zum falschen Zeitpunkt.	⟷	Ich/wir haben ein gutes Gespür für den richtigen Zeitpunkt von Entscheidungen und nutzen in aller Regel die »Gunst der Stunde«.
	b) Die Prozessgestaltung (z.B. Zeitpunkt und Art der Einbeziehung der Betroffenen) ist mangelhaft.	⟷	Aus schwierigen Entscheidungsprozessen habe ich/haben wir gelernt, was die Big Points für das Gelingen von Timing, Tempo und Prozessgestaltung sind.
	c) Der Prozess dauert zu lang und verliert an Dynamik.	⟷	
11. Unumkehrbarkeit »*(Wie lange) ist die Entscheidung umkehrbar?*«	Entscheidungen werden rasch (und auch spontan) getroffen, unter der Prämisse, dass sich ihre Tauglichkeit ohnehin erst in der Umsetzung zeigen wird. Es wird in Kauf genommen, dass eine Entscheidungsrevision sehr teuer bzw. ab einem bestimmten Zeitpunkt fast unmöglich sein kann.	⟷	Ich/wir haben besondere Aufmerksamkeit entwickelt für Risiken, die zuerst schlecht einschätzbar sind und möglicherweise gering und harmlos erscheinen, später aber exponentiell wachsen können.
12. Politische Aspekte der Entscheidung	Bei einer Entscheidung werden die Interessen anderer ungenügend oder einseitig vertreten bzw. die Entscheidung wird falsch legitimiert.	⟷	Ich/wir legen hohe und ausgewogene Aufmerksamkeit darauf, welche (möglicherweise sehr verschiedenen) Interessengruppen und Kunden in welcher Weise von der Entscheidung betroffen sein werden.
	Aus Angst, die eigene Anhängerschaft zu verprellen, wird nicht entschieden.	⟷	

Kernfelder	🙁	● Ich selbst als Entscheider mit meinem Team ▲ Meine Organisation	🙂
13. Komplexität der Ausgangslage *»Viele wichtige Entscheidungen werden deshalb (unnötig) verschoben, weil ihre Basis als zu undurchsichtig erscheint.«*	Man schätzt die entscheidungsrelevanten Zusammenhänge zu komplex ein und gestaltet deshalb auch den Entscheidungsprozess unangemessen oder sitzt Entscheidungen aus.	←——→	Mehrdeutige Situationen auszuhalten, habe ich/haben wir als wichtige Fähigkeit von Personen, Teams und ganzen Organisationen erkannt und gefördert. Ich/wir achten auf das Entwickeln (kollektiver) Intuition und »ganzheitliches« Einsetzen von Hirn, Herz und Mut.
14. Klassifikation	Man behandelt eine problematische Situation als Optimierungsentscheidung, statt sie als innovative oder strategische Herausforderung zu sehen (seltener auch umgekehrt).	←——→	Ich/wir sind strategisch fit und aufmerksam für Veränderungen in unserer Umwelt und dafür, wie sie auf unser Tun reagiert.
15. Integrität (Image)	Es werden (scheinbar oder tatsächlich notwendige) Entscheidungen getroffen und dabei die persönliche Integrität aufs Spiel gesetzt oder verletzt (für andere erkennbar oder auch nicht).	←——→	Die große Wichtigkeit von Glaubwürdigkeit für die Akzeptanz von Entscheidungen ist mir/uns sehr bewusst.
16. Akzeptanz	Die betroffenen Personen/Stakeholder akzeptieren die Entscheidung nicht, setzen sie nicht um oder machen nur »Dienst nach Vorschrift«.	←——→	Ich/wir wissen und berücksichtigen, dass Akzeptanzrisiken schon sehr früh im Prozess entstehen können und durch mangelhafte Prozessgestaltung (manchmal exponentiell) steigen.

Kernfelder	☹	● Ich selbst als Entscheider mit meinem Team ▲ Meine Organisation	☺
17. Umsetzung	Die Entscheidung lässt sich gar nicht oder nur mit stark erhöhtem Ressourceneinsatz bzw. erheblicher zeitlicher Verzögerung umsetzen.	←——→	Ich/wir haben einen starken Realitätsbezug und können die aktuellen Leistungsgrenzen der Organisation gut einschätzen. Gleichzeitig setzen wir aber auch Vertrauen in die Leistungssteigerungsfähigkeit.
18. Perspektive »Perspektivenwechsel ist eine der wichtigsten Zutaten für besseres Entscheiden.«	Man verharrt unbeweglich auf einer Position/Perspektive bzw. man verwechselt im Entscheidungsprozess die Personen- mit der Team- oder der Organisationsperspektive	←——→	Ich/wir haben geübt und gelernt, bei schwierigen Entscheidungen abwechselnd immer alle drei Perspektiven einzunehmen und zu berücksichtigen.

Anwendungs- und Auswertungshinweise   !

Besonders erkenntnis- und kompetenzfördernd kann der Fragebogen dann wirken, wenn Sie ihn gemeinsam mit Ihrem Team anwenden. Jede einzelne Aussage zu den Kernfeldern verdient eine Diskussion über die oftmals unterschiedlichen Einschätzungen der Mitglieder. Sollten Sie dabei auf Unterschiede zwischen den Einschätzungen sowohl beim Teamentscheiden als auch beim Entscheiden der Organisation stoßen, fragen Sie immer danach, wie sich die Teammitglieder den Unterschied erklären.

Machen Sie sich und Ihren Mitdiskutanten deutlich, dass die Art und Weise, wie Sie gemeinsam über die Erkenntnisse des Fragebogens sprechen, bereits ein kleines Abbild von einigen Kernfeldern Ihrer Entscheiderkompetenz bieten kann. Ein gutes Beispiel zur Reflexion Ihrer Diskussion kann der Punkt 18. Perspektive liefern.

3.6 Die Risikobilanz

Die Risikobilanz ist eines der Kernwerkzeuge beim achtsamen Entscheiden von und in Organisationen. Wie schon im Kapitel 2 ausführlich beleuchtet wurde, dreht sich beim Entscheiden alles um das Risiko — also um die Einschätzung von Chancen und Gefahren mit anschließender Bilanzierung der beiden Seiten. Es ist ganz wichtig zu betonen, dass wir hier von *Einschätzungen* und nicht von absoluten Größen sprechen. Denn — wie gesagt — die Konsequenzen einer Entscheidung sind nicht vorhersehbar, geschweige denn berechenbar. Die Risiken beim Entscheiden sind oftmals komplex und werden aus verschiedenen Perspektiven unterschiedlich eingeschätzt. Auch sind sie vielfach nicht quantitativ zu bewerten. Eine verbale Beschreibung ist daher meist geeigneter, um die Risikosituation umfassend darzustellen. Die Risikobilanz ist damit ein *Kommunikationsmittel.* Sie bietet die Möglichkeit, aus den unterschiedlichen Perspektiven eine deutlich bessere, weil gemeinsame Einschätzung der Situation zu erhalten. Auf dieser fundierten Basis lassen sich anschließend geeignete Entscheidungen und Maßnahmen ableiten. Zwar impliziert der Begriff »Bilanz« im Allgemeinen eher einen formellen *Abschluss* (wie etwa die Unternehmensbilanz), im Fall der Risikobilanz geht es aber viel mehr um den *Anfang* eines Prozesses des Risikomonitorings.

Je nach Entscheidungssituation bzw. Komplexität des Prozesses können Risikobilanzen in unterschiedlicher Tiefe erstellt werden. Die Grundfigur können Sie der folgenden Abbildung entnehmen.

Risikobilanz (1)

Chancen	Gefahren

Bilanz (1)

Vorschläge, Maßnahmen, Next Steps (1)

Abbildung 3.34: Entscheidens-Risikobilanz — Typ 1

Im ersten Schritt werden die Chancen und Gefahren einander gegenübergestellt. Der zweite Schritt besteht aus der Bilanzierung der beiden Seiten. Im dritten Schritt gilt es Ideen, Vorschläge und Maßnahmen zu entwickeln, die die Chancenseite erhöhen und die Gefahrenseite verringern. Tatsächlich wird erst mit diesem Schritt aus einem geduldigen Stück Papier ein lebendiges Arbeitsmittel. Dieser Schritt führt die bis dahin *statische* in eine *dynamische* Risikobilanz über.

Nützliche Fragen für die Erstellung dieser Form der Bilanz:
- Welche Chancen und Gefahren sind wie wahrscheinlich bzw. haben welche Auswirkung?

- Wodurch kann die Verschiebung der Risikobilanz in Richtung Chancenerhöhung gelingen?
- Auf welche Maßnahmen konzentrieren wir uns dabei zuerst?
- Wie fließen die aufgelisteten Chancen und Gefahren in die Gestaltung der Umsetzung ein?
- Welche Maßnahmen drängen sich jetzt direkt auf? Welche sind zeitlich versetzt zu starten?

Der Einsatz von Typ 1 der Bilanz eignet sich besonders dann, wenn schon die Gegenüberstellung von Chancen und Gefahren zu einer guten und von den beteiligten Risikoperspektiven gemeinsam getragenen Entscheidung führt. Das ist dann der Fall, wenn bei der Bilanzierung der Chancen und Gefahren die Chancenseite ganz offensichtlich überwiegt. Dann können mit einem positiven Gefühl aller Beteiligten die nächsten Schritte vereinbart werden.

Tipp !

Sie können ganz leicht selbst herausfinden, welchen Unterschied es macht, sich einer Entscheidung über die Risikobilanz zu nähern: Stellen Sie einfach bei der nächsten anstehenden Entscheidung in Ihrem Team bzw. Projekt die Frage nach den Chancen und Gefahren. Entdecken Sie, wie sich die Qualität des Ergebnisses bzw. auch der abgeleiteten Maßnahmen verändert. Prüfen Sie die Maßnahmen daraufhin, mit welchen davon Sie die Chancen erhöhen und die Gefahren verringern.

Bei komplexeren Entscheidungen, in denen das einfache Gegenüberstellen der Chancen und Gefahren die Bilanzierung zwar unterstützt, jedoch durch die Beteiligten nicht als ausreichend wahrgenommen wird, bietet sich die *erweiterte Risikobilanz* an. Wenn beispielsweise der Entscheidungsprozess stockt oder sich Unbehagen im Raum breitmacht, kann es nützlich sein, die Chancen und Gefahren aus unterschiedlichen Perspektiven zu beleuchten. Typ 2a der Risikobilanzierung betrachtet die *Perspektiven des doppelten Risikos*: Häufig neigen wir dazu, die Chancen und Gefahren (das *WAS*) der Sache gut zu beleuchten, die des Prozesses (das *WIE*) dagegen zu vernachlässigen (mehr dazu im Kapitel 2.2.1). Gerade in Veränderungsprojekten ist die Integration der *WIE*-Risiken in die Planung des Veränderungsprozesses jedoch einer der wichtigsten Schlüssel zum Erfolg.

Tipp !

Bestimmt erinnern Sie sich an die eine oder andere Entscheidung in Ihrem Team, die getroffen, aber nicht umgesetzt wurde. Wir laden Sie zur »Ursachenforschung« ein:
- Wie gut sind dabei die *WIE*- und die *WAS*-Risiken ausgeleuchtet worden?
- Welche Chancen und Gefahren auf der Prozessseite (siehe Kapitel 2.3 *Prozesse gestalten*) sind in die Bilanzierung eingeflossen?
- Wie gut wurden das Quellgebiet und das Land der Suche betrachtet?

- Wie weit wurde die potenzielle Umsetzung in der Risikobilanz mitgedacht?
- Was wäre anders gewesen, wenn die ausreichend bilanzierten Chancen und Gefahren bei den Maßnahmen berücksichtigt worden wären?

Risikobilanz (2a)			
Was		Wie	
Chancen	Gefahren	Chancen	Gefahren

Risikobilanz (2b)					
Chancen			Gefahren		
Person	Team	Organi-sation	Person	Team	Organi-sation

Bilanz (2a)

Bilanz (2b)

Vorschläge, Maßnahmen, Next Steps (2a)

Vorschläge, Maßnahmen, Next Steps (2b)

Abbildung 3.35: Erweiterte Risikobilanz — Typ 2a (Perspektiven des doppelten Risikos *WAS* und *WIE*), Typ 2b (Perspektiven des sozialen Dreiecks)

Eine weitere Form der Bilanzierung (Typ 2b) bezieht die *Perspektiven des sozialen Dreiecks* mit ein: Wie gut sind in den Chancen und Gefahren die *Perspektiven der Person(en) in ihren Funktionen und Rollen* beleuchtet, wie sind die *Teamperspektiven* vertreten und wie sieht es mit der *Perspektive der Organisation* aus?

Diese Betrachtungsweise kann insbesondere dann gute Hinweise liefern, wenn die Perspektiven unterschiedlich stark vertreten sind. Wir erleben es häufig, dass im mittleren Management und in Projekten die Personen- und Teamperspektive gut vertreten sind, die Organisationsperspektive jedoch zu wenig Berücksichtigung findet. Auf der Ebene des oberen Managements überwiegt hingegen meist die Organisationsperspektive. Ein Grund für das Scheitern von Veränderungen liegt häufig in dieser unausgewogenen Beachtung der drei Perspektiven.

Tipp !

Betrachten Sie noch einmal die oben gewählte Situation und richten Sie diesmal den Blick auf die Perspektiven: Person in Funktion und Rolle, Team und Organisation.

- Welchen Beitrag hätte diese Sichtweise in der damaligen Situation liefern können?
- Welche der Perspektiven wurde wie bzw. nicht berücksichtigt?
- Welche Gefahren hätten im Vorfeld ansonsten Berücksichtigung gefunden und über Maßnahmen entsprechend abgefedert werden können?
- Welche Chancen sind ungenutzt geblieben?
- Was können Sie und Ihr Team daraus für künftige Entscheidungen lernen?

Insbesondere bei strategischen Entscheidungsfindungen lohnt sich die Investition in die komplexere Betrachtungsweise der Risikobilanz Typ 3, die die fünf Perspektiven des Pentaeders mit den Chancen und Gefahren verbindet. Gerade in solchen Fällen ist die Entscheidungsvorbereitung besonders relevant, denn hier werden die Weichen für die Zukunft der Organisation gestellt. Daher ist es besonders nützlich und zielführend, alle zur Verfügung stehenden Risikoperspektiven zu berücksichtigen und vom Ende her zu denken. Diese Form ist damit die »Königsdisziplin« in der Erstellung von Risikobilanzen. Sie bietet sich bei komplexen und diffusen Ausgangslagen an, denen eine große Auswirkung auf die Organisation zugeschrieben wird.

Risikobilanz (3)

	Was		Wie	
	Chancen	Gefahren	Chancen	Gefahren
Person				
Team				
Organisation				

Bilanz (3)

Vorschläge, Maßnahmen, Next Steps (3)

Abbildung 3.36: Erweiterte Risikobilanz — Typ 3 (Abbildung aller Pentaeder-Risikoperspektiven)

Abbildung 3.37: Lernkreislauf: Risikomonitoring über dynamisierte Risikobilanzen

Risikobilanzen einzuführen, mit ihnen zu arbeiten und sie auf ihre Wirksamkeit zu überprüfen, lässt sich auch als Lernkreislauf darstellen (siehe Abbildung 3.37), der schon beim Einüben die persönliche und organisationale Urteilsfähigkeit deutlich steigert. Deren professioneller Einsatz beim achtsamen Entscheiden unterstützt das Risikomonitoring und ist sowohl beim »Fahren auf Sicht« (operativ) als auch beim »Fahren auf Weitsicht« (strategisch) sehr wertvoll für das Entscheiden von und in Organisationen. Risikomonitoring als Verbesserung der Risikobilanz zu verstehen und zu praktizieren, ist eine der wichtigsten Daueraufgaben von Führungskräften und Projektteams.

3.7 Das 4-Player-Modell von David Kantor

Interaktionsarchetypen

Das 4-Player-Modell des amerikanischen Psychologen und Forschers David Kantor ist das Herzstück seiner Theorie der *Structural Dynamics*. Es ist ein sehr praktisches Werkzeug, um die Dynamik und die Routinen zu erkennen, nach denen Menschen in Gruppen miteinander agieren. Das Modell kann beim Thema Entscheiden sowohl auf der Personen- als auch auf der Teamebene in Verbindung mit den anderen Instrumenten auf sehr pragmatische Weise Orientierung geben, wenn es in Gruppen manchmal im wahrsten Sinne des Wortes rund geht — oder auch unrund läuft.

Kantor geht davon aus, dass es in allen Interaktionen zwischen Individuen lediglich vier mögliche Kommunikationsrollen gibt: *Mover*, *Opposer*, *Follower* und *Bystander*.

Die bewusste Wahrnehmung dieser Rollen liefert eine gute Basis für erfolgreiche Kommunikation: Sie kann überaus hilfreich dabei sein, die Struktur und Dynamik von Kommunikation in Gruppen aufmerksam zu beobachten und zu verstehen.

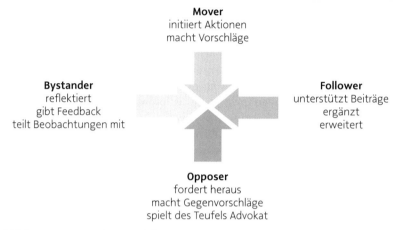

Mover
initiiert Aktionen
macht Vorschläge

Bystander
reflektiert
gibt Feedback
teilt Beobachtungen mit

Follower
unterstützt Beiträge
ergänzt
erweitert

Opposer
fordert heraus
macht Gegenvorschläge
spielt des Teufels Advokat

Abbildung 3.38: Das 4-Player-Modell

Die Rolleninhalte der vier *Player* können Sie der Abbildung 3.38 entnehmen. Auch wenn im Alltag jeder Mensch eine bevorzugte Rolle einnimmt, kann er mit einiger Übung jede der vier Rollen jederzeit übernehmen. Keine der Rollen ist im Entscheidungsprozess besser oder schlechter. Sie sind alle vier notwendig, damit die Kommunikation gelingt:

- Ohne *Mover* gibt es keine Ausrichtung.
- Ohne *Opposer* erfolgt keine Korrektur.
- Ohne *Follower* entsteht keine Vervollständigung.
- Ohne *Bystander* gibt es keine Perspektive.

Erfolgreiche Kommunikation findet statt, wenn Sie und Ihr Team
- alle vier Rollen offen und ausgeglichen zur Verfügung haben,
- jeweils Flexibilität zum Einnehmen von mindestens zwei Rollen haben,
- eingefahrenen, ritualisierten Rollenmustern entrinnen können und
- immer den Input von Bystandern nutzen können, um sich nicht festzufahren.

Erfolglose Kommunikation tritt ein, wenn
- Personen sich in ihren Vorzugsrollen verfangen,
- *Opposer* abgestraft werden oder dominieren,
- niemals ein starker *Mover* auftritt,
- sich kein *Follower* irgendwann einem Vorschlag anschließt,
- unproduktive Muster die Vorherrschaft halten und/oder
- *Bystander* ausgeschaltet sind.

> **! Tipp**
>
> Eines der wichtigsten Erfolgskriterien für gelungene Kommunikation in Entscheidungssituationen betrifft die Wahrnehmung der *Opposer* und das Verständnis für die Quellen dieser Art von Widerstand, egal, ob es um eine Einzel- oder Teamentscheidung geht. Widerstand ist ein so wertvoller Hinweis auf besonders wichtige Informationen, dass Sie ihn sehr gut verstehen sollten, bevor Sie weitermachen. Treten Sie in solchen Situationen aus der *Mover*-Rolle heraus. Lösen Sie sich zumindest zeitweise emotional von Ihren Überzeugungen und versuchen Sie, so gut Sie es können, die fragende, explorierende Haltung des *Bystanders* einzunehmen: »Ich sehe, wie besorgt Sie wegen dieser Entscheidung sind, weil sie für die Gruppe Konsequenzen haben kann.« Anschließend nehmen Sie die *Follower*-Rolle ein: »Ich glaube, das ist ein begründeter Zweifel.« Erst dann ist es wieder Zeit für die Rolle des *Movers*: »Ich glaube, wir sollten die Entscheidung nochmals aus dieser Perspektive betrachten, den ursprünglichen Plan aber dennoch nicht aus dem Auge verlieren.«

Manchmal entsteht in Gruppen eine Dynamik, die Lernen und gutes Entscheiden verhindert. Die Teilnehmer bleiben dann entweder im Prozess stecken und nutzen ausschließlich eine der vier Rollen oder verlaufen sich in disfunktionalen Gesprächssequenzen, weil die gerade wichtige Rolle zur Lösungsfindung unterrepräsentiert ist. Im Folgenden beschreiben wir drei typische Interaktionsmuster, die Ihnen möglicherweise bekannt vorkommen. Anschließend zeigen wir jeweils Möglichkeiten auf, diesen Zuständen zu entrinnen.

Verhaltens-Sequenz Move — Oppose (Zug — Gegenzug)

Eine *Move-Oppose*-Sequenz funktioniert genau so: Zug — Gegenzug. Jemand setzt eine Initiative, die von einer anderen Person gekontert wird. Der nächste Zug ist eine neue Bewegung, gefolgt durch ein abermaliges Entgegnen, und so fort. Die Teamarbeit wird dabei zu einem »Pingpong-Marathon«, einem Machtspiel, in dem jede Person lediglich ihre eigene Meinung vertritt, gefolgt von einer Gegenmeinung. *Follow* und *Bystand* finden entweder überhaupt nicht statt oder sind so schwach, dass sie nicht genug zum Einnehmen neuer Perspektiven und Erreichen einer Lösung bzw. guten Entscheidung beitragen können.

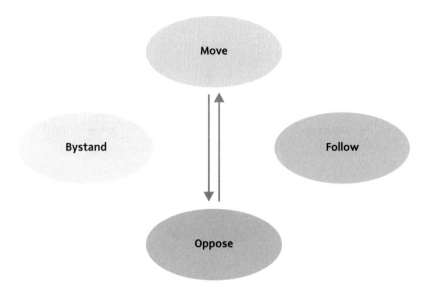

Abbildung 3.39: Move — Oppose

Team-Einfluss auf die Ergebnisse

Eine Zug-Gegenzug-Struktur ist nicht geeignet, um zu einem wichtigen Thema eine verbindliche Entscheidung bzw. ein Ergebnis zu erreichen. Es wird keine gemeinsame Lösung gefunden. Die Konsequenzen sind Frustration und große Energieverluste.

> **Tipp**   **!**
>
> Nehmen Sie die Rolle des beobachtenden *Bystanders* ein und zeigen Sie der Gruppe — in einer nicht-wertenden Art — auf, wie sie gerade agiert und welche Wirkung das hat. Fragen Sie andere Teilnehmer, wie sie die Situation beurteilen, ermutigen Sie also die schweigenden Bystander des Konfliktes, sich zu äußern. So kann die Gruppe lernen, sich selbst zu beobachten und aus dem Gefängnis der Zug-Gegenzug-Struktur zu entkommen.

Verhaltens-Sequenz Move — Follow (Höfliches Einwilligen)
Jemand aus dem Team macht eine Bewegung und die anderen Teammitglieder folgen ihm pflichtschuldigst, ohne jeden Widerspruch oder Widerstand. Die Konversation ist charakterisiert durch freundlich-rationales Verhalten mit wenig kontroversen Ansichten. Niemand macht der Gruppe deutlich, dass sie sich ausschließlich in dem ihr selbstverständlichen Denkrahmen bewegt. Meist ist hier die Person, die den Eröffnungszug gemacht hat, der Teamleiter bzw. hierarchisch Höchste.

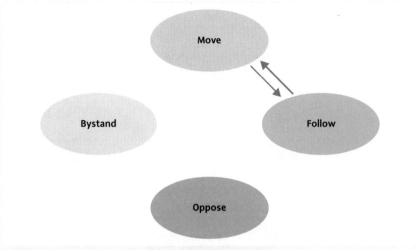

Abbildung 3.40: Move — Follow

Team-Einfluss auf die Ergebnisse

Höfliches Einwilligen erzielt Ergebnisse, aber sie bleiben im Rahmen der Routine. Solche Ergebnisse orientieren sich an der Frage »Tue ich die Dinge richtig?«, nicht aber an der Frage »Tue ich die richtigen Dinge?« Eine Entscheidung wird getroffen, ein Thema erledigt. Es gibt keine kreative Opposition, die ein weites Feld von Optionen erforschen könnte, somit kann auch kein Lernen des Teams über sein eigenes Funktionieren entstehen. Dieses Verhalten kann sowohl negativen Einfluss auf die Qualität der Entscheidung haben als auch auf das Mittragen durch die Beteiligten und die Fähigkeit des Teams, die Entscheidung gut umzusetzen.

! **Tipp**

Beobachten Sie den Gesprächsverlauf und zeigen Sie der Gruppe auf, wie sie agiert und was die möglichen Auswirkungen ihres Verhaltens auf die Ergebnisse ihrer Arbeit sind. Stärken Sie die Funktionen *Oppose* und *Bystand* in der Gruppe. Fordern Sie die Personen auf, ebenfalls darauf zu achten, ob das Team wieder in die Selbstbeschränkung zurückfällt, und gegebenenfalls darauf hinzuweisen.
Wenn Sie selbst der formale Leiter sind und/oder dazu neigen, den Eröffnungszug zu machen, üben Sie, Ihr Verhalten zu ändern. Beginnen Sie mit einer offenen Konversation anstelle des Verkündens eines gefassten Entschlusses oder einer eng formulierten Fragestellung, etwa so: »Ich habe darüber nachgedacht, ACME vielleicht zu kaufen. Was denkt ihr darüber?«

Verhaltenssequenz »Move — Bystand — Bystand — Bystand« (Spiegelsaal)

Auf den Eröffnungszug folgt *Bystand*. Dann kommentiert jemand als *Bystander* die vorangegangene Beobachtung, die nächste Person kommentiert den

Kommentar — *Bystand* — und immer so fort. Diese Funktion ist der Favorit von Beratern, Wissenschaftlern und ähnlichen Berufsgruppen — Leuten, die gerne beobachten und Maßnahmen kommentieren und dies auch gut können. Sie stehen selbst eher ungern im Mittelpunkt der Aktionen. Das Team verliert dadurch jede Richtung und bleibt stecken — eben wie in einem Saal voller Spiegel, in dem nur noch das Beobachten möglich ist und jede Aktion zum Scheitern verurteilt.

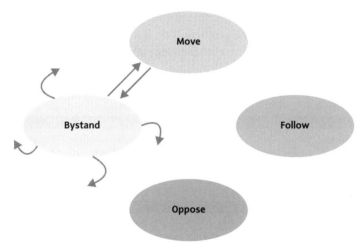

Abbildung 3.41: Spiegelsaal

Team-Einfluss auf die Ergebnisse

Teams, die in einer »Spiegelsaal«-Struktur gefangen sind, liefern keine Ergebnisse; sie produzieren nur mehr und mehr Prozess und damit Unzufriedenheit und Verwirrung. Ihnen fehlt jegliches *Learning by Doing* und die Neigung zum Vertagen des Reflektierens auf die Zeit nach dem Handeln.

Tipp   **!**

Machen Sie deutlich, dass Beobachten *(Bystand)* nicht gleich Beobachten ist: Erklären Sie den Unterschied zwischen dem ständigen Abgeben von Kommentaren, ob's gerade passt oder nicht, und einer überlegten Beobachterintervention, die dazu dient, den Gruppenarbeitsprozess voranzubringen.
Ermutigen Sie zum wechselseitigen Einnehmen der Positionen *Move*, *Oppose* und *Follow*. Fördern Sie plausible, auch durchaus unvollkommene Initiativen und ein klares anschließendes *Follow*. Stärken Sie die Positionen von Movern und Followern im Team. Ermutigen Sie zu geradlinigen Aussagen wie »Ich bin dafür, dass wir X tun«, »Ich glaube nicht, dass X eine gute Idee ist aus folgenden konkreten Gründen ...« oder »Ich stimme dem Kollegen zu, wir sollten tatsächlich Z tun.«

3.8   14 Balanceakte des Entscheidens

Das anspruchsvolle »Geschäft« des Entscheidens besteht im Grundsatz aus vielen Balanceakten, aus vielen Sowohl-als-auch's.

Die folgende Tabelle ist ein gutes Reflexionsinstrument für die Selbsteinschätzung in Teams. Für seinen Einsatz eignet sich die Leitfrage: Welche Auswahl aus diesen Balanceakten ist für unsere gemeinsame Arbeit besonders repräsentativ? Wie gut sind wir in den einzelnen Bereichen jeweils ausbalanciert? Am besten lässt sich das anhand konkreter aktueller Beispiele betrachten.

Zu viel	Sowohl ...	Maßstäbe und Fallen	... als auch	Zu viel
Naiver Optimismus ohne Realitätssinn; nur Nervenkitzel zählt	Chancen sehen, nutzen, ausbauen	1. Primäraufgabe »Risiko abwägen«	Gefahren sehen, annehmen, mildern, ausweichen	In allem Gefahr/Bedrohung sehen (Angst-gelähmt)
Tollkühn sein; Highlander-Feeling	Mut einsetzen; Selbstvertrauen und Vertrauen in andere	2. Handlungsorientierung Wagemut vs. Vorsicht	Zweifel und Selbstkritik (als Gegengewicht)	Verzweifelnd, ungläubig, zynisch, depressiv
Unverdaubar viel Neues initiieren, z.B. inkompatibel zur Organisationskultur	Verändern = Innovation/-Kreativität fördern	3. Change-Aspekt	Bewahren = Stabilität/Orientierung geben	Konservieren, blockieren und aussitzen (bis zum Untergang)
Überdehnung; Überforderung, Leistungsbumerang	Möglichkeitssinn = Anspruch/Vision hochhalten	4. Wollen	Wirklichkeitssinn = Wirklichkeit anerkennen	Wer nur die Wirklichkeit anerkennt, und nicht auch Möglichkeiten sieht ...
Zukunftsblind, Ignorieren von zeitverzögerten Zusammenhängen	Operativ, schnelle Wirkung, kurzfristige Ergebnisse	5. Entscheidungshorizont & -wirkung	Strategisch, langfristig, weittragend, nachhaltig	Grandiose Entwürfe ohne Bodenhaftung; realitätsfremd
Nur mit sich selbst beschäftigt; nicht verbunden mit Außen/Markt	Innenfokus	6. Blickrichtung	Außenfokus	Immer außer sich; unverbunden mit dem Innen (Fähigkeiten und Potenzialen)

Zu viel	Sowohl ...	Maßstäbe und Fallen	... als auch	Zu viel
Nicht zeitgerecht zu Fokussierung, Festlegung und Verbindlichkeit kommen	Offen und neugierig sein; Fragen lieben und kunstvoll stellen ???	7. Wechsel zwischen »weit« und »eng«	Entschlossen sein; Antworten aus der Exploration ableiten !!!	Zu schnell »wissen«, zu viel Tunnelblick, nicht loslassen können, diktatorisch sein
Nabelschau: Denken, fühlen, reden ohne Handlungsrelevanz	Beobachtung, Reflexion, Kommunikation, Feedback, Lernen	8. Prozessphasen 1 bis 5	Aktions- und umsetzungsorientiert; Erfahrung machen	Durch Handeln Fakten schaffen; Eindruck, Show
Atemlos, rastlos, gefühllos für Zeit, stop-and-go, speed kills (wen?)	Schnell und früh entscheiden; beschleunigen	9. Tempo, Timing Fluss, Rhythmus	Umsichtig, bedächtig; auf Zeitfenster warten können; Tempowechsel	Chancen verpassen; unbeeindruckbar von Umwelttempo
»Haudrauf«; simpel statt einfach; Shit-Back-Garantie	Angemessen reduzieren; auf das Wesentliche vereinfachen	10. Komplexität managen	Bewusst dem Thema und der Situation angemessen aufbauen	Sich im Wald der Unwägbarkeiten /Unentschiedenheit verirren, versinken
Rechenmaschine; Verbissen im Kampf gegen die Unberechenbarkeit des Lebens	Kopf, Verstand, Logik, Sprache, Zahlen	11. Orientierung	Herz, Emotion, Intuition, Körpergefühl, Bilder, Geschichten	Verstand setzt aus wegen Gefühlsüberschwemmung
Kaltschnäuziges Kalkül (wurzelt im Logos-Schatten)	Betonung von Sachlogik des Themas/der sachlichen Problemlösung	12. Sachlogik vs. Beziehungslogik	Betonung der Menschen, Interessen, Loyalitäten, Politik	Nur von Interessen, Loyalitäten geleitet sein (gefesselt)
inhaltsfixiert; auf der Inhaltsseite vom Pferd fallen	Fachkompetenz (organisieren)	13. Integration von Sache & Prozess	Prozesskompetenz (organisieren)	Nur laufen lassen; auf der Prozessseite vom Pferd fallen
Machterhalt wird zum Selbstzweck	Einsatz der Macht für Machterhalt	14. Machteinsatz	Einsatz der Macht für Dienst an den Menschen und der Sache	Idealismus u. a. macht blind für die Mächtigen und den Kompromiss

3.9 Den E-Code entschlüsseln: Wie man die kulturellen Wurzeln des Entscheidens in der Organisation entdeckt

Ein Großteil des alltäglichen Entscheidens in Organisationen funktioniert implizit ohne großes Nachdenken: in Routinen, nach intuitiven Regeln und organisationstypischen Mustern. In der Entscheidungskultur finden sich die implizit wirkenden Antreiber, die Motivatoren für diese Routinen. Diese kulturellen Wurzeln hat die Organisation über die Zeit gebildet. Die Entscheidungserlebnisse der Vergangenheit, Erfolge wie auch Misserfolge, werden bewertet und die Essenz der Lernerfahrungen im kulturellen Gedächtnis der Organisation gespeichert. Die gesammelten Überzeugungen, Glaubenssätze, Faustregeln, die beim Bewältigen von Entscheidungssituationen erlernt wurden, die sich bewährt haben, als bindend gelten und weitergegeben werden[15], sind nicht dokumentiert oder niedergeschrieben. Es handelt sich um tief verwurzelte Annahmen und intuitive Beurteilungen, um ungeschriebene Gesetze — »So entscheiden wir hier!« —, die im *Entscheidens-Code,* dem *E-Code* der Organisation versteckt beschrieben sind. Die Entscheidungskultur wirkt implizit und prägt, wie in der folgenden visualisiert, das tatsächliche Entscheidungsverhalten in allen drei Organisationsdimensionen — Strategie, Geschäftsprozesse und Strukturen.

Abbildung 3.42: Wirkung der Entscheidungskultur auf das Entscheidungsverhalten in der Organisation

Die Gefahr des E-Codes liegt darin, dass die zugrunde liegenden Annahmen der Vergangenheit auf heutige Gegebenheiten passen *können*, dies aber beileibe nicht immer der Fall ist.[16] Kulturelle Überzeugungen können der Umsetzung von Veränderungszielen im Wege stehen. Will die Organisation in Zukunft z.B. innovativere Produkte schneller und vermehrt entwickeln, werden aber gleichzeitig Fehler aus Angst vor negativen Konsequenzen verheimlicht, wird sie das gesetzte Veränderungsziel ohne Arbeit an ihrer Entscheidungskultur kaum nachhaltig umsetzen können.

Die Entscheidungskultur zu kennen und bewusst zu machen ist daher der erste Schritt, sozusagen die Königsdisziplin zur Erfolgssicherung von Change-Projekten.

Die E-CODE-Analyse entschlüsselt die organisationstypische Entscheidungskultur, deckt Widersprüche und Konflikte im Entscheidungsverhalten der Organisation auf, hilft zu verstehen, woher diese rühren, und erhöht damit die Veränderungsfähigkeit der Organisation. Der große Vorteil des E-Codes liegt darin, dass er die unermessliche Komplexität der Gesamtkultur auf den aus unserer Sicht ergiebigsten Teil der *Entscheidungskultur* reduziert. Diese Fokussierung bringt, dem Pareto-Prinzip entsprechend, bei nur etwa 20 Prozent des Aufwandes 80 Prozent der Ergebnisse, macht den kulturellen Tiefenblick in Erfassung und Veränderungsarbeit handhabbarer und ökonomisiert ihn maßgeblich.

Im folgenden Kapitel 3.9.1 beschreiben wir zunächst die Diagnoselogik des E-Codes und erläutern, wie wir die kulturellen Grundüberzeugungen zum Entscheiden sortieren. Anschließend stellen wir die E-Code-Entschlüsselung an einem Kundenbeispiel exemplarisch vor. Im Kapitel 3.9.3 beschreiben wir Methoden zur Erfassung der Entscheidungskultur. Auch hier wird im Anschluss die konkrete Nutzung und Analyse des E-Codes im Rahmen eines Organisationsentwicklungsprozesses eines unserer Kunden deutlich gemacht. Im Kapitel 3.9.5 tauchen wir noch einmal in die grundsätzlichen Möglichkeiten und Wirkungsfelder des E-Codes ein. Abschließend finden Sie im Kapitel 3.9.6 eine Auflistung etlicher Unternehmenssituationen, in denen es sich lohnt, in die Entschlüsselung der Entscheidungskultur zu investieren: Damit stellen wir Ihnen einen ganz konkreten E-Code-Hinweiskatalog für Entscheider in Organisationen zur Verfügung.

3.9.1 Sortierlogik des E-Codes zur Beschreibung der Entscheidungskultur

Wie lassen sich die kulturellen Gewohnheiten, die mentalen Modelle und Muster einer Organisation zum Entscheiden, sortieren und als E-Code beschreiben? Welche Dynamiken bestimmen das Entscheiden und prägen die jeweilige Risikokompetenz, die die Urteilsfähigkeit der Organisation ausmacht, maßgeblich? Welche Analyse-Kategorien sind hilfreich zur Reduktion der Vielfalt und gleichzeitig aussagekräftig genug für eine differenzierte Darstellung der Entscheidungskultur?

Organisationen unterscheiden sich darin, in welcher Weise sie relevante Risiken balancieren, wie sie damit umgehen. Innerhalb einer Organisation gibt es ebenfalls unterschiedliche Risikoperspektiven: die Perspektive der beteiligten Einzelpersonen in ihrer Funktion/Rolle als Entscheider, die Perspektive der Teams und Netzwerke und die Perspektive der Gesamtorganisation. Wir verwenden dafür gerne das Bild von den drei unterschiedlichen Hüten, die Funktionsträger beim Entscheiden in Organisationen aufhaben und die jeweils unterschiedliche

Entscheidungsräume symbolisieren. Die unterschiedlichen Perspektiven werden über einen gemeinsamen Sinn miteinander verbunden — *Sinnstiftung* ist also das verbindende Element der Organisation. Wir alle kennen Situationen, in denen zwischen Mitgliedern einer Organisation (z.B. Ärzten und Pflegern, Vertrieb und Entwicklung) verschiedene Welten, sprich Sinnkonstruktionen aufeinanderprallen, was zu enormen Konflikten führen kann. Umso wichtiger wird der Dialog. Die überragende Aufgabe des sozialen Dreiecks im Pentaeder ist die Kommunikation über den *Sinn von Entscheidungen.*[17] Sinn bezieht sich dabei auf gleich *drei Risikodimensionen*:

1. Risiken in der Sache, also im Thema selbst
2. Risiken der Zeit
3. Risiken im sozialen Miteinander

Im E-Code sind die mentalen Modelle zum Umgang mit den drei Risikodimensionen festgeschrieben, die in der Vergangenheit verbindenden Sinn gestiftet und gut funktioniert haben. Sie sind von der Organisation gemeinsam konstruiert und abgespeichert worden und auf sie greift die Organisation intuitiv zurück. Die *Entschlüsselung* dieses E-Codes bringt die tradierten Überzeugungen und Gewohnheiten in den drei Risikodimensionen ans Licht und erfasst, welchen Blickwinkel, welche Orientierung die Organisation beim Entscheiden typischerweise bevorzugt. Darauf aufbauend kann dann hinterfragt werden, welche kulturelle Entwicklung im Balancieren des Sowohl-als-auchs notwendig oder nützlich wäre, um die Entscheidungsprozesse zu optimieren.[18]

3.9.2 Beschreibung des E-Codes an einem Kundenbeispiel

Im Folgenden beschreiben wir die Entschlüsselung des E-Codes eines unserer Kunden aus der Finanzdienstleistung. Das betreffende Unternehmen musste sich erstmalig während seines 50-jährigen kontinuierlichen Wachstums damit auseinandersetzen, wie es den veränderten Anforderungen und Möglichkeiten des Marktes zukunftssichernd begegnen kann. Das Management beklagte sich, dass die Mitarbeiter kaum fähig seien, über den Tellerrand zu schauen, und der strategische Weitblick für die Gestaltung innovativer Themen fehle. Genau dies seien jedoch wesentliche Voraussetzungen, um das Unternehmen weiterhin erfolgreich in die Zukunft zu führen. Die Kluft zwischen angestrebten Zielen und erlebtem Entscheidungsverhalten war dem Management klar. Es fehlte ihm jedoch an Verständnis dafür, *weshalb* die Mitarbeiter sich mit dem »Neuen« so schwer tun, und Ideen dazu, wie das zu ändern sei. Genau hierfür haben wir es als nützlich angeraten, die zugrunde liegende Tiefendimension des Entscheidungsverhaltens, also den *E-Code* zu entschlüsseln. In Einzel- und Gruppeninterviews wie auch in Workshops setzten sich daraufhin ausgewählte

Führungskräfte und Mitarbeiter intensiv mit dem erlebten Entscheidungsverhalten auseinander, erkannten die Widersprüche zu angestrebten strategischen Zielen und bildeten Hypothesen zu den dahinterstehenden mentalen Modellen im E-Code des Unternehmens.

1. E-Code-Überzeugungen — Risiken in der Sache

Welche tief verankerten Überzeugungen erlauben es Organisationen, den Blick zu den Sternen zuzulassen, neue Möglichkeiten zu explorieren und Gelegenheiten beim Schopfe zu packen? Welche kulturellen Wurzeln führen zur Verhinderung von Veränderungen, nach dem Motto: »Wer eine Vision hat, sollte zum Arzt gehen«? Welche impliziten Grundannahmen lassen Organisationen also eher die *Chancen* oder die *Gefahren* in der Risikoanalyse beleuchten? Die entsprechenden Aussagen der Beteiligten haben wir in folgender Grafik festgehalten:

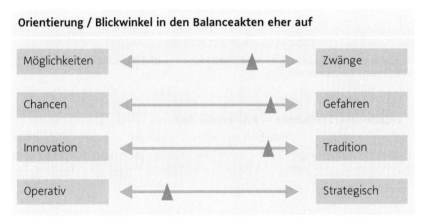

Orientierung / Blickwinkel in den Balanceakten eher auf

Möglichkeiten	←——————→	Zwänge
Chancen	←——————→	Gefahren
Innovation	←——————→	Tradition
Operativ	←——————→	Strategisch

Abbildung 3.43: Kundenbeispiel Finanzdienstleistung — Orientierung E-CODE in der Risikodimension Sache

Folgende Interview-Aussagen waren hier besonders aufschlussreich: »Wir wollen jeglichen Keim der Gefahr eines Fehlers vermeiden. Das verhindert gleichzeitig jede Möglichkeit einer Erneuerung des Geschäfts in Richtung Zukunft. Unsere eigene hohe Risk-Management-Kompetenz (hier allerdings einseitig als *Gefahren*-Management-Kompetenz verstanden) behindert unsere Innovationsfähigkeit. Hier müssen wir uns verändern, um Chancen mehr in den Blick nehmen und diese dann auch nutzen zu können.«

Genau dabei hilft die kritische Auseinandersetzung mit den eigenen mentalen Modellen: Welche Grundüberzeugungen gilt es zu verlernen, also abzulegen, welche zu bewahren? Wo braucht die Organisation ganz neue Faustregeln zum Entscheiden, damit die Chancen beim Entscheiden mehr in den Blick gehoben werden?

Erlebtes Entscheiden + Widersprüche zu strategischen Zielen	Mentale Modelle im E-Code heute	Ziele für die weitere Entwicklung
Wir wollen jeglichen Keim der Gefahr eines Fehlers vermeiden.	Entscheidungen müssen richtig sein.	Wir müssen lernen, Möglichkeiten und Chancen zu sehen und zu ergreifen.
Das verhindert gleichzeitig jede Möglichkeit einer Erneuerung des Geschäfts in Richtung Zukunft.	Fehler dürfen nicht passieren.	Im E-Code der Zukunft muss gespeichert sein: »Aus Fehlern werden wir klug.«
Wir müssen neue Möglichkeiten in der Geschäftsentwicklung für uns entdecken.	Lieber den Spatz in der Hand als die Taube auf dem Dach. Was der Bauer nicht kennt, frisst er nicht.	Kreativität, Experimentierfreude, Mut, Risikobereitschaft und Optimismus müssen gestärkt werden.

Abbildung 3.44: Kundenbeispiel Finanzdienstleistung — Entschlüsselung des E-CODE in der Risikodimension Sache

2. E-Code-Überzeugungen — Risiken der Zeit

Welche mentalen Modelle treiben schnelles und welche langsames Entscheiden an? Welche Codierungen zum Entscheiden führen zu einer Fokussierung des operativen Geschäfts? Und welche Muster bestimmen, dass die Aufmerksamkeit eher auf strategischen Themen liegt?

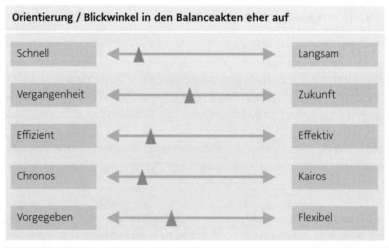

Abbildung 3.45: Kundenbeispiel Finanzdienstleistung — Orientierung E-CODE in der Risikodimension Zeit

Auch hier können Auszüge aus den Interviews mit unserem Kunden der Veranschaulichung dienen: »Unsere Bank ist seit über 50 Jahren sehr erfolgreich in ihrem Geschäft. Das kontinuierliche und schnelle Wachstum hat zu einer Fokussierung auf die Funktionsfähigkeit der operativen Geschäftsprozesse geführt. Der Erfolg und das damit verbundene Wachstum haben unsere Zukunft per se sichergestellt, und es galt, dies zu stemmen. Im Umgang mit ›Chronos‹ sind wir unschlagbar. Heute und morgen wird es nun zunehmend wichtig sein, die Zukunft der Bank durch strategische, innovative Entscheidungen bezogen auf künftige Marktbedürfnisse abzusichern. Dabei sind andere Kompetenzen und Gewohnheiten im Entscheiden gefordert, als wir sie kennen, die wir also neu lernen müssen. Im Nutzen von ›Kairos‹ sind wir noch ziemlich ungeübt.« Ein gemeinsames Reflektieren der zugrunde liegenden Grundannahmen und deren kritisches Hinterfragen sind schon gewaltige Interventionen, die zu mehr Bewusstsein führen. Auf dieser Ebene können neue, für künftiges Entscheiden und Handeln dienliche Überzeugungen gemeinsam kreiert werden.

Erlebtes Entscheiden + Widersprüche zu strategischen Zielen	Mentale Modelle im E-Code heute	Ziele für die weitere Entwicklung
Entscheidungen sind dann gut, wenn sie zu höherer Effizienz, Geschwindigkeit und Produktivität im operativen Geschäft führen. Es gilt den Erfolg im Hier und Jetzt zu stemmen.	Güte des Entscheidens zeigt sich im kurzfristigen Ergebnis.	Güte des Entscheidens zeigt sich im mittel- und langfristigen Erfolg.
Chronos ist für uns der gewohnte Modus beim Entscheiden.	Je mehr und je schneller, umso besser.	Den günstigen Zeitpunkt beim Schopfe packen (Kairos) ist die hohe Kunst.
Die Online-Abteilung hat seinerzeit richtig erkannt, dass wir mehr in die Digitalisierung investieren müssen. Dies wurde von den anderen Entscheidern jedoch nicht geteilt. So hätten wir fast die Digitalisierung verschlafen.	Wer eine Vision hat, muss zum Arzt gehen.	Wer wagt, gewinnt.
Mit abnehmendem Wachstum wird es besonders wichtig, die Zukunft der Bank mit dem Bezug auf künftige Marktbedürfnisse sicherzustellen. Strategisches Entscheiden mit Ausrichtung auf die Zukunft ist notwendig und gewollt.	Operativ sticht strategisch.	Strategisches Entscheiden braucht Raum und Zeit.

Abbildung 3.46: Kundenbeispiel Finanzdienstleistung — Entschlüsselung des E-CODE in der Risikodimension Zeit

3. E-Code-Überzeugungen — Risiken der sozialen Beziehungen

Welche Grundannahmen bestimmen, wie autonom und/oder bezogen in der Organisation entschieden wird? Welche Werte, welche mentalen Modelle führen zu gelebten Formen des Wettkampfs oder der Kooperation? Welche Codierungen im E-Code führen zu Unabhängigkeit, welche zu Anpassung im Umgang miteinander? Welche mentalen Muster und Vorlagen sind im E-Code zum Umgang mit Macht und Hierarchie beim Entscheiden festgeschrieben?

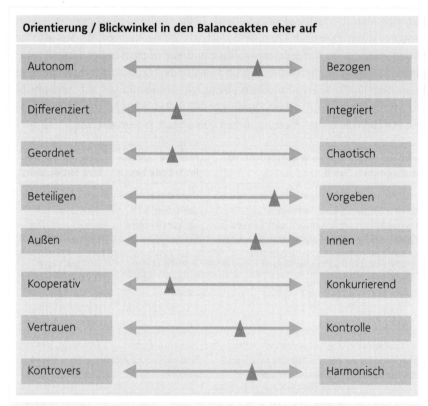

Abbildung 3.47: Kundenbeispiel Finanzdienstleistung — Entschlüsselung des E-CODE in der Risikodimension soziale Beziehungen

Von unserem Kunden wurde die vorherrschende Kultur des Miteinanders so beschrieben: »Das harmonische Miteinander, die gute Stimmung, die Kollegialität bei uns sind Markenzeichen der Organisation. Durch diese WIR-Kultur zeichnen wir uns aus und grenzen uns von anderen Bankorganisationen ab. Macht und Status sind bei uns weniger wesentlich. Beim Entscheiden führt das teilweise zum Abschieben von Verantwortung, was wiederum die Qualität und Weitsichtigkeit von Entscheidungen beeinträchtigt. Relevante Argumente, Einwände oder Impulse werden nicht an der adäquaten Stelle geäußert oder dort nicht gehört. Offenes und direktes Feedback von unten nach oben findet zugunsten der Harmonie nicht statt. Eine Stärkung der Autonomie wäre hier hilfreich.«

Insgesamt kann konstatiert werden, dass die Interviewergebnisse der Organisation gezeigt haben, welche Mankos in der eigenen Feedbackkultur bestehen. Das Management hatte sich über die geringe Offenheit der Mitarbeiter zum kritischen Dialog beklagt: »Die direkte Auseinandersetzung mit dem Vorgesetzten, dem Entscheider, wird vermieden.« Es gilt die informelle Regel: »Dem Chef pinkelt man nicht ans Bein«. Stattdessen wird auf Jammern, »Ausweinen« und Aufregen bei Sympathisanten auf Kollegen- oder Mitarbeiterebene ausgewichen. Alternativ versuchen die Mitarbeiter, Themen »von hinten durch die Brust« umzusetzen, ohne in die aktive Auseinandersetzung zu gehen. Eine beispielhafte Aussage hierzu: »Nötigenfalls nutze ich die Urlaubsabwesenheit von Entscheidern, um meine Überzeugung umzusetzen.« Die Hintergründe für dieses Verhalten wurden von den Mitarbeitern klar benannt: Vorgesetzte reagieren negativ auf kritisches Feedback von ›unten‹. Nicht selten kommt es dabei zu fatalen Double-Bind-Botschaften: Der Vorgesetzte bittet um Feedback. Der Erste, der dem nachkommt und sich kritisch äußert, erhält eine verbale Ohrfeige als Reaktion. Logischerweise meldet sich danach kein Zweiter mehr. Dass sich aus solchen Bestrafungsmustern eine E-Code-Vorlage entwickelt, nach der »der Chef immer recht hat«, ist nachvollziehbar und aus Mitarbeitersicht tatsächlich sehr funktional.

In unserem Kundenbeispiel wurde die Entscheidungskultur folgendermaßen erlebt: »Entscheidungen werden bei uns hierarchisch getroffen. Die Verantwortung wird von den entsprechenden Entscheidern an der Spitze der Hierarchie getragen. Das Team, das WIR steht bei *Erfolgen* im Vordergrund. Wenn der Veränderungsprozess gut funktioniert, dann hat das Team fantastisch gearbeitet und erhält gemeinsam die Anerkennung. Der Einzelne steht jedoch im Vordergrund bei *Misserfolgen*. Wenn der Veränderungsprozess scheitert, dann werden Personen in Funktionen zu den ›Schuldigen‹ erklärt. Das führt dazu, dass viele Mitarbeiter die Verantwortung scheuen. Sie sind sehr vorsichtig, eher auf Rückzug eingestellt.« Die E-Code-Überzeugungen dahinter lauten: »Wenn etwas schiefgeht, ist einer daran schuld« und/oder »Gemeinsam sind wir stark«. Eine konstruktive Alternative dazu, die zu aktiver Verantwortungsübernahme, zu mehr Engagement führt, könnte etwa heißen: »Aus Fehlern werden wir klug.«

Erlebtes Entscheiden + Widersprüche zu strategischen Zielen	Mentale Modelle im E-Code heute	Ziele für die weitere Entwicklung
Ein harmonisches Miteinander, gute Stimmung und Kollegialität sind Markenzeichen unserer Organisation. Diese WIR-Kultur zeichnet uns aus und hebt uns von anderen Bankorganisationen ab.	Kollegiales Miteinander beruht auf Harmonie.	Autonomie, Reibung und kontroverser Diskurs stärken die kollegiale Produktivität.
Eine offene und direkte Feedbackkultur von unten nach oben findet nicht statt. Vorgesetzte fordern Feedback ein und reagieren dann negativ auf kritisches Feedback von »unten« (Double-Bind-Botschaften). Relevante Argumente, Einwände oder Impulse werden nicht an der adäquaten Stelle geäußert oder dort nicht gehört. Beim Entscheiden führt das zur Abschiebung von Verantwortung, die die Qualität und Weitsichtigkeit von Entscheidungen beeinträchtigt.	Dem Chef pinkelt man nicht ans Bein. Kritik und Streiten sind unkollegial.	Streiten und Kritik führen weiter, geben neue Impulse.
Entscheidungen werden bei uns hierarchisch getroffen. Die Verantwortung wird von den entsprechenden Entscheidern an der Spitze der Hierarchie getragen.	Der Chef entscheidet und verantwortet. Die Mitarbeiter setzen um.	Wir entscheiden und verantworten gemeinsam.
Die Regeln des Miteinanders sind klar formuliert, die Mitarbeiter sind in der Pflicht des »Ausübenden«, und das in hoher Qualität. Sie sind selten in der Pflicht des »Gestaltenden«. Der Mut, in die Rolle des Gestalters und Entscheiders zu gehen, ist gefährlich: Wenn Prozesse schieflaufen oder Fehler passieren, wird der Schuldige gesucht und zur Rechenschaft gezogen.	Fehler kosten den Kopf.	Fehler gehören zum Entscheiden dazu. Aus Fehlern lernen wir fürs Leben.

Abbildung 3.48: Kundenbeispiel Finanzdienstleistung — Entschlüsselung des E-CODE in der Risikodimension soziale Beziehungen

Das gemeinsame Bilden von Hypothesen darüber, welche Glaubenssätze die kulturelle Wurzel für das so erlebte Entscheiden in der Organisation sind, führt zu einem tiefen, gemeinsamen Lernprozess. In der Folge wird es möglich, neue, passende Überzeugungen gemeinsam zu entdecken, zu entwickeln und im Erleben sukzessive zu verankern.

3.9.3   Methoden zur Entschlüsselung des E-Codes

Wie schon das geschilderte Beispiel gezeigt hat, ist der E-Code der Organisation ein komplexes Gebilde, das normalerweise nicht einfach und eindeutig mit einer singulären Methode zu erfassen ist. Die Organisation kann sich jedoch an das eigene emotionale Erfahrungsgedächtnis zum Entscheiden herantasten, es nach und nach entschlüsseln und sich das implizite Wissen bewusst machen. Der Weg dazu ist ebenso einfach wie komplex: Die Beobachtung und Analyse des erlebten Entscheidens liefert Hypothesen, mit denen die erlernten, tief verankerten Annahmen im E-Code erkannt werden können: Welche Unterschiede und scheinbaren Widersprüche beim Entscheiden erscheinen, insbesondere im Kontext der strategischen Ziele der Organisation, besonders relevant? Welche Werte, welche typischen Glaubenssätze lassen sich dahinter erkennen? Wo passt der E-Code zum gewünschten zukünftigen Entscheiden und wo ist er hinderlich? In welche Richtung sollte eine Weiterentwicklung des E-Codes stattfinden?

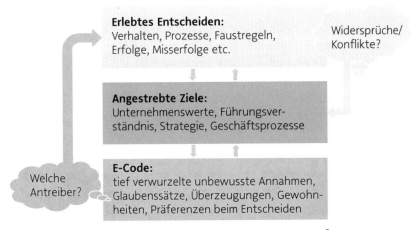

Abbildung 3.49: Drei Ebenen des E-Codes (in Anlehnung an E. H. Schein[9])

Allein schon diese bewusste, kritische Reflexion der eigenen mentalen Modelle ist ein Lernprozess, nach Peter Senge[20] bildet sie eine der Grundkompetenzen lernender Organisationen (Senge 2011). Es lohnt sich also, darin zu investieren. Im Folgenden finden Sie verschiedene methodische Möglichkeiten, um Hypothesen für den eigenen E-Code zu bilden, diesen zu entschlüsseln und für die Weiterentwicklung zu nutzen.

1. Die Artefakte-Analyse

Diese Analyse dokumentierter Entscheidungsstrukturen und Abläufe in Organisationen kann wertvolle Hypothesen zur Entschlüsselung des E-Codes liefern:

- Welche Prozessbeschreibungen gibt es und wie sehen diese genau aus?
- Welche und wie viele standardisierte Regeln und Praktiken beim Entscheiden sind vereinbart?
- Wie klar ist Verantwortung in den verschiedenen Entscheidungsräumen (lokal, vernetzt und strategisch) jeweils zugeordnet?
- Wie sieht die Kommunikationsstruktur aus?
- Welche Hypothesen lassen sich aus diesen Erkenntnissen bezüglich mentaler Modelle zum Entscheiden ableiten?

Greifen wir zur Veranschaulichung wiederum auf ein Kundenbeispiel: Unser industrieller Kunde[21] war während des Implementierungsprozesses einer neuen Struktur damit konfrontiert, dass einige Führungskräfte (ganz getreu der impliziten Regeln und Gepflogenheiten, die bis dato gegolten hatten) »einsame« Entscheidungen getroffen hatten, die sie in diesem Fall aber nicht hätten allein treffen sollen. Ihr Entscheidungsverhalten stand im eindeutigen Widerspruch zu den Anforderungen der neuen Strategie, Struktur und Ausrichtung der Organisation. Unser Kunde erkannte: Für das propagierte neue Ziel, beim Entscheiden weg vom *ICH* und hin zu einem gemeinsamen, intelligenten *WIR* zu kommen, fehlten noch die automatisierten Muster und Regeln im E-Code der Organisation. Ohne diese würde jedoch die neue Strategie nicht umgesetzt werden können.

Zur Exploration des E-Codes analysierten wir zunächst ausgewählte dokumentierte Artefakte des Entscheidens (so etwa einen Entscheidungsablauf von der Inbetriebnahme bis zur Wartung der Produkte) aus Kundendienst und Vertrieb. Aus den Erkenntnissen bildeten wir Hypothesen dazu, welche Werte und Grundüberzeugungen prägend für das Entscheiden im Kundendienst und Vertrieb waren. Diese Hypothesen trugen wir anschließend den Führungskräften vor. Gemeinsam analysierten wir dann, welche impliziten Praktiken, Regeln, Überzeugungen und Werte dem heute gelebten Entscheiden zugrunde liegen — den E-Code des Unternehmens. Schließlich zogen wir Bilanz, welche der Überzeugungen hilfreich und welche hinderlich für das künftig angestrebte *WIR* sind. Damit erarbeiteten wir die Grundlage für eine Weiterentwicklung des E-Codes auf Basis der Anforderungen, die die neue Strategie an das Entscheiden stellt.

Hypothesenbildung zum E-Code auf Basis der Artefakte-Analyse bei einem Kunden

- Absicherung ist wichtig
- Fehlervermeidung ist wichtig
- Bewährtes steht im Vordergrund (»Downloaden«)
- Mut wird nicht belohnt (»man müsste, …«)
- Funktioniert nur in bekannten Situationen (sicher, schnell)
- Was passiert, wenn unbekannte Situationen / Faktoren auftauchen?
  - Versuch, mit demselben Muster zu agieren
  - lernen, mit Unsicherheit umzugehen und neue Wege zu gehen
  - langsam
  - bis hin zur Verzweiflung / Ohnmacht
  - Fehler vertuschen, Schwarzer-Peter-Spiel
- Es wird nicht entschieden, Gelegenheiten verstreichen
- Verantwortung wird in Prozess delegiert
- Entschieden wird oben / es gibt den Entscheider, der es richtet
- Druck auf Führung wird relativ hoch + Schuldzuweisung (»ich kann eh nichts machen«)
- Risiko = eher Gefahr als Möglichkeit / Chance
- Teams / Mitarbeiter / mittleres Management sind eher die Ausführenden als die Gestalter
- Entscheiden = Entscheidung: Die eigene Verantwortung wird nicht gesehen, ebenso wenig die eigenen Möglichkeiten
- Sinn erzeugen bleibt auf der Strecke
- Fürsorge der Organisation: Der Führung sowie Mitarbeitern wird »Unvermögen« unterstellt (Eltern-Kind-Beziehung)

2. Beobachtung des Entscheidungsverhaltens

Die bewusste Beobachtung des gelebten Entscheidungsverhaltens in der Organisation bietet das lebendigste und am wenigsten gefilterte Material zur Auseinandersetzung mit dem E-Code. Lassen Sie sich doch mal auf das Experiment ein und beobachten Sie aufmerksam in Ihrem eigenen Organisationsalltag:

- Wie und bei welchen Themen werden Mitarbeiter in Entscheidungsprozesse einbezogen?
- Wie viel Vertrauen und wie viel Kontrolle herrschen beim Entscheiden vor?
- Welches Entscheidungsverhalten wird belohnt, welches bestraft? Wer erntet vorwiegend die Lorbeeren — der vorsichtige, Gefahren vermeidende oder der risikofreudige, mutige Entscheider?
- Wie lange dauert es, bis eine Entscheidung getroffen und umgesetzt wird?
- Wie viel oder wie wenig Überzeugungsarbeit muss geleistet werden, bevor das Ausprobieren neuer Ideen und Möglichkeiten erlaubt wird?
- Wie geht man mit Fehlern und Scheitern um? Welche Konsequenzen werden ergriffen und welche Wirkung hat das?

Dies nur als einige klassische Beispielfragen, die Ihnen beim Beobachten und Analysieren des Entscheidens zur Ergründung des E-Codes helfen können. Für ein Lernen in der Organisation ist es sehr wichtig, diese kritische Selbstreflexion im Dialog mit möglichst vielen repräsentativen Organisationsmitgliedern vorzunehmen. Wie gesagt — die Investition zahlt sich durch höhere Flexibilität, Agilität und Veränderungskompetenz allemal aus.

3. Befragungen zum Entscheiden

In Einzel- und/oder Gruppeninterviews mit repräsentativen Entscheidern und Teams kann erfragt werden, wie die Mitarbeiter das Entscheiden im Unternehmen erleben. Beispielsweise können Sie erfragen,

- wie im Haus typischerweise Entscheidungen getroffen oder auch verhindert werden,
- welche Entscheidens-Faustregeln für die Organisation typisch sind,
- was erfolgreiche von misslungenen Entscheidungsprozessen unterscheidet,
- wie Unsicherheiten, Möglichkeiten, Chancen und Gefahren gemanagt werden,
- welche Entscheidungen belohnt werden und welche bestraft,
- welche Konsequenzen Fehler nach sich ziehen,
- welche Geschichten oder auch Witze über Entscheidungsprozesse zirkulieren.

Das gemeinsame Analysieren von (gelungenen oder auch missratenen) Entscheidungsprozessen in relevanten Projekten ist nicht nur für die Hypothesenbildung für den E-Code und zur Erarbeitung von Verbesserungsansätzen nützlich: Es kann auch als Grundlage einer *Entwicklungsintervention* dienen.

Greifen wir hierfür noch einmal auf die *Decisio-Prozesslandkarte* aus Kapitel 3.4 zurück: Dort ist insbesondere die *Terra Incognita* ein Land, welches sich für die Suche nach impliziten Spielregeln und mentalen Modellen im Entscheiden anbietet. Mit einem Kunden sind wir sogar sprichwörtlich auf der Karte spazierengegangen und haben dabei den E-Code Schritt für Schritt und Land für Land exploriert. Die Bilder und Metaphern der Landkarte können dabei helfen, verdeckte, implizite Erinnerungen und Gefühle bewusst und besprechbar zu machen. Sie unterstützen die Beteiligten dabei, typische Organisations-Geschichten (»So entscheiden wir hier!«) in ihrem emotionalen Erleben zu erinnern und auszutauschen. Diese Sammlung von Aussagen lässt sich dann anschließend wunderbar zur weiteren Entschlüsselung des E-Codes nutzen.

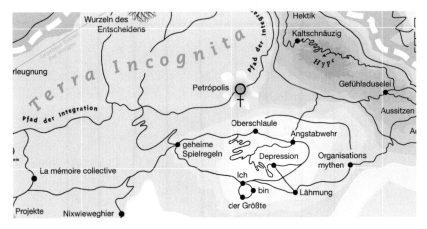

Abbildung 3.50: Terra Incognita der Decisio-Prozesslandkarte

Auch die *acht Kairos-Dimensionen* aus Kapitel 3.1.2 nutzen wir häufig als Anregung, um die Befragten beschreiben zu lassen, wie sie das präferierte Entscheidungsverhalten, die unverwechselbaren Habits der Organisation erleben. Die Aussagen dazu spiegeln sehr gut das wahrgenommene Risiko- bzw. Sicherheitsmuster der Organisation und geben Impulse für die Exploration der zugrunde liegenden kulturellen E-Code-Überzeugungen:

- Wie schnell/langsam wird üblicherweise entschieden?
- Wie risikofreudig/-avers wird entschieden?
- Welche Entscheidungspräferenzen sind besonders hoch ausgeprägt, welche niedrig?
- Welche impliziten E-Code-Annahmen und -Überzeugungen liegen dem zugrunde?
- Wie passen diese zu den angestrebten Organisationszielen und dem Entscheidungsverhalten, das benötigt wird, um diese zu erreichen?

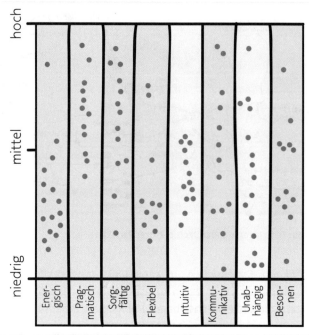

Abbildung 3.51: Einschätzung der Entscheidungskultur mit den acht Kairos-Dimensionen

3.9.4 Der E-Code in der Organisationsentwicklung — ein Fallbeispiel

Ausgangssituation und Vorgehensweise

Der Kunde ist ein gemeinnütziger, mittelständischer sozialer Dienstleister mit 250 Mitarbeitern, der in den letzten 20 Jahren enorm gewachsen ist. Die Identifikation der Mitarbeiter mit dem Unternehmen ist sehr hoch, gleichzeitig wird jedoch über starke und dauerhafte Überlastung geklagt. Durch das Wachstum haben sich die Anforderungen an Führen, Entscheiden und Zusammenarbeit stark verändert. Die Kommunikations- und Entscheidungsprozesse werden immer vielschichtiger. Was vorher in informellen Absprachen gut funktionierte, führt jetzt zu einem großen Teil zu holprigen, ineffizienten Abläufen. Die Führungsspanne in der Organisation ist erheblich gestiegen. Führungsaufgaben wollen organisiert, komplexer werdende Anforderungen abgegrenzt und umverteilt werden. Professionelles Führen ist unabdingbar, um das Wachstum zu bewältigen. Diese Veränderungen waren bei Auftragsbeginn weder in der Aufbau- und Ablauforganisation abgebildet noch gab es ein transparentes Führungsverständnis, auf dessen Basis notwendige Entwicklungsmaßnahmen in punkto Führen hätten abgeleitet werden können. Vor diesem Hintergrund setzten wir gemeinsam mit dem Kunden einen Organisationsentwicklungsprozess auf und begleiteten diesen. Folgende Kernziele wurden vereinbart:

- Etablierung von Organisations- und Leitungsstrukturen, die ein effektives und effizientes Führen, Entscheiden und Zusammenarbeiten ermöglichen
- Entlastung des Leitungsteams von operativen Aufgaben zugunsten größerer strategischer Entscheidungskapazitäten
- Effizientere und effektivere Gestaltung von Entscheidungs- und Kommunikationsprozessen in der Organisation, um die Überlastung und Unzufriedenheit der Mitarbeiter zu senken
- Entwicklung eines gemeinsames Leitbildes für künftiges Führen und Ableitung von Handlungsfeldern zur Qualifizierung der Führungskräfte

Zu Beginn des Veränderungsprozesses arbeiteten wir ausschließlich mit dem Leitungsteam. Auf Basis der entwickelten Vision, der Kernaufgaben und der damit verbundenen Strategie erarbeiteten wir, welche künftigen Anforderungen sich an Führen, Entscheiden und Zusammenarbeiten ergeben und wie dazu passende angemessene Prozesse und Strukturen gestaltet werden müssen. Wir gelangten zu einem eindeutigen Entwicklungsbild, welches unter den Überschriften Ordnung, Klarheit und Transparenz zusammengefasst werden konnte.

Einsatz des E-Codes im Organisationsentwicklungsprozess

Der Veränderungsprozess war in der Organisation ein vollkommenes Novum. Alle Leitungskräfte waren jedoch von der Notwendigkeit der Maßnahmen und den Chancen hinsichtlich höherer Effizienz, Effektivität und Zukunftssicherung der Organisation überzeugt. Gleichzeitig fürchteten sie allerdings den Widerstand in der Organisation, insbesondere bei den Führungskräften, die die Veränderungen mittragen und umsetzen mussten. Die strukturellen Veränderungen in den Geschäftsbereichen hatten zum Teil Neubesetzungen aufgrund von Nicht-Passungen von Funktionsträgern zur Folge. Eine komplette Führungsebene wurde neu eingeführt, andere Personen hingegen verloren aufgrund der nun geschaffenen Transparenz ihren Status als Führungskraft. Diese Gefahren vor Augen, befürchtete das Leitungsteam negative Reaktionen, extreme Kritik und Vorwürfe, sogar die Ablehnung dieser »Verlierer« bis hin zum Boykott des gesamten Organisationsentwicklungsprozesses. Außerdem standen die getroffenen strukturellen, auf Zahlen, Daten und Fakten basierenden Entscheidungen in einem »gefühlten« Konflikt zum sozialen Selbstverständnis der Leitungskräfte und der Organisation. Das Leitungsteam war selbst zum ersten Mal mit der als schwierig empfundenen Führungsaufgabe konfrontiert, weitreichende Veränderungen in der Organisation zu gestalten und umzusetzen. Die Geschäftsbereichsleiter verantworteten erst seit Kurzem als Leitungsteam gemeinsam mit der Geschäftsführung strategische Entscheidungen für die Gesamtorganisation. Dementsprechend waren sie sich noch unsicher in ihrer neuen Rolle. So setzten wir uns zunächst mit dem Leitungsteam in einem Workshop mit dem E-Code der Organisation auseinander. Hier ging es darum zu analysieren, wo genau die angestrebten Veränderungsziele mit den kulturell verwurzelten Überzeugungen im Konflikt stehen, und daraus Schlüsse für die Gestaltung des OE-Prozesses zu ziehen. Abbildung 3.52 zeigt die ermittelten E-Code-Dimensionen, die mit den OE-Zielen kollidierten.

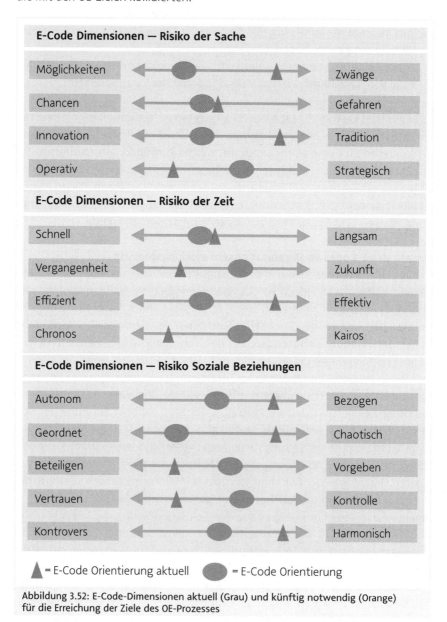

Abbildung 3.52: E-Code-Dimensionen aktuell (Grau) und künftig notwendig (Orange) für die Erreichung der Ziele des OE-Prozesses

So wurde etwa in der Analyse sehr deutlich, dass sich die Organisation im Sowohl-als-auch von Innovation und Tradition üben muss: Kapazitäten und Fähigkeiten zur strategischen Weiterentwicklung der Kernkompetenzen der Organisation fehlen in hohem Maße. »Wir haben gelernt zu reagieren, die anfallenden Dinge abzuarbeiten. Unternehmerisches proaktives Agieren fehlt — dazu haben wir gar keine Zeit. Entschieden wird auf Basis dessen, was wir kennen, wie wir es schon immer gemacht haben. Die Innovation bleibt dabei weitgehend auf der Strecke.« Außerdem wurde schnell klar, dass die Organisation bis dato kaum Regeln und Muster für effizientes Entscheiden gelernt und verinnerlicht hatte. Es gab nur sehr spärlich standardisierte Prozesse und transparente Verantwortungszu-schreibungen — man kannte sich eben, sprach miteinander und kam so gemein-sam und harmonisch zu einem »guten« Ergebnis. Das Wohlfühl- und Gemein-schaftsgefühl beim Entscheiden und Zusammenarbeiten war tatsächlich enorm hoch. Gelernt werden musste jedoch ein neues, ausbalanciertes Selbstverständ-nis von Ordnung, Autonomie, Vorgabe und Kontrolle im sozialen Miteinander, um das von allen formulierte Bedürfnis nach Entlastung realisieren zu können.

Nun ist oftmals das Lernen des einen mit dem Verlernen des anderen zwangs-läufig verbunden. In diesem Fall machte die Entschlüsselung des E-Codes dem Leitungsteam sehr bewusst, welche Entwicklungsthemen in punkto Führen Priorität haben mussten: Das harmonische *WIR*, die Bezogenheit, war in der Zusammenarbeit sehr ausgeprägt — zum Teil ging das stark auf Kosten von Schnelligkeit und Konsequenz. »Unsere Führungskräfte müssen lernen, eine Entscheidung autonom zu treffen und durchzusetzen.« Bisher hatte hingegen die Faustregel gegolten: »Ich entscheide erst dann, wenn alle zufrieden sind und kein Konflikt entsteht.« Künftig musste nun die Überzeugung zur Gewohn-heit werden: »Ich entscheide dann, wenn der Zeitpunkt reif dafür und günstig ist.« Die Weiterentwicklung solcher kultureller Muster ist ein langwieriger, emo-tional anstrengender Prozess, der viel Übung und Geduld bedarf.

Die bewusste Auseinandersetzung mit dem E-Code im Leitungsteam führte zu einer Tiefenschärfung der Ziele des OE-Prozesses, ohne diese sachlich-faktisch zu verändern. Dem Leitungsteam wurde dabei viel bewusster, was die Imple-mentierung von neuen Organigrammen, neuen Prozessen und einem einheit-lichen Führungsverständnis in der Praxis bedeutet und wie viel kulturelle Ent-wicklungsarbeit damit verbunden ist. Diese Sensibilisierung trug vor allem zur bewussten Reflexion bei, wie der OE-Prozess gestaltet werden musste, um die E-Code-Konflikte »Alt — Neu« im Blick zu haben und damit zu arbeiten.

3.9.5 Die Möglichkeiten des E-Codes

Der E-Code betrachtet die gesamte Organisationskultur wie durch ein Brennglas. Er setzt sich mit dem unserer Ansicht nach wichtigsten und wirksamsten Kulturteil »Wie entscheiden wir hier?« auseinander. Die Entschlüsselung des E-Codes liefert uns Informationen über die impliziten mentalen Modelle, das kulturelle Gedächtnis zum organisationstypischen Entscheiden. Prinzipiell ergeben sich drei große Wirkungsfelder:

1. Steigerung der Agilität und Flexibilität
Der E-Code ist das organisationale Gedächtnis für routiniertes Entscheiden im Autopiloten. Er sorgt für ein schnelles, automatisiertes und meist auch erfolgreiches Entscheiden und Handeln in der Organisation. Routinen und Intuition bergen aber auch die Gefahr, für heutige und/oder künftige Situationen nicht mehr zu passen. Oftmals merken Organisationen das erst sehr spät, wenn die Krise bereits eingetreten ist: Ein Mehr des alten Know-hows führt dann definitiv nicht weiter, das Bekannte greift nicht mehr. Nur ein Erlernen neuer Strategien, verbunden mit dem Verlernen vorheriger Gewohnheiten, führt dann zum Erfolg. Die unumgängliche Veränderung zu diesem Zeitpunkt ist oftmals mit hohen Kosten, großem Aufwand und gehörigem Widerstand verbunden. Das lässt sich verhindern durch das frühzeitige Wahrnehmen leiser Signale, die andeuten, dass die Entscheidungs-Routinen von heute für morgen nicht mehr passen — für Organisationen die zentrale Kompetenz, um kontinuierlich zu lernen und sich weiterzuentwickeln.[22]

Wie Peter Senge bereits betonte, ist die Fähigkeit, eigene Grundannahmen zum Entscheiden infrage zu stellen und damit den Pfad der gewohnten Denkmuster und eingeübten Handlungsweisen zu verlassen, ein Kernelement lernender Organisationen.[23] Die Auseinandersetzung mit dem E-Code übt genau diese Fähigkeit. Darüber hinaus kann die Organisation prüfen, welche Grundannahmen im E-Code kontinuierliches Lernen fördern und welche es eher behindern. Die entsprechende Weiterentwicklung des E-Codes stärkt die sensorische Fähigkeit in der Organisation, frühzeitig wahrzunehmen, wenn die Routinen nicht mehr passen. Diese Form des Risikomonitorings (nicht zu verwechseln mit dem Risiko*management*) erfordert eine hohe Aufmerksamkeit und Achtsamkeit im Entscheiden. Sie benötigt von der Organisation nicht nur die Bereitstellung von Ressourcen (etwa in Form von Raum und Zeit), sondern die grundsätzliche Anerkennung ihrer Notwendigkeit.[24] Die Investition wird sich im Sinne eines kontinuierlichen Lernens, einer gesteigerten Agilität der Organisation auszahlen.

2. Erfolgssicherung von Veränderungsprozessen

Die Erfahrung ebenso wie die gegenwärtige Forschung zeigen, dass rational entwickelte Strategien, Geschäftsprozesse und Strukturen nur in der stimmigen Verbindung mit dem kulturellen, impliziten Erfahrungsgedächtnis der Organisation
erfolgreich umgesetzt werden können. Nur so können Ängste und Widerstand
vor dem Neuen aufgegriffen, bearbeitet und in der Kreation eines gemeinsamen
Neuen überwunden werden. Daher kann der E-Code zu Beginn eines Veränderungsprozesses als wertvolles Diagnoseinstrument helfen, bewusst zu verstehen,

- welche mentalen Modelle und Glaubenssätze aus der Vergangenheit für das
  gewünschte Entscheidungsverhalten dienlich sind und bewahrt werden sollten,
- welche tief verankerten Überzeugungen und Regeln dem angestrebten Entscheidungsverhalten im Wege stehen und verändert werden müssen.

Darüber hinaus ermöglicht die E-Code-Analyse die Formulierung von zur Entscheidungskultur passenden — fordernden, aber nicht überfordernden — Ent-
wicklungszielen.

3. Aufbau einer funktionalen Entscheidungskultur

Agilität, Kooperation, Partizipation auf Augenhöhe und das Arbeiten und Entscheiden in sich selbst organisierenden Netzwerken sind Prinzipien, die für Organisationen zunehmend wichtig werden. Die aktuelle einschlägige Forschung kommt einstimmig zu dem Ergebnis, dass nur so die Herausforderungen der künftigen Arbeitswelt erfolgreich zu meistern sind. Daraus ergeben sich massiv veränderte Anforderungen an das Entscheiden, Führen und Zusammenarbeiten in Organisationen. Die Wurzeln dieser Veränderungsarbeit liegen in einer zielgerichteten Weiterentwicklung der Entscheidungskultur, eben des E-Codes. Dabei tragen die zentralen kulturellen Überzeugungen als *Werte* das jeweilig gelebte Entscheidungsverhalten. Sie bilden die bestimmenden *Antreiber* der Veränderungsbereitschaft einer Organisation — oder eben auch nicht. Welche zentralen kulturellen Werte im E-Code sind jedoch geeignet, um ein solches verändertes Entscheidungs- und Führungsverhalten zu tragen, fördern, anzutreiben? Was kennzeichnet eine funktionale Entscheidungskultur von heute und morgen? In welche allgemeingültige Richtung muss sich der E-Code weiterentwickeln?

Den allgemeingültig idealen E-Code gibt es natürlich nicht. Das haben die vorherigen Anwendungsbeispiele sicherlich verdeutlicht. Allenthalben können wir beobachten, dass Unternehmen sich heute und zukünftig mehr im Sowohl-als-auch als im Entweder-oder der drei Risikodimensionen bewegen müssen. Ebenso ist festzustellen, dass Werte wie *Vertrauen, Kooperation, Beteiligung auf Augenhöhe, Gemeinsamkeit, Sinn, Verantwortung übernehmen, Unabhängigkeit* für ein professionelles, den Anforderungen der Zukunft entsprechendem Entscheiden in Organisationen unabdingbar sind. Vernetztes Entscheiden ist auf einen emotionalen Nährboden angewiesen, auf eine Kultur des Vertrauens, die intelligente WIR-Entscheidungen ermöglicht. Das ist leicht gesagt — die Prüfung der eigenen Strukturen und Prozesse zeigt jedoch oftmals, wie viel mehr Organisationen auf der Basis von Kontrolle anstelle von Vertrauen entscheiden und agieren. Die selbstkritische Auseinandersetzung mit der Fehlerkultur, dem Umgang mit Scheitern in der Organisation lohnt sich immer.

! Dysfunktionale Entscheidens- und Fehlerkultur

Das Beispiel der jüngsten Rückrufaktion von General Motors beschreibt die Problematik sehr gut: Fehlerhafte Zündschlösser hatten im Jahr 2014 zu fatalen Unfällen geführt, bei denen mindestens 100 Menschen ihr Leben ließen. Das Unternehmen musste mehr als 30 Millionen Fahrzeuge zurückholen. Fehler passieren auch in anderen Unternehmen. Bei GM kannten die Mitarbeiter den Fehler jedoch zum Teil und haben ihn bewusst verschwiegen. Als Konsequenz will die neue GM-Chefin Mary Barra nun die Entscheidungs- und Fehlerkultur des Unternehmens verändern und organisationales Lernen fördern.[25]

In einem solchen Kontext ist die Entschlüsselung des E-Codes die Basis für die anschließende kulturelle Entwicklungsarbeit. Bei GM gälte es beispielsweise zunächst zu erforschen, welche Grundüberzeugungen im E-Code das Verschweigen von Fehlern antreiben, um dann zu entscheiden, welche alternativen Muster gelernt werden müssen, um zu einem offenen, ehrlichen Fehlermanagement zu gelangen.

Tipp

Gehen Sie selbst auf Entdeckungsreise: Wie viele Fehler dürfen in Ihrer Organisation gemacht werden? Je weniger Fehler passieren dürfen, umso eher kommt es zu einer Kultur des Vertuschens. Was passiert also, wenn in Ihrem Unternehmen Fehler gemacht werden? Wird nach einem Schuldigen gesucht, müssen »Köpfe rollen« oder wird gemeinsam angepackt, um das Problem zu lösen? Die Antworten auf diese oder ähnliche Fragen können Ihnen helfen, die zugrunde liegenden Überzeugungen im eigenen E-Code zu entschlüsseln. Damit können Sie leicht selbst herausfinden, ob die Überzeugungen und Werte zu einer funktionalen Entscheidungskultur passen oder nicht.

3.9.6 Statt einer Zusammenfassung: ein E-Code-Hinweiskatalog für Entscheider

Der E-Code prägt mit den darin gespeicherten organisationstypischen mentalen Modellen, wie in der Organisation entschieden wird. Solange dies zum gewünschten Erfolg führt, passt alles. Hier gilt das Sprichwort »Don't change what's not broken«. Im Umkehrschluss ist die Auseinandersetzung mit der Entscheidungskultur immer dann angeraten, wenn der Erfolg in der Organisation gefährdet ist, spätestens aber dann, wenn er ausbleibt. Welche Hinweise für Entscheider in Organisationen gibt es, die eine genauere Betrachtung des E-Codes nahelegen? Auf welche Signale können Sie achten? Nachfolgend finden Sie verschiedene Unternehmenssituationen, bei denen die Auseinandersetzung mit dem E-Code lohnend ist.

- *Wenn wichtige Geschäftsprozesse ineffizient und langwierig geworden sind.* Hier ist es gut möglich, dass eine Misstrauens-, Kontroll- und Fehlervermeidungskultur das Entscheiden in den Geschäftsprozessen unnötig komplex, langsam und unzuverlässig macht. Die Implementierung von Lean Management, die Analyse und Optimierung der Wertströme ist dann eine wichtige Investition zur Erhöhung der Effizienz. Die damit zusammenhängende Kulturentwicklung wird allerdings oftmals sträflich vernachlässigt. Die E-Code-Analyse hilft dabei, Widerstände und Konflikte frühzeitig zu erkennen und aufzugreifen — und nicht erst dann, wenn sie den Veränderungsprozess blockieren.

- *Wenn relevante Wettbewerber am Markt schneller, fokussierter und konsequenter agieren und erfolgreichere Antworten geben.*
  Was sind die Kulturelemente, die die Wettbewerber schneller und konsequenter entscheiden und handeln lassen? Oder umgekehrt: Welche kulturellen Muster, welche Logiken im E-Code prägen unser eigenes langsames und inkonsequentes Entscheiden? Inwieweit werden Mut, Gestaltungswille und Risikobereitschaft von der Organisation belohnt? Oder wird ein solches Verhalten vielleicht sogar bestraft?

- *Wenn die Diskrepanz zwischen der getroffenen Entscheidung und tatsächlichem Umsetzen und Handeln auffällig ist.*
  Das kann daran liegen, dass die Strategie im operativen Alltag zu wenig attraktive sinnvolle Orientierung gibt und sich im gelebten Handeln nicht wiederfindet. Oder auch daran, dass in Change-Projekten Konzepte wichtiger sind als deren Umsetzen, sodass es zu »Entscheidungsstaus« kommt. Ursache sind häufig Widersprüche und Konflikte zwischen den öffentlich propagierten Entscheidungen der Organisation und den im E-Code tief verwurzelten Erfahrungen, Werten und Mustern, die das Handeln antreiben. Ähnlich wie bei Silvester-Vorsätzen: Eine rational getroffene Entscheidung wird nur dann umgesetzt, wenn das limbische System auch hinter der Entscheidung steht.

- *Wenn in Transformationsprozessen Bestehendes zu einem Neuem verbunden werden soll.*
  Die gesamte Palette der Merger-&-Akquisitions-Vorhaben gehört hierher. So kann bei angedachten oder bereits vollzogenen Zukäufen und Integrationen (z.B. neuer Geschäftsstandorte) eine frühzeitige Prüfung von kulturellen Passungen, Unterschieden und Widersprüchen beim Entscheiden vorgenommen werden. Auch, wenn Umstrukturierungen stattfinden und damit »neue« Entscheidungprozesse notwendig werden, sind beim Aufeinandertreffen unterschiedlicher Entscheidungskulturen Konflikte vorprogrammiert. Überwindungsstrategien beginnen mit der Entwicklung von Bewusstsein für die Unterschiede, um darauf aufbauend Toleranz üben zu können, Unterschiede konstruktiv zu nutzen und zu fördern und das Gesamtpotenzial in ein gemeinsames Neues zu integrieren.

- *Wenn das vernetzte Zusammenarbeiten und Entscheiden unterschiedlicher Berufs- und/oder Funktionsgruppen einer Organisation zu Konflikten führt.*
  Wer kennt das nicht? Zwei Mitglieder derselben Organisation (z.B. Arzt und Pfleger, Entwickler und Controller) streiten sich heftig. Beide sind von der logischen Richtigkeit ihrer jeweiligen Argumentation überzeugt: Zwei Welten prallen aufeinander. Je vernetzter die Zusammenarbeit in Organisationen ist, umso höher wird auch das Konfliktpotenzial beim gemeinsamen Entscheiden. Schließlich muss eine Vielzahl an Erwartungen, Erfolgsvorstellungen, Interessen, die alle häufig widersprüchlich sind, berücksichtigt und integriert werden. Dafür braucht es Muster und Überzeugungen im E-Code, die

Toleranz und Offenheit für das »Anders sein« im Entscheiden abbilden und einen guten Umgang damit fördern.

- *Wenn das Tina-Prinzip (»There is no alternative«) in Entscheidungsprozessen die Norm ist.*

   Wird dieses Totschlagargument zur Begründung von Entscheidungen in Ihrer Organisation oftmals genutzt? Beobachten Sie in Ihrer Organisation immer wieder, dass eigentlich gar keine Handlungsoptionen entwickelt werden und Entscheidungen aufgrund scheinbar deterministischer Zwänge getroffen werden? Fehlt jede Offenheit zum Querdenken in Entscheidungsprozessen? Dann lohnt die Auseinandersetzung mit dem E-Code, um herauszufinden, welche Muster und Vorlagen dafür verantwortlich sind. Und welche Kulturarbeit notwendig ist, um neue Möglichkeiten zu sehen und aufzugreifen. Auf dieser Basis können dann tatsächliche Optionen entwickelt und auch auf Chancen — und nicht nur auf Gefahren — geprüft werden. Kulturelle Werte wie Gemeinschaft, Vertrauen, Mut, Neugierde und Fehlertoleranz sind zentrale Antreiber in der Organisation, die zu innovativen, risikofreudigen Entscheidungen führen. Überwiegen in der Entscheidungskultur dagegen Sicherheitsmotive wie Kontrolle, Angst, Pragmatik und Perfektionismus, so wird vermehrt das Bewahren des »Alten« favorisiert, »Neues« und »Andersartiges« hingegen ausschließlich kritisch beäugt. Das kann in unserer schnelllebigen, volatilen Welt durchaus dazu führen, dass die Organisation den Anschluss an relevante Veränderungen im Markt verpasst.

Ein zusammenfassendes Credo zum Schluss: Die Auseinandersetzung mit dem E-Code lohnt sich immer dann, wenn die alten Lösungen zum Problem werden. Das bewusste Verstehen, Nutzen und Weiterentwickeln des E-Codes bietet als Königsdisziplin jeglicher Veränderungsarbeit ungeahnte Möglichkeiten. Das Potenzial für ein organisationales Lernen ist immens. Wir freuen uns, wenn wir Sie dazu ermutigen konnten.

3.10 Autopilot und Pilot

Wir wissen es inzwischen gut: Entscheiden ist nicht gleich Entscheiden. Wie im Kapitel 2.2 zum *Pentaeder* bereits dargestellt, unterscheiden wir zwei grundlegend verschiedenartige Entscheidungsmodi in Organisationen: Den *Autopiloten* des routiniertes Entscheidens und den *Piloten*, der für das achtsame Entscheiden zuständig ist. Wir wollen nun genauer beleuchten, was diese beiden Modi im organisationalen Entscheiden unterscheidet, wann und wozu sie jeweils sinnvoll sind.

3.10.1 Routiniertes Entscheiden: der Autopilot

Unter diesem Begriff können alle weitgehend automatisierten Entscheidungsprozesse in Organisationen zusammengefasst werden. In fast allen Situationen des *operativen Geschäfts* ist der Autopilot im Entscheiden tatsächlich absolut angebracht. Die vielen Routineentscheidungen, die Menschen und Teams in Organisationen täglich treffen, erfordern kein immer neues Nachdenken. Hier geht es darum, Aufgaben selbstverständlich und souverän zu erledigen, Probleme pragmatisch und schnell mit dem implizit vorhandenen Erfahrungswissen zu lösen. Das gespeicherte Wissen zur Lösung bekannter operativer Aufgaben und Probleme wird abgerufen, von der Festplatte »downgeloaded«, und führt meist zu dem gewünschten Ergebnis. Der Autopilot sorgt schlicht für das effiziente, funktionierende Miteinander in der Organisation. Die vielen Routineoperationen im Krankenhaus, die alltäglichen, kleinen Projektentscheidungen, sich wiederholende Spezialistenaufgaben, selbst der Produktionsausfall im Betrieb oder Feuerwehreinsätze im wörtlichen oder übertragenen Sinne sind Beispiele für solche routinierten Entscheidungen. Zum Teil sind es dabei durchaus riskante Entscheidungen, die schnell getroffen werden müssen — die Komplexität für die Know-how-Träger, die diese Situationen gut kennen, ist jedoch gering. Sie können auf Basis ihres Erfahrungswissens mithilfe gewohnter, eingespielter Prozesse gut und schnell entscheiden.

Dabei lauern jedoch auch Gefahren: *Die individuelle Logik des Entscheidens im Autopiloten* ist ein interdisziplinäres Forschungsfeld von Neurowissenschaften, Psychologie und Soziologie. Dass das Unbewusste beim individuellen Entscheiden und Umsetzen eine wesentliche Rolle spielt und damit neben der Ratio ein eigenes Bewertungssystem darstellt, ist dort mittlerweile unumstritten.[26] Die vielfältigen automatisierten *Denkfallen*, die die Vernunft unserer alltäglichen Entscheidungen begrenzen, belegen renommierte Forscher wie Daniel Kahneman, Dan Ariely und viele andere: Sie liefern uns verblüffende Erkenntnisse dazu, wie wir uns in unseren intuitiven Entscheidungen der Logik widersetzen und welche Vor- und Nachteile das mit sich bringt.[27]

Ein kleines Wahrnehmungsexperiment

Lesen Sie die folgenden Begriffe nacheinander:

- Morgenstern
- Abendstern
- Polarstern
- Zwergelstern

Kennen Sie den letzten Stern? Hat Ihr Gehirn auch Sie ausgetrickst? (Die Auflösung finden Sie in Endnote [28].) Viele weitere ebenso amüsante wie erhellende Experimente und Geschichten über typische Denkfehler finden Sie bei Rolf Dobelli[29].

Inwieweit lassen sich nun die neurowissenschaftlichen Erkenntnisse über das individuelle Entscheiden auf den Autopiloten in Organisationen übertragen? Hierzu einige Gedanken:

- Beim Entscheiden in Organisationen geht es um die vielen Menschen, die in Beziehung miteinander entscheiden. Dieses *WIR* besteht aus Personen, Teams und der ganzen Organisation mit ihren jeweils ganz eigenen Perspektiven. Das individuelle Entscheiden ist also nur ein kleiner Teil des großen Ganzen. Damit ist das Entscheiden in Organisationen viel *facettenreicher* als das Entscheiden einer einzelnen Person. Diese Vielfalt bietet ganz eigene Chancen.

- In der Regel geht es beim routinierten Entscheiden in Organisationen um komplexe Situationen und Interaktionsprozesse, die in den Laborsettings der Neurowissenschaftler kaum abgebildet werden können. Wissenschaftliche Ansätze, die das routinierte Entscheiden in Organisationen erforschen, fehlen ergo bis dato weitgehend.

- Die Grenzen der individuellen Informationsverarbeitung sind durchaus auf das routinierte Entscheiden der Menschen in Organisationen übertragbar. Im Autopiloten entscheidet die Organisation so, wie sie es gewohnt ist, so, wie »man das halt bei uns macht«: Erfahrungswissen wird abgerufen, Neben- und Fernwirkungen werden dabei oft ignoriert. Die Probleme, die zur Erfahrungskompetenz passen, werden aufgegriffen, während andere (oftmals wichtigere) liegen bleiben. Erfahrung und Gewohnheit kann blind für neue, alternative Vorgehensweisen machen und hinderliche Beharrenskräfte hervorbringen. Jeder Sportler weiß, wie schwer es ist, eine gewohnte Technik durch eine neue zu ersetzen. Wenn der Autopilot in Organisationen verändert werden soll, ist das ähnlich, nur noch viel komplexer. Auf Organisationsebene gilt es eben nicht nur eine Person, sondern die vielen Mitglieder und Teams vom Sinn der Veränderung zu überzeugen, damit diese nachhaltig umgesetzt und in den Autopiloten überführt werden kann. Wie lernfähig und veränderungsbereit die Organisation ist, bestimmt der E-Code, die Entscheidungskultur, mit der wir uns im letzten Kapitel befasst haben.

- Je komplexer und neuartiger die Situation, desto fehleranfälliger ist ein rein auf Gewohnheit gestütztes automatisiertes Entscheiden: So bewährt, schnell und erfolgreich implizite Faustregeln und Heuristiken[30] beim Lösen bekannter Probleme auch sind: Sie haben eindeutig ihre Grenzen. Ein Hinterfragen und Aufbrechen bewährter Faustregeln tut insbesondere zur Lösung neuer (oder immer wieder auftauchender) Probleme manchmal not. Diese Erkenntnis gilt nicht zuletzt auch für den Autopiloten in Organisationen. Komplexe, neuartige, riskante Entscheidungssituationen erfordern immer ein kluges, achtsames Entscheiden im Pilotenmodus, der kulturelle Wurzeln und Gewohnheiten auch hinterfragt und weiterentwickelt.

- Das Fazit der Neurowissenschaften ist einstimmig: Unser Hirn ist nur begrenzt steuerbar, Denkfehler sind nie auszuschließen. Je besser wir die Irrationalitäten unseres gewohnten Entscheidens begreifen, umso bewusster, also achtsamer können wir mit ihnen umgehen und umso besser werden wir entscheiden.

Im Unterschied zum Individuum sind Organisationen *konstitutionelle Autopiloten*. Sie sind Spezialisten im Aufstellen von Regeln und Standards, die für Schnelligkeit, Effizienz und Einheitlichkeit im täglichen Entscheiden von Personen, Teams und Netzwerken sorgen. Damit das routinierte Entscheiden im Autopiloten gut funktioniert, werden hohe Fach- und Erfahrungskompetenzen bei Personen und Teams aufgebaut, auf die sich die Organisation im operativen Geschäft mehr oder weniger »blind« verlassen kann. Entscheidungsprämissen sind in Strukturen, Strategien, Verfahren und kodifizierten Abläufen niedergelegt: Geschäftsprozesse, Mitgliedschaftsregeln, Stellenbeschreibungen, Mitarbeitergesprächsleitfäden, Führungsleitlinien etc. — sie alle beschreiben, wie in der Organisation im Autopiloten miteinander entschieden und zusammengearbeitet wird. Inwieweit sich die Menschen in der Organisation tatsächlich an diese Ablaufregeln halten, ist eine andere Sache.[31] Hier kann man meist beobachten, wie nach der Faustregel agiert wird: Was Sinn macht und nützlich ist, wird befolgt. Mit dem »unsinnigen« Rest wird dann unterschiedlich umgegangen. Oftmals werden »blöde« Regeln mehr oder weniger klammheimlich geschickt umgangen, es wird also pragmatisch einfach entschieden. Oder aber die Mitarbeiter fügen sich den festgelegten Abläufen, ärgern sich aber immer wieder über »diese bürokratischen, nichtsnutzigen Vorschriften«. Im problematischsten Fall aber lernen Mitarbeiter sich anzupassen und verlernen (weil sie ohnehin nicht gehört werden), Sinn und Unsinn von Vorgaben zu hinterfragen. Während all diese Verhaltensweisen individuell dienlich sein mögen, bringen sie die Organisation nur selten weiter: Eine Weiterentwicklung des organisationalen Autopiloten kann nur durch ein *Entscheiden im Piloten* eingeleitet werden. Dazu bedarf es aufmerksamer Mitarbeiter und Teams, die erkennen, wenn Änderungen notwendig werden, und die sich trauen, Missstände anzusprechen und Verbesserungen vorzuschlagen. *Die Chance der Organisation für ein bewusstes, achtsames Entscheiden* liegt in genau diesen Irritationen, den mutigen Störungen durch ihre Mitglieder.

Inwieweit die Organisation diese Chance erhält und nutzt, hängt maßgeblich davon ab, in welchem Maße sie auch dem Pilotenmodus einen konstitutionellen und kulturellen Raum gibt. Ein E-Code, der eine auf Vertrauen basierende Entscheidungskultur etabliert, die ein Agieren im Piloten erlaubt, belohnt und fördert, ist dafür unabdingbar.

3.10.2 Achtsames Entscheiden: der Pilot

Wir haben festgestellt: *Strategisches, bedeutsames, komplexes, neuartiges Entscheiden* in der Organisation muss im *Piloten-Modus* stattfinden. Hier bewegen wir uns auf einem Feld, für das es noch keine »Blueprints« gibt: Im Piloten geht es darum, neue Strategien zu erarbeiten, Innovationen zu entwickeln, alte Routinen durch neue, besser funktionierende zu ersetzen, neue Möglichkeiten zu explorieren und deren Risiken zu erforschen. In diesen Bereich gehören alle Entscheidungen, die in Verbindung mit Veränderungsprozessen getroffen werden. Die Entscheidungs-Situation ist diffus und hochkomplex, das Terrain unbekannt.

Entscheiden im Piloten-Modus erfordert bewusstes, achtsames Reflektieren: !

- Worum geht es eigentlich?
- Welche neuen Möglichkeiten gibt es?
- Was kann die Organisation tun, um ausreichend viele Möglichkeiten wahrzunehmen und gleichzeitig nicht in der Flut zu ertrinken?
- Wie kann die Organisation ein kluges, perspektivenreiches Risikomanagement betreiben?
- Wie werden Optionen bewertet und entschieden?
- Wie wird der Entscheidungs- bzw. Veränderungsprozess gestaltet, sodass aus Personen-, Team- und Organisationsperspektive Sinn darin gesehen wird und das Neue nachhaltig umgesetzt und verankert werden kann?

Für Entscheidungen im Piloten-Modus ist es wichtig, Zeit und Raum losgelöst vom operativen Geschäft zu haben, um neue Möglichkeiten zu explorieren. Erst das ermöglicht besonnene und klug reflektierte Risikoeinschätzungen als Grundlage für die Entscheidungen. Chancen und Gefahren der verschiedenen Optionen können bewusst analysiert und bilanziert werden, um sich dann für die »beste« Alternative zu entscheiden. Die Umsetzung des Neuen in der Organisation muss aufmerksam geplant und gesteuert werden. Regelmäßige Lern- und Übungsschleifen sind notwendig, um eine Verankerung sicherzustellen. Der Energie- und Zeitaufwand ist entsprechend hoch.

Abbildung 3.53: Achtsames Entscheiden im Piloten-Modus

Eine wesentliche (unserer Beobachtung nach in Organisationen oft sträflich vernachlässigte) Aufgabe des Piloten ist es, *Veränderungsnotwendigkeiten* frühzeitig wahrzunehmen.

- Inwieweit passen die Routinen von gestern und heute noch zu den Anforderungen von morgen?
- Welche leisen Signale für Veränderungsnotwendigkeiten sind intuitiv spürbar? Wie greift die Organisation diese auf?
- Was tut die Organisation dafür, die Wahrnehmungsfähigkeit ihrer Mitarbeiter für leise Signale zu schulen und dieser auch Raum, Zeit und Gehör zu schenken?
- Welche ungeahnten neuen Möglichkeiten ergeben sich durch Markt- und Gesellschaftsentwicklung? Mit welchen Zukunftsvisionen setzt sich die Organisation auseinander?
- Worauf gilt es wann zu reagieren und wie?

Die größte Herausforderung für Organisationen heute und in der Zukunft ist, schneller auf Umweltveränderungen reagieren zu können.[32] Ein professioneller Pilot sorgt dafür, dass zukunftssichernde Möglichkeiten und deren Chancen und Gefahren mit größtmöglicher Achtsamkeit wahrgenommen und im weiteren Entscheidungsprozess bewusst und aufmerksam gesteuert werden. Hierfür ist es wichtig, die eigene Aufmerksamkeit und Sensibilität so zu trainieren, dass auch die kleinen, leisen Signale wahrgenommen werden, die Risiken, die sich langsam einschleichen und gerne übersehen werden. Genau dies ist ein wesentliches Anliegen unseres Buches und unserer Werkzeuge. Wie in Abbildung 3.53 gezeigt, steuert die Achtsamkeit als »Regisseur« den Piloten.

Die Implementierung regelmäßiger vernetzter Dialogkreise, die jetzige und künftige Risiken explorieren und das eigene Muster im Umgang mit diesen Risiken reflektieren, kann dabei helfen, den Piloten zu professionalisieren. Innovationszirkel, in denen Mitarbeiter vernetzt Ideen zur Erneuerung und Verbesserung entwickeln, sind mittlerweile bereits in einigen Unternehmen gängige Mittel. Raum und Zeit zu schaffen für ein Risikomonitoring losgelöst vom operativen Geschäft, ist eine unabdingbare Voraussetzung für gutes Entscheiden im Piloten-Modus. Wie hält es Ihre Organisation damit?

3.10.3 Die Steuerung des Wechselspiels zwischen Autopilot und Pilot

Autopilot und Pilot haben ihre jeweils spezifische Bedeutung in der Organisation. Beide tragen mit ihren Charakteristika zum Funktionieren des Geschäfts bei. Wann welcher Modus des Entscheidens gefordert ist, wird im Wesentlichen durch Komplexität und Risiko der Situation bestimmt. Denn je bewusster wir verstehen, wie Entscheiden im Autopiloten und im Piloten funktioniert, welche Themen ein routiniertes oder ein achtsames Entscheiden erfordern, desto besser können wir das Wechselspiel steuern. Die folgende Tabelle stellt die Unterschiede der beiden Modi einander gegenüber.

Charakteristika von Pilot und Autopilot im Vergleich

Charakteristika	Pilot: Achtsames Entscheiden	Autopilot: Routiniertes Entscheiden
Arbeitstempo	Langsam	Schnell
Energieaufwand	Hoch	Niedrig
Kompetenzen	Querdenken, reflektieren und hinterfragen, Besonnenheit, Kreativität, Flexibilität	Pragmatisch, handelnd, energisch, effizient, schnell
Bewusstsein	Explizit, hohe Aufmerksamkeit, achtsam	Implizit, geringe Aufmerksamkeit, gewohnheitsmäßig
Veränderungsbereitschaft	Hoch	Niedrig
Qualität	Neues entwickeln, umsetzen und verankern, verändern, lernen	Routinen, Erfahrungswissen downloaden, stabilisieren, bewahren

Charakteristika	Pilot: Achtsames Entscheiden	Autopilot: Routiniertes Entscheiden
Ergebnissicherheit	Niedrig	Hoch
Entscheidungssituation	Komplex, hohes Risiko, diffus/unbekannt	Einfach, niedriges Risiko, klar/bekannt
Signale für Wechsel	Mitarbeiter sind kontinuierlich überfordert durch zu viel Information, zu hohe Komplexität, zu viel Dynamik und Veränderung, Entscheidungssituation ist bekannt und die Risiken überschaubar	Routinen führen nicht mehr zum gewünschten Ergebnis, ineffiziente Prozesse, Qualitätsmängel oder Probleme treten wiederholt auf, Entscheidungssituation ist neu, komplex oder diffus und hoch riskant

Das Steuern des Wechselspiels zwischen Autopilot und Pilot ist einer der wichtigsten Hebel zur Steigerung der Effektivität des Entscheidens in Organisationen. Ein Switchen vom Autopiloten in den Piloten ist dabei spätestens dann gefragt, wenn das Bekannte nicht mehr greift, das immer Gleiche zu keiner adäquaten Lösung führt.

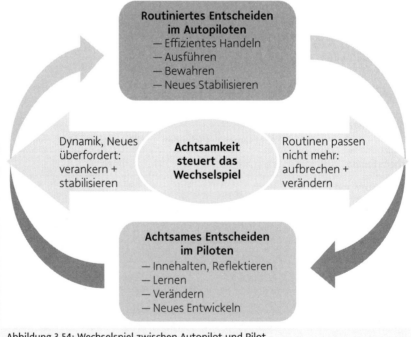

Abbildung 3.54: Wechselspiel zwischen Autopilot und Pilot

Beispiel !

Kennen Sie das von selbst erlebten Krisen in Ihrer Organisation? Die bekannten Lösungen greifen nicht und manchmal werden gerade sie zum Problem? Beispiele dazu gibt es genug. So geschehen bei einem unserer Kunden, einem mittelständischen Unternehmen in dritter Generation. Der Geschäftsführer meinte auf Basis seines generationsübergreifenden Erfahrungswissens, dass Produktinnovationen stets das beste Mittel seien, um Absatzflauten in den Griff zu bekommen. In einer rezessiven Phase entschied er sich daher im Autopiloten für die Investition in eine neue Anlage — genau wie das auch sein Großvater und Vater getan hatten. Leider hatte er die Situation falsch eingeschätzt: Seine bewährte Lösungsstrategie führte nicht zu dem gewünschten Erfolg. Erst daraufhin setzte er sich mit all seinen Funktionsträgern im Unternehmen zusammen und analysierte die Situation bewusst im Piloten aus verschiedenen Perspektiven. Damit befolgte er eines unserer wichtigsten Erfolgsprinzipien beim Entscheiden: Er holte die unterschiedlichen Risikoperspektiven der Stakeholder an einen Tisch und integrierte sie in den Entscheidungsprozess. Schnell wurde klar, dass das Unternehmen bis dato den Stellenwert der Neukundengewinnung unterschätzt hatte. Das Führungsteam beleuchtete diesen neuen Möglichkeitsraum, holte externe Expertenmeinungen dazu ein, suchte nach alternativen Lösungsmöglichkeiten und bilanzierte deren Risiken. Gemeinsam nahm man die Risiken und den Umgang mit ihnen genau unter die Lupe. Wir nennen das *Achtsamkeit im Umgang mit Risiken*, eine wesentliche Kompetenz des Piloten. Auf dieser Basis entschieden sie schließlich gemeinsam, in ausgewählte Marketing- und Vertriebsstrategien zu investieren, und verhinderten so eine Liquiditätskrise.

Lassen Sie uns abschließend einige Fragen zur Selbstreflexion aufwerfen:

- Wie bewusst ist Ihrer Organisation der Unterschied zwischen Autopilot und Pilot?
- Wie steuert Ihre Organisation den Wechsel von Autopilot und Pilot?
- Welche Beispiele für Verwechslungen fallen Ihnen ein?
- Was können Sie und Ihre Organisation tun, um solche Verwechslungen zu reduzieren?

Entscheiden beginnt mit der Herausforderung, das *Risiko und die Komplexität der Situation adäquat einzuschätzen*. Die bewusste Auseinandersetzung im Vorfeld — mit welcher Art von Entscheidung haben wir es hier zu tun, welcher Entscheidungsmodus ist also angebracht? — ist ausgesprochen wichtig. Die ansonsten drohenden Gefahren haben wir hier umrissen. Oft genug ist es ungeheuer folgenreich, teuer und aufwendig, beides zu verwechseln. Ein schreckliches Beispiel hierfür ist die Katastrophe von Tschernobyl, wie Dietrich Dörner sehr anschaulich beschreibt:[33] Die Bediener des Kraftwerkes in Tschernobyls, erstklassig ausgebildete Fachkräfte, haben das Risiko und die Komplexität der Situation im Reaktor völlig falsch eingeschätzt. Infolgedessen wurde ein hochriskanter Reaktortest entgegen der Betriebsvorschrift weiter durchgeführt, gefolgt von der Missachtung weiterer Sicherheitsvorschriften. Stattdessen wurden einge-spielte, in der Vergangenheit gut funktionierende Prozessgewohnheiten beim Entscheiden genutzt, immer mit der »guten« Absicht, den Reaktortest wie ge-plant durchzuführen. Die katastrophalen Folgen sind nur allzu bekannt.

Im nächsten Kapitel stellen wir Ihnen mit den *Vier-Felder-Matrizen* ein Werkzeug vor, das Sie bei der adäquaten Einschätzung von Entscheidungssituationen un-terstützen kann. Es hilft Ihnen bei der Bewertung, welches Entscheidungsver-halten in der jeweiligen Situation angemessen ist. Einem unserer Kunden, Be-reichsleiter in der chemischen Produktion, gelang es damit, sich von seiner sehr geliebten Feuerwehrrolle zu verabschieden: Die häufigen Produktionsausfälle hatten ihn voll und ganz gefordert. Verantwortungsbewusst hatte er selbst mit Hand angelegt, gelöscht, wo immer es brannte, und oftmals bis spät in die Nacht gearbeitet. Schließlich fiel ihm im Coaching auf, dass dieses »Feuerwehrverhal-ten« ihm zur Routine geworden war. Das eigentliche Problem der immer wieder-kehrenden Produktionsausfälle wurde dadurch nicht gelöst, sondern eher noch verstärkt, was ihn erstaunte. Den Zusammenhang musste er zunächst bewusst wahrzunehmen lernen, um dann in den Pilotenmodus zu wechseln. Gemeinsam mit seinem Bereich analysierte er die Problematik, erarbeitete die tiefer liegen-den Ursachen für die häufigen Produktionsausfälle und entwickelte schließlich nachhaltige Lösungen.

Wie Sie den Piloten-Modus in Ihrer Organisation, das Handwerk des bewussten Entscheidens perfektionieren können, davon handelt unser gesamtes Buch. Der Autopilot läuft meistens sowieso — hier lohnt sich eine Investition nur, wenn er nicht mehr funktioniert. Um dies frühzeitig zu erkennen, braucht es allerdings wiederum einen gut ausgebildeten Piloten. All unsere theoretischen Grundge-danken, ebenso wie das vorgestellte Handwerkszeug, die Modelle, Methoden und Instrumente zum Entscheiden in Organisationen, sind letztendlich Ange-bote zur Sensibilisierung, zur Aufmerksamkeitserweiterung und »Achtsamkeits-übung«, um den Piloten in Ihnen zu perfektionieren.

3.11 Vier-Felder-Matrizen

Die hier vorgestellten Vier-Felder-Matrizen sind Kategoriensysteme, um zu-nächst unterschiedliche Risikoeinschätzungen transparent zu machen und anschließend über den Austausch über die gewonnenen Erkenntnisse die Ent-scheidungssituationen gemeinsam »einzusortieren«. Wir stellen Ihnen vier un-terschiedliche Varianten vor, die sich in ihrer Fokussierung unterscheiden und somit je nach Blickrichtung bzw. Vorliebe zum Einsatz kommen können. Sie ha-ben also die Wahl, welches Werkzeug für Ihre Situation das passendste ist.

Wir beginnen mit der Vier-Felder-Matrix von Phil Rosenzweig[34]. Sie fokussiert auf den einzelnen Entscheider und dient dazu, Entscheidungssituationen anhand klarer Kriterien einzuordnen. Rosenzweig unterscheidet vier Kategorien von Entscheidungen, die er zwei Kriterien zuordnet. Zum einen unterteilt er, ob sich der Entscheider im Wettbewerb mit anderen Entscheidern befindet oder nicht und zum anderen, ob der Entscheider das Ergebnis der Entscheidungen beeinflussen kann oder nicht.

Grad der Einflussnahme

Abbildung 3.55: Vier-Felder-Matrix: Vier Arten von Entscheidungen (nach Phil Rosenzweig)

In diesem Portfolio lassen sich die Entscheidungen klar zuordnen:

- Im Quadranten *Bewertung vornehmen und wählen* befinden Sie sich, wenn es darum geht, eine Wahl zwischen Optionen zu treffen, die Sie zwar bewerten können, die sich jedoch dann Ihrer Einflussnahme entziehen, wie beispielsweise der Kauf einer Aktie.
- Geht es darum, Angebote bzw. Kunden zu gewinnen, stehen Sie im Wettbewerb mit anderen. Ihre Einflussnahme auf das weitere Geschehen, sobald das Angebot abgegeben ist, ist jedoch gering. Der Quadrant dazu: *Antreten im Wettbewerb*.

- Im Quadranten *Ergebnisse beeinflussen* bringen Sie Ihr Wissen und Ihre Expertise in Projektentscheidungen ein. Hier ist Ihre Einflussnahme groß: Sie können den Entscheidungsprozess (mit-)steuern und (mit-)gestalten, auch über die konkrete Situation hinaus.
- Wenn es darum geht, Entscheidungen für neue Produkte oder neue Märkte zu treffen, stehen Sie im Wettbewerb zu anderen. Gleichzeitig ist Ihre Steuerungshoheit hoch, der zugehörige Quadrant: *Strategische Erfolge managen*. Gerade hier stellt sich der Erfolg nur dann ein, wenn Sie besser sind als die Wettbewerber. Anders formuliert, Sie sind dann erfolgreich, wenn die Entscheidung anderer nicht besser ist als die Ihre.

Die Vier-Felder-Matrix zur Einschätzung des ökonomischen Aufwandes

Möglichkeiten sind	Aufmerksames Entscheiden	Bewusstes Entscheiden
undurchsichtig/diffus/komplex	<ul><li>Raten</li><li>Würfeln</li><li>Driften (mit Rundumblick) mit begrenztem Aufwand</li></ul>	<ul><li>Bewusstsein aktivieren & fokussieren</li><li>Reflektieren und Kommunikationskultur verbessern</li><li>Hirn, Herz und Mut ausgewogen einsetzen</li><li>offen für alle Risikoaspekte</li><li>in beste verfügbare Entscheidungstechniken investieren</li><li>Unterstützung durch Team/Berater</li><li>Prozesskostenrechnung</li></ul>
	Normstrategie: Aufmerksam kommen lassen	**Normstrategie: Investieren in besser entscheiden**
Möglichkeiten sind	**Gewohntes Entscheiden**	**Gewagtes Entscheiden**
bekannt/transparent/klar	<ul><li>mit dem Autopiloten</li><li>sehr energiesparend</li><li>Downloaden von Erfahrungswissen</li><li>nur aussteigen, wenn die Routinen nicht mehr passen</li></ul>	<ul><li>unbewusst — intuitiv</li><li>Spieleinsatz nach persönlicher/organisationaler Risikoneigung (»Spielertyp«) und nach Erfahrung (Beispiele: Roulette, Poker, Börse)</li><li>einfache Heuristiken, Prozeduren,</li><li>Rituale, Aberglaube</li></ul>
	Normstrategie: Laufen lassen	**Normstrategie: Be yourself**
	Risikoeinschätzung: gering	**Risikoeinschätzung: hoch**

Die nächste Form der Vier-Felder-Matrix legt die Unterscheidung auf *den ökonomischen Aufwand*, der angeraten erscheint. Als Faustregeln gelten: Je diffuser, komplexer und undurchsichtiger der Möglichkeitsraum ist, umso wichtiger ist es, in die Qualität des Entscheidens und damit in den Aufwand zu investieren. Je höher oder unbeherrschbarer das Risiko bewertet wird, umso wichtiger werden der Abschied vom Erfahrungswissen und das Erlernen neuer Strategien.

Das bedeutet: In komplexen Situationen, in denen der Möglichkeitsraum als neu, undurchsichtig und diffus eingeschätzt wird, befinden wir uns in den beiden oberen Quadranten. Hier ist der *Pilot* gefordert. Je nach Erwartung an die Risikoeinschätzung ist entweder *Aufmerksam kommen lassen* oder *Investieren in besseres Entscheiden* die richtige Wahl. Je klarer, bekannter und transparenter hingegen die Entscheidungssituation ist, umso eher ist *Laufen lassen* bzw. *Be yourself* sinnvoll.

Das dritte Portfolio, angelehnt an John G. Bennett, schaut vornehmlich auf die *Bedeutung* der Entscheidungssituation in Abhängigkeit vom *Risikograd*. Hier ist besonders das Feld mit den Fragezeichen, der *Blinde Fleck*, interessant. Es steht für Entscheidungssituationen in der Organisation, die sozusagen nicht »erkannt« werden. Dabei ist oftmals die Einschätzung der Bedeutung »vernebelt«, die leisen Signale werden nicht gehört oder Konsequenzen zeitlich so verkehrt eingeschätzt, dass man gar nicht weiß, wann und mit welchen Mitteln sie überhaupt zu bewältigen sind. Folglich lassen wir lieber die Finger ganz davon. Ein drastisches Beispiel hierfür sind die wiederkehrend weitestgehend ergebnislosen Klimaschutzkonferenzen. Allen ist klar: Schmelzende Polkappen werden dazu führen, dass in einigen Jahrzehnten die Niederlande ca. 3 Meter unter dem Meeresspiegel liegen. Dennoch vermitteln die Ergebnisse der letzten Klimaschutzkonferenzen ein »in Zwängen gefangenes« Bild. Die ständigen Appelle, bei der nächsten Konferenz müsse es aber zu konkreten und einschneidenden Maßnahmen kommen, denen auch alle Länder dann zustimmen müssten, wirken hilflos und wenig zielführend.

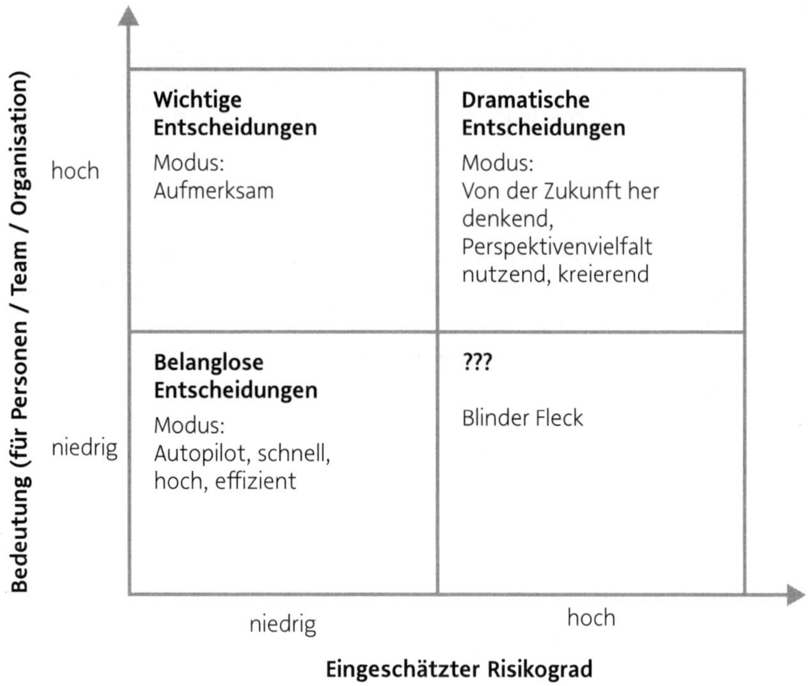

Abbildung 3.56: Die Vier-Felder-Matrix in Abhängigkeit von Bedeutung und Risikograd<

! **Tipp**

Überlegen Sie einmal:

- Was schlummert in Ihrer Organisation im *Blinden Fleck*?
- Welche »übersehenen« Entscheidungen können leicht zum Bumerang werden?
- Wie können Sie diese entdecken und aus diesem Quadranten hervorholen?
- Wen und was brauchen Sie dafür?
- Wie können Sie das erreichen?

Mit Variante vier der Vier-Felder-Matrizen wollen wir Ihnen nun beispielhaft das konkrete Arbeiten mit dem Werkzeug erläutern. Wie bereits im Kapitel 3.10 *Autopilot und Pilot* dargelegt, beginnt das Entscheiden in Organisationen damit, die Entscheidungssituation so gut wie möglich einzuschätzen: Wann ist das *routinierte Entscheiden* sinnvoll und wann gilt es, in das *achtsame Entscheiden* zu wechseln? Die folgende Vier-Felder-Matrix kann uns sehr gut dabei helfen, den Einsatz von Pilot und Autopilot zu steuern.

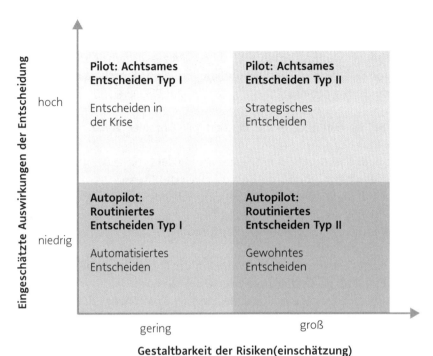

Gestaltbarkeit der Risiken(einschätzung)

Abbildung 3.57: Einschätzung zum Einsatz von *routiniertem* vs. *achtsamem* Entscheiden

Ob *achtsames* oder *routiniertes* Entscheiden gefragt ist, hängt von zwei Einschätzungen ab: 1. Welche Auswirkungen/Konsequenzen wird die Entscheidung haben? 2. Wie stark können Risiken beeinflusst, also gestaltet werden? Die Matrix in Abbildung 3.57 bildet diese Einschätzungen über zwei Achsen ab. Sie dient als *Kommunikationsinstrument* der gemeinsamen Verständigung darüber, wie die jeweilige Entscheidungssituation von den Beteiligten beurteilt wird.

Wir wollen das am Beispiel aus Kapitel 3.10.3 noch weiter verdeutlichen. Sie erinnern sich: Der Bereichsleiter, der ständig versucht, über seine persönlichen Feuerwehreinsätze die häufigen Produktionsausfälle »aufzufangen«, hat als einsamer Entscheider für sich entschieden, dass sein persönlicher Einsatz gefragt und notwendig ist, um die Situation zu retten. Der Autopilot hielt ihn in seinen bisherigen Problembewältigungsstrategien gefangen. Er bewegte sich damit in den Quadranten *Automatisiertes* und *Gewohntes Entscheiden*. Diese Verhaltensweise wurde von der Organisation auch zunächst goutiert respektive erwartet. (Hier finden Sie wieder die kulturelle Prägung des *E-Codes* aus Kapitel 3.9.) Der organisationale Zugang, also die Frage: Was müssen wir verändern, um die Ursache für die Produktionsstörung herausfinden und beheben zu können?, war nicht im Fokus. Erst die Bewegung auf der senkrechten Achse in Richtung *Acht-*

sames Entscheiden (Typ I und Typ II) brachte ihm die Erkenntnis: Hier ist erst einmal Analysieren und nicht Handeln gefragt. Im nächsten Schritt gelang es dann, dies gemeinsam mit den Beteiligten in eine neue Prozesssicherheit zu überführen. Heute sind die Probleme behoben und das routinierte Entscheidungsverhalten hat wieder Einzug gehalten.

Betrachten wir nun noch einmal die Felder im Einzelnen anhand des Beispiels von Nokia (siehe Kapitel 3.4):

- *Automatisiertes Entscheiden:* Die Auswirkung der Entscheidung wird als niedrig eingeschätzt, ebenso die Gestaltbarkeit der Risiken.
  Nokia hat als Weltmarktführer bei den Mobiltelefonen die Auswirkung der Entwicklung der Smartphones völlig falsch eingeschätzt und viel zu lange als Organisation im Autopiloten verharrt. *Routiniertes Entscheiden Typ I* hielt das Unternehmen gefangen.
- *Gewohntes Entscheiden:* Die Auswirkung der Entscheidung wird als niedrig eingeschätzt, die Gestaltbarkeit der Risiken als hoch.
  Als sich die Erkenntnis breitmachte, dass die Smartphones doch eine echte Konkurrenz zu den Mobiltelefonen sein könnten, wurde verstärkt in den Mobilfunk in Schwellenländern und die Eroberung dieser Märkte investiert. Bekanntes wurde also optimiert und verfeinert. Die Reaktion auf die Umwälzung des Marktes in Richtung Smartphones kam viel zu spät. *Routiniertes Entscheiden Typ II* konnte keinen echten Ausweg bringen.
- *Entscheiden in der Krise:* Die Auswirkung der Entscheidung wird als hoch eingeschätzt, die Gestaltbarkeit der Risiken als niedrig.
  Nokia verlor weiter an Boden im Marktsegment. Schließlich wurde die gesamte Mobiltelefonsparte an Microsoft verkauft: Mit dem Rücken zur Wand lässt sich nur noch wenig gestalten. Microsoft gab denn auch im Juli 2015 bekannt, die Handysparte von Nokia komplett einzustellen. Die Krise wurde erkannt, erste Züge von *Achtsamem Entscheiden Typ I* setzen ein.
- *Strategisches Entscheiden:* Die Auswirkung der Entscheidung wird als hoch eingeschätzt, ebenso die Gestaltbarkeit der Risiken.
  Mit der Fokussierung auf das Kerngeschäft als Ausrüster von Telekom-Netzwerken erfindet sich Nokia gerade wieder neu. Das Unternehmen hat seinen Geokartendienst *Here* an Daimler, Audi und BMW verkauft und möchte 2016 den Netzwerkausrüster Alcatel-Lucent übernehmen. Hier ist deutlich zu erkennen, dass sowohl bei Nokia als auch bei den Automobilherstellern das *Achtsame Entscheiden Typ II* am Werk ist.

Dieses Beispiel zeigt deutlich, dass das Portfolio nicht statisch zu sehen ist, sondern wir uns immer der *Dynamiken* bewusst sein sollten: Entscheidungssituationen sind vom Kontext abhängig und dieser kann auch den geforderten Entscheidungsmodus verändern. Je besser es die Organisation also versteht, zwischen den einzelnen Entscheidungsmodi zu wechseln, umso urteilsfähiger kann sie agieren.

Kategoriensysteme geben uns Orientierung. Dabei reduzieren sie zwangsläufig die Komplexität, was die Gefahr birgt, dass uns der Blick auf die Realitäten verloren geht. Wir glauben dann, wir können uns festlegen, und wiegen uns in der illusorischen Sicherheit, dass die Dinge so seien, wie sie uns erscheinen. Es ist daher immens wichtig, bei jeglichen Veränderungen (ob von innen oder von außen in die Organisation getragen) regelmäßig zu prüfen, ob der Autopilot noch zu angemessenen Lösungen führt oder nicht. Oftmals ist dann ein Wechsel zum aufmerksamen, steuernden Entscheiden angeraten, weil »mehr desselben« bzw. die reine Optimierung keinen Nutzen mehr bringt: Es muss etwas Neues her.

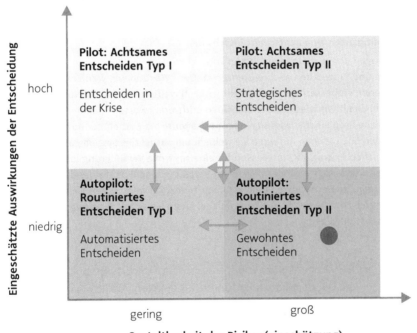

Abbildung 3.58: Übergänge zwischen routinierten und achtsamen Entscheidungsmodi

Wie können wir nun das eine vom anderen unterscheiden bzw. wann und wie kommen wir überhaupt auf die Idee, dass etwas unterschieden werden muss? Untrügliche Zeichen für die Notwendigkeit eines Wechsels vom *Autopiloten* in den *Piloten* und damit ins achtsame Entscheiden sind die Krise, das ungute Gefühl, etwas stimme nicht, oder auch die Neugier darauf, was noch da sein könne. Diese Signale sind oftmals ganz eindeutig, meist jedoch eher leise als laut.

Wie diese leisen oder auch lauten Signale aussehen können und wie Sie sich der Sache dann konkret nähern können, möchten wir Ihnen am Beispiel eines Projektmanagements aufzeigen. Unser Startpunkt ist das Feld *Gewohntes Entscheiden* (roter Punkt in Abbildung 3.58).

Trend 1: Das Projekt zeigt erste Tendenzen, aus dem Ruder zu laufen. Budget- und Zeitpläne werden trotz sorgfältigem »Krisenmanagement« permanent überschritten. Die üblichen Abläufe und Prozeduren greifen nur noch zum Teil. Die Verbindlichkeit von Absprachen und Entscheidungen hat kaum Bestand. Ressourcenknappheit beginnt existenzbedrohend zu werden. Die Beteiligten kompensieren das durch mehr und mehr Arbeitsvolumen, sie verlieren die Freude an ihrem Tun. Der Sinn der Tätigkeit/des Projektes verflüchtigt sich immer mehr. Die Berichtspflicht steigt stetig, das Controlling nimmt überhand, der Gestaltungsspielraum wird immer kleiner.

> **!** **Vom routinierten zum achtsamen Entscheiden**
>
> Gute Fragen können jetzt sein: Woran konkret merken wir, dass die üblichen Abläufe und Prozeduren an ihre Grenzen stoßen? Was tun wir, wenn noch mehr optimieren, verbessern etc. nicht mehr wirklich weiterhilft? Welche Not gilt es zu wenden, damit wir wieder ins Entscheiden und Verantworten kommen?
> Eine solche Problematik lässt sich über permanente Mehrarbeit nur aufschieben. Überlegen Sie, welchen Aufwand Sie treiben, um das jetzige System zu »retten«, und welchen Beitrag Sie stattdessen für eine sinnvolle Veränderung leisten könnten. Was würde sich verändern, wenn Ihr Projekt in einem der Felder des *Achtsamen Entscheidens* zu Hause wäre? Welche Chancen und Gefahren sehen Sie, wenn Sie im *Routinierten Entscheiden* verbleiben, welche, wenn Sie sich in Richtung *Achtsames Entscheiden* bewegen?

Trend 2: Das Projekt geht in die Endphase, es ist auf der Erfolgsspur. Die Entscheidung, es in die Organisation einzuführen, ist gefallen. Abläufe und Prozeduren sind niedergelegt und erprobt, letzte Verbesserungen werden eingearbeitet. Die Projektmitarbeiter orientieren sich langsam um. Klarheit und Transparenz kehren ein, die nächsten Aufgaben/Projekte stehen vor der Tür und werden von den Mitgliedern begrüßt. Prioritäten und Wichtigkeiten verschieben sich. Gleichzeitig werden in der Organisation Widerstände gegen die Einführung spürbar.

Vom achtsamen Entscheiden zur Routine !

Jetzt ist es an der Zeit, dafür zu sorgen, dass die Projektergebnisse zu Routinen werden und in den Modus des Autopiloten überführt werden. Wie wird das Projekt in der Organisation eingeführt und verankert? Wie findet der Lernprozess dazu statt? Was muss stattdessen verlernt werden und wie stellen Sie sicher, dass dies auch passiert? Woran erkennen Sie, dass Sie sich auf den Weg ins *Routinierte Entscheiden* befinden und wann ist Ihre Arbeit beendet? Welche Unterstützungsangebote sind im Rahmen der Einführung zu erwarten, auf welche Widerstände werden Sie stoßen? Wie gehen Sie damit um? Welche Chancen und Gefahren stecken darin? Wie genau sieht die Einführung aus und welche Rolle spielen Sie dabei? Welche Entscheidungen und von wem brauchen Sie?

Auch hier können Sie es wieder sehen: Nach der Entscheidung ist vor der Entscheidung.

Alle Vier-Felder-Matrizen handeln mit unterschiedlichen Einschätzungen und mit Perspektivenvielfalt. Das versetzt Organisationen und Organisationseinheiten in die Lage, Entscheidungssituationen greifbar und besprechbar zu machen. Ein Annähern an Einschätzungen bzw. Vertiefen von Einsichten verbessert die Urteilsfähigkeit von Führungskräften, Teams und Organisationen. Erfolgreiches Führen lebt von einem bewussten Wechsel zwischen Autopilot und Pilot, um Lernen in der Organisation zu implementieren und zu einem normalen Bestandteil des Organisationsalltags zu machen. Dies ermöglicht es auch, Effizienz und Effektivität gleichrangig zu berücksichtigen und damit den Geschäftszweck bestmöglich zu unterstützen.

Die Portfolios helfen Ihnen dabei, einerseits Entscheidungssituationen richtig einzuordnen und andererseits die Notwendigkeit zum Handeln abzuleiten bzw. ein berechtigtes Zutrauen zum »*Weiter so!*« zu verankern. Sie finden damit das angemessene Entscheidungsverhalten, den richtigen *Entscheidungstyp* für jede Situation. Das ist manchmal natürlich gar nicht so einfach zu realisieren. Gewohnheiten sind sowohl individuell als auch auf Organisationsebene lange trainiert und werden meistens unwillkürlich, intuitiv abgerufen. Nur ein Erlernen neuer Strategien, oftmals verbunden mit dem Verlernen vorheriger Gewohnheiten, führt Sie dann zum Erfolg.

3.12   Die Entscheidungs- und Problemlösungs-Box

Dies ist ein Instrument, das nur in der Hand von Organisationsentwicklern und erfahrenen Moderatoren seine starke Wirkung entfaltet. Aus diesem Grund können wir hier auf eine umfangreiche Ausformulierung der Verfahrensweise verzichten, weil dem Fachmann die wenigen folgenden Stichworte genügen, um sich ein gelingendes Workshop-Design auszudenken.

Führungskräfte können einen solchen Workshop mit Gewinn in Auftrag geben, wenn sie in ihrem Bereich/Team sowohl mehr Gemeinsinn als auch mehr pragmatische Entscheidungs- und Umsetzungsbereitschaft stimulieren und handfeste Ergebnisse erzielen wollen.

Anlass des Einsatzes
- OE- oder Planungs-Klausur mit mehreren hierarchischen Ebenen und Funktionsbereichen (Dauer ca. 1 Tag).
- Team-Workshop zur Klärung von Prioritäten und zur stärkeren gemeinsamen Ausrichtung.

Auslöser (Beispiel)
Hervorragend geeignet,
- wenn das Team oder die ganze Organisation(seinheit) über chronische Überlastung/übervolle Agenda klagt
- und/oder über geringe Bereitschaft (von wem auch immer), fällige Entscheidungen zu treffen.

Zwei Annahmen
1. Diese Situationseinschätzung wurzelt (auch) in sehr unterschiedlichen (und unausgesprochenen) Einschätzungen von Bedeutung und Sinn der einzelnen Agendapunkte durch die verschiedenen Stakeholder.
2. Gut strukturierte Dialoge reduzieren die Komplexität und schaffen mehr Durchblick/Transparenz für alle.

Vorgehensweise
1. Der Prozessaspekt: qualitative Würdigung aller Perspektiven (und der Erläuterungen dazu).
2. Der inhaltliche Aspekt: Alle »Baustellen« in eine zeitliche Ordnung zur Bearbeitung bringen.

Ziele des Workshop-Designs

(teilweise den Teilnehmern gegenüber bewusst nicht so kommuniziert)

1. Verständigung und gemeinsame Sinngebung; zumindest die andersartige Sinngebung der anderen Hierarchieebenen und Funktionsbereiche besprechen, besser verstehen und akzeptieren lernen.

2. Schafft Entlastung und Zuversicht: »Wir schaffen das«.

3. Die Energie zum Entscheiden und Handeln wird aktiviert und gebündelt. (Mehr Wertschätzung für die Perspektiven der anderen und Kooperationsbereitschaft entstehen »nebenbei«.)

1	Das Problem / Thema ist zu groß bzw. zu diffus. Die Zeit ist nicht reif. NICHT BEHANDELN.	2	Das Problem / Thema hier explorieren, gemeinsam (beginnen zu) verstehen. RAHMEN SETZEN für später.
3	Das Problem / Thema hier und heute stärker in Gang bringen. Das weitere Verfahren entscheiden.	4	Das Problem / Thema heute lösen und entscheiden. 4.1. Ad hoc. Das machen wir jetzt so! 4.2. Ein Grundsatz-GO, das ab morgen zu verbindlichen Umsetzungsentscheidungen führt.

Praxiserfahrung

1. Hat bisher immer dann sehr elegant und undramatisch funktioniert, wenn die Entscheidungswege verstopft bzw. überlastet waren, also die Entscheidungsarchitektur nicht genügend Kapazität dafür bereitgestellt hat. Die nachhaltige »Wurzelbehandlung« sollte primär in der Kultur und den Strukturen ansetzen.

2. Der Workshop kann daher nur einen temporären Energieschub produzieren, diesen allerdings deutlich.

3. Das Format der Entscheidungs- und Problemlösungs-Box ist ein schönes Beispiel dafür, wie OE heute handfest, sehr pragmatisch und mit wenig Zeiteinsatz ansetzen kann.

3.13 Entscheiden und Vertrauen — die Vertrauens-organisation

Vertrauen ist das wesentliche Element einer Organisationskultur guten Entscheidens.

»Vertrauen ist der größte einzelne Komplexität reduzierende Mechanismus in sozialen Systemen.« (Luhmann, 1989) Diese Aussage haben wir in unzähligen Projekten des Change-Managements bzw. der Organisationsentwicklung nachdrücklich bestätigt gefunden. Dementsprechend ist sie an verschiedenen Stellen in diesem Buch vertieft worden. Zwei weitere bildhafte Beschreibungen des Phänomens wollen wir Ihnen als »Back-up« nicht vorenthalten.

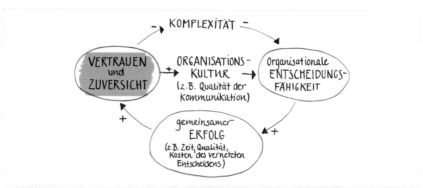

Abbildung 3.59: Der erfolgskritische Vertrauens-(Übungs-)Kernkreislauf

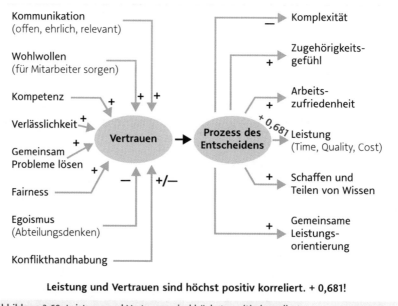

Leistung und Vertrauen sind höchst positiv korreliert. + 0,681!

Abbildung 3.60: Leistung und Vertrauen sind höchst positiv korreliert

3.14 Entscheiden und Zeitmanagement

Wer das Ziel verfolgt, das eigene Entscheiden effektiver und befriedigender zu gestalten, sollte zunächst den Blick auf die eigene alltägliche Praxis des Entscheidens richten: Wo liegen die Differenzen zum eigenen Qualitätsanspruch? Die Betrachtung des eigenen Zeitmanagements ist dabei in den allermeisten Fällen sehr aufschlussreich.

Die Empfehlung von Marylin Paul und David Peter Stroh (2007) ist hier überaus wertvoll: »Unternehmer und Führungskräfte sollten nicht nur ihre Arbeitslast und Produktivität, sondern primär den *Prozent-Anteil ihrer nachhaltigen Produktivität* steigern. Das heißt, die richtigen Dinge getan zu kriegen, und zwar in guter Qualität, rechtzeitig, dabei auch Ressourcen (inklusive der eigenen) schonend beziehungsweise wieder auffüllend.« Man kann tatsächlich die Aufgabe Zeitmanagement so definieren, dass es dabei gilt, kluge und manchmal schwierige Entscheidungen darüber zu treffen, wie und wie weit wir den Einsatz unserer wertvollsten Ressource Zeit treiben beziehungsweise beschränken und priorisieren wollen. Zeitmanagement und Entscheiden sind demnach eng verwandt, einzig der Zusammenhang von Entscheiden und (bewirkten oder unterlassenen) *Veränderungen* ist ein noch engerer. Häufig läuft die Entscheidung »Wofür verwende ich meine (beste) Zeit, wofür nicht?« relativ unbewusst ab und folgt mehr oder weniger verfestigten Gewohnheiten, sodass die Einsicht »Womit verschwende ich meine Zeit und/oder die meiner Mitarbeiter?« keine Chance hat.

- Fragen Sie sich: Welche Anteile meines eigenen Zeiteinsatzes kann ich wirklich als *nachhaltig* bezeichnen?
- Der wirkungsvollste Ansatzpunkt, um die nachhaltige Produktivität zu erhöhen, ist es, zuerst einmal die »*Phantom-Arbeitslast*« (Paul/Stroh) zu *reduzieren*. Diese Phantom-Arbeitslast entsteht — natürlich unbeabsichtigt und besten Gewissens — zwangsläufig auf zwei alternativen Wegen. Der eine resultiert aus dem Versuch, über »schnelle Abkürzungen« zum Ziel zu gelangen. Diese »Abschneider« erscheinen auf den ersten Blick zweckmäßig, bequem und naheliegend, sind aber bei näherer Betrachtung nicht selten reine Symptombehandlungen d.h. erweisen sich als weder effektiv noch nachhaltig. Der zweite Weg zu Phantom-Arbeitslasten wird beschritten, wenn man schwierige essenzielle Aufgaben nicht anpackt, aufschiebt beziehungsweise versucht, diese »nebenbei« zu erledigen. Nach unserer strengen Begriffsfassung ist dies Driften anstelle des *Entscheidens*. Einige klassische Quellen (Auslöser/Wurzeln) dieses Driftens, also unbewussten und vermeidenden Entscheidens, das unweigerlich zeitaufwendige Phantom-Arbeitslasten nach sich zieht, sind
  - die — meist nur wenigen — wirklich wichtigen Entscheidungsprozesse im Team oder Unternehmen unbeaufsichtigt laufen lassen, statt sie zu klären und zu straffen,

– Entscheidungsprozesse zu vermeiden, die zu Desinvestitionen in Programme und Projekte führen würden (was man natürlich insgeheim weiß),
– strategisch notwendige innovative Projekte nicht zu starten (was man oft auch spürt),
– überfällige Personalentscheidungen nicht zu treffen (die natürlich nie erfreulich sind),
– in Krisenphasen der Hektik oder dem »Abtauchen« nicht konsequent gegenzusteuern.

QUELLEN
· Behandlung von Symptomen
· Vermeiden bzw. Aufschieben von Entscheidungen/ Aufgaben

(besonders die schwierigen unangenehmen)

REALE PHANTOM-ARBEITSLAST

KONSEQUENZEN INDIKATOREN
· immer wieder dieselben Probleme "Lösen"
· unergiebige Meetings
· demotivierte Mitarbeiter
· Abteilungskonflikte
· Verärgerte Kunden
· teure Nacharbeiten

Teufelskreis

STOPP!
· Achtsamkeit
· Ausprobieren
· Gewohnheiten verändern

ERGEBNISDRUCK. JETZT STRESS. Übermässig. Ungesund

Die Phantom-Arbeitslast reduzieren ist der Weg, nachhaltig Produktivität und Zufriedenheit zu steigern.

Abbildung 3.61: Teufelskreis — und der Ausweg über die grundsätzliche Lösung

Die Konsequenzen von Phantom-Arbeitslast führen im oben gezeigten Teufelskreis zu Zeitverschwendung durch das »Lösen« immer wieder derselben Probleme, durch zeitraubende unproduktive Meetings, chronische Konflikte zwischen Abteilungen, in der Folge demotivierte Mitarbeiter, was in Summe oft genug in verärgerten Kunden und teurer Nacharbeit gipfelt. Phantom-Arbeitslast hat die höchst unangenehme Eigenschaft, im Gewand des sehr Realen und Unvermeidlichen daherzukommen und so die tägliche Arbeitszeit um Stunden zu verlängern, ohne einen signifikanten Nutzen zu stiften. Als Unternehmer oder Führungskraft halten Sie damit unabsichtlich einen Teufelskreis in Gang: Die Arbeitsbelastung durch das »Lösen« der zusätzlichen Probleme erhöht den

Arbeitsdruck, der wiederum mehr Stress auslöst, was schließlich die Abneigung und/oder den Mangel an geistiger Frische, um sich tief gehend und konzentriert schwierigen Aufgaben zu widmen, immer mehr vergrößert.

Tipp   !

Begeben Sie sich in einer ruhigen Stunde einmal allein — und im nächsten Schritt auch gemeinsam mit Ihrem Kernteam — den Quellen und Konsequenzen Ihrer Phantom-Arbeitslast auf die Spur (z.B. mithilfe von Abbildung 3.61). Dies ist zwar nicht gerade eine Schönwetter-Arbeit, erbringt aber in der Regel dafür sehr befriedigende Resultate. Die Übung lebt von Ihrer Bereitschaft, sich ergebnisoffen der Wirklichkeit zu stellen, und gleichzeitig von einem gewissen Maß an persönlicher Zuversicht und Vorschuss-Vertrauen in die Kooperations- bzw. Lernbereitschaft der weiteren Teammitglieder.

Last but not least: Rechnen Sie damit, dass die Quellen wie auch die Konsequenzen Ihrer Phantom-Arbeitslast (im Team) auf *organisationskulturelle* Gewohnheiten und Regeln der Kommunikation und des Entscheidens zurückzuverfolgen sind. Sie können daraufhin immer noch entscheiden, ob Sie die Regeln und/oder Gewohnheiten »nur« auf Ihrer Teamebene wirkungsvoll verändern oder parallel dazu auch ein Projekt auf Organisationsebene anstoßen wollen.

Zwei Fragen, die weiterführen können

Fällt dieser Check der »persönlich-nachhaltigen Produktivität« zu Ihrer vollkommenen Zufriedenheit aus, dann ist dies natürlich wunderbar — allerdings kommt dies sehr selten vor. Wenn Sie also eine noch tiefere Sicherheit gewinnen wollen, nutzen Sie dafür zwei zusätzliche Fragen:

- Erziele ich meine Produktivität als Führungskraft — oder wir als Team — möglicherweise über den zu hohen Preis des verschwenderischen Abrufens der Ressourcen unserer engeren Mitarbeiter/Zuarbeiter? Und hat das Optimieren meiner Produktivität vielleicht eine schleichende Verantwortungs- und Entscheidungsscheu meiner Mitarbeiter zur Folge?
- Wozu kann ich als (Lern-)Vorbild und Multiplikator im Unternehmen alle anderen Führungskräfte und Experten permanent einladen und provozieren, damit sie ihre Potenziale, gute Entscheidungsprozesse zu initiieren, zu unterstützen und zu verantworten, kontinuierlich mehr ausschöpfen? Ein Unternehmer hierzu: »Mein Lernprozess, bewusster und besser zu entscheiden, hat erst wirklich eingesetzt, als mein Vorstandskollege ins Unternehmen kam. In der intensiven Auseinandersetzung mit einer anderen Person haben wir beide und mit uns das ganze Unternehmen schrittweise an Qualität gewonnen.«

Hier wird der sehr enge Zusammenhang von Führen und Entscheiden besonders prägnant greifbar: in der sehr wichtigen Funktion der Führungskraft, als Vorbild und Coach für effektive Entscheidungen und effektive Zeitverwendung zu wirken!

Bewusstes nachhaltig angelegtes Lernen beginnt mit *vertrauensvollen Dialogen*, die sich in allen Teams und Netzwerken, in denen die einzelne Führungskraft Einfluss hat, peu á peu ausbreiten. Dabei ist es hilfreich, sich Zeitmanagement auf vier verschiedenen und doch zusammenhängenden Ebenen vorzustellen.

Die Tiefen der folgenden Tabelle können wir im Rahmen dieses Buches nicht weiter ausloten. Festgehalten werden sollte jedoch unbedingt folgender Punkt: Über sein eigenes Zeitmanagement — im Kontrast von Anspruch und täglicher Wirklichkeit! — in den oben genannten vier Domänen Bescheid zu wissen, hat überragend hohen Einfluss auf die eigene Lernbereitschaft und die Teambereitschaft, in die Reise zu professionellerem Entscheiden zu investieren — und sich daran zu freuen.

Im Kern geht es hier um die wirklich weichenstellende Wahl zwischen dem *reaktiven* und dem *aktiven* Modus des Entscheidens, die ultimativ immer eine persönliche Wahl bleiben muss. Auch den reaktiven Modus braucht es in Organisationen — schon aus reinem Überlebensinstinkt — oft genug. Die Frage bleibt, welches Minimum an Zeit Sie als Führungskraft, Experte, Mitglied eines oder mehrerer Teams dem aktiven Modus des Entscheidens schenken wollen.

Ebenen des Zeitmanagements

	Führen	**Zukunft sichern**	**Sich beziehen**	**Tun**
Domäne/ Gebiet	Spirituell	Mental	Emotional	Materiell
Funktion	Engagement durch den eigenen Anspruch mobilisieren (im eigenen Einflussbereich)	Strategisch denken (verbreiten)	Beziehungen und Gemeinschaft aufbauen	Maßnahmen organisieren
Je drei primäre Aufgaben	1. Wissen was einem wirklich am Herzen liegt 2. Einen sinnvollen Zweck etablieren 3. Die (wenigen!) eigenen einzigartigen Beiträge klar definieren/ klarstellen	1. Eine begrenzte Zahl von Zielen definieren 2. Kompromisse managen 3. Realistische Zeitschätzungen abgeben	1. Verpflichtungen eingehen 2. Produktive Meetings organisieren 3. Die eigene Energie »managen« (in allen vier Domänen)	1. Information sortieren und ablegen 2. Verpflichtungen im Auge behalten 3. E-Mails managen

3.15   Entscheiden und Probleme lösen

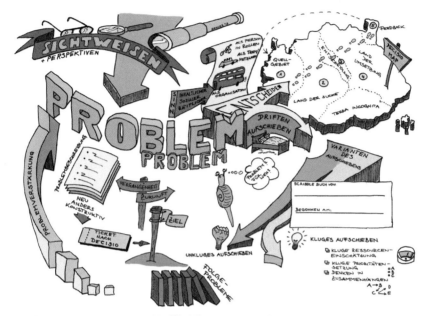

Abbildung 3.62: Entscheiden und Probleme lösen

Oft wird im allgemeinen Sprachgebrauch kein Unterschied gemacht zwischen diesen beiden Begriffen. Aber der Unterschied ist bei näherem Hinsehen relevant. Deshalb haben wir dem Phänomen im Kapitel 2.1 einen längeren Absatz und unser Kollege Renker Weiss (Kontakt: info@renker.at) das obige Bild gewidmet. Renker zeichnet gerne und regelmäßig Bilder in Flipchart-Größe zu allen Themen, die in einem Seminar oder Workshop besondere Beachtung finden sollen. Vielen Dank dafür, Renker!

4 Anwendungen in Organisationen

Vernetzt entscheiden

Das Kaleidoskop in der Team- und Führungskräfteentwicklung

Partizipation: das Konsent-Prinzip

Den Pentaeder im Blick: komplexe Entscheidungen
moderieren

Die Schulung des Sensoriums:
leise Signale erkennen

4 Anwendungen in Organisationen

4.1 Vernetzt entscheiden[1] — Die unauffällige Organisationsrevolution, der die Zukunft gehört

Das vernetzte Entscheiden bringt eine dritte, ganz neue Qualität in das ewige Wechselspiel zwischen den Polen *lokal* und *hierarchisch* ein. Wie es gelingen kann, illustriert dieses Kapitel: Hier geht es um die praktische Anwendung der Grundlagen aus Kapitel 2.3 *Prozesse gestalten und entscheiden*. Unter dem vernetzten Entscheiden verstehen wir »die bewusste Einbindung unterschiedlicher Talente und Fähigkeiten in den Entscheidungsprozess, um die Entscheidungsqualität gegenüber Einzelentscheidungen oder Kleingruppen zu erhöhen.«[1] Warum ist gerade das in heutiger Zeit so erfolgswichtig geworden?

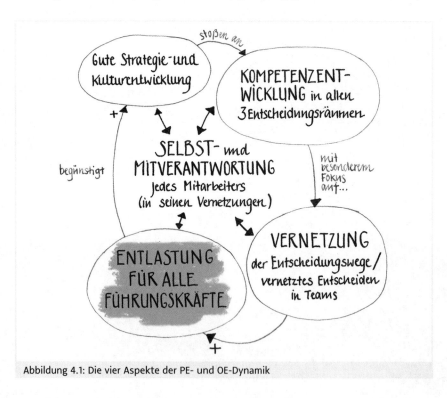

Abbildung 4.1: Die vier Aspekte der PE- und OE-Dynamik

Die Marktentwicklung und viele andere »Komplexitätstreiber« zwingen Organisationen immer mehr dazu, Komplexität klug zu verarbeiten und äußerst schnell zu beantworten. Organisationen, die dies nicht leisten können, driften notgedrungen in einfachere Märkte ab oder gehen ein. Deshalb gibt es keinen Zweifel mehr an der Notwendigkeit einer entsprechend aufgestellten strategischen Personal- und Organisationsentwicklung. Besonders wichtig sind hier die vier Aspekte, die in Abbildung 4.1 gezeigt sind.

Erstens: Die entscheidungsstarke Organisation ist daran erkennbar, dass sie in allen drei Entscheidungsräumen (siehe Abbildung 4.2) gleichermaßen kompetent und professionell entscheidet. Das größte Entwicklungspotenzial liegt darin, die Vernetzung der Entscheidungswege (also die Struktur) ebenso wie das vernetzte Entscheiden (die Prozesse) beharrlich weiterzuentwickeln und nachhaltig zu professionalisieren.[2]

Zweitens: Die Kompetenzentwicklung wird von der Strategie angestoßen und von der Organisationskultur gefördert oder auch verhindert. Die Stärkung der Kompetenzen sorgt für die größtmögliche (Selbst-)Verantwortung jedes Mitarbeiters in seinen jeweiligen Vernetzungen, und vice versa. Wirkungsvolles Entscheiden in (Projekt-)Teams bildet die unentbehrliche Brücke zwischen der Kompetenz der einzelnen Teammitglieder und der Leistungskraft der ganzen Organisation.[3]

Drittens: In vielen Organisationen schlummert in dem zu wenig geforderten und geförderten Mitverantworten und Mitentscheiden jedes Mitarbeiters in seinen Vernetzungen ungenutzt ein riesiges Erfolgspotenzial. Deshalb finden viel zu viele Menschen viel zu wenig Befriedigung und Sinn in ihrer Arbeit und Zugehörigkeit. Dieses Manko lässt sich durch die Chancen des vernetzten Entscheidens nachhaltig beheben.

Viertens, und für alle Führungskräfte am wichtigsten: Vernetztes Entscheiden bringt ihnen die große Entlastung von den Zumutungen und den »selbstverständlichen« Überforderungen, die mit dem hierarchisch-vertikalen Führungsverständnis Hand in Hand gehen![4]

Abbildung 4.2: Die Entscheidungsarchitektur unserer Zeit

Prozess und Struktur sind die beiden Seiten derselben Medaille. Die *Entscheidungsarchitektur*, wie sie in Abbildung 4.2 gezeigt wird, ist der »Container« für erstklassige Entscheidungsprozesse.[5]

Im Folgenden geben wir Ihnen ein sehr anschauliches Praxisbeispiel mit Originalzitaten, welches dank der großen Offenheit unserer Gesprächspartner nicht anonymisiert werden musste. Unsere Erläuterungen (insbesondere in den Abbildungen) dienen als Rahmen und Zusammenfassung des Gesagten. Die Theorie dahinter ist also im wahrsten Sinne des Wortes »der Praxis abgelauscht«.

Das Best-Practice-Beispiel von Gebr. Weiss

Die Organisationsentwicklung des österreichischen Unternehmens Gebr. Weiss (GW) in den letzten 20 Jahren war beeindruckend erfolgreich. Dies fußt in großem Ausmaß auf der konsequenten Weiterentwicklung des vernetzten Entscheidens.

Die Firma ist Österreichs größtes und ältestes Speditionsunternehmen in Privatbesitz. Der Stammsitz liegt in Lauterach, Vorarlberg. Mit mehr als 6.000 Mitarbeitern und 162 firmeneigenen Standorten weltweit zählt das Unternehmen zu den führenden Transport- und Logistikfirmen Europas. GW bewegt alle Arten von Fracht zu Land, See oder Luft, von und zu jedem Kontinent.

Die drei folgenden Interviewauszüge zeigen trotz aller Verschiedenheit im Detail wunderbar die gemeinsame Richtung und Grundabsicht.[6]

Gespräch 1: Strategische Notwendigkeit und ermutigende Organisationskultur
Wir geben hier eine Zusammenfassung aus drei Gesprächen mit Wolfgang Niessner, CEO des Unternehmens, wieder.

Wolfgang Niessner erzählt: Wir waren in einem echten Bedrohungsszenario, in dem sich globale Player formiert haben. Viele meinten zu der Zeit, Gebr. Weiss sei für einen Nischenplayer zu groß und für einen globalen zu klein. Da ist es gut, wenn man eine Idee hat. *[gemeinsames Lachen]* Und eine dieser Ideen war die ‚nahtlose Organisation'. Dazu kam dann noch das Schlagwort »Vertrauen auf eigene Stärke«. Für mich war ganz klar, dass Gebr. Weiss eine relevante Größe bekommen muss. Das geht nur über Vernetzung. Dabei sind selbstverständlich landesspezifische Eigenheiten erwünscht, aber ultimativ, wenn es ums Netzwerk geht, gibt's keine Zugeständnisse, das ist nicht verhandelbar.
Was müssen wir tun, um den Erfolg von GW nachhaltig zu sichern? Also auch: Welchen Sinn hat das, was wir da tun? Außer zu versuchen, ein bisschen Geld zu verdienen (was wir auch nur schaffen, wenn wir ein vernünftiges Geschäftsmodell auf die Füße kriegen).
Nach dem übergeordneten Zweck eines Unternehmens gibt es eine Vision, die einen gewissen Sinn vermittelt. Für uns ist das: Wir wollen der erste Service-Exzellenz-Logistiker sein. Das sagt mir ganz klar, dass ich im Bereich ‚Kundenbegeisterung' etwas tun muss. Die nächste Ebene sind dann die *strategischen* Maßnahmen, auch hier geht es um Sinn: *Warum* brauchen wir eine nahtlose Organisation? Die kostet schließlich viel Geld, und sie standardisiert. Warum also brauchen wir das? Ganz einfach zu beantworten: Weil der internationale Kunde einheitliche Standards zwischen Basel und Bukarest erwartet, sonst will und braucht er uns nicht. Wird verstanden, wurde auch gekauft. Wir haben dann in relativ kurzer Zeit diese nahtlose Organisation hingekriegt. Nächste strategische Maßnahme: Wir wollen eine *verkaufende* Organisation sein. Warum? Weil GW mit Sicherheit nicht der Billigste ist und auch nicht der Größte. Bleibt nur eines: Wir müssen der *Beste* sein. Ganz einfach und sinnvoll. Nächstes Ziele: Operational Excellence. Denn wenn es mir nicht gelingt, ein sehr hohes Niveau an Qualität zu produzieren, dann brauche ich auch nicht über »verkaufende Organisation« nachzudenken. Ich glaube, es gibt auch Sinn im Sinne von Plausibilität. Warum wollen wir Logis-

tiklösungen? Der Sinn ist einfach: Wir werden mit dem Transport von A nach B langfristig keinen Blumentopf gewinnen. Deshalb müssen wir dem Kunden zusätzliche Werte anbieten. Logistiklösungen sind der Weg, denn damit werden wir weniger austauschbar. Alles ganz einfach, muss es auch sein. Wenn das nämlich nicht geglaubt wird, nicht lokal umgesetzt wird, dann kann ich in meinem Elfenbeinturm Kopfstände machen und es wird nichts werden. Und: Man muss damit leben, dass nicht alles in der Geschwindigkeit abläuft, wie man es sich wünscht, dass es Rückschläge gibt.

Manche bei GW vermuten, dass es beim Entscheiden in Zukunft um ein Doppelthema geht. Sowohl die Vereinheitlichung von Prozessen in Richtung Standardisierung und Maschine als auch die Ausdifferenzierung, das heißt die Berücksichtigung von lokalen, regionalen und kulturellen Unterschieden, wird immer relevanter werden. In den Entscheidungsprozessen muss mehr und mehr dafür gesorgt werden, dass die regionalen und kulturellen Unterschiede expliziter einfließen. Das ist eine gute strategische Idee, für die Organisation und auch für die Leute. Das könnte man wirklich als ein Programm verstehen.

Das ist es auch. Für den Konzern ist ein großes Thema: sowohl industriell als auch individuell [Anm. der Autoren: vgl. Abb. 4.7]. Gebr. Weiss muss die Produktivität steigern, so gut es geht, muss aber gleichzeitig darauf achten, dass genug Intelligenz im System ist, um das *industriell* mit *individuell* optimal zu kombinieren, weil wir eben keine Fabrik sind.

Strukturell braucht es für den Einzelnen eine klare Vorstellung: Was ist meine Verantwortung? Das ist eine Voraussetzung dafür, gezielter und angemessener entscheiden und führen zu können. Wir nennen das Entscheidungsarchitektur.

Architektur. Genau. Wunderbar. Ordnung gibt einen Rahmen. Entscheidungen fallen dann am leichtesten, wenn es Klarheiten gibt. Wenn der Rahmen genau abgesteckt ist im Sinne einer Kompetenzordnung, die Sicherheit gibt.

Kulturell ist not-wendig (im wahrsten Sinn des Wortes), dass ein möglichst großer Prozentsatz von Leuten — noch nicht differenziert nach Tätigkeit — in seinen Aufgaben Freiräume des Entscheidens hat und nützt; dass die Menschen dann auch Rückendeckung kriegen im Sinne von »Fehler darf man machen«. Je größer der Anteil solcher Mitarbeiter wird, desto größer wird die Nachhaltigkeit dieser Organisation sein.

Abbildung 4.3: Vertrauenskultur und Entscheiden

Herr Sutrich, das unterstreiche ich zu 300 Prozent. Service Excellence lebt genau davon, dass möglichst viele Menschen, die sich damit identifizieren und Verantwortung tragen, darin einen Sinn sehen; dass sie auch selbst entscheiden dürfen und Spaß haben an dem, was sie machen. Wenn all das jetzt schon umgesetzt wäre, dann bräuchte ich gar keine »Agenda 2020«. Wenn es uns aber gelingt, in dieser Agenda 2020 GW mittelfristig weiterzuentwickeln, werden sich Entscheidungen daran orientieren. Im Sinne von Ressourcenaufbau, Personalaufnahme und -entwicklung, im Sinne von Investitionen etc. etc. Das ganz große Programm. Unsere Strategie wird Entscheidungen nahelegen oder auch Entscheidungen verunmöglichen. Wenn ich nämlich an unsere Strategie glaube, dann kann ich z.B. nicht die Ausbildung einstellen. Ich kann auch Kommunikation nicht einstellen oder reduzieren, also genau dort sparen. Ein sinnvoller Fahrplan schafft also gute Voraussetzungen für Entscheidungen. Bei negativen Auswirkungen, die ja auch nicht ausbleiben, ist das Vertrauen wichtig. Wenn jemand das Gefühl hat, er wird unterstützt, er kann Fehlentscheidungen erklären, dann wird er mutiger sein in seinen Entscheidungen, und das ist gut so. Daher glaube ich, dass eine echte *Vertrauenskultur* die Voraussetzung dafür ist, dass Entscheidungen schneller getroffen werden.

Ihr Vorstandskollege Peter Kloiber hat schon vor langer Zeit darauf hingewiesen: Ab einem bestimmten Niveau an Misstrauen erstarrt jede Art von Entscheidungsprozess.

Die Organisationskultur von GW ist durchgängig ermutigend — beginnend bei den Gesellschaftern, über den Aufsichtsrat bis zu den Mitarbeitern. Trotzdem braucht das Entscheiden persönlichen Mut, denn mit einer Entscheidung übernehme ich Verantwortung, und auch ein gewisses Risiko. Und wir alle kennen den uralten Reflex: »Der Sieg hat viele Väter und Mütter«, die Niederlage dagegen ist ganz schnell personalisiert. Und das Scheitern muss man halt auch aushalten.

Wie haben sich diese strategische Rahmensetzung und die ermutigende Organisationskultur denn auf das Kooperationsverhalten bzw. das vernetzte Entscheiden ausgewirkt?

Ich werde nicht müde, darauf hinzuweisen: Kümmert euch um eure Leute. Die drei M's: *Menschen, Markt, Maschine.* Um die Maschine sollten sich Führungskräfte nicht besonders kümmern müssen, aber Menschen und Markt, das sind die entscheidenden Faktoren.

Zum Kernthema *Raum des vernetzten Entscheidens* ist meine erste Assoziation: Durch die Zunahme der Komplexität, nicht nur der Organisation selbst, sondern auch der Umwelt, ist vernetztes Entscheiden wichtiger denn je. Denn im vernetzten Entscheiden sind unterschiedliche Talente und Fähigkeiten in den Entscheidungsprozess eingebunden. Daher sollte auch das Ergebnis besser sein als Einzelentscheidungen und Entscheidungen in kleinen Expertengruppen. Und nicht zuletzt: Auch der CEO entscheidet vernetzt.

Und es ist günstig, wenn eine Organisation lernt, wann gerade welches Entscheiden angesagt ist. Gleichzeitig steigt durch die Perspektivenvielfalt auch die Wahrscheinlichkeit, dass man gemeinsam mehr sieht. Und die Bodenhaftung nicht verliert.

Genau, mehr Perspektiven, mehr Identifikation. Daher auch sicherere Entscheidungen.

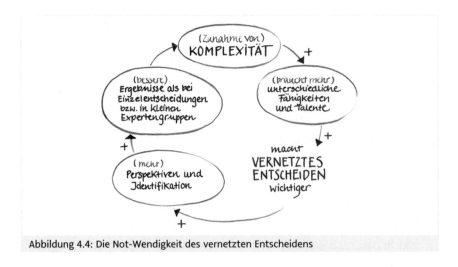

Abbildung 4.4: Die Not-Wendigkeit des vernetzten Entscheidens

Die Kapazität, die Organisation weiterzubringen und zu entwickeln, hat viel damit zu tun, was im Pipelinesystem durch den *Raum des vernetzten Entscheidens* schnell und in hoher Qualität durchgeschleust werden kann. Das ist ja auch eine Kapazitätsfrage. Wenn das Pipelinesystem verstopft ist, dann brauche ich nicht zu versuchen, neue Entscheidungsvorgänge hinein zu kippen, weil das System sie einfach nicht verarbeiten kann. Für Organisationen geht es heute ganz wesentlich darum, ihre organisationale Urteils- und Entscheidungsfähigkeit zu entwickeln. Das ist für mich das Nonplusultra, das natürlich über einzelne Personen weit hinausgeht. Ich finde das wirklich spannend.

Es ist superspannend. Der Punkt ist: Wie gelingt es, Schnelligkeit und Qualität der Entscheidungen zusammenzubringen? Das führt mich zu der Frage: Wie viele Entscheidungen verträgt eine Organisation überhaupt?

Das hängt von der »Verdauungsfähigkeit« der Organisation ab. Je transparenter die Prozesse, und je besser verdaut die frühen Phasen des jeweiligen Entscheidungsprozesses sind, also schon vor dem Punkt Ja — Nein oder Links — Rechts oder Rot — Grün, desto mehr bilden diese frühen Phasen bereits eine wertvolle Investition in die Umsetzungsphase.

Richtig. Da hat vernetztes Entscheiden natürlich einen enormen Vorteil, weil dabei die Umsetzungsaspekte jeweils automatisch berücksichtigt werden.

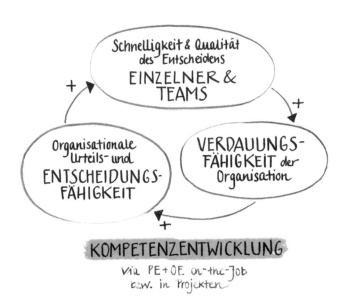

Abbildung 4.5: Organisationale Entscheidungsfähigkeit

Wenn sich eine Organisation dazu entschließt, sich als Organisation dem Thema *höhere Urteils- und Entscheidungsfähigkeit der Organisation* zu widmen, dann ist damit ohne Zweifel sehr viel zu holen.

Ja. Hat man das nicht irgendwann früher, vor langer Zeit, partizipative Führung genannt? Das heißt ja Teilnahme und Übernahme von Verantwortung. Partizipative Führung ist genau der Nährboden, auf dem vernetztes Entscheiden entsteht. Das bedingt natürlich reife, interessierte, engagierte Mitarbeiter, die motiviert sind, ihren Beitrag zu leisten. Wenn ich mir ein Unternehmen vorstelle, wo die Motivation gegen Null geht, wird man dort wenig Begeisterung für vernetztes Entscheiden finden.

Das ist ein wichtiger Kernsatz. Man kann ihn auch von der anderen Seite her formulieren. Mitentscheiden (mit verteilten Rollen natürlich) ist die ultimative und glaubwürdigste Stimulanz für Interesse, Motivation und Engagement.

Und eben da ist Gebr. Weiss wirklich gut unterwegs!

Für Service Excellence braucht es also zuallererst *Decision Excellence*. Die Urteils- und Entscheidungsfähigkeit der Organisation zu entwickeln heißt, die innere Voraussetzung dafür zu schaffen, im Außen mehr gute Gelegenheiten als Wettbewerber zu nutzen. Wenn die Organisation über Erfolge zuversichtlicher wird und sagt: Wir sind so gut im organisationalen, vernetzten Entscheiden, dass wir Selbstvertrauen haben dürfen, dann gewinnt sie auch einen ganz anderen Blick auf die Gelegenheiten, die es ja vielfältig gibt.

Der Erfolg entwickelt Eigendynamik. Durch erfolgreiches vernetztes Entscheiden wächst das Vertrauen in diesen Prozess und damit wird alles besser und besser und besser, bis es schließlich so gut ist wie bei Gebr. Weiss … *[allgemeine Heiterkeit]*

Ich danke Ihnen sehr für das Gespräch.

Abbildung 4.6: Die Erfolgslogik des vernetzten Entscheidens

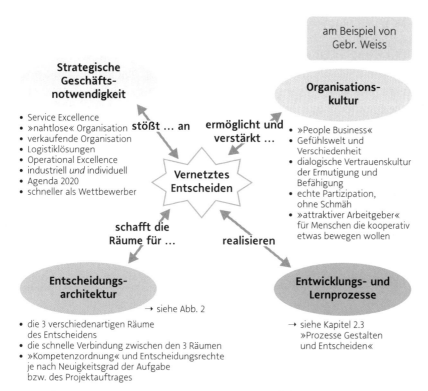

Abbildung 4.7: Das vernetzte Entscheiden wird 1. von der Strategie angestoßen, 2. von der Kultur ermöglicht und verstärkt und 3. plus 4. in den Strukturen und Prozessen der Organisation realisiert

Die Abbildung 4.7 zeichnet das prototypische Best-Practice-Beispiel von Gebr. Weiss in seinen allgemeinen Grundzügen nach. Ganz deutlich, dass die höchst zukunftsrelevante organisationale (und nur in zweiter Linie personale) Kompetenz des vernetzten Entscheidens nicht auf Knopfdruck vom Himmel fällt. Sie braucht ein ganz konkretes *organisationales Zusammenspiel*, um sich entwickeln und florieren zu können. Nachfolgend noch einige nähere Ausführungen zu den vier angesprochenen Bereichen.

1. Nur die *strategische Geschäftsnotwendigkeit* — im Unternehmen deutlich kommuniziert und verstanden — kann den notwendigen kraftvollen Anstoß und die nachhaltige Energie für das vernetzte Entscheiden liefern. CEO Niessner nennt in unserem Interview gleich acht strategische Gründe, warum Gebr. Weiss die »nahtlose« Organisation und zu deren Realisierung das vernetzte Entscheiden braucht. Oft genug genügt auch ein einziger guter strategischer Grund. Wie lautet Ihrer?

2. Es ist ganz nüchtern zu konstatieren, dass vernetztes Entscheiden nur unter günstigen *organisationskulturellen Bedingungen* in Gang kommen kann. So

klingt bei Gebr. Weiss in allen Interviews eine wertschätzende und angenehme Grundstimmung im Umgang miteinander durch. Die Grafik führt dazu unter Organisationskultur die fünf am häufigsten genannten Werte auf. Diese Werte wurden bei Gebr. Weiss über sehr lange Zeit sorgfältig gepflegt und entwickelt. Was bzw. wie günstig sind Ihre organisationskulturellen »Zutaten«?

3. Die *Entscheidungsarchitektur* schafft die unerlässliche strukturelle Ordnung für die intelligente Verknüpfung der Entscheidungsprozesse. Sie muss im Vergleich zu den früher vorherrschenden relativ einfachen Organisationen heute wesentlich sorgfältiger bedacht und konzipiert sein. In so manchem Unternehmen ist das Bewusstsein dafür noch nicht sehr ausgereift. Im Beispiel von Gebr. Weiss lässt sich gut erkennen, dass und wie in allen drei Entscheidungsräumen (siehe auch Abbildung 4.2) die jeweils primären Aufgaben wahrgenommen und ihr Zusammenspiel orchestriert werden.

4. Wenn die entsprechenden Voraussetzungen geschaffen sind, dann werden die *Kompetenzentwicklung* und das *Lernen* auf dem Weg zu immer professionellerem Entscheiden optimal vorankommen.

Gespräch 2: Das Wechselspiel zwischen den drei Entscheidungsräumen und die Rolle des Vorstands in der Entscheidungsarchitektur
Gespräch mit Wolfram Senger-Weiss und Peter Kloiber, beide Vorstandsmitglieder von Gebr. Weiss.[7]

Was ist Ihnen für das gute Entscheiden bei Gebr. Weiss besonders wichtig?

Wolfram Senger-Weiss: Entscheidungen am grünen Tisch und im stillen Kämmerchen alleine zu treffen, ohne zu kommunizieren, ist heute nicht mehr salonfähig. Ich brauche das Buy-in der Gruppe. Und das Mitentscheiden ist einfach eine sehr gute Methode, um dieses Buy-in zu erreichen. Umgekehrt tritt man heute als Entscheider sehr stark von einem Podest herunter. Die Verantwortung der Entscheidung ist schlussendlich von dem Vorgesetzten zu tragen, aber wenn wir ehrlich sind, werden doch tagtäglich sehr viele Entscheidungen auf vielen Hierarchieebenen auch ohne unser Dazutun getroffen. Die Macht ist *endenwollend*.[8] Man ist heute immer ein Teil der Gruppe der Betroffenen und liefert immer nur eine Meinung in der Gruppe. Die Erkenntnis, dass der Einzelne in dem Team, in dem er entscheidet, gemeinhin mehr Wissen hat als sein Vorgesetzter, wird hier bei uns wirklich gelebt. Das funktioniert aber nur, wenn ich auf der nächsthöheren Ebene nicht zu viel Stolz habe, also nicht für jede einzelne Entscheidung selber die Fahne hochhalte. Das heißt auch Abgabe von persönlicher Bedeutung. Dieses Ausbalancieren zwischen dem kollektiven Erarbeiten einer Entscheidung und der Verantwortung dessen, der die Entscheidung letztendlich trifft, ist der kritische Punkt an dem Ganzen.

Peter Kloiber: Von den Millionen Entscheidungen pro Tag bei uns werden nur wenige direkt von uns getroffen, aber wir schaffen den Entscheidungskorridor. Wir gestalten die *Rahmenbedingungen* des Entscheidens und wir gestalten die Entscheidungen *mit*, die in diesem Rahmen getroffen werden. Wir haben einen Entscheidungs*kontext* und viele Figuren, und eine davon bin ich. Das Wechselspiel betrifft letztendlich die Entscheidungs*objekte*; es gibt solche, die werden hierarchisch entschieden, und solche, die vernetzt behandelt und bearbeitet werden. Entscheidungsobjekte von nachrangiger Bedeutung, die zwar für den Einzelnen von Belang sind, aber für uns oben nicht, werden autonom entschieden.

Aber wir entscheiden über den Prozess; die Prozessstrukturen, die von uns vorgegeben sind, das sind eben die Rahmenbedingungen. Es gibt sehr viele Kollektiv-Entscheidungssituationen, z.B. Verrechnungspreise, in denen ich im Grunde entscheidungsoffen bin. Und dann gibt es Entscheidungen, bei denen der Rahmen entschieden ist — ich mache z.B. ein Produkt »B2C«. Wir entscheiden also erst einmal strategisch: Wir machen das. Aber wie diese Entscheidung ausgestaltet wird: Wer macht die Projektleitung? Was darf das kosten? — diese ganzen Elemente der Ausgestaltung der einmal getroffenen strategischen Vorentscheidung laufen woanders durch.

Wir entscheiden also, welche Themen wir besetzen und welche nicht. Damit entscheiden wir auch, wo wir unsere Ressourcen einsetzen.

Auch Personalentscheidungen werden nicht hierarchisch getroffen. Die Entscheidung im Vorstand etwa über den Nachfolger eines Niederlassungsleiters ist keine autonome. Ich beobachte ja vorher über Jahre, wie der Resonanzboden für Typ A oder Typ B als potenziellem Nachfolger zu seinen Teams ist, zu seiner Kultur, zu seinem Umfeld. Die Entscheidung, die vermeintlich ich treffe, wurde tatsächlich schon längst vorher von den Teams getroffen. Ich muss nur gut hinhören.

Worauf achten Sie besonders?

PK: Je kultursensibler etwas ist, desto mehr beschäftigt das die Geschäftsleitung. Wir schaffen einen kulturellen Kontext. Auch wenn ein Mitarbeiter mit seinem Vorgesetzten Pech hat, hilft die GW-Kultur als Rahmen, da ein bisschen auszugleichen. Dieser kulturelle Kontext wurde in den letzten 20 Jahren geschaffen. Davor ist man am Vorgesetzten nicht vorbeigekommen. Da war auch keine Zusammenarbeit. Heute haben wir mit einer starken Matrix und einer starken Kultur der Zusammenarbeit ein Korrektiv zum Einfluss des direkten Vorgesetzten. Wir achten sehr darauf, welche Auswirkungen unsere Entscheidungen kulturell haben, egal, ob sie jetzt exogen erzwungen sind wie Compliance oder endogen die Produktentwicklung betreffen. Wir fragen uns immer: Was impliziert diese Entscheidung kulturell? Das Basisverständnis des GW-Konzerns kommt von seinen Werten her. Aber wie viel Macht wollen wir der Matrix geben? Einer unserer Werte heißt: Linienentscheidungen und kaufmännische Entscheidungen so weit wie möglich nach vorne, dort wo sie verantwortet werden. Und gleichzeitig brauche ich für bestimmte Spielregeln, Standards und Prozesse eine Matrixeinflussnahme auf die Entscheidungen der Linie. Ein klassisches Beispiel: Die Matrix hat eine Idee, um etwas zu verbessern, zu verändern. Und die Linie sagt, das ist aber mein Hoheitsgebiet, ich mache das so wie ich möchte, und ich lasse mir nicht dreinreden. Oder auch: Ich habe keine Leute, die das entsprechend unterstützen. Die bestehenden Grundwerte sind extrem wichtig, um gegenseitige Blockaden zu vermeiden. Die Partizipation sorgt erst dafür, dass ich es schaffe, die Leute wirklich mitzunehmen. Unsere Entscheidungsfreiheit ist eingeschränkt durch unsere Unternehmenskultur, also Begriffe wie Familienunternehmen, unabhängig, nachhaltig, usw. Damit schränke ich meine Entscheidungsmöglichkeiten stark ein, und zwar auf allen Ebenen, bis in die obersten Aufsichtsrats- und Gesellschaftergremien hinein. Das sind Freiheitsgrade, die wir uns selber beschneiden. Der Erfolg gibt uns recht, offensichtlich haben wir den Entscheidungsraum richtig beschnitten.

Wie sehen Sie die Entwicklung bisher und wo sehen Sie offene Fragen?

PK: In Bezug auf die inhaltliche Qualität des Entscheidens haben wir in allen Fachbereichen eine relativ hohe Entscheidungskultur und -befähigung. Mit der Vermittlungsleistung bei bestimmten strategischen Entscheidungen auf die Hierarchieebene Niederlassungsleiter tun wir uns schwerer. Der Anspruch auf Mitentscheiden läuft da sicher nicht ganz rund. Wo wir mit Sicherheit ein Defizit haben: Wenn ich zu einer Entscheidung einmal Ja gesagt habe, muss dieses Ja auch in Verbindlichkeit und verbindliches Handeln münden. Da werden wir noch mehr tun müssen; zum einen ein Bewusstsein dafür schaffen, sag erst dann Ja, wenn du auch Ja meinst, und zum anderen, wir werden dir auf die Finger schauen, ob dein Ja wirklich ein Ja war, also gehandelt und gelebt wird. Ich denke mal in den Kategorien von Feigheit, Mut und Übermut: In den 20 Jahren, die ich jetzt im Vorstand dabei bin, sind wir deutlich mutiger geworden. Aber wir haben trotz der Erfolge den Übermut nicht überstrapaziert, und da und dort sind wir vielleicht auch mal feige. Diese Stärkung des Mutes hat die Entscheidungsmöglichkeiten und das Zulassen von Entscheiden erhöht. Wir haben also unseren Entscheidungshorizont erweitert, und wir wagen es heute auch, mutigere Projekte in unsere Entscheidungsfindung einzubeziehen. Die Frage ist, haben wir ein Defizit bei Entscheidungen, die wir treffen könnten, es aber nicht tun? Ein Beispiel dafür wäre, ob wir unser Portfolio weiter differenzieren sollen oder eben nicht. Übernehmen wir noch 20 Firmen und managen sie, oder lassen wir es besser bleiben? Vielleicht hält uns ein bestimmtes Selbstverständnis, das wir alle miteinander pflegen, von Entscheidungen fern, die möglicherweise langfristig lohnend wären?

Gespräch 3: Wie das vernetzte Entscheiden praktisch funktioniert und welche Entwicklungsschritte nahe liegen

Gespräch mit Oskar Kramer, Landesleiter von Gebr. Weiss Schweiz, und Helmut Schöpf, Leiter der zentralen Personalentwicklung[9]

Wir wollen einen Blick auf die Praxis werfen, darauf, wie sich die Räume des vernetzten Entscheidens bei Gebr. Weiss in den letzten 20 Jahren entwickelt haben. Was ist heute Stand der Dinge? Welche weitere Organisationsentwicklung ist in den verschiedenen Räumen zu erwarten?

Helmut Schöpf: Es geht immer vor allem darum, dem kreativen Umgang mit dem hierarchischen Ordnungssystem und dem Innovationsprozess Platz zu verschaffen. Der findet im Raum des vernetzten Entscheidens statt und da erinnere ich an die von Herrn Niessner aufgeworfene Frage: Wie gelingt es, Schnelligkeit und Qualität der Entscheidung zusammenzubringen? Wenn die Menschen öfter in diesen Raum des vernetzten Entscheidens — wir haben ihn auch *Übersetzungsraum* genannt — einbezogen werden und mittun, dann entsteht Vertrauen! Ich bekomme etwas von dieser Offenheit für gute Ideen mit, verstehe die Menschen besser, habe diesen Streitraum; und das führt zu getragenen und verstandenen Ideen. Und wenn ich etwas verstanden habe, dann entsteht Sinn für mich.

Abbildung 4.8: In den Räumen des vernetzten Entscheidens entsteht Sinn

Was heißt das für die heutige und zukünftige Personal- und Organisationsentwicklung?

HS: Dass man noch mehr Platz für solche Denk- und Entscheidungsräume
schaffen sollte. Bringt man unterschiedliche Menschen zusammen, dann
können sie gemeinsam Vertrauen entwickeln — und das dann in gute und
schnellere Entscheidungen einbringen.

Oskar Kramer: Wir brauchen diese wichtige Plattform, um schnell zu verstehen, wo die Ziele sind, wo man in Zukunft gemeinsam hin will. Die Schnitt-
stelle zum Lokalen wird zunehmend schwimmend. Sie wirkt nicht mehr wie
ein Zaun. Die zwei Ringe [Anm. der Autoren: gemeint sind ER1 und ER3 in Abbildung 4.2] greifen wie Zahnräder ineinander: Je besser sie sich verzahnen,
desto einfacher drehen sie sich. Dafür braucht es die Regionalität. Und wenn
die sich wiederum besser mit dem Gesamten vernetzt, dann dreht sich das
auch nach außen besser, effizienter und leichter.

Wie hat sich das vernetzte Entscheiden — den Begriff gibt es ja erst seit
Kurzem — bei Ihnen entwickelt, wenn Sie weiter zurückschauen? Was und
warum ist investiert worden? Und auf welche Investitionen können Sie
heute zurückschauen als ein Kapital, das im Raum des vernetzten Entscheidens jetzt in ganz erheblichem Maße vorhanden ist?

OK: Das größte Kapital, das wir herausgezogen haben, ist das Tragen der Verantwortung auf vielen Schultern. Die Last wird (für den Einzelnen) dadurch
erheblich erleichtert. Ganz wichtig ist gerade in Situationen, in denen Entscheidungen nicht nach unseren Wünschen aufgehen, dass das Schwarze-
Peter-Spiel nicht stattfindet. Man sucht nicht mehr den klassischen »Schuldigen«, weil an der Entscheidung viele beteiligt waren. Stattdessen versucht
man, sich aus dieser Erfahrung weiterzuentwickeln. Diese Investition war sicher groß. Und erst der spätere Erfolg brachte dann die Anerkennung.

HS: Das Einführen von Regionaldirektoren war der Start, über Niederlassungen hinaus gemeinsam zu denken. Aufgrund der Komplexität, vor die uns
das Umfeld stellt, war das ein guter Schritt: über Problemfelder gemeinsam
nachdenken, nicht mehr jeder Einzelne entscheidet für sich. Das macht es für
Leute wie Oskar Kramer hier zwar schwieriger, weil er mit dem »dritten Hut«
darüber nachdenken muss[10], was seine Entscheidung in Hinblick auf einen
Partner oder neuen Prozess für die Gesamtorganisation bedeutet. Da bleibt
er nicht mehr im stillen Kämmerlein. Es kommt sofort jemand, der ihn fragt:
»Wieso hast du diese Entscheidung getroffen?« Das muss er schon vor der
Entscheidung bedenken.

Der Raum des vernetzten Entscheidens kann sich dann gut entwickeln, wenn eine Kultur des Miteinanders gepflegt wird, sei es nun mehr oder weniger bewusst. Könnte man das auch Familienkultur nennen? Sie haben einmal gesagt: »Man muss nicht der Stärkste sein, um dazuzugehören.«

OK: Ja, es geht darum, einfach zu Menschen stehen, in guten und in schlechten Zeiten. Wir haben die Leute in schwierigen Zeiten eben nicht »abgeschossen«, sondern sie durch die Probleme begleitet und ihnen Zusammengehörigkeitsgefühl gegeben. Trotz vieler Unkenrufen von Großkonzernen, die meinen, Familienunternehmen seien »out«. Und diesen Weg ist nicht nur die Unternehmerfamilie gegangen, sondern auch das Management.

Einen Satz habe ich immer wieder gehört: »Unser Geschäft ist ein *People's Business*.« Aber das kann ja auch ein bloßes Schlagwort sein. Sie haben 16 Niederlassungen in China. Was bedeutet das People's Business aus der Perspektive einer ganz anderen Kultur und Wirtschaft wie etwa der chinesischen?

OK: Ich glaube, dass unsere Niederlassungen im Ausland und speziell in China das Gefühl haben, wirklich ein Teil der GW-Welt zu sein. So stellt es sich auch bei vielen anderen dar, z.B., wenn ich mit jemandem in Ungarn oder in Bukarest rede.

Ein starkes Zugehörigkeitsgefühl ist eine wesentliche Voraussetzung für hohe Qualität im vernetzten Entscheiden, ohne dies geht es fast gar nicht.

OK: Ja, das ist ein ganz wichtiger Teil.

HS: Herr Niessner hat dazu ja gesagt: »Vernetztes Entscheiden bedingt reife, interessierte, engagierte Mitarbeiter, die motiviert sind, ihren Beitrag zu leisten.« Das kann man auch genau umgekehrt formulieren: Wenn mir ein Raum des vernetzten Entscheidens angeboten wird, und ich kann den mit betreten und dort mit entscheiden, dann macht gerade das mich zu einem reifen, interessierten und engagierten Mitarbeiter. Ob ich es davor bereits war oder nicht: Das Bewegen in diesem Raum, das Zusammentreffen mit den unterschiedlichen Ebenen und das Nachdenken über Probleme und Aufgaben, die sich stellen, lassen mich reifen und sorgen dafür, dass ich interessiert und motiviert bin, daran mitzuarbeiten — weil ich eine Chance habe. Genau das ist Sinngebung. Was ich da verstehe, nehme ich mit in mein Büro und erkläre es meinen zehn bis elf Mitarbeitern und dann verstehen sie es auch, weil ich es rüberbringen kann. Was nur hierarchisch von oben nach unten kommentiert wird, läuft einfach weiter, wie es immer läuft, das heißt, es versandet spätestens auf der Führungsebene 3.

Wie hat sich für Sie die Qualität, diese Kultur im Raum des vernetzten Entscheidens, in den letzten 20 Jahren entwickelt?

HS: Wenn ich als Zentralist in Projekten mit den Menschen aus der Linie zusammenkomme, gibt es heute ein Basisverständnis. Wir wollten, was wir jetzt mit *Service Excellence* beschreiben, im Grundsatz schon immer, nicht nur gut sein, sondern für das Geld, das wir verlangen, besser sein als die Mitbewerber. Ich habe in den Projekten zu verstehen gelernt, was die Leute in der Linie denken und was sie verbindet. Was ich erst heute so richtig erkenne, sind die großen Möglichkeiten, die dieser Raum bietet.

OK: Ganz entscheidend war, was wir anders gemacht haben als die anderen: Wir reden nicht umsonst vom People's Business. Von anderen Unternehmen höre ich immer wieder: Menschen kosten viel Geld. Dass Menschen Geld kosten, steht bei uns, obwohl wir wirklich geldorientiert sind, nie im Vordergrund. Wir reden immer über Geld, aber nie damit verbunden über Menschen.

Das Jahr 2008 war für Sie eine große Prüfung. In der Krise kann man viel über die tieferen organisationskulturellen Werte erfahren, was in »normalen« Zeiten nicht so leicht zutage tritt.

OK: Der Vorstand hat uns im Konzernmeeting gesagt: Wir trauen es dem Management zu, zu wissen, was sie tun. Das war ein gewaltiger Motivationsschub.

HS: Damals sind Vorstand und Aufsichtsrat sehr ruhig geblieben, wir haben nichts Angstauslösendes gehört. Man hat uns deutlich gesagt: Macht weiter. Das ist ja auch eine Entscheidung, die getroffen werden muss. Man hätte auch die Entscheidung treffen können, tausend Leute abzubauen. Und hinterher bist du dann sehr froh, dass du die Menschen noch hast. Das hat sich glücklicherweise im Nachhinein erwiesen. 2011 war das beste Jahr der Firmengeschichte.

OK: Da hat uns unser betriebswirtschaftliches Leid mitgeholfen, da haben wir tatsächlich mehr in Geld gedacht als in Menschen. Wir hatten bereits viel in Personal investiert. Jetzt damit aufzuhören, wäre fatal gewesen. Wir müssen besser sein als die Mitbewerber: Qualität statt Preisführerschaft. Wir sind in den letzten 20 Jahren ziemlich stark weggegangen von der klassischen Hierarchie, wo einem Hierarchen alles geglaubt wird. Und wenn der entscheidet, wird dann nicht kritisiert, auch wenn die Entscheidung nicht richtig ist. Das ist bei uns überhaupt nicht mehr so.

Auch in Zukunft wird es ohne eine hierarchische Ordnung nicht gehen. Im Raum des vernetzten Entscheidens kann sich aber eine »Jazz-Hierarchie« entwickeln, in der je nach Situation in dem Musikstück mal einer, mal ein anderer führt, alle sich aufeinander beziehen und miteinander musizieren. Wie ist bei Ihnen die Entwicklungsgeschichte der Verbindung zwischen dem Hierarchischen und dem Partizipativen, also der größeren Mitverantwortung der Vielen?

HS: Natürlich gibt es bei uns ein Machtgefüge, das über »Wer verdient bei uns das Geld?« gespielt wird. Demgegenüber muss die Gefühlswelt im vernetzten Entscheiden mit aufgenommen werden. Wenn du bei einer Entscheidung sagst: »Da tue ich mich vom Gefühl her schwer«, kannst du damit sogar einen höherrangigen Manager überstimmen. Allein durch die Betonung dessen, dass du jetzt nicht rational denkst, sondern das Gefühl mitspielt, hört man darauf, da ist die Familienstruktur stark. Wenn es jemandem nicht gut geht in dem Kreis, weil ein Mächtiger etwas sagt, dann wird er noch einmal gehört. Wenn wir es nicht schaffen, Linie und Fachbereiche im »Entscheidungsraum 2« zusammenzubringen, dann trifft jeder Teil für sich Entscheidungen, die danach nicht zusammenpassen. Dann würden wir uns gegenseitig nur noch als Belästigung empfinden.

Was mir bei Ihnen im Vergleich zu anderen Projekten und Branchen auffällt, ist eine kollegiale Kultur, aber auch eine Kultur der offenen Rede.

OK: Das ist wirklich ein Gebr.-Weiss-Thema: Das Management ist auf allen Hierarchiestufen greifbar. Ich muss nicht taktisch überlegen, wie ich auf welcher Hierarchiestufe vorgehe. Offene Kommunikation, auch Widerstand, sind überall möglich: Ich kann sagen, wenn was nicht passt. Das ist GW.

Bevor das Gespräch tendenziell beschönigend wird: Wo ist die Grenze, an der man z.B. in der Projektarbeit vorsichtiger wird und eher etwas nicht sagt?

OK: Ich sehe schon ein paar Sachen für die Zukunft kritisch bei GW. Es besteht eine starke Neigung, es allen recht machen zu wollen und die Kreise dabei so groß zu machen, dass ich gar nicht mehr entscheidungsfähig bin. Ein anderes Thema: da und dort abzuwarten, dass Menschen (altersbedingt oder aus eigenem Antrieb) das Unternehmen verlassen. Mit Geschenkverteilung kann man die Menschen nicht auf Dauer überzeugen. Es braucht nach wie vor die harte Arbeit mit Menschen, egal, wie kapitalstark ein Unternehmen ist. In E. *[dem Ort einer großen Akquisition]* haben wir das erst lernen müssen. Ich sage »hart«, weil man dieses Thema nie abhaken kann. Es ist leichter, Geld auszugeben, als mit Menschen zu arbeiten. Großkonzerne meinen allzu oft, dass sie mit Geld viele Dinge überwinden können. Geld ist wichtig, aber es löst die menschenbezogenen Themen nicht.

Wo sind Ihre Grenzen erreicht? Zum Beispiel die Grenzen der Partizipation, so wie sie bisher geübt wurde? Aber auch: Welche Entscheidungen werden mit den bekannten Erfahrungen nicht so gut vorangebracht? Was gibt es da zu tun im Sinne der Organisationsentwicklung, etwa in Bezug auf das starke weltweite Wachstum des Unternehmens?

OK: Gebr. Weiss steht vor zwei Weggabelungen. Der Schwerpunkt »regional« bleibt wichtig und ich möchte ihn auch nicht ausblenden, aber das »klassische Profitcenter« ist noch zu gewichtig. Die Weggabelung besteht darin, dass es mehr Themen gibt, die zentral geregelt werden müssen. Der Kunde, der Markt sieht nur Gebr. Weiss. Vergleichen wir uns mal mit McDonalds: Der Hamburger muss in Bukarest genauso schmecken wie in Zürich, und unsere Qualität in Bukarest muss auch die gleiche sein wie die in Zürich. Das zweite Thema heißt Beweglichkeit. Dabei geht es um schnellere Veränderungsprozesse. Ich glaube, dass es andere Modelle braucht, um das Ganze richtig auf die Waagschale zu bringen.

Schnell wirksame Veränderungen können nur aus dem *Raum des vernetzten Entscheidens* [Anm. der Autoren: ER2 in Abb. 4.2] kommen. Dort treffen sich alle Perspektiven, sodass man zu einer schnelleren Überzeugung kommt, was unbedingt getan werden muss.

HS: Welche Fragen müssen neu gestellt, welche Entscheidungen getroffen werden, abgelöst von alten Erfahrungen und Erfolgen? Dabei geht es nicht nur darum, welche guten Lösungen wir aus der Vergangenheit beibehalten sollten, sondern auch darum, welche neuen Entscheidungen wir brauchen, um die Zukunft gemeinsam gut gestalten zu können. Das wird sich viel stärker in diesem Raum des vernetzten Entscheidens abspielen, als wir das früher gesehen hätten.

Ideen und Initiativen können in den lokalen Räumen entstehen oder sie kommen aus dem Raum der Verantwortung für das größere Ganze. Aber was nicht in den Raum des vernetzten Entscheidens hineingetragen wird, bleibt eben bloß eine gute Idee und gelangt nie in die Umsetzung.
Wir haben bis jetzt noch gar nicht ausdrücklich über Projektmanagement und Matrix gesprochen. Was wird in nächster Zukunft das klassische Projektmanagement, wie wir es kennen, ablösen? Ich sage es mal noch härter: Das klassische Projektmanagement ist nicht mehr fähig und geeignet, diese

notwendige Geschwindigkeit in der Umsetzung, von der Sie reden, Herr Kramer, zu gewährleisten.

HS: Projektmanagement hat früher *nach* einer Entscheidung eingesetzt, die Entscheidung führte also zur Prozessklarheit. Wir sagten damals: Wenn entschieden ist, dann können wir ein Projekt starten und ein Arbeitsergebnis abliefern. Früher war Projektmanagement ein ganz klares Tool, um einen Auftrag mit ein paar Meilensteinen in einer gewissen Zeit zu erledigen. Im Projektmanagement der Zukunft werden sich die Entscheidungen dagegen viel mehr innerhalb der Projekte abspielen. Für mich eröffnet sich über eine getroffene (Grundsatz-)Entscheidung zur Prüfung oder Umsetzung ein neuer Entscheidungsraum, in dem eine Gruppe ausgewählter Mitarbeiter über weitere sinnvolle Entscheidungen in Richtung Projektziel bzw. in dessen Change-Umfeld weiterwirken können. Diese Einsicht war mir früher verborgen; heute weiß ich, wie sehr sie Projekte in ihrer Rolle als Sinngeber und Entscheidungsraum aufwertet. Der Dialog in diesen Projektteams wirkt auch der oftmals beklagten »Sprachlosigkeit« und dem »Fehlen von Beschreibungen« bei neuen Themen- und Prozessschritten entgegen. Das gegenseitige Verstehen fördert ein verstärktes Sowohl-als-auch und führt so wiederum zu guten Entscheidungen. Es herrscht dann viel mehr Klarheit darüber, dass das Projekt selbst ein Teil des Raumes des vernetzten Entscheidens sein sollte. In diesen Projekten wird weitergedacht und es werden Entscheidungen getroffen. Das wird eine große qualitative Aufwertung mit sich bringen.

Das ist ja dann wirklich ein gehöriger Unterschied zur bisherigen Zuordnung der Entscheidungsverantwortung. Welche Organisations- bzw. Kulturentwicklung zieht das nach sich, wenn viel mehr Leute gewichtige Rollen im Entscheidungsprozess haben?

OK: Das ist ein Megaschritt, der einen echten Kulturbruch mit sich bringt, aus zwei Gründen: Zum Ersten verliert die klassische Hierarchie stark an Bedeutung. Zum Zweiten birgt er die Chance, dass Menschen sich außerhalb der Hierarchie entwickeln können. Das ist tatsächlich eine Schubumkehr!

Wie weit ist der Sinn für die Notwendigkeit dieser Schubumkehr bereits verbreitet?

HS: Wenn ich mich heute an die Interviews erinnere, die du vor zwei Jahren geführt hast mit den Vertretern der Regionen, hat schon damals Peter Schafleitner *[der Niederlassungsleiter Salzburg]* gesagt: »Inzwischen sind wir so weit, dass wir Leute in Projekte entsenden, und wenn diese dort vernünftige Entscheidungen treffen, würde man es auch annehmen.«

Was wir andererseits immer noch oftmals erleben: Im Projekt werden Sachen gut vorbereitet. Da ist klar, wohin die Entscheidung gehen soll. Und dann musst du in der nächsten Ebene die gleichen Diskussionen noch einmal führen. Da werden wir noch mehr am Vertrauen arbeiten müssen, dass wir unserer Linie vertrauen und auch die Linie uns vertraut und sagt: »Wenn ihr das in diesem Projekt gut ausgearbeitet habt, dann passt es.« Wir sind da jetzt schon viel weiter als früher. Wenn wir das weiter durchbringen, dann werden die Wege kürzer und wir können viel schneller auf die relevanten Dinge eingehen. Das betrachte ich als großes Zukunftsthema.

Das hört sich nach einem echten Sprung im wechselseitigen Vertrauen an.

OK: Wir haben in den Projekten Erfolge, aber auch Misserfolge. Wir haben z.B. Projekte, von denen viele Leute sagen, dass sie Sinn machen, bei denen aber das Vertrauen zu den Menschen, die in den Projekten arbeiten, nicht groß genug ist. Da muss noch ein gewaltiger Wandel stattfinden.

Die Projekte werden größer, komplexer, sie haben auch mit immateriellen Dingen zu tun, wie z.B. mit Wissensmanagement. Es ist noch nicht selbstverständlich, da eine gemeinsame Verantwortung und einen gemeinsamen Drive hineinzukriegen. Was ist Ihnen für die weitere Organisationsentwicklung besonders wichtig? Gibt es ein gutes Schlusswort für heute?

HS: Aus Sicht der Personalentwicklung: Wie können wir den Leuten beweisen, dass wir nachhaltig und kontinuierlich unterwegs sind? Wie bringen wir das althergebrachte Vertrauen aus der Tatsache, dass wir schon immer eine erfolgreiche Organisation waren, auch in die Zukunft? Wie kann ich wirklich positive Emotionen der Menschen freisetzen? Ziel sollte doch sein, dass ich Energie mitnehme in meine Arbeit und aus meiner Arbeit, Spaß daran habe und Dinge entscheiden und umsetzen will und auch kann!

Das bewirkt dann eine nachhaltige Verbundenheit der Leute mit dem Unternehmen und umgekehrt.

HS: Wo kann ich mich in sinnvolle Veränderungen einbringen? Ansonsten hast du nämlich ein Gefühl des rasenden Stillstands. Du rennst jeden Tag wie ein Vieh, aber am Abend gehst du heim und denkst: Eigentlich merke ich nichts von Veränderungen und nichts von Entscheidungen. Da müssen wir ein paar Punkte setzen, damit die Menschen sagen: Ja, das geht in eine gute Richtung. Da kann ich wieder einen Sinn für mich drin sehen.

OK: Das Unternehmerische, also das Gewinn machen, wachsen, internationalisieren, ist ein wichtiger Teil, aber der zweite Teil betrifft die Menschen. Die müssen sicher sein können, dass sie sich hier entfalten können. Wo noch eine Unsicherheit besteht: Inwieweit ist eine Demokratie dem effektiven Entscheiden auch hinderlich? Wir müssen das so gestalten, dass wir Demokratie *und* schnelle Entscheidungen hinkriegen. Das ist eine echte Gratwanderung. Was in Zukunft wirklich lebenswichtig sein wird, ist: Wer sich schnell auf eine Situation einstellt und entscheiden kann, der wird das Rennen machen. Davon bin ich felsenfest überzeugt.

Und dabei sollte man sich auch noch wohlfühlen und durchaus entspannt sein. Ich kann abschließend von mir sagen: In dem Moment, in dem ich das Gefühl habe, dass ich mich den Entscheidungen rechtzeitig gestellt habe, so gut ich es eben kann, auch mit dem Risiko, dass es einen negativen Ausgang haben kann, in dem Moment bin ich auch entspannter.

OK: Ja, klar.

Damit bin ich auch souveräner. Da gibt es einen wunderbaren englischen Film mit Jack Nicholson mit dem Titel »As Good As It Gets«, also auf Deutsch weniger elegant übersetzt: »Besser geht's nicht«. So gut, wie es geht, ist es in Ordnung, das ist eine tolle Aussage. Und achtsam muss man dabei bleiben, dass man etwas korrigiert und revidiert, wenn die Wirklichkeit andere Ergebnisse erbringt, als man gerne hätte.

Zusammenfassung

Vernetztes Entscheiden ist in heutiger Zeit — obwohl in vielen Unternehmen immer noch ungepflegt und weit unterschätzt — zur überragend erfolgswichtigen organisationalen Kompetenz und Notwendigkeit geworden. Es birgt das Potenzial eines großen Wettbewerbsvorteils — oder Wettbewerbsnachteils. Wir verstehen darunter die bewusst verstärkte Einbindung unterschiedlicher Talente und Fähigkeiten in einen professionell gesteuerten Entscheidungsprozess, um die Entscheidungsqualität gegenüber Einzelentscheidungen und kleinen Expertengruppen nachhaltig zu erhöhen. Die Zunahme der Komplexität macht es schlicht erforderlich, dass in Organisationen erstens eine klare »Architektur der 3 Entscheidungsräume« geschaffen und zweitens immer mehr Themen schnell vernetzt entschieden werden. Eine Kultur des Mitentscheidens liefert die ultimative und glaubwürdigste Form und fortgesetzte Stimulanz für das Entwickeln von Interesse und Motivation, dem Engagement und dem Reifen von Mitarbeitern und möglichst vieler Teams. Vertrauenskultur und partizipative Führung sind genau der Nährboden, auf dem eine hohe Qualität des vernetzten Entscheidens gedeiht und reift. Nur über die Räume des vernetzten Entscheidens finden all jene »Realisierungen« statt, die einerseits organisationsweit relevant und schnell wirksam werden sollen und andererseits für die mitengagierten Mitarbeiter Sinn machen, d.h. Zufriedenheit bei der Arbeit und damit verstärkte Verbundenheit mit »ihrem Unternehmen« produzieren. Eine Win-Win-Situation, wie man sie sich nur prototypisch wünschen kann!

Das Kapitel ist getragen durch die fundierten Erfahrungen und Erkenntnisse von vielen Menschen bei Gebr. Weiss, die sich über längere Zeit entwickelt haben. Da ist nichts mit heißer Nadel gestrickt. Die Aussagen sind für Sie, lieber Leser, nur dann besonders anregend wenn Sie einen Grundwert von Gebr. Weiss teilen: «Unser Geschäft ist ein People's Business.« Weil Sie auch nur dann bereit sein werden in die Entscheidungsfähigkeit — und damit Echtheit! — der Menschen und der ganzen Organisation überzeugt und dauerhaft zu investieren. In diesem Sinn bilden 5 unkommentierte Originalzitate von Helmut Schöpf und Oskar Kramer den angemessenen Abschluss.

1. Es ist wichtig, dem kreativen Umgang mit dem hierarchischen Ordnungssystem und dem Innovationsprozess Platz zu geben.
2. Das größte Kapital, das wir bisher herausgezogen haben, ist das Tragen der Verantwortung auf vielen Schultern.
3. Was ich erst heute so richtig erkenne, sind die großen Möglichkeiten, die dieser Raum des vernetzten Entscheidens bietet.
4. Im Projektmanagement der Zukunft werden sich die Entscheidungen sehr viel mehr innerhalb der Projekte abspielen.
5. Es geht um eine Schubumkehr.

! Tipp

Explorieren Sie, ob oder wann die Zeit reif ist, um ausdrücklich eine strategische Personal- und Organisationsentwicklung anzustoßen, wie sie in Abbildung 4.1 am Beginn dieses Kapitels skizziert ist. Dieses höchst kulturrelevante Thema gehört eindeutig in den *Raum der Verantwortung für das größere Ganze* und sollte dort nicht nur im kleinen Kreis diskutiert werden sondern mit der größtmöglichen Partizipation, die Ihre Kultur im Moment erlaubt.

4.2   Das Kaleidoskop in der Team- und Führungs-kräfteentwicklung

In diesem Kapitel werden wir uns der praktischen Anwendung des bereits im Kapitel 2.1.7 vorgestellten *Kaleidoskops* des Gestaltens widmen. Auch hier nehmen wir in unseren Erläuterungen zugunsten der Anschaulichkeit immer wieder Bezug auf ein Praxisbeispiel. Der konkrete Anstoß kam in diesem Fall vom Leiter eines Geschäftsbereichs, der zuletzt stark gewachsen war, was zu einer neu formierten, jetzt 11-köpfigen Managementgruppe führte. Der Leiter nahm die neue Situation explizit als Chance wahr, seine Verantwortung künftig sehr viel stärker als bisher mit der nächsten Führungsebene zu teilen. Aus diesem Anlass beschloss er, gemeinsam mit uns in eine längerfristig konzipierte Teamentwicklung einzusteigen. Der Start-Workshop hierzu und die erste halbjährige Phase der Teamentwicklung wurden von der Anwendung des Kaleidoskops geprägt.

4.2.1   Die Felder des Kaleidoskops und ihre Wechselbeziehungen

Wie bereits im Kapitel 2.1.7 skizziert, dient das Kaleidoskop Führungskräften als eine unkonventionelle *Sortierhilfe*, um die Frage »Was ist der Kern meiner Aufgabe als Führungskraft — hier und heute?« mit neuen Augen zu sehen und zu beantworten. In der *Teamentwicklung* —die ja für gute gemeinsame Arbeit und Leistung immer wichtiger und gleichzeitig in der Praxis nach wie vor keineswegs selbstverständlich ist — bildet sie ein hervorragendes *Kommunikationsinstrument* für die Frage »Was ist unsere *gemeinsame* Aufgabe als Führungsteam?«. Die damit verbundene Frage »Was ist *nicht* unsere gemeinsame Aufgabe als Team, gehört also *nicht* auf unsere Teamagenda, sondern ist konsequent in den anderen zwei Entscheidungsräumen (siehe Kapitel 4.1 *Vernetzt Entscheiden)* zu erledigen?«, ist ebenso wichtig für die Effektivität und Zufriedenheit in der gemeinsamen Arbeit.

Nach vorbereitenden Einzelinterviews war dies die Leitfrage des Start-Workshops im März 2015. Dieser Einstieg hatte zwei große Vorteile: Erstens stärkt eine solche den Gemeinsinn stiftende Vergewisserung die aufkeimende, aber noch unsichere und skeptisch beäugte Teamidentität. Wer sind wir (wirklich)? Wer gehört warum und wie verlässlich zum Team? Zum Zweiten war der Bezug zu dem aktuell unternehmensweit laufenden Projekt *Best Leadership* — was heißt exzellentes Gestalten von Organisationen hier und heute? — sehr einleuchtend und lieferte zusätzlichen Rückenwind. (Siehe dazu auch die *Führungsleitlinien Gebr. Weiss* am Ende des Kapitels.)

> **!** *Die in früheren Zeiten übliche Vorstellung von Führung und Leadership muss heute differenzierter und genauer betrachtet werden.*

Diese Behauptung des Teamentwicklers hat bei den Teilnehmern des Workshops offene Türen eingerannt und gleichzeitig — natürlich sehr berechtigt — skeptisches Interesse und Nachfragen ausgelöst. Dass die vier Gestaltungsaufgaben des Kaleidoskops als gleichwertig zu betrachten und gemeinsam zu professionalisieren sind, wurde als angenehme, ja kreative Befreiung empfunden. Ist dies doch eine Einladung an jeden Einzelnen, sich seine eigene »Kaleidoskop-Story« zurechtzulegen!

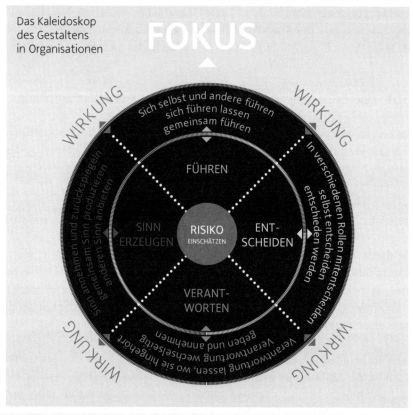

Abbildung 4.9: Kaleidoskop: Entscheiden

Auf welche der vier Gestaltungsaufgaben lege ich als Führungskraft, je nach Situation, die Betonung, was ist also der Startpunkt meiner persönlichen »Kaleidoskop-Story«? (Ganz nebenbei: Uns Personalentwicklern, die wir explizit entscheidungsstarke Führungskräfte und Teams fördern wollen, ist jede Art der »Kaleidoskop-Story« willkommen, vorausgesetzt, sie macht die jeweilige individuelle Logik des Zusammenhangs der vier Gestaltungsaspekte plausibel.) Bei der Erarbeitung entsteht ganz organisch eine Achtsamkeit für das *Handwerk des Entscheidens* und seinen gleichwertigen Rang in dem Quartett. Würde man nur die rohen, untrainierten Naturtalente des Entscheidens entscheiden lassen, dann wäre das nicht annähernd das erreichbare Optimum für das Unternehmen! Weiß doch jeder, dass es keineswegs selbstverständlich zu erwarten ist, dass eine angehende Führungskraft auch gut entscheiden kann. Die Teilnehmer haben denn auch wenig überraschend bestätigt, aus ihrer bisherigen Praxis viele Führungskräfte bzw. Vorgesetzte zu kennen, die in ihrer Rolle als Entscheider nicht wirklich brilliert haben. Wird *Führung* überbetont, besteht immer die Gefahr, dass die beim *Entscheiden* erforderliche Kompetenz und ihre Entwicklung unter den Tisch fallen.

Der Zusammenhang zwischen Entscheiden und Verantworten ist eng und ergiebig. **!**

Was will ich, was kann ich verantworten? Was darf ich, und was muss ich verantworten? Was brauche ich, um sagen zu können: Ich trage hier gerne Mitverantwortung? Und was bedeutet das für meine bisherige Vorstellung von Arbeit? Der Zusammenhang zum Entscheiden tritt deutlich hervor, sobald die Frage »Was gibt es zu entscheiden?« nicht klar ist. Dann kann man auf die Verantwortungsseite wechseln und fragen »Was habe ich (jetzt) zu verantworten? Was kann ich, was will ich mitverantworten?« Wenn man darauf nicht ad hoc eine Antwort hat — als einzelne Führungskraft oder als Team — braucht man sich auch über das Entscheiden nicht weiter den Kopf zu zerbrechen.

Nimmt man Verantwortung ernst, dann hilft es immer, zunächst zu erkennen, an welchen *Entscheidungen* die eigene Verantwortung sichtbar werden wird. Dafür kann es nützlich sein, zunächst herauszufinden »Was ist unsere gemeinsame Aufgabe?« Um das Entscheiden dabei in den Blick zu nehmen, hilft ein einfacher Check. Wenn etwas nicht geschieht oder auch anders geschieht als gedacht, stellt man die Frage nach dem Entscheiden: Was ist da passiert — oder eben auch nicht passiert? Solche Vorgänge spielen sich oft genug unbewusst ab, häufig ohne Worte. Man hat einen Beschluss gefasst, aber danach ist nichts geschehen. Das heißt, dass der Beschluss »nicht funktioniert« hat bzw. sein Sinn entweder nicht angekommen oder nicht ernst genommen wurde. Das passiert sehr wahrscheinlich dann, wenn sehr verschiedenartige und widersprüchliche Risikoeinschätzungen ins Spiel kommen, ohne sich jedoch zu artikulieren.

> **!** *Die höchste Form von Commitment und von Zugehörigkeitsgefühl entsteht durch Mitverantworten und Mitentscheiden.*

Diese Behauptung sorgt unserer Erfahrung nach in der Regel für eine konzentrierte und angenehme Nachdenklichkeit —für dieses angehende Führungsteam galt das gleich in dreifachem Sinne.

1. Für jedes einzelne Mitglied des Teams wird die Stärke der zukünftigen Zugehörigkeit von der individuellen Bereitschaft zum Mitverantworten und der Kompetenz zum Mitentscheiden abhängen. Das gilt zu jedem Zeitpunkt und wird von jedem Mitglied selbst verantwortet — ist also keineswegs unbeeinflussbares Schicksal. Je unsicherer sich Zukunft generell und die Mitgliedschaft in einem Team speziell darstellen, desto sicherer mag Mitverantworten und Mitentscheiden als eine sehr gute Win-win-Option gelten.

2. Die eigene individuelle Glaubwürdigkeit und Wirksamkeit in der Mitarbeiterführung hängt für die Führungskräfte stark davon ab, ob sie ihre Mitarbeiter eher überzeugend oder eher defensiv oder sogar gar nicht zum Mitverantworten und Mitentscheiden einladen. Man kann der jungen Generation an Mitarbeitern viel über »du bist wichtig« und Mitverantwortung erzählen. Wenn die Leute nicht mitzuentscheiden haben, wissen sie sehr genau, ohne es vielleicht ausdrücken zu können, dass dies nur leere Worte sind. Beim Mitentscheiden geht's ans Eingemachte. Da kann man nicht mehr mit Schmäh oder Schönwetterparolen arbeiten. Das ist der Punkt, aus dem die höchste Glaubwürdigkeit erwächst — oder eben auch nicht. Führungskräfte sollten sich also sehr genau darüber im Klaren sein, was sie wirklich meinen, wenn sie von Führung und Commitment, von gemeinsam etwas weiterbringen und gestalten reden.

3. Durch eine gemeinsame Grundhaltung in einem Führungsteam in Bezug auf Mitverantworten und Mitentscheiden entsteht eine enorme und vorbildliche Multiplikatorenwirkung, die in den gesamten Geschäftsbereich (und darüber hinaus) strahlt!

Die vierte (und jüngste) Gestaltungsaufgabe »Sinn produzieren und annehmen«
Organisationen/Unternehmen zu gestalten hat heute viel mehr als früher damit zu tun, ob beim Gestalten Sinn angeboten und gemeinsam weiterentwickelt wird. Was ist der Sinn, den eine Managementgruppe verschiedenen Gruppierungen von Personen, inklusive Mitarbeitern, anderen Geschäftsbereichen des Unternehmens und Kunden, anbietet? Dieser Sinn hat natürlich eine ungemein viel größere Überzeugungskraft, wenn man ihn als Gruppe anbietet und nicht nur einzelne Manager aus der Gruppe auf eigene Faust. Wer nicht in der Lage ist,

den Mitarbeitern, Kunden und Kooperationspartnern Sinn in ihrer Arbeit und in der Zusammenarbeit anzubieten, nimmt den anderen drei Gestaltungsfeldern viel von ihrer potenziellen Wirkung. Dann findet zwar immer noch Führung im klassischen Sinn statt, aber de facto mit wenig Überzeugung und Kraft.

Die Radnabe des Risikos als Verbindung der vier Gestaltungsaspekte
Im Gesamtbild des Kaleidoskops sind alle vier Gestaltungsaspekte von Organisation über die *Radnabe des Risikos* miteinander verbunden. Wie schon im Kapitel 2.2.1 dargelegt, hat das Risiko immer zwei Seiten. Die eine Seite heißt Gelegenheit und Chance, die andere Seite Gefahr. Wenn die Risikobilanz nicht zugunsten der Chance ausfällt, wenn also die Gelegenheit, etwas weiterzubringen, nicht deutlich größer ist als die Gefahren, Bedenken und Kosten, wird man das Geplante schlussendlich nicht wirklich durchführen wollen. Wenn die Vorstellung vorherrscht, man könne sich in einer Angelegenheit im Streit verlieren und damit lediglich Zeit vertun, dann wird die Risikobilanz schlicht so ausfallen, dass nichts in Angriff genommen werden wird. Dann wird auch nichts entschieden. Die Radnabe ist nichts anderes als die Risikoeinschätzungen aus verschiedenen Perspektiven und Erfahrungshintergründen der Teammitglieder.

Wann immer Sie also in einer unklaren Situation sind — Gibt es etwas zu tun? Gibt es etwas zu entscheiden oder nicht? — kann es Ihnen nützlich sein, für sich selbst eine Risikobilanz zu formulieren: Was ist die Gelegenheit, die es zu nützen gilt? Welche Gefahren sind damit verbunden? Mit etwas Übung erhalten Sie relativ schnell ein Gefühl dafür, ob Sie sich für etwas engagieren oder es besser bleiben lassen sollten. In einer Gruppe zieht jeder Einzelne seine eigene Risikobilanz, die nicht identisch sein muss mit der Risikobilanz des Geschäftsbereichs und ebenso wenig mit der Einschätzung in der Gesamtgruppe. Genau das macht es spannend: Was passiert nun? Halte ich mich ruhig, bleibe in meiner Komfortzone, oder reagiere ich? Bei unausgesprochener diffuser oder widersprüchlicher Risikolage schwinden in jeder Gruppe Motivation und Leistungstempo. Immer dann ist es besonders ergiebig, explizit auf die aktuellen Risikobilanzen zu schauen.

Der äußere Ring im Bild
Jede der vier Dimensionen im Modell des Kaleidoskops ist eine *Beziehungs*dimension und damit das Ergebnis von Kommunikation und Bezogenheit. Nichts anderes steckt auch hinter dem klassischen Spruch: »Stell' dir vor, es ist Krieg und keiner geht hin.« Das heißt, Führen hängt immer mit geführt werden zusammen und damit, sich führen zu lassen. In einer sehr reifen Gruppe, in der in wechselnden Situationen jeder einmal die anderen führen kann und darf und man nicht auf Einzelne wartet, die die Führung generell übernehmen, entsteht natürlich eine sensationelle Gestaltungskraft. Besitzt man diese Fähigkeit, so kann die Erfahrung, dass die Führung immer wieder (überraschend) wechselt, wie etwa in

einem hochprofessionellen Fußballteam, sehr lustvoll und effektiv sein. Gleichzeitig merkt man dabei in unbestreitbarer Weise, dass man voll und ganz dazugehört. Entscheiden und Mitentscheiden gehören zusammen, ebenso wie auch zu sagen: Ich lasse mich entscheiden. Auch Verantworten und Mitverantworten/Mittragen gehören zusammen. So entsteht wechselseitige Fürsorge, in der man sich schlussendlich besser, weil breiter, aufgehoben fühlt.

4.2.2 Teamentwicklung mit dem Kaleidoskop

Betrachten wir nun etwas genauer, in welcher Weise unser Management-Team das Kaleidoskop für seine Arbeit genutzt hat.

- Im Start-Workshop hat die Gruppe das Kaleidoskop-Bild in mehreren Arbeitssequenzen zum genauen Betrachten ihrer Gestaltungsaufgaben verwendet: Was will ich, was glaube ich, muss oder soll in der Hauptsache in dieser Gruppe getan werden? Dabei war sie zur Einhaltung einer radikalen Regel aufgefordert: alles, wovon sie nicht ganz sicher waren, dass es wirklich in diesem Team zu verantworten und zu entscheiden ist, rauszuschmeißen! Für diese Dinge gibt es bessere Plätze, um damit umzugehen, Plätze, an denen man schneller und schlagkräftiger mit Projektgruppen oder durch Alleinentscheidung weiter kommt. Diese Vorgehensweise schließt natürlich die Bereitschaft ein, Fehler zu machen. Fehler, die dann von den anderen — hoffentlich — mitgetragen werden, weil alle wissen, dass das Fehlermachen dazugehört.

- Diese Arbeit ist nach allgemeiner Einschätzung auf der inhaltlichen Ebene sehr gut gelungen. Sie erbrachte noch nicht die Detailtiefe und Prioritätensetzung, die in der Praxis später gebraucht wurde, war aber in den inhaltlichen Überschriften bereits sehr tragfähig. Allein dies wurde schon als stärkend für das angehende Team gewertet.

- Am Ende des Workshops standen zwei Leitfragen, die von der Gruppe gerne und ausdrücklich mit gutem Gefühl mitgetragen wurden. Zunächst war dies die Bestätigung der bereits eingangs formulierten Frage: »Was ist (nicht) unsere gemeinsame Aufgabe als Team, was gehört (nicht) auf unsere Teamagenda?« Sie sollte quasi als Selbstschutz, um die Tendenz zur Überladung und damit Defokussierung des Teams zu begrenzen, im Raum stehen bleiben. Zum anderen wollte man die Frage im Blick behalten: »Wie werden wir im Wechselspiel der vier Aufgabenbereiche immer effektiver und damit fundiert zufriedener im gemeinsamen Gestalten?« Die Gruppe vereinbarte, auf diese beiden Leitfragen auch im Laufe der zukünftigen Entwicklung der Zusammenarbeit immer wieder zurückzugreifen.

- Sodann wurde auf Empfehlung des Teamentwicklers beschlossen, die Teamentwicklung gleich vor Ort mit der Einigung auf dieses neue, gemeinsame Verständnis von Führung im Team zu verbinden — ein glücklicheres Timing kann es gar nicht geben. Denn: Nicht selten ist das Praktischste eine gute Theorie, die als eine Sortierhilfe dient, um Antworten auf die aktuellen Fragen der Gruppe zu erarbeiten. Die Formulierung dazu, die von der Gruppe gerne angenommen und mitgetragen wurde, lautete: »Es wird unserer Zusammenarbeit guttun, wenn wir zu einem neuen, gemeinsamen Verständnis von Verantwortung finden. Unsere konkrete Gruppe aus elf Personen hier im Raum kann und soll das Verständnis entwickeln, dass wir für die Ausgestaltung aller vier Aspekte der Organisation gemeinsam zuständig sind.«

- Die Gestaltungsaufgabe *Sinn anbieten und produzieren* fand in der Gruppe besondere Resonanz. Offensichtlich herrschte hier ein gutes Gespür für die Gefahr, dass auch und gerade betriebswirtschaftlich und ergebnisorientiert erfolgreiche Unternehmen/Geschäftsbereiche/Führungskräfte nicht vor der gefährlichen Idee gefeit sind, dass viel Geld verdienen Sinn genug anbietet.
- Schließlich herrschte im Managementteam große Einigkeit darüber, dass in seiner Multiplikationswirkung sehr viel Potenzial steckt, das man im weiteren Vorgehen nutzen wollte.

Wirkung und Ergebnisse: Was ist entstanden, was entwickelt sich?
Über die Nachhaltigkeit der Teamentwicklung kann nach nur sechs Monaten noch nicht abschließend Bilanz gezogen werden. Die bisherige Resonanz und übereinstimmende Berichte über eine verbesserte Arbeitsatmosphäre in den Monaten seither stimmen jedoch zuversichtlich, dass auch der jeweils nächste geplante Schritt ein guter sein wird — »gut« im Sinne von situativ gut überlegt *und* unangestrengt in der Ausführung.

Die nachfolgend wiedergegebenen Führungsleitlinien »leadership@gw« von Gebr. Weiss mögen als Beispiel dienen, wie in einem kurzen Text ein zeitgemäß überzeugendes Zusammenspiel aller vier Gestaltungsaufgaben des Kaleidoskops gut und einfach beschrieben werden kann — als Diskussionsgrundlage in Umsetzungs-Workshops zur Nachahmung wärmstens empfohlen.

leadership@gw — Führungsleitlinien Gebr. Weiss

Wir erreichen exzellente Führung

indem wir uns unserer Rolle als Führungskraft bewusst sind und als Vorbild agieren.

> Das bedeutet für uns: Wir behandeln Menschen mit Respekt; wir schaffen Vertrauen durch professionelle Verhalten; wir handeln durchgängig konsequent.

indem wir unsere MitarbeiterInnen, die Organisation und uns selbst zielgerichtet weiterentwickeln.

> Das bedeutet für uns: Selbstreflexion und eigene Weiterbildung; wir fördern und fordern MitarbeiterInnen; wir stärken deren Stärken, erkennen Potenziale und setzen sie ein; wir beobachten wachsam unser relevantes Umfeld und richten unser Handeln auch danach aus.

indem wir Verantwortung übernehmen.

> Das bedeutet für uns: Wir übernehmen Ergebnisverantwortung, schaffen Rahmenbedingungen und definieren Handlungsspielräume; wir bewerten und steigern Leistung; wir fördern Kooperation und leiten Konsequenzen ab.

indem wir Entscheidungen treffen und (mit)tragen.

> Das bedeutet für uns: Wir treffen Entscheidungen bewusst (Risiko, Zeit, Kosten/Nutzen) und nachvollziehbar; wir stehen hinter getroffenen Entscheidungen und unterstützen deren Umsetzung; wir achten darauf, dass Entscheidungen auf den richtigen Ebenen getroffen werden.

indem wir durch Kommunikation Orientierung und Sinn vermitteln.

> Das bedeutet für uns: Wir kommunizieren aktiv, zielgruppen- und zeitgerecht, klar, regelmäßig, angemessen, nach innen und außen; durch positive Kommunikation erzeugen wir ein positives Arbeitsumfeld und -klima; wir geben und nehmen Feedback.

Exzellente Führung heißt, dass wir es TUN!

4.3   Partizipation: das Konsent-Prinzip

Argumente sind der Chef.

Die große Bedeutung des Themas Einbeziehung und Partizipation in Organisationen haben wir bereits mehrfach hervorgehoben. Eine verstärkte Sensibilität für die Notwendigkeit, Mitarbeiter in Entscheidungprozesse einzubinden, zeigt sich seit geraumer Zeit in vielen Branchen und Unternehmen. Es ist eine unserer Grundüberzeugungen, dass in Netzwerkorganisationen viel mehr Menschen das Entscheiden lernen, also auch üben müssen, als dies in den bisherigen funktional-hierarchischen Organisationsmodellen die selbstverständliche Praxis war.

Bereits seit einiger Zeit kursieren verschiedene Partizipations-Modelle unter Begriffen wie *Soziokratie*, *Demokratisches Unternehmen* oder *Distributed Leadership*, die die geforderte Teilhabe in die Umsetzung bringen möchten.[11] Damit treffen sie ganz offensichtlich einen Nerv der Zeit, zielen in der Regel jedoch auf eine komplette Organisationsveränderung. Fragen bezüglich der konkreten Umsetzung, welche »Organisationsverfasstheiten« das zulassen oder auch nicht, wie mehr und wirksamere Partizipation aussehen kann, werden uns sicher noch für längere Zeit beschäftigen. Hier ist vieles noch im Experimentierstadium.

Wir greifen hier gerne eine in die Soziokratie[12] eingebettete Form der Partizipation heraus, weil wir einfache und robuste Methoden sehr konstruktiv finden. Das Konsent-Prinzip mit seinen vier genial einfachen Rederunden gehört unbedingt dazu. Es passt sicherlich nicht überall, ist aber in viel mehr Kontexten verwendbar als bisher angenommen. Auf jeden Fall harmonisiert es sehr gut mit allen Instrumenten und Methoden, die wir selbst entwickelt haben.

Im Folgenden explorieren wir[13] im Gespräch mit Barbara Strauch, der Leiterin des Soziokratie Zentrums Österreich[14], die wesentlichen Merkmale des Prinzips in der Anwendung und seinen Einfluss auf das Feld der OE.

Die Konsent-Moderation zur Herstellung eine Beschlusses

Präsentation eines Lösungsvorschlags

1.	Informations- oder bildformende Runde »Was musst du noch wissen, um dir eine Meinung bilden zu können?«
2.	Erste Meinungs- oder meinungsbildende Runde »Wie geht es dir mit dem Vorschlag? Wie würde es sich für dich anfühlen, diese Idee umzusetzen?«
3.	Zweite Meinungsrunde oder Meinungsänderungsrunde/n »Wie geht es dir mit dem Gehörten? Hat sich bei dir etwas geändert? Wie geht es dir jetzt?«
4.	Konsentrunde, Beschlussfassung »Hast du einen schwerwiegenden Einwand gegen diesen Vorschlag?«

Abbildung 4.10: Die Konsent-Moderation

4.3.1 Was ist das Konsent-Prinzip?

Die *Soziokratische Methode* (im Folgenden SKM genannt), deren Kern das Konsent-Prinzip ist, befasst sich mit der Partizipation am Arbeitsplatz, der Teilhabe von Gruppen und Teams an betrieblichen Entscheidungsprozessen. Die *Zuteilung der Ressourcen* zur Erreichung der Ziele kann mit der Einführung dieser partizipativen Struktur nach Wahl zunächst in der Hand des hierarchischen Managements bleiben. Mit der Zeit können jedoch reale Einfluss- und Entscheidungsmöglichkeiten in strategischen Unternehmensfragen hinzukommen.

Ulrike Sutrich: Viele Menschen verwechseln Konsent mit Konsens, weil der zweite Begriff viel bekannter ist. Konsens wird in einer ganzen Menge von Gruppen und Vorständen praktiziert. Man sagt dann, wir diskutieren eine wichtige Angelegenheit so lange, bis wir einen Konsens haben. Das ist allerdings häufig nicht sehr effektiv, weil zeitintensiv, und findet manchmal auch nur zum Schein statt. Wie kann man den Unterschied beschreiben?

Barbara Strauch: Ich kann hier einfach erklären, wie die Konsent-Moderation funktioniert. Dann kann jeder, der andere Methoden kennt, selbst den Unterschied herausfinden.

Othmar Sutrich: Gerade Leute, die man als »Basisdemokratiegeschädigte« bezeichnen kann, setzen oft mit großem Vergnügen und Erfolg das Konsent-Prinzip ein. Zum Beispiel war in einem Wohnprojekt, das du »gerettet« hast, die Ausgangslage so, dass sich eine Menge von »Basisdemokratie-Entnervten« mit großem Elan auf die Methode eingelassen hat.

BS: Genau, das hat dann auch große Entspannung gebracht. Das wäre zum Beispiel so ein Unterschied. Basisdemokratie, gerade in der Wohnprojekte-Bewegung, schaut oft so aus, dass man nur weitergeht, wenn alle mitmachen und wenn alle einverstanden sind. Wenn man da keine Methode hat, sondern einfach nur sagt: »Solange nicht alle einverstanden sind, tun wir nichts«, kommt man manchmal nur sehr langsam voran. Und da war die SKM in vielen Fällen sehr hilfreich. In der Wohnprojekte-Szene, wo es um große Co-Housing-Projekte geht, also um bis zu 40 Wohneinheiten mit bis zu 100 Menschen, die sich gemeinsam organisieren, ist sie inzwischen sehr gut erprobt und wird wirklich häufig angewendet, ist zurzeit fast ein Must-have in Wien.

Aus dem Erfahrungsbericht von Dark Horse Innovation (2014)   **!**

Dark Horse Innovation — das sind in Berlin 30 junge innovative Gründer aus 25 unterschiedlichen Disziplinen, die Teile der Soziokratischen Methode im Unternehmen eingeführt haben. Über den Umgang mit dem Konsent-Prinzip sagen sie:
Dadurch, dass jeder sein Know-how und seine individuelle Sichtweise einbringt, werden Entscheidungen informierter und besser. Und vor allem werden sie akzeptiert. Es bleibt Raum für riskante und überraschende, unbequeme Entscheidungen, weil nicht bloß der Durchschnitt aller Meinungen ermittelt wird.

Modalitäten zu Beginn

In der Konsent-Moderation gibt es eine Ordnung des Sprechens. Mithilfe eines Moderators wird dafür gesorgt, dass alle im Kreis zu Wort kommen, einer nach dem anderen. Das ist ja eigentlich eine uralte Methode.[15] Damit eine Konsent-Entscheidung getroffen werden kann, ist es sehr wichtig, dass nur diejenigen Menschen im Kreis anwesend sind, die tatsächlich miteinander ein gemeinsames Ziel verfolgen. Sind noch andere dabei wird schnell klar, dass wenn jemand ein anderes Ziel verfolgt, es zu keiner Entscheidung kommt. Es muss also zuallererst sichergestellt werden, welches *Ziel* dieser Kreis hat.

Dann gibt es *einen Punkt* auf der Tagesordnung, zu dem ein Beschluss notwendig ist. Der Kreis ist ermächtigt, diesen Beschluss zu fassen, das ist eine wichtige Voraussetzung. Ebenso wichtig ist, dass die Führung, also die Leitung des Kreises oder der Abteilung, tatsächlich bereit ist, die Entscheidungsmacht in den Kreis abzugeben. Das bedeutet nicht, dass die Leitung nicht mehr entscheidet, wohl jedoch, dass sie als gleichwertiges Mitglied mit den anderen im Kreis sitzt. Es gibt vielleicht fünf Tagesordnungspunkte in der aktuellen Sitzung. Unter anderem geht es um Sitzungsgestaltung und darum, wie die Gruppe in einer Sitzung zu Entscheidungen kommt. In diesem Fall ist es sehr wichtig, dass sich die Leitung des Kreises zu jedem Tagesordnungspunkt, auch mit Unterstützung, gut vorbereitet.

Die Konsent-Moderation zur Herstellung eine Beschlusses

Präsentation des Lösungsvorschlags

1.	Informations- oder bildformende Runde
	»Was musst du noch wissen, um dir eine Meinung bilden zu können?«

Abbildung 4.11: Punkt 1: Informations- oder bildformende Runde

4.3.2 Informations- oder bildformende Runde

In der ersten Runde müssen wir alle Informationen zusammentragen, die es zu dem Punkt auf der Tagesordnung gibt, damit sich alle Anwesenden tatsächlich eine Meinung bilden können. Wenn wir nicht genügend Informationen haben, sind wir auch nicht kompetent, uns eine fundierte Meinung zu bilden. Information ist die Grundlage der Meinungsbildung.[16] In der ersten Runde fragen wir also: Wer braucht noch Informationen? Gibt's noch Fragen, kennen sich alle genügend aus, um sich eine Meinung bilden zu können? Und dann kommen alle Informationen herein und werden auch mitgeschrieben, damit man schließlich weiß: Okay, das ist das Bild. Wir formen also am Anfang ein *Bild*.

Othmar Sutrich: Kann es zu diesem Zeitpunkt sein, dass man erkennt, dass man — trotz guter Vorbereitung oder auch aufgrund mangelhafter Vorbereitung — einfach nicht genügend relevante Informationen hat? Was geschieht dann?

Barbara Strauch: Wenn es gut möglich ist, dann vertagen wir diesen Punkt und sagen, es muss noch jemand recherchieren.

OS: Ich kann mir vorstellen, dass das in der Praxis durchaus öfter vorkommt, als es einem lieb ist?

BS: Na ja, wenn wir ernsthaft in der Anwendung sind, dann haben wir bereits gelernt, dass wir uns gut vorbereiten müssen. Es gibt ja eine Person in der Leitungsfunktion und eine Person in der Rolle des Moderators. Und dann wird der, der die Moderation hat — und das ist normalerweise ein Kreismitglied —, das auch mit der Leitung des Kreises vorbesprechen: Was brauchen wir an Informationen, damit wir das entscheiden können? Es darf aber auch passieren, dass wir eine Entscheidung treffen und danach tauchen noch Informationen auf. In dem Fall ist es gar kein Problem, diese Entscheidung noch einmal auf die Tagesordnung zu setzen, weil wir permanent lernfähig sind. Wenn wir also noch eine andere Information dazubekommen, dann ändert das potenziell unsere Meinung und auch unsere Entscheidung. Wir sind relativ flexibel, gerade auch, weil wir alle, die von der Auswirkung dieser Entscheidung in dieser Abteilung betroffen sind, mit dabei haben, wenn wir die Entscheidung treffen. Dadurch werden Entscheidungen dann auch sehr haltbar.

Ulrike Sutrich: Ich kann mir auch im Prozess der allmählichen Einführung der Methode vorstellen, dass jemand, der bei der Informationsbeschaffung nicht mittut gemäß seiner Expertise, also »nicht liefert«, von Mal zu Mal durch den Prozess immer mehr Druck erfährt. Oder, wenn es positiv läuft, fühlt er sich vielleicht sogar eingeladen, häufiger rechtzeitig die Verantwortung zu übernehmen.

BS: Ja, genau. Wir kommen ja nicht weiter, wenn jemand Informationen nicht herbeischafft.

Kommentar der Autoren: Es gibt eben in einer Gruppe immer welche, die verantwortungsvoller sind, und solche, die sagen, die anderen werden es schon richten.

Aus dem Erfahrungsbericht von Dark Horse Innovation (2014)   !

Wenn ich in einer hierarchisch strukturierten Organisation arbeite, neige ich dazu, unangenehme Entscheidungen und Verantwortung auf die nächsthöhere Instanz zu verlagern oder zumindest gedanklich dorthin zu projizieren. Ich habe immer eine Ausweichmöglichkeit, um unangenehme Beziehungen, Konstellationen, Prozesse oder Sachverhalte nicht selbst lösen zu müssen.
Wenn mich bei Dark Horse etwas stört oder ich von einer Idee begeistert bin, bin nur ich allein dafür verantwortlich, dass meine Gedanken Gehör finden und mit meinem Team bearbeitet werden. Die Gruppe gibt mir die Sicherheit für Entscheidungen, die ich in einer hierarchischen Struktur sonst meinem Chef allein überlasse — und dort auch Gefahr laufe, dass er falsch entscheidet, weil er nicht alle Bedingungen kennt.

Die Konsent-Moderation zur Herstellung eine Beschlusses

Präsentation des Lösungsvorschlags

2.	Erste Meinungs- oder meinungsbildende Runde »Wie geht es dir mit dem Vorschlag? Wie würde es sich für dich anfühlen, diese Idee umzusetzen?«

Abbildung 4.12: Punkt 2: Erste Meinungs- oder meinungsbildende Runde

4.3.3 Die meinungsbildenden Runden

Barbara Strauch: Es entsteht jedenfalls eine neue Kultur, wenn wir miteinander auf diese Art umgehen. In der zweiten Rederunde, wo wieder einer nach dem anderen zu Wort kommt, sagt jeder, wie er sich dazu fühlt: Wie geht es mir, wenn ich das höre, oder was denke ich dazu, empfinde ich das als gut oder schlecht, was gefällt mir daran oder was nicht. Das Wichtige ist, dass hier jeder für sich redet, ohne von den anderen gestört zu werden. Wir unterbinden den bekannten Modus, dass sofort jemand reagiert, weil ihm etwas nicht gefällt, und ein Argument nachträgt. Stattdessen lassen wir jeden in Ruhe aussprechen, bis in der Runde alle dran waren. Das erzeugt, wenn man es immer so macht, eine große emotionale Entspannung bei den Anwesenden, weil jeder weiß, dass er selbst auch den Raum kriegt und ihm zugehört wird.

Othmar Sutrich: In meiner bisherigen Konsent-Praxis habe ich gelegentlich Schwierigkeiten damit gehabt, dass man schon gleich mit Meinungen daherkommt. Man könnte das auch als eine Runde der Exploration, als ein laut Nachdenken bezeichnen. Wie siehst du das?

Die Konsent-Moderation zur Herstellung eine Beschlusses	
Präsentation des Lösungsvorschlags	
3.	Zweite Meinungsrunde oder Meinungsänderungsrunde/n »Wie geht es dir mit dem Gehörten? Hat sich bei dir etwas geändert? Wie geht es dir jetzt?«

Abbildung 4.13: Punkt 3: Zweite Meinungsrunde oder Meinungsänderungsrunde/n

Barbara Strauch: Wir kommen gewöhnlich damit aus, dass wir am Anfang alle fragen, was sie denken. Das ist dann die Erforschung und das laut Nachdenken, das muss ich nicht Meinungsrunde nennen, aber trotzdem kommen daher durchaus die ersten Anregungen oder Meinungsäußerungen: Was ist mein erster Impuls in Richtung dieses Vorschlags? Wichtig ist, dass wir am Anfang darauf achten, dass jeder wirklich ganz frei ist zu sagen, was er sich denkt. Das ist auch etwas, was wir erst im Laufe der Zeit lernen. Gerade in einem Team, wo die Führungskraft immer ein besonderes Gewicht hatte, brauchen andere Leute, die es vielleicht schon aus der Schule gewohnt sind, selbst nicht so viel zu reden, am Anfang eine Ermutigung, um mit dem rauszurücken, was sie selbst dazu denken. Aber durch die Kreisrunden schaffen wir genau diesen Raum, damit jeder in die Lage kommt, mit der Zeit viel leichter vom Herzen seine Wahrheit sagen zu können.

Die Meinungen können dabei total kontrovers oder auch ähnlich sein. Wenn ich höre, was die anderen dazu denken, dann ist das für mich eine Lernerfahrung. Ich lerne bei jedem, der redet, etwas dazu. Und so ändert sich in mir durch dieses Zuhören mein eigener Blickwinkel. Deshalb nennen wir diese beiden Runden *meinungsbildende* Runden. Die Meinung wird erst *gebildet* durch das Zuhören. Aufgrund des Inputs der anderen entsteht in jedem eine neue Meinung anstelle der vorgefertigten, und das ist erst die Innovation. Deswegen ist es total wichtig, eine zweite Runde zu haben, in der jeder das in ihm neu entstandene Bild nochmals bekannt gibt. Das ist ein Element in der Methode, das ich für wirklich genial halte.

Ulrike Sutrich: Jetzt habe ich die zweite Meinungsrunde besser verstanden. Ich habe mich schon öfter gefragt, wie es zu Innovationen kommen kann mit dieser Struktur. Wir arbeiten ja gerne mit dem Bohm'schen Dialog, der sich sehr gut für Innovationsarbeit eignet, bei der es im Grundsatz um gemeinsames Denken und nicht um Beschlussfassung geht. Meine Überlegung bisher war, diesen zur Entscheidungsvorbereitung vor den Konsent-Prozess zu platzieren, um dem Explorieren bzw. der Kreativität genügend Raum zu geben. Du hingegen meinst, allein schon durch die Regel des Zuhörens an sich werden die Leute ausreichend dazu angeleitet, diszipliniert und gut zuzuhören, und erhalten damit den nötigen Input für neue Erkenntnisse?

Das Konsent-Prinzip

Das Prinzip, dass ein Beschluss gefasst ist, wenn kein anwesendes Kreismitglied einen begründeten und schwerwiegenden Einwand gegen den Beschluss hat.

Die Konsent-Beschlussfassung gewährleistet die beiderseitige Anerkennung der Gleichwertigkeit von Menschen in der Versammlung bei der Beschlussfassung.

Kreisbeschlüsse werden immer im Sinne des gemeinsamen Zieles des Kreises gefasst.

Abbildung 4.14: Das Konsent-Prinzip

BS: Ja, das Spannende ist ja, dass etwa 85 Prozent der Problemstellungen tatsächlich in der zweiten Runde gelöst werden. Wir haben eine Person, die moderiert und die Lösungsideen aufschreibt, auch die in der zweiten Runde möglicherweise gewandelten Lösungsideen. All das kommt auf ein Flipchart, am besten mit einer jeweils anderen Farbe. Der verbesserte Lösungsvorschlag, der dann nach der zweiten meinungsbildenden Runde da ist, den können wir in der letzten unserer vier Runden zum Konsent stellen. Dort fragen wir dann wieder jeden Einzelnen (es muss nicht die gleiche Reihenfolge sein, aber jeder muss gefragt werden!), ob er als Mitglied dieses Kreises gegen diesen Lösungsvorschlag noch einen schwerwiegenden Einwand hat im Sinne unseres gemeinsamen Zieles.

Der Moderator

> **!** **Aus dem Erfahrungsbericht von Dark Horse Innovation (2014)**
>
> Um unsere Abläufe zu disziplinieren, bestimmten wir für jedes Meeting einen Moderator, der temporär und streng der Alleinherrscher über die Kommunikation ist. Der herrschaftsfreie Diskurs braucht einen temporären Diktator. Vorübergehend muss dieser seine eigene Meinung hintanstellen und dafür sorgen, dass alle Meinungen gehört werden.

US: Dieser Prozess erfordert vom Moderator hohe Achtsamkeit und Geistesgegenwart, um beispielsweise lückenlos festzuhalten, was der im Gespräch moderierte, erweiterte und angereicherte Beschluss ist. Meiner Erfahrung nach ist am Schluss einer guten Konsent-Moderation der Lösungsvorschlag, der am Anfang steht, aufgrund der Rederunden wesentlich angereichert worden.

BS: Die Anforderung ist vor allem dann sehr hoch, wenn wir es mit größeren Gremien zu tun haben, da brauchen wir deshalb auch eine externe Moderation. Wenn wir eine gute Struktur haben, die Teams also nicht so groß sind, dann funktioniert eine interne Moderation sehr gut, dass also eines der Kreismitglieder die Sitzung moderiert. Fünf bis sechs Personen im Team einer Entscheidungsrunde reichen generell aus, um wirklich 95 Prozent der Weisheit zu kreieren. Dafür muss natürlich der Kreis geschult sein in der Methode und alle, die da sitzen, müssen dabei mithelfen, dass auf das Flipchart kommt, was gerade kreiert wurde. Alle sind gemeinsam für das Ergebnis verantwortlich. Manchmal macht es Sinn, dass zwei Leute sich kurzfristig austauschen, aber die Moderation muss dafür sorgen, dass danach wieder jeder zu Wort kommt.

4.3.4 Beschlussfassung: Die Konsent-Runde

Othmar Sutrich: Du sagst, der Dreh- und Angelpunkt zu Beginn ist die Aussage: Wir brauchen einen Beschluss. Wir haben ja, wie du weißt, mit der Decisio-Prozesslandkarte auch ein Instrument für solche Situationen: Sie ist hilfreich, wenn die Leute nicht wissen oder kein sicheres Gefühl dafür haben, ob es eine Entscheidung braucht, und wenn ja, wie sie lauten könnte, ob sie zeitgerecht ist und ähnliche Fragen. Wie gehst du mit einer solchen doch sehr häufigen Ausgangslage um?

Barbara Strauch: Jeder Punkt auf der Tagesordnung einer solchen Runde hat ein Ziel. Schon beim Zusammenstellen der Sitzung bespreche ich als Moderatorin mit der Leitung des Kreises, was bei jedem Punkt dieses Ziel ist. Und es gibt durchaus Punkte, die haben nur das Ziel, dass man sich austauscht und keine Entscheidung getroffen wird. Dafür brauche ich natürlich keine Konsent-Runde, aber es wird mir guttun, wenn ich Meinungsrunden durchführe, und am Ende delegieren wir die Entscheidung entweder an eine Person oder an die Leitung des Kreises oder sonst jemanden. Wenn Gruppen schon sehr geübt sind und sich gut kennen, dann entsteht so ein intuitives Wissen, an wen der Kreis das Thema delegieren kann. Ich nenne es mal die kollektive Weisheit, die wir hier kreieren.

Die Konsent-Moderation zur Herstellung eine Beschlusses

Präsentation eines Lösungsvorschlags

4.	Konsent-Runde, Beschlussfassung »Hast du einen schwerwiegenden Einwand gegen diesen Vorschlag?«

Abbildung 4.15: Punkt 4: Konsent-Runde, Beschlussfassung

OS: Es sind also auch andere Varianten möglich: dass aufgrund der meinungsbildenden Runden herauskommt, wir brauchen gar keinen Beschluss, sondern ein Einzelner kann beschließen und seine Idee umsetzen (wenn der Kreis das für vernünftig hält), oder zum Beispiel auch das reine Explorieren, worum es eigentlich in einem Thema geht?

BS: Ja, natürlich, all das ist möglich. Wir haben einen kurzen allgemeinen Fragenkatalog, mit dem wir am Beginn schon aussortieren. Das ist eine Frage der Effektivität: Geht es z. B. bei einem Tagesordnungspunkt um eine Grundsatzentscheidung oder können wir das in die Ausführung delegieren? Das Delegieren von Entscheidungen ist ein wichtiger Bestandteil: Wir legen nur den Rahmen fest. Die Ausführenden wissen dann Bescheid, kennen ihr Budget, wir schreiben vielleicht noch dazu, bitte nicht dieses oder jenes tun, und dann werden die Einzelentscheidungen der Durchführung delegiert an Mitglieder des Kreises.

OS: Das habe ich auch so erlebt: Die Unterscheidung zwischen Grundsatzbeschluss und Durchführungsentscheidungen kann sehr hilfreich und wichtig sein, weil man dann eben keine ganze Latte von Beschlüssen hat, sondern sauber trennt.

BS: Ja, und manchmal staunen wir, wie oft wir doch das Wort Beschluss verwenden und nicht sauber unterscheiden. Zum Beispiel kommt einer vom Team herein und sagt, ich habe hier ein Projekt, das will ich ins Team bringen, das passt zu uns. Was der dann braucht, ist, dass alle mal sagen, ob sie das schick, attraktiv oder ganz unsinnig finden. Mehr aber auch nicht, weil dieser Mensch vielleicht die Freiheit hat oder auch den Job, Projekte hereinzubringen. Der hört sich dann an, was die anderen dazu sagen, und wenn er auch noch eine zweite Runde gehört hat, dann hat er eine Tendenz, mit der er weitergehen kann. Diese Tendenz wird dann aufgeschrieben, aber das ist eben kein Beschluss. Trotzdem liefert es eine Richtschnur. Und wenn er nicht ganz dumm ist, dann wird er nicht das Gegenteil machen von dem, was da herausgekommen ist.

4.3.5   Einsatzmöglichkeiten

Ulrike Sutrich: Du hast jetzt sehr schön ausgeleuchtet, was in der Praxis wichtig ist bei dieser Methode. Gehen wir noch etwas weiter in den Kontext hinein: Für welche Ausgangslagen passt diese Methode besonders gut? Wann wärst du eher vorsichtig und wann passt sie überhaupt nicht? Kannst du da ein paar Situationen beschreiben?

Barbara Strauch: Für mich gilt das Motto aus der Psychotherapie: »Löse nichts, was kein Problem ist.« Dann brauche ich auch nicht anzusetzen. Wenn aber etwa die Geschäftsleitung einer Organisation davon gehört hat, dass eine andere Organisationsstruktur ihnen helfen würde, die derzeitigen Probleme mit Mitarbeitern, am Markt, mit Stakeholdern zu lösen, dann ist das eine gute Ausgangslage. Ich habe jetzt gerade bei uns in Oberösterreich eine Organisation, die an einem Punkt ist, an dem, wenn sie jetzt nicht sofort für eine passende Organisationsstruktur sorgt, das Projekt nicht umgesetzt werden kann. Da sind schon Millionen an EU-Geldern geflossen und auch verbaut worden. Hier ist eine neue Plattform nützlich, wo alle Akteure eingeladen sind, mitzukommen und jeder seinen Platz in der Struktur finden kann. Das ist der beste Ausgangspunkt.

Othmar Sutrich: Wenn also eine Organisation oder etwas »Organisationsähnliches« betroffen ist, ist die Wahrscheinlichkeit groß, dass die SKM gut passt?

BS: Genau.

OS: Dann kann man also im Gegenzug sagen, wenn man es z. B. bei Siemens mit 400.000 Mitarbeitern und einer Struktur zu tun hat, in der seit Jahrzehnten, wenn nicht Jahrhunderten autokratisch geführt wird, dann ist die Situation eine andere?

BS: Eigentlich brauche ich als Ansatz nur eine Abteilung und deren Führung. Die Leitung dieser Abteilung wünscht sich die Miteinbeziehung der Mitarbeiter mit dem Ziel, dass mehr Eigenverantwortung übernommen wird. Eigenverantwortung, das hat sich teilweise bereits herumgesprochen, entsteht über Mitentscheiden.

Wir arbeiten am Beginn immer mit Pilotkreisen: In welchen Abteilungen ist es gerade am sinnvollsten, dass eigenverantwortlicher gearbeitet werden soll, und wo ist die Führung sehr dafür, ihre Macht mit den anderen zu teilen? Wir brauchen nicht ganz Siemens dafür.

Ulrike Sutrich: Ich finde die Idee entlastend, dass man das in einem Konzern auch in einer Abteilung einführen kann. Andererseits muss die Abteilung aber auch abteilungsübergreifend, vernetzt arbeiten. Wenn nun alle in dieser partizipativen Methode geschult sind und dann mit einer anderen Kultur in anderen Abteilungen konfrontiert werden, wie funktioniert das dann? Positiv wäre ja, wenn alle anderen angesteckt würden, aber wie geht das?

BS: Wir haben gemäß der dritten Basisregel der SKM (siehe Abbildung 4.16 zu den Basisregeln) zwischen den verschiedenen Ebenen eine doppelte Kopplung, das heißt, es wird zum Beispiel aus der unteren Abteilung auch ein Delegierter in das obere Gremium gewählt und umgekehrt. Immer zwei Personen sitzen also in zwei hierarchisch verbundenen Ebenen gemeinsam bei den Kreisversammlungen. Das hätten wir dann in diesem Fall tatsächlich nicht. Angenommen, ich bin Abteilungsleiter und meine Abteilung ist nach SKM organisiert, dann sitze ich in den übergeordneten Gremien doch wieder allein als Führungskraft. Und dann ist das nicht anders, als es immer war, nämlich spannungsreich. Der Unterschied ist nur, dass ich mich ab jetzt von meiner eigenen Abteilung her besser unterstützt fühlen werde, weil ich keine Entscheidungen mehr allein treffe. Und dadurch ist es insgesamt ein freundlicheres, ein wohlwollenderes miteinander Arbeiten.

Autonome und Freigeister

OS: Wir haben schon einmal über das Stichwort Autokratie gesprochen. Du sagtest definitiv: Mit Autokraten geht das nicht. *[gemeinsames Lachen]* Wenn Führungskräfte und Experten dieses Buch lesen, welche Anregung können sie daraus ziehen? Was ginge in ihrem Einflussbereich, und was nicht?

BS: Wenn ich die Leitung einer Abteilung habe, dann bin ich in der Kreisversammlung, wo es um die Beschlüsse geht, auch präsent. Dort brauche ich meinen Konsent nicht zu geben, wenn ich nicht der Meinung bin, dass das gescheit ist. Viele Führungskräfte fürchten ja, wenn sie einen Kreis hätten, der die Entscheidungen mit ihnen gemeinsam trifft, dass sie dann nichts mehr zu sagen hätten. Das stimmt aber nicht. Ich bleibe drinnen als gleichwertiges Mitglied, und ich kann also genauso sagen: Ich will, dass das in diese Richtung geht, ich finde das gescheit, und ich gebe meinen Konsent für das Andere nicht, weil ich Angst habe, dass wir so das Ziel verfehlen.

US: Es gibt bestimmt auch Mitarbeiter, die nicht so gern in solchen Strukturen arbeiten? Es gibt freiheitsliebende, autonome Menschen — die müssen nicht einmal sehr machtorientiert sein —, die eine solche Struktur tendenziell ablehnen, da sie so viel Anpassung erfordert. Was macht man mit denen? Und die umgekehrte Variante: Es gibt Leute, die wollen klare Ansagen erhalten. Das ist gar nicht abwertend gemeint, diese Leute müssen ja auch zu ihrem Recht kommen.

BS: In der SKM bekommen wir reichlich Gelegenheit, uns leiten zu lassen. Die wichtigste Leitung ist der Kreis. Wenn ich nicht Teil des Kreises sein will, sondern sage: Bitte, lieber Kreis, entscheidet ihr und sagt mir dann, was ich tun soll, dann ist das genauso möglich. Die Teilnahme an der Beschlussfassung ist freiwillig. Und die Ausführung bleibt sowieso linear, das heißt, was beschlossen ist, wird gemacht. Mitarbeiter, die keine Lust haben, Mitglieder eines Kreises zu sein, können auch mit der Zeit dazu motiviert werden. Tatsächlich habe ich es aber noch nicht erlebt, dass jemand gesagt hat: Ich will nicht in den Kreis kommen. Normalerweise sind im Gegenteil alle sehr froh, dass es endlich wirklich die Gelegenheit gibt, Verantwortung zu übernehmen.

US: Und wie sieht es mit dem typischen Freigeist aus, der unter Umständen als Einzelgänger am kreativsten ist und damit ja auch für die Organisation von großer Bedeutung?

BS: Wir formieren in unseren Grundsatzbeschlüssen ohnehin Freiheit für die einzelnen Menschen des Kreises, jeder hat also seinen eigenen Bereich, in dem er selbst entscheiden kann. Wenn ich einen Freigeist in der Gruppe habe und der ist sehr wertvoll für die Organisation, dann wird er sicher seine eigene Domäne haben, in der er kreativ sein kann und soll. Ich erinnere mich da an ein Architekturbüro, in dem es einen Mitarbeiter gab, der ausschließlich für die Entwürfe zuständig war. Darin hatte er eine große Freiheit und die Geschäftsführerin war die einzige, die ihm dreingeredet hat. Nichtsdestotrotz haben sich die beiden gewünscht, auch mit den anderen Architekten in bestimmten Phasen des Entwurfes ein oder zwei Mal beratende Meetings zu haben.

Die 4 soziokratischen Basisregeln

Kontentprinzip
Kein schwerwiegender Einwand gegen einen Beschluss

Kreisstruktur
Kreise treffen innerhalb ihrer Grenzen autonom ihre Grundsatzentscheidungen

Doppelte Verknüpfung der Kreise
Jeweils zwei Personen nehmen an beiden Kreissitzungen teil

Offene Wahl von Funktionen
Wahl im Konsent nach offenem Gespräch

Abbildung 4.16: Soziokratische Basisregeln

SKM und Organisationsentwicklung

Othmar Sutrich: Versuchen wir jetzt, den Bogen zur Organisationsentwicklung herzustellen. Die soll sich ja durchaus auch auf jede Organisation als ein Unikat beziehen — aufgrund der ganz unterschiedlichen Organisationstypen (auch aus verschiedenen gesellschaftlichen Bereichen), Größen, organisationalen Reifegraden und aktuellen Ausgangslagen.

Barbara Strauch: Ich möchte hier noch einmal ausdrücklich betonen, dass wir einen *Prozess* brauchen, um die Soziokratische Methode einzuführen. Das ist nicht so easy, man muss es wirklich lernen, ebenso, wie jede Organisationsentwicklung ein Prozess ist, auf den wir uns einlassen müssen.

Die grundsätzliche Frage am Anfang ist, wo die Organisation steht, was die *Ausgangslage* ist, von der aus wir eine Lösung brauchen. Ich war schon in Organisationen, wo ich gesehen habe: Die haben gerade einen wichtigen Schritt gemacht in der Entwicklung, und wenn jetzt die SKM implementiert wird, dann ist das kontraproduktiv, sie müssen sich erst stabilisieren. Die haben dann die Konsent-Methode für sich in ihrem Vorstand genutzt, mit acht Personen. Das haben sie schnell gelernt. Sie haben auch vorher schon im Konsens entschieden und haben das Konsent-Prinzip als sehr hilfreich erlebt, aber den Rest nicht gebraucht.

OS: Wir können uns eine ganze Reihe von Organisationstypen und organisationalen Aufgaben sehr gut affin mit der SKM vorstellen, andere weniger. Wenn es um wissensbasierte Unternehmen geht, dann scheint die SKM sehr nahezuliegen. Es gibt aber auch andere Unternehmen, bei denen das Anforderungsprofil an die Leute quer durch die Organisation extrem unterschiedlich ist. In einer Spedition gibt es im Lagerumschlag zum Beispiel Leute, die ganz bestimmte Aufgaben zu erledigen haben. Nicht, dass man dort nicht auch mehr Mitbeteiligung haben könnte, aber sehr limitiert. Und in demselben Unternehmen gibt es einen Vorstand, der große Millioneninvestitionen in Georgien tätigt. Das ist eine wirklich große Bandbreite.

BS: Im Lager gibt es klare Vorgaben, hier weiß jeder ganz genau, was er zu tun hat. Und in anderen Bereichen sind komplett neue Wege zu beschreiten und ganz neue Dinge miteinander in Angriff zu nehmen. Ich kann überall, wo ich bin, auch im Lager, die Weisheit des Teams nutzen. Vielleicht werde ich mit den Lagerarbeitern nur alle zwei Monate eine Stunde zusammensitzen, um zu fragen: Gibt es irgendwo Mängel, Verbesserungsvorschläge, seid ihr zufrieden damit, wie wir es organisiert haben? Wenn ich dagegen ein neues Projekt vorhabe, werde ich wahrscheinlich wöchentlich mit den Leuten zusammensitzen. Dabei werden wir permanent neue Entscheidungen treffen müssen. Und wir holen die Messung, wie etwas in der Ausführung gelingt, immer mit herein in die Beschlussfassung.

... und darüber hinaus

Ulrike Sutrich: Du bezeichnest SKM als eine Lösungsidee für die Bedürfnisse unserer Zeit. Ist es aber nicht immer noch so, dass man da auf eine Einstellung und einen Veränderungswillen treffen muss, wo eine Notwendigkeit für Neues erkannt wurde?

Barbara Strauch: Ja, natürlich. Ich habe vor Kurzem mit einer Beraterin für »agile Softwareentwicklung« ein Gespräch geführt, die sich auch für diese Methode interessiert. Sie sagt, Softwareentwicklung sei ohne die agile Methode gar nicht mehr möglich. Die »agile Softwareentwicklung« braucht eine »agile« Umgebung, das heißt, besonders im mittleren Management mehr Spielraum für die untergeordneten Teams. Und deswegen sind die sehr neugierig und offen für innovative Wege. Das ist der Zeitgeist, den ich gemeint habe: Unsere Zeit braucht diese Lösungen. Und das ist nicht nur dort so, sondern vielerorten zu finden. Es braucht die Kompetenz jedes einzelnen, jeder Mitarbeiter muss sich zur Gänze einbringen können mit seiner Kreativität. Dann werden wir auch die Antworten finden, die wir brauchen.

US: Darin sind wir uns sehr einig, dass die Zeit gerade jetzt viel reifer zu sein scheint als noch vor fünf oder zehn Jahren. Wie könntest du deine Erfahrungen auf den Punkt bringen, warum ist das so?

BS: Ich glaube, es geht insgesamt um Gemeinschaft. Konkurrenz innerhalb von Unternehmen, die ja sehr häufig vorkommt, ist kontraproduktiv. Es ist wesentlich besser und bringt uns weiter, wenn wir gemeinschaftlich vorwärtsgehen und gemeinschaftlich entscheiden. Kooperation scheint im Kommen zu sein, egal, ob in Unternehmen, bei Wohnprojekten oder beim Umgang mit unseren Alten, oder ob wir es als Europa oder als Gemeinde mit Flüchtlingen zu tun haben. Es macht wirklich Sinn, dass wir nicht gegeneinander arbeiten, sondern miteinander. Das ist der Trend.

US: Was für ein wunderbarer Schlusssatz. Vielen Dank.

4.3.6 Nachbetrachtung

Das Gespräch bietet viele Anregungen zum Nach- und Weiterdenken. Das Konsent-Prinzip liefert uns ein Konzept, um Entscheidungen anders als bisher üblich zu treffen. Es fördert kooperatives Miteinander, Eigenmotivation und Selbstverantwortung und es verändert da, wo es praktiziert wird, die Entscheidungskultur: Hier zählt das Argument und nicht die Position der Beteiligten.

Die Methode ist allerdings kein Selbstläufer, das Erlernen erfordert Geduld und Disziplin. Für Führungskräfte, die es gewohnt sind, Entscheidungen allein oder mit wenigen Kollegen zu treffen, gilt das umso mehr. Alle Elemente der Entscheidungsfindung sind hier transparent und zugänglich, es gibt kein Herrschaftswissen. Und es geht nicht um ein für alle Mal perfekte Lösungen, sondern immer um den aktuell praktikabelsten Ansatz und darum, dynamisch auf Veränderungen reagieren zu können.

Eine Entwicklungsfrage beschäftigt uns darüber hinaus: Die SKM erweist sich als faszinierend pragmatisch und effektiv in allen Situationen, in denen es um die Entscheidungsfindung in der Gruppe im engeren klassischen Sinne geht, wenn also schon geklärt ist, dass etwas zu beschließen und umzusetzen ist. Dort erscheint ihr Einsatz uns sehr lohnenswert. Betrachten wir nun das prozessuale Vorgehen mit der *Decisio-Prozesslandkarte* (Kapitel 3.4), bei dem es viel um innovatives Explorieren und Erkunden komplexer und diffuser Entscheidungssituationen geht und im dialogischen Sinne um die »kollektive Intelligenz« des gemeinsamen Denkens. Da möchten wir gerne herausfinden, wo darin das Vorgehen der SKM mit ihrem strukturierten Kreisprozess, in dem man als Regel *nacheinander* spricht, seinen Platz finden und das Bearbeitungsrepertoire vergrößern kann. SKM könnte sich da, je nachdem, in verschiedenen Zusammenhängen als gute Ergänzung für eine dialogische Entscheidungsvorbereitung erweisen.

4.4   Den Pentaeder im Blick:
komplexe Entscheidungen moderieren
Einführung von Omnichannel in Banken
und Sparkassen

Ein großes Thema der Zeit für Banken und Sparkassen ist die Ausrichtung auf eine Omnichannel-Strategie. Die Versuchung ist groß, die anstehenden Neuerungen mit den gewohnten Projektansätzen und eingespielten Entscheidungsmustern anzugehen. Als externe Berater mit langjährigen Erfahrungen in der Finanzdienstleistung ist uns daran gelegen, hier einen besseren Weg zu finden. Dafür lassen wir uns vom Pentaeder-Modell des Entscheidens in Organisationen leiten, um ein tieferes und gesamtheitliches Verständnis für das Vorhaben und seine Implikationen zu entwickeln.

Einige Informationen vorweg:
1. Omnichannel gibt konkrete Antworten auf die vertrieblichen Herausforderungen, vor denen Banken und Sparkassen heute stehen.
2. Das Vorhaben Omnichannel betrifft das gesamte Unternehmen und bewirkt tief greifende Veränderungen — es ist beileibe kein bloßes Vertriebs- oder IT-Projekt, das sich auf Internetanwendungen begrenzen lässt.
3. Das Pentaeder-Konzept ermöglicht eine partnerschaftliche Kooperation zwischen einer Bank bzw. Sparkasse und uns als Beratern. Alle Beteiligten orientieren sich gemeinsam an diesem transparenten und ganzheitlichen Modell. Sie erkennen dabei zu jeder Zeit, wo der Partner konzeptionell gerade steht und wo eben gerade nicht. Gemeinsam initiieren sie Schritt für Schritt die erforderlichen Entscheidungen.
4. Dabei werden die Chancen und die Gefahren des Projektes für das Unternehmen und die weiteren Stakeholder ausgewogen betrachtet.

Der Pentaeder als hilfreiches Referenzmodell
Das Pentaeder-Modell hatte in dieser Situation viele Vorteile. Es forderte uns heraus, gemeinsam mit unseren Klienten ...
1. ... sehr konsequent die Risiken der Sache und die der anstehenden Entscheidungsprozesse in der Sparkasse in den Blick zu nehmen. Der Qualitätsunterschied entsteht dort, wo nicht mehr (wie meist in solchen Projekten) nur die inhaltlich/sachlichen Risiken, sondern auch die der dafür relevanten *Entscheidungsprozesse* betrachtet werden. Eine der zentralen Aussagen des Pentaeders lautet daher: Die Entscheidungen können nur so gut sein wie die Prozesse, die diese Entscheidungen hervorbringen.

2. … ausgewogen beide Seiten der Risiken, also alle Gefahren und Chancen zu sehen. Das verändert die Lage, auch emotional. Der relevante Unterschied ist, ob ein Omnichannel-Projekt als Problemlösung oder als Ergreifen einer Chance gesehen wird: Die erste Sichtweise erzeugt eine Weg-von-Energie, die zweite hingegen eine zielorientierte Hin-zu-Energie.

3. … uns stets gewärtig zu sein, ob das Vorhaben mit seinen inhaltlichen und Prozessrisiken gleichermaßen aus der Perspektive der Gesamtorganisation, ihrer Bereiche und Teams und ihrer Mitarbeiter betrachtet wurde. Als Unternehmensberater nehmen wir per se primär die Perspektive der Gesamtorganisation ein (im Pentaeder-Modell durch das »Organisationssegel« ausgeschildert), unsere Kollegen aus den Bereichen des Coachings bzw. der Teamentwicklung hingegen vor allem die der Personen bzw. Teams. Wichtig ist dabei, die jeweils anderen Perspektiven nicht aus dem Auge zu verlieren.

An Instrumenten standen uns dafür das *Pentaeder-Modell* selbst, die konzeptionellen Aussagen aus Kapitel 2.3 *Prozesse gestalten und entscheiden* und die *Decisio-Prozesslandkarte* aus Kapitel 3.4 (siehe Abbildung 3.23) zur Verfügung.

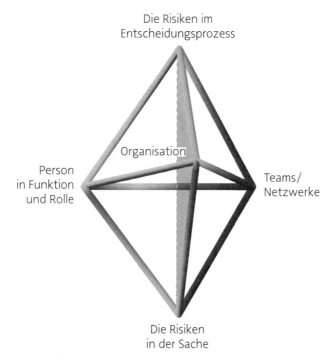

Abbildung 4.17: Der Pentaeder mit der Kennzeichnung des Organisationssegels

4.4.1 Im Quellgebiet

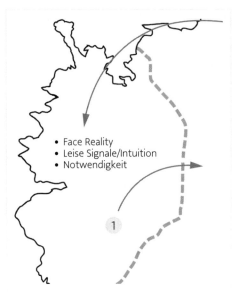

- Face Reality
- Leise Signale/Intuition
- Notwendigkeit

Abbildung 4.18: Decisio-Prozesslandkarte: das Quellgebiet

In Anbetracht der Komplexität und der unternehmerischen Bedeutung des Omnichannels forderten wir unsere Klienten auf, in einem ersten Schritt zwei Basisentscheidungen zu treffen, die in der Prozesslandkarte der Phase 1, also dem Quellgebiet (Abbildung 4.18), zuzuordnen sind:

1. Besteht in unserem Institut Übereinstimmung in der Einschätzung, dass sich die Marktlage dramatisch verändert hat, so, wie es im nachfolgenden Szenario (Abbildung 4.19) skizziert ist? Und besteht Übereinstimmung in dem Beschluss, sich auf den Weg zu einer Omnichannel-Institution zu machen?

2. Sind wir im Institut mit unseren Entscheidungsgewohnheiten gut für diese dramatische und umfassende Veränderung unseres Geschäftsmodells gerüstet?

Aktuelle Herausforderungen in Richtung Omnichannel

Der Vertrieb in Banken und Sparkassen verläuft seit Jahrzehnten nach mehr oder weniger gleichem Muster: Über die unterschiedlichen Vertriebskanäle werden Dienstleistungen und Produkte angeboten. Die einen tun dies mit einem eher vertrieblich orientierten Ansatz, die anderen positionieren sich stärker als Kunden- oder Beraterbank. Dabei gibt es reine Onlinebanken, andere treten als beratende Direktbank oder als Offlinemodell mit mehr oder weniger ansprechenden Internetseiten auf. Aktuell steht der Vertrieb in den Banken und Sparkassen vor noch größeren Herausforderungen als in den letzten Jahren, die ebenfalls bereits als eher problematisch betrachtet wurden. Die gesamte Branche steht unter Druck. Da werden weniger die Chancen gesehen, die sich den Banken bieten, als die Risiken, die dieser Druck impliziert.

Abbildung 4.19: Umweltszenario des Omnichannels

Der Druck entsteht auf mehreren Ebenen; zudem sind die Herausforderungen miteinander verbunden und können nicht sukzessive, sondern nur unter Berücksichtigung der gegenseitigen Abhängigkeiten angegangen werden. In dem 2015 erschienenen Buch *Multi- und Omnichannel-Management in Banken und Sparkassen* von Harald Brock und Ingo Bieberstein sind die Herausforderungen umfassend beschrieben. Hier wollen wir uns auf einige beispielhafte Trendfelder beschränken:

- Das Kundenverhalten ändert sich. Die Kunden sind »always on« und verhalten sich hybrid. Immer mehr Kunden wollen selbst entscheiden, ob sie ihren Finanzdienstleister analog oder digital kontaktieren. Viele Vorgänge unterliegen heute schon dem sogenannten ROPO-Effekt (Research Online, Purchase Offline): Die Kunden informieren sich über die digitalen Plattformen, schließen aber auch noch in der Filiale ab. Digitale ebenso wie smarte Assistenzsysteme werden immer stärker in Kundenentscheidungen eingebunden.
- Durch die Digitalisierung entstehen völlig neue Plattformen für Finanzdienstleister. Die traditionellen Geschäftsmodelle der Banken und Sparkassen werden über neue Wettbewerber, Bezahlsysteme und FinTech regelrecht angegriffen.
- Die anhaltende Niedrigzinsphase wie auch die weiter steigenden Kosten durch Regulierungsanforderungen erzeugen einen Ergebnisdruck, der sich in den Jahren bis 2020 weiter verschärfen wird.
- Auch der demografische Wandel hat nicht zu vernachlässigende Auswirkungen: Die Anzahl der Kunden wird stetig sinken, wenn nicht Zuwanderer den Bevölkerungsverlust ausgleichen, gleichzeitig stehen die Finanzdienstleister im harten Wettbewerb um fähige Nachwuchskräfte. Sie sind dadurch stark gefordert, mit zukunftsfähigen Geschäftsmodellen und zeitgemäßen Arbeitsformen ihre Attraktivität zu sichern.

Joachim Gauck hat es während des Festaktes 2013 zum Tag der Deutschen Einheit sehr deutlich gemacht: »Entfaltungsmöglichkeiten! Wie viele haben wir in den vergangenen Jahren hinzugewonnen, durch Internet und durch mobile Kommunikation — ein Umbruch, dessen Konsequenzen die meisten bislang weder richtig erfasst noch gar gestaltet haben. Wir befinden uns mitten in einem Epochenwechsel. Ähnlich wie einst die industrielle Revolution verändert heute die digitale Revolution unsere gesamte Lebens- und Arbeitswelt, das Verhältnis vom Bürger zum Staat, das Bild vom Ich und vom Anderen. Ja, wir können sagen: Unser Bild vom Menschen wird sich ändern. (…) Die digitalen Technologien sind Plattformen für gemeinschaftliches Handeln, Treiber von Innovation und Wohlstand, (…) und sie ersetzen den Gang zur Bank ebenso wie den ins Büro.«

Kurzum: Die Zeit reiner Offlinegeschäftsmodelle ist vorbei, und auch reine Onlinemodelle stoßen an ihre Grenzen, sofern es sich um erklärungsbedürftige Produkte handelt. Unterstellt, der Markt segmentiert sich künftig noch deutlicher in ein Premium- und ein Standardsegment, dann werden sich auch die Geschäftsprozesse dahinter unterscheiden. Die Digitalisierung wird unsere Arbeitswelt immer weiter verändern. Thomas H. Davenport und Julia Kirby (S. 21—31) gehen in ihrer Beschreibung der »dritten Ära der Automatisierung« davon aus, dass im 21. Jahrhundert intelligente Systeme, sprich Maschinen, Entscheidungen für Menschen übernehmen werden.

Komplexe Entscheidungen verlangen exzellente Entscheidungsprozesse
… und die sind riskant! Wiederholen wir die zweite Eingangsfrage noch einmal: Sind wir im Institut mit unseren Entscheidungsgewohnheiten gut für diese dramatische Veränderung gerüstet? Welche Lehren ziehen wir aus unseren bisherigen Gepflogenheiten des Entscheidens für die »neue digitale Welt«? Können wir es uns leisten, so wie bisher weiterzumachen?

Wir Berater haben dazu noch weitere erhellende Fragen gestellt:
- Welche Chancen und Gefahren sind mit der Geschwindigkeit verbunden, mit denen Ihr Institut üblicherweise Entscheidungen trifft? Gelten diese unverändert auch für die neue digitale Welt?
- Gibt es für diese Welt sinnvollere Verteilungen von Entscheiderrollen als die bisherige Gewohnheit, im Vorstandsgremium Konsens zu erzielen bzw. autonom in den Dezernaten zu entscheiden? Was wären dabei die Chancen und Gefahren?
- Was hätte die Vorstellung, die eigentlichen Entscheider der Sparkasse seien die Kunden, für Auswirkungen? Welche Chancen täten sich dadurch auf, welche Gefahren drohen? Ist dies der wahre Kern von Omnichannel?

4.4.2   Im Land der Suche und Optionen

Das Institut bejahte die Fragen, die wir im Quellgebiet gestellt hatten, traf die Entscheidung, sich auf den Weg zum Omnichannel zu machen und überprüfte seine Entscheidungsgewohnheiten. Dann folgte die Kärrnerarbeit, die *sachlichen Risiken* verschiedener Optionen genauer zu beleuchten.

Optionen im Kleinen und im Großen, im Inhaltlichen und im Prozess
Im Kleinen beginnt dies mit den möglichen Varianten der Kundensegmentierung. Banken und Sparkassen können weiterhin *quantitativ* und potenzialorientiert segmentieren, wie sie es bislang gewohnt sind. Sie können aber auch ganz neue und völlig anders zugeschnittene *qualitative* Kundensegmente definieren.

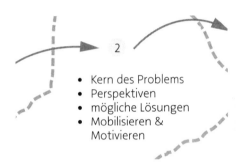

- Kern des Problems
- Perspektiven
- mögliche Lösungen
- Mobilisieren & Motivieren

Abbildung 4.20: Decisio-Prozesslandkarte: das Land der Suche

Im Großen geht es um die grundlegenden Optionen: Wird ein rein omnichannelfähiges Geschäftsmodell entwickelt, stringent ausgestaltet mit Wertschöpfungsprozessen? Eine prozessorientierte Organisation? Oder wird zum heutigen Multikanalmanagement die Digitalisierung professionell hinzugenommen? Letzteres wäre dann eher eine organische Weiterentwicklung aus dem heutigen Modell heraus.

Hier, im Land der Suche nach Optionen, bietet uns das Pentaeder-Modell die Möglichkeit, den Blick zu weiten und systematisch nüchterne Risikobilanzen zu erstellen. Egal, auf welcher Ebene diskutiert wird, wir empfehlen stets, eine gute Bandbreite an Optionen zu entwickeln. Das liefert die Chance, das gesamte Spektrum der Möglichkeiten auszuleuchten. In der Praxis lässt sich beobachten, dass in der nachfolgenden Diskussion um die beste Lösung immer wieder Spannungen und Pole aufgebaut werden. So entstehen vielfältige Spannungsfelder, die den Führungskräften und Managementteams bewusst werden. Diese zu erkennen und besprechbar zu machen, vermeidet das Entstehen von Blockaden und schwer zu behebenden Unsicherheiten.

Die Spannungsfelder bezeichnen die Pole, die sich im komplexen Kontext nicht einseitig auflösen lassen. Beispiele hierfür:
- Die einen wollen schnell Pflöcke setzen, die anderen behutsam erste Schritte einleiten.

- Die einen wollen Kosten sparen, die anderen in die Zukunft investieren.
- Die einen wollen zentral steuern, die anderen dezentrale Verantwortung fördern.

Der vertiefende Blick auf die Risiken

Die Kärrnerarbeit der sehr viel tiefer gehenden Risikobetrachtungen zum Omnichannel werden wir im Folgenden nur beispielhaft andeuten und mit Fragen und Entscheidungsnotwendigkeiten hinterlegen. Diese Investition bereits in der frühen zweiten Phase des Entscheidungsprozesses zahlt sich später bei der Umsetzung in der Regel vielfach aus. Zur Strukturierung werfen wir zunächst noch einmal einen Blick auf die vier Gestaltungsdimensionen der Organisation.

Abbildung 4.21: Omnichannel und die vier Gestaltungsdimensionen der Organisation

Zur Kultur

Es mag Sie überraschen, dass wir als Organisationsberater die vertiefende Betrachtung gerade mit der Kulturdimension beginnen. Dies hat seinen Grund darin, dass wir im Laufe unserer langjährigen Begleitung von Change-Prozessen allzu viele haben scheitern sehen müssen. Und dies lag nicht etwa an einem Mangel an strategischer Klarheit oder unzureichenden technischen Möglichkeiten. Nein, sie scheiterten am Beharrungsvermögen der *Unternehmenskulturen*. Das Werkzeug *Den E-Code entschlüsseln* aus Kapitel 3.5 leistet hier Abhilfe. Wir nutzen dieses Instrument insbesondere in Fällen, in denen zu erwarten ist, dass die Entscheidungsgewohnheiten des Instituts mit seinen strategischen Zukunftsentwürfen kollidieren.

Betrachten wir nun die Frage nach den Entscheidungsgewohnheiten aus dem Quellgebiet noch etwas genauer:

- Wie förderlich oder hemmend sind die Entscheidungsgewohnheiten des Instituts beim Übergang von der Tradition in die Moderne?
- Wie ist die Risikobereitschaft des Instituts in seinen Entscheidungsgewohnheiten verankert? Ist der E-Code eher risikoavers, wie in Banken und Sparkassen zu vermuten ist?
- Wie ist die Blickrichtung beim Entscheiden? Inside-out oder outside-in? Oder gar nur inside-inside?

Zur Strategie
Eine aussagefähige Strategie der Sparkasse mitsamt Zukunftsentwürfen ist ohne eine klare Positionierung zu den aktuellen digitalen Trendthemen nicht mehr vorstellbar.

Strategische Fragen und Entscheidungsbedarfe können hier sein:

- Wenn unsere Organisation ein omnichannelfähiges Geschäftsmodell entwickelt, was sind dann die vorhandenen Kundensegmente und auf welche davon fokussiert das Unternehmen?
- Wenn das Unternehmen künftig streng vom Kundenbedarf her denkt, welcher notwendige Muster- oder gar Paradigmenwechsel ist damit verbunden?
- Wie verändert sich das Profil der Sparkasse, wenn sie versucht, alle Vertriebskanäle parallel anzubieten? Was hat das für Auswirkungen?

Je nach Betrachtungsschwerpunkt können diese Fragen unterschiedlich beantwortet werden. Am Beispiel der Frage, ob die Vertriebskanäle einzeln gesteuert werden sollten, lässt sich deutlich aufzeigen, wie eine Chancen- und Risiko-Abschätzung anhand des Pentaeder-Modells erfolgt.

Unter organisatorischen Gesichtspunkten ergibt sich als *Chance der Einzelsteuerung* vor allem die deutliche Sichtbarkeit von Akzeptanz und Attraktivität der einzelnen Kanäle. Die Verantwortung für den Vertrieb kann dabei auf mehrere Teams verteilt werden. Dagegen besteht die *Gefahr*, dass die Kunden den Überblick verlieren — denn jeder Kanal wird ja separat beworben. Außerdem machen sich die verschiedenen Kanäle gegenseitig Konkurrenz und die Kundeninformationen gehen zwischen den Kanälen verloren. Während der einzelne Mitarbeiter eine gute Chance hat, sich zu spezialisieren, besteht gleichzeitig das Risiko, dass wachsendes Konkurrenzdenken gegenseitige Abstimmungen behindert. Für die Teams besteht die Chance, eine Vielzahl von Vertriebsideen zu entwickeln, gleichzeitig aber auch die Gefahr, dass sich Subsysteme bilden und der Blick auf die Gesamtorganisation verloren geht.

Neben diesen sachlichen Aspekten ist es wichtig, sich der *Risiken der Entscheidungsprozesse* bewusst zu sein. Bezogen auf die drei Ebenen Organisation, Person und Team bedeutet dies:

- Die organisatorischen Aspekte sind mit den Auswirkungen der komplexen Steuerung zu vernetzen. Ein Beispiel: Organisatorische Chancen können beispielsweise genutzt werden, wenn die Vertriebskanäle auch ohne durchgängig vernetzte Steuerung an den Start gehen. Gleichwohl vermag aber die Komplexität der Steuerung die Organisation zu lähmen.
- Einzelne Personen, Fachexperten, können ihr Wissen produktiv einbringen, aber diese Personen bevorzugen unterschiedliche Geschwindigkeiten und verlieren durch den Einsatz verschiedener Steuerungsmechanismen den Überblick.
- Für die Teams ergibt sich, dass unterschiedlich fortgeschrittene Teams ihre Leistungen bereits am Markt anbieten können. Aber dabei besteht die Gefahr, dass die Vertriebsstrukturen noch nicht auf alle Vertriebskanäle eingespielt sind.
- Fazit: All diese unterschiedlichen Dimensionen sind im Prozess zu berücksichtigen und die gegenseitigen Abhängigkeiten müssen betrachtet werden.

Zur Wertschöpfung

Die Entscheidungen zu den Wertschöpfungsprozessen bilden die Brücke zwischen den Kundenanforderungen und deren effizienter Bedienung durch die Sparkasse. Die Wertschöpfungsprozesse sind das wichtigste Element für die IT-Unterstützung eines Omnichannelzugangs der Kunden. In den Wertschöpfungsprozessen der Sparkasse wird es keine Entscheidungen mehr ohne Relevanz für die IT geben — und umgekehrt.

Zudem richten die Wertschöpfungsprozesse unsere Aufmerksamkeit sofort auf diejenigen, die die Wertschöpfung erzeugen, auf die Mitarbeiter des Instituts, die im direkten Kontakt zu den Kunden stehen oder mittelbar in den Supportprozessen eingebunden sind. Auch nach deren Chancen- und Gefahreneinschätzungen sollte unbedingt geschaut werden. Ein kleines alltägliches Beispiel: Der Kunde äußert eine Anregung für eine Verbesserung im vertrieblichen Ablauf. Für eine hohe Kundenzufriedenheit ist eine schnelle Reaktion erforderlich: Vor diesem Hintergrund gewinnt der *vernetzungsorientierte Ansatz* immer mehr an Bedeutung. Bei der Abwicklung des Wertschöpfungsprozesses arbeiten Vertrieb, Vertriebssteuerung, IT etc. nun temporär zusammen: Informationen werden zeitnah weiterverarbeitet und ausgewertet, gleichzeitig werden daraus neue Ideen entwickelt. Die Herausforderung besteht nun darin, die Schnelligkeit der medialen Kanäle zu nutzen und auf den Kundenhinweis angemessen schnell zu reagieren. Die Verantwortung dafür liegt bei dem temporär zusammengesetzten Team. Und auch hier kann wieder die Frage gestellt werden: Welche Chancen und Gefahren sind mit dem Prozess verbunden? Wie ist die Auswirkung auf die vorhandenen Vertriebskanäle? Wie werden unsere Kosten, unsere Zeitbudgets und die Erfüllung unserer Qualitätsziele davon berührt? Wie gehen wir mit dem Kundenanspruch auf kurze Antwortzeit und Verantwortungsübernahme in der Sparkasse um? Was kann dieses temporäre Team zur Problemlösung beitragen?

Dieses kleine Beispiel zeigt auf, was bei der Betrachtung der Wertschöpfungsprozesse generell zu beachten ist: Die Teams müssen in ihrer Besetzung so flexibel sein, dass sie die einzelnen Fragen durchdringen und beantworten können, dafür ist ein hoher Vernetzungsgrad erforderlich. Gleichzeitig bedingt dies ein hohes Maß an Transparenz über die einzelnen Prozesse. In einer stark IT-geprägten Geschäftswelt müssen dafür enge Beziehungen zwischen Vertrieb, IT und Backoffice aufgebaut und alle am Prozess mit gleicher Bedeutung beteiligt werden. Dies ist die Grundlage für einen zielgerichteten Entscheidungsprozess.

Unser Beispiel zieht weitere entscheidungsrelevante Fragen nach sich:

- Sollen die Kundensegmentierung und die Zuordnung zu einem Berater im Omnichannel-Betrieb aufgegeben werden?
- Welche Chancen und Gefahren sind damit verbunden, wenn wir einen vernetzungsorientierten Ansatz über mehrere Abteilungen realisieren? Was bedeutet es also für unsere Abstimmungsprozesse, wenn wir unterschiedliche Abteilungen wie Privatkunden- und Firmenkundenvertrieb, Vertriebsmanagement, medialen Vertrieb und IT-Anwendungsentwicklung bei der Ausgestaltung von Wertschöpfungsprozessen zusammenführen? Wie verändert sich die Zusammenarbeit zwischen den Abteilungen aufgrund der dadurch erzeugten hohen Transparenz? Wie werden andere Wertschöpfungsprozesse dadurch beeinflusst?
- Auch wenn aus Sicht der Abteilungen Medialer Vertrieb und IT-Anwendungsentwicklung die Zeit reif für eine Entscheidung zu sein scheint: Wie stehen der Privatkunden- und der Firmenkundenvertrieb dazu, die Wertschöpfungsprozesse an den Kundenbedürfnissen auszurichten?
- Welche Chancen und Gefahren ergeben sich aus einer Überarbeitung der Prozesse für die anderen Abteilungen?
- Welche Wertschöpfungsprozesse unterstützen das Geschäftsmodell, das mit dem Omnichannel-Ansatz verbunden ist?

Greifen wir die erste Frage heraus: »Sollen die Kundensegmentierung und die Zuordnung zu einem Berater im Omnichannel-Betrieb aufgegeben werden?« Hier lassen sich zunächst *unterschiedliche sachliche Betrachtungsschwerpunkte* untersuchen. In organisatorischer Hinsicht ist es für die Kunden vorteilhaft, wenn sie auch ohne Einschaltung ihres Beraters die Leistungen der Sparkasse nutzen können. Sie werden in ihrer Autonomie gestärkt und entscheiden situationsabhängig, ob sie ein Produkt selbstständig kaufen oder Beratung in Anspruch nehmen möchten. Gleichzeitig besteht für die Sparkasse die *Gefahr*, dass die Kundenloyalität sinkt, wenn die persönliche Beziehung zwischen Kunden und Berater verloren geht. Zudem gleicht sich damit das Geschäftsmodell der Sparkassen dem der Geschäftsbanken an, da das Merkmal der Nähe zur Filiale mehr und mehr in den Hintergrund rückt, wenn nicht gar vollkommen verloren geht. Für die Vertriebsteams entstehen *Chancen*, weil neue themenbezogenen Spezialistenteams aufgebaut werden, in denen sie dann aufgehen können. Gefahren bestehen dagegen u. a. für solche Vertriebsteams, die sich auf langfristige Kundenberatung spezialisiert haben und jetzt nicht mehr benötigt werden. Was für das Team gilt, lässt sich auch auf die Personen übertragen: Der Einzelne hat die Chance auf Spezialisierung, gleichzeitig sehen bestimmte Personen jedoch ihr Selbstverständnis infrage gestellt, fühlen sich und ihre bisherige Arbeit nicht wertgeschätzt und haben Angst vor neuen Aufgaben.

Für die Beantwortung der Frage »Sollen die Kundensegmentierung und die Zuordnung zu einem Berater im Omnichannel-Betrieb aufgegeben werden?« bedeutet dies: Es ist erforderlich, sich sowohl mit den Anliegen der involvierten *Personen* (Kunden, Kundenberatern, Vertriebsteams) als auch mit den Konsequenzen aus *unternehmerischer Sicht* auseinanderzusetzen. Die Konsequenzen sind weitreichend und stellen etablierte, auf die Kundensegmentierung aufgebaute Wertschöpfungsprozesse infrage (Zuordnung von Produkten zu Segmenten, Zuordnung der Berater zu Segmenten etc.). Die Bearbeitung der daraus entstehenden Herausforderungen erfordert eine netzwerkartige Zusammenarbeit unterschiedlicher Spezialisten und höchste Transparenz.

Fazit: Für Entscheidungen über die Wertschöpfungsprozesse müssen der Vertrieb, die Steuerungs- und Marktfolgebereiche und die IT gleichrangig beteiligt werden. Transparenz und Offenheit und das Lösen von tradierten Mechanismen sind erforderlich, um die Wertschöpfungsprozesse im künftigen Omnichannel effizient zu gestalten. Das *Denken des Kunden* wird dann durch die Gestaltung gleicher effizienter Prozesse geprägt, unabhängig davon, welcher Zugang zur Bank benutzt wird.

Zur Struktur

Die Entscheidungen zur Struktur sind Grundlage einer konsistenten und dauerhaften Verantwortungsarchitektur in der Sparkasse, die den Omnichannel-Zugang der Kunden zur Zufriedenheit sowohl der Kunden als auch der Institution gewährleisten muss. Nach dem Grundsatz *Structure follows process* richtet sich die Verantwortungsarchitektur an den Wertschöpfungsprozessen aus. Zumindest eine strukturelle Konsequenz scheint unvermeidbar zu sein, die mit den meist üblichen Entscheidungsgewohnheiten der Institute nicht konform geht: Silodenken und -verantworten in den Bereichen müssen einem Ende entgegengehen, wenn Omnichannel Einzug halten soll. Die strukturelle Verankerung netzwerkartiger Zusammenarbeit über die Bereichs- und Abteilungsgrenzen hinweg mit dem Anspruch des *gemeinsamen Verantwortens und Entscheidens* ist eine unbedingte Voraussetzung. Konkrete Hinweise und Empfehlungen zu dieser Thematik finden sich in den Kapiteln 4.1 über das *vernetzte Entscheiden* und 4.3 zum *Konsent-Prinzip*.

Entscheidungsrelevante Fragen zur Struktur können sein:
- Wie werden die temporär agierenden Teams in die Verantwortungsarchitektur eingebunden?
- Welche Herausforderungen haben wir zu lösen, um von der bereichsbezogenen Handlungsorientierung in eine Prozessorientierung zu kommen? Mit welchen Gefahren sind dabei die größten Chancen verbunden?
- Wie vernetzen sich die temporär agierenden Teams untereinander und mit der bestehenden Verantwortungsarchitektur?
- Und nicht zuletzt: Wie vernetzen sich die Stakeholder?

4.4.3   Die Entscheidung: Der Hammer fällt, es gilt!

In der dritten Phase des Entscheidungsprozesses gilt es nun die Entscheidung zu treffen, sich auf den Weg der Umsetzung zu machen. Die Zeit des Prüfens und Abwägens findet ihr Ende, alle Risiken sind bestmöglich bedacht. Ab jetzt muss der Übergang ins Realisieren und Investieren professionell gestaltet werden.

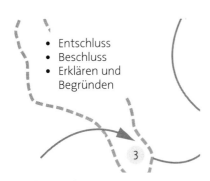

- Entschluss
- Beschluss
- Erklären und Begründen

Auch hier steht wieder die große Frage im Raum: Wer entscheidet was? Eine fundierte Grundlage dafür liefern die Entscheidungen zur Verantwortungsarchitektur, auszuwerten beispielsweise mit der schnellen Hilfestellung durch das Rapid-Modell von Bain, das im Kapitel 3.2 zu den *Funktionen und Rollen* beschrieben ist.

Abbildung 4.22: Die Entscheidung — Ausschnitt aus der Decisio-Prozesslandkarte

Entscheidungsrelevante Fragen:

- Welche Option aus dem Land der Suche wird nun umgesetzt, nachdem alle Chancen und Gefahren besprochen sind?
- Zu welchen Nachfolgeentscheidungen führt die Entscheidung, den Omnichannel-Ansatz umzusetzen? Welche Chancen und Gefahren können dabei auftreten?

- Welche Abteilungen sind direkt betroffen und müssen zustimmen?
- Wer ist in den Entscheidungsprozess einzubinden, muss aber nicht zustimmen?
- Wer stimmt der Entscheidung formal zu? Kann derjenige die Verantwortung dafür übernehmen?
- Wer übernimmt die Umsetzung der Entscheidung?
- Zu welchen Erfolgen soll die Entscheidung führen?
- Was machen wir mit den anderen aufgezeigten Handlungsoptionen? Wie können wir uns von den nicht ausgewählten Alternativen würdevoll trennen?
- Welche Ressourcen sind bereitzustellen: Anzahl der einzubindenden Mitarbeiter, Budget, Know-how, externe Begleitung, …?

Anhand dieser Fragen zeigt sich bereits das Spannungsfeld bei der Auswahl der einzubindenden Personen: Werden zu wenige eingebunden, besteht die Gefahr, dass die gewünschten Effekte/Konsequenzen nicht erreicht werden. Das nicht-beteiligt-Sein kann auf der Systemebene Person im schlechtesten Fall dazu führen, dass die Betroffenen bei der Umsetzung aktiv dagegen arbeiten, und auch auf der Teamebene können kaum zu überwindende Widerstände aufgebaut werden. Die *Chance* einer breiten Zustimmung steigt also mit der Anzahl der eingebundenen Personen, gleichzeitig erhöht sich jedoch die *Gefahr* der Verwässerung der Entscheidung durch zusätzlich einzubauende Rahmenbedingungen für die Zustimmung. Dies macht auch die Frage nach der Anzahl der einzubindenden Personen und der damit einhergehenden Meinungen zu einer Entscheidung, die ausgewogen zu treffen ist. Konkret gilt es in unserem Beispiel, die Vertreter der traditionellen Vertriebskanäle mit denen der digitalen Kanäle zu verbinden: Das bedeutet, die Chancen und Gefahren der neueren Entwicklungen wie auch der Tradition zu nutzen.

4.4.4 Im Land der Umsetzung

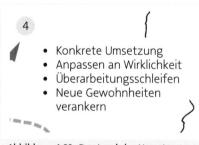

- Konkrete Umsetzung
- Anpassen an Wirklichkeit
- Überarbeitungsschleifen
- Neue Gewohnheiten verankern

Abbildung 4.23: Das Land der Umsetzung — Ausschnitt aus der Decisio-Prozesslandkarte

Alle bisherigen (Vor-)Entscheidungen wurden ja im Hinblick auf die Realisierung des Omnichannels getroffen. Hier tut sich nun ein gewisses Dilemma auf: Wenn erst an diesem Punkt die erforderliche Qualifizierung der beteiligten Mitarbeiter beginnt, verzögern sich die Einführung und die sofortige Nutzung erheblich. Lernprozesse sind in den allermeisten Fällen die am stärksten verzögernden Prozesse. Aus dieser Perspektive spricht viel dafür, möglichst viele Mitarbeiter bereits im Vorfeld in die Entscheidungsprozesse zu integrieren, damit schon dort Lernen stattfinden kann. Denn oft genug sind die Entscheidungsprozesse zur Einführung von Veränderungen der herausragende Ort des Lernens für die Konsequenzen daraus!

Machen wir einen kurzen Ausflug an den Point of Sale, um eine beispielhafte Konsequenz der neuen Strategie besser einordnen zu können: In der klassischen Organisation steht die gute Beziehung zum Kunden im Mittelpunkt. Die zur Verfügung stehenden Instrumente (Vergütung der Vertriebserfolge, Vertriebstrainings, Coaching) sind daher darauf ausgerichtet, die 1-zu-1-Beziehung zwischen Berater und Kunden aufzubauen. Beratungsprozesse laufen hochgradig standardisiert ab: Der *Autopilot* des Beraters ist aktiv, er entscheidet automatisch und aus Gewohnheit. Seine Entscheidungsvorschläge werden intuitiver, je erfahrener er ist. In der neuen omnichannel-orientierten Organisation ist dagegen der *vernetzungsorientierte Ansatz* leitend. Das Wissen aller im Vertrieb aktiven Personen, derjenigen im Backoffice, der Personen im Marketing wird ebenso wie die in den medialen Systemen verfügbaren Informationen gemeinsam in temporären, flexiblen, vernetzten Teams ausgewertet und zusammengefügt. Für die Organisation bedeutet dies, dass eine hohe Transparenz zwischen den einzelnen Einheiten entsteht. Als Voraussetzung dafür ist eine enge Beziehung zwischen IT und Vertrieb zu entwickeln.

Das Wissen über den Kunden wird transparent und in allen Teilen der Organisation bewusst. Die ausgewerteten Daten werden den jeweiligen Teammitgliedern zur Verfügung gestellt und dann zum Nutzen des Kunden aufbereitet und angewendet. Im Prinzip geht es hier um eine Rückkopplung: Auf dieser Basis können dem Kunden Entscheidungsvorschläge über mehrere Kanäle angeboten werden. Für den Berater bedeutet dies, dass er flexibel reagieren und reflektierter sein muss, der Anteil des *Piloten* wird höher. Wichtig ist hierbei, die Entscheidung des Kunden zu respektieren und auch auf anderen Vertriebskanälen zu berücksichtigen, so darf beispielsweise ein bereits abgelehntes Produkt keinesfalls auf einem anderen Vertriebsweg erneut angeboten werden. Die vernetzten Strukturen müssen ihren gemeinsamen Sinn darin sehen, den qualitativen und quantitativen Nutzen für den Kunden zu steigern. Denn die Systeme der Organisation dienen vorwiegend den Kunden und sind dementsprechend zu gestalten.

Betrachten wir nun das eingangs geschilderte Dilemma in Hinblick auf diese Anforderungen:

- Was genau ändert sich nun am Point of Sale?
- Welche Wirkung soll an welcher Stelle entstehen? Was spüren die Mitarbeiter und was die Kunden?
- Wie gewinnen wir die Mitarbeiter für die neuen Vorgehensweisen, die bisher entweder nur teilweise oder gar nicht in die entsprechenden Prozesse eingebunden waren?
- Was ändert sich in den Beziehungen und wie müssen diese dann gestaltet werden? (Dies betrifft alle Beziehungen: von den verschiedenen Kanälen zum Kunden hin über die verschiedenen Bereiche des Unternehmens bis hin zu den Beziehungen zu den weiteren Stakeholdern.)

> Der Verhaltensforscher Konrad Lorenz hat es einmal sehr weise so ausgedrückt: »Gesagt ist noch lange nicht gehört. Gehört ist noch lange nicht verstanden. Verstanden ist noch lange nicht einverstanden oder gar beherzigt. Und beherzigt ist noch lange nicht getan.«

Entscheidend für den Umsetzungserfolg, also die Lösung unseres Dilemmas, ist an dieser Stelle, auf welche Art und Weise die Mitarbeiter in den Prozess eingebunden werden. Uns allen ist sicher ein sehr gängiges Muster bekannt: Monatelang haben die Strategen konzipiert und Meilensteine festgelegt. Ist dann erst einmal die Richtungsentscheidung gefallen, soll schnellstens umgesetzt und informiert werden.

Und schon stoßen wir auf ein weiteres Dilemma. Bei aller Bezogenheit und Loyalität zum Unternehmen wollen die Menschen auch in ihrer Autonomie respektiert werden. Konkret heißt das: Die Mitarbeiter lassen sich leichter durch Gründe und Sinnstiftungen überzeugen, die sie *selbst gefunden* haben, sie sind emotional wesentlich schwerer zu gewinnen durch die Gründe, die *anderen* in den Sinn gekommen sind. Auch hier ist also wieder ein Balanceakt erforderlich: zwischen der Sinnstiftung und Deutungshoheit seitens des Managements und der »Selbstüberzeugung« der Mitarbeiter.

Die *Personen in ihrer Funktion und Rolle* müssen die Chance erhalten, die Denk- und Entscheidungsprozesse der Entscheider nachzuvollziehen. Dann werden sie auch für sich eigenverantwortlich ihren Beitrag zum Gelingen ableiten und beispielsweise erste Vernetzungsideen entwickeln. Das gibt ihnen die Möglichkeit, sich selbst deutlich zu machen, was sie auf der Reise ändern und was sie sich bewahren wollen.

4.4.5 Im Land des Feedbacks

- Feedback
- Lernen aus Erfahrung
- Prozessverbesserungen

5

Zu guter Letzt sind wir nun auf unserer Prozesslandkarte in der fünften Region angekommen, beim *Feedback* und den *Lessons Learned*. Hier schauen wir zunächst aus der Perspektive unserer Klienten und anschließend aus der der außenstehenden Organisationsberatung zurück.

Abbildung 4.24: Im Land des Feedbacks

Die Lessons Learned aus der Sicht unserer Kunden

1. Sich die Komplexität der Ausgangssituation bewusst zu machen, stellt bereits einen enormen Mehrwert dar. Wenn es gelingt, eine gute und tragfähige *Entscheidungsgrundlage* zu schaffen, fällt es leichter, mit dem Mut zum Risiko den nächsten Schritt zu gehen. Die konsequente Strukturierung der Entscheidungsgrundlage wird durch die Beachtung des Pentaeders wesentlich erleichtert.

2. In der Sache gilt es im Hinblick auf Omnichannel vielfältige Faktoren zu beachten, wie beispielsweise das Kundenverhalten in unterschiedlichen Kundengruppen, unterschiedliche Möglichkeiten der IT-Gestaltung und der Organisationsstrukturen u. v. m. Die Wechselwirkungen und Interdependenzen sind kaum überschaubar. Dies erschwert das Treffen sicherer Entscheidungen, denn die zukünftigen Entwicklungen bleiben wegen der Komplexität unberechenbar. Chancen wie Gefahren sind hoch. Damit bewegen sich die Entscheidungsträger bei ihren Entscheidungen zum Thema Omnichannel in einem ebenso unsicheren wie komplexen Umfeld. Auch ihre jeweiligen persönlichen Präferenzen beeinflussen die Entscheidung. Die Entscheidungen werden auf der Grundlage von Prognosen über mögliche Entwicklungen ex ante getroffen, müssen dann später verantwortet werden und sollen sich ex post als richtig erweisen. Eine so starke Unsicherheit für die Akteure führt in Instituten häufig zu einer Ablehnung jeglicher Veränderung — man vertraut dann lieber darauf, dass sich altbewährte Verfahren und Angebote auch in Zukunft als richtig erweisen werden. Der Pentaeder bildet die Komplexität in hervorragender Weise ab: Die zunächst in Phase 1 sichtbar gemachte Komplexität wird in der weitergehenden Betrachtung perspektivisch geordnet: Einige Aspekte rücken zeitweilig in den Vordergrund, andere in den Hintergrund. In diesem Zusammenhang ist die Erstellung der Risikobilanzen besonders wichtig. Die Gefahr, sich auf Nebenschauplätzen zu verzetteln, wird damit erheblich reduziert. So wird etwa der Berater dabei unterstützt, gemeinsam mit dem Klienten eine fun-

dierte Entscheidungsgrundlage zu erarbeiten und damit eine kompetente Entscheidungsfindung zu ermöglichen. Klienten können den Entscheidungsweg schneller nachvollziehen und haben insbesondere durch die Betrachtung von Hintergründen Zugriff auf die Aussagen, die eine Entscheidung nach vorne bringen oder auch behindern können.

3. Zusätzlich kommt der Aspekt der *Transparenz* hinzu. Chancen und Gefahren sind so genau ausgeleuchtet, dass es zwischen den Optionen kaum noch kategorisch geführte Entweder-oder-Diskussionen gibt. Dies gilt natürlich nicht, wenn direkt digital entschieden werden kann. Das Resultat ist ein geradezu organischer Übergang in das Sowohl-als-auch-Diskussionsmuster. Reife Entscheiderteams betrachten immer mehr auch die Vorteile der nicht präferierten Optionen und versuchen, diese auf eine gute Art und Weise in die gewählte Option mit einzubeziehen. Die Transparenz kann sogar so weit vorangetrieben werden, dass diese Abwägungsprozesse und Begründungen in ihren Grundströmungen (intern) öffentlich gemacht werden, damit die Organisation den Entscheidungsprozess besser versteht. Damit würde sie dann ganz dem Weg folgen, den Papst Franziskus ebenso riskanter- wie klugerweise bei der Familiensynode im Dezember 2014 eingeschlagen hat, indem er sagte: »Wenn jemand schwul ist, wer bin ich, über ihn zu urteilen?« und andererseits darauf beharrte, dass Homosexuelle auch weiterhin nicht an der Kommunion teilnehmen dürfen. Diese *zwei* Seiten seiner Entscheidung hat Papst Franziskus damit erstmalig dokumentiert. Übertragen auf Unternehmen bedeutet es einen immensen Lerneffekt, wenn abgewählten Optionen (im päpstlichen Beispiel also die Verurteilung Homosexueller) veröffentlicht und ihre Abwahl mit mehr Hintergrundinformationen begründet werden.

4. Die am Pentaeder-Modell orientierte Herangehensweise sorgt auf der sachlichen Ebene dafür, dass auch bei einer sehr komplexen Ausgangslage alle *Faktoren* berücksichtigt werden und keine Einzelheiten vergessen werden. Auf der Prozessebene sorgt sie für eine angemessene Berücksichtigung der *Standpunkte* aller beteiligten Entscheidungsträger. Damit gewinnt die Entscheidung deutlich an Überzeugungskraft und es fällt leichter, auch andere für sie zu gewinnen. Das ist eine wichtige Grundlage für die Umsetzung und damit ein Beitrag zur Nachhaltigkeit der Entscheidung. Auch kann bei kritischen Nachfragen oder später eventuell auftauchenden Problemen leichter nachvollzogen werden, wo einzugreifen ist, und ob schon im eigentlichen Entscheidungsprozess Alternativen erwogen wurden.

Die Lehren für uns als Organisationsberater

1. Es widerstrebt uns zunehmend bei solch komplexen Vorhaben, die die gesamte Organisation und ihre Stakeholder betreffen, von Projekten zu sprechen. Der Projektbegriff suggeriert stets einen Teilaspekt der Organisation (etwa ein IT-Projekt, ein Vertriebsprojekt etc.) Das Pentaeder-Modell ist aus

unserer Sicht jedoch kein Instrument für Projekte, sondern dient der umfassenden Organisationsentwicklung bzw. der Weiterentwicklung der *lernenden Organisation*. Ein Omnichannel-Vorhaben fällt definitiv unter die Kategorie Organisationsentwicklung!

2. Der Pentaeder überwindet konsequent die überaus ungünstige Trennung zwischen Fach- und Prozessberatung, die in vielen Beraterkreisen immer noch fest verankert ist. Die gleichberechtigte Betrachtung der Risiken in der Sache und des Entscheidungsprozesses (also der *Tanz auf dem Backbone des Pentaeders* aus Kapitel 3.4) entspricht unserem Beratungsverständnis (und dem State of the Art der Organisationsberatung) viel mehr (vgl. Sutrich, Hilleband, 2011). Es lohnt sich, bei solch komplexen Vorhaben das Beratungsangebot um die *Entscheidungsprozessberatung* zu erweitern. Ja, man könnte fast dazu neigen, sich nicht mehr Organisations- sondern Entscheidungsprozessberater für Organisationen zu nennen, wäre das nicht so ein Wortungetüm.

3. Der Pentaeder integriert unterschiedliche Beratungsdisziplinen und -ansätze. Wie am Beispiel Omnichannel gut zu beobachten war, wird die Beratungsleistung immer aus mehreren Blickwinkeln erbracht. Während die Betrachtung der Organisation primär die Organisationsberater auf die Bühne ruft, sind für die Sichtweise der Teams und Netzwerke die Teamentwickler und -trainer zuständig und für die Perspektive der Personen die Personalentwickler und Coaches. Der wesentliche Vorteil besteht nun darin, dass sich alle drei, gemeinsam mit ihren Klienten, unter einem gesamthaften Modell und einer einheitlichen Begrifflichkeit versammeln können. Gleiches gilt für die unterschiedlichen Ansätze wie Strategie-, IT-, Geschäftsprozess-, oder Strukturberatung. Die wertvollste Lesson Learned bezüglich der Prozessverbesserung bei der Beratung ist eindeutig diese: Alle Disziplinen und Ansätze sind Teil *eines* Beratungsprozesses!

4.4.6 Ein erstes Fazit

Durch das neue Geschäftsmodell werden sich die Organisation, die Teams und die Mitarbeiter in Teilen anders vernetzen. Omnichannel bedingt ganz neue Fähigkeiten der Organisation: Dialog, Interaktion, Kommunikation, Selbstreflexion sind hier nur einige der vielen Felder. Organisationen müssen dafür also neue Fähigkeiten lernen und bisherige Muster oder Glaubenssätze nach Möglichkeit sogar öffentlich hinterfragen und transformieren. Durch das Anpacken vieler und grundsätzlicher Themen werden Lernprozesse in Gang gesetzt. Anstelle des *einen* perfekten, stringent umgesetzten Konzeptes wird es zukünftig verschiedene gut durchdachte Ideen geben, die gerne auch mal in Teilen und schneller umgesetzt werden. Die gemachten Erfahrungen fließen dann entlang des Weges in die weiteren Entscheidungen ein.

Wichtig ist dabei, grundsätzlich zu verstehen, dass Entscheidungen den Übergang von *Unsicherheit* in das *Risiko* bedeuten. Damit wird der Umsetzungsprozess von Beginn an in einer anderen Qualität in den Blick genommen. Durch das Pentaeder-Referenzmodell werden ganz andere Perspektiven und Chancen wie Gefahren angesprochen, die in eher klassischen strategischen Prozessen so nicht besprechbar sind. Durch diese Perspektivenvielfalt können ganz neue Ansätze gefunden werden, Blockaden und auch Konflikte werden leichtgängiger lösbar.

Aber worin liegt der eigentliche Clou?

In den Unternehmen geht es im Kern immer um dasselbe: Welche Entscheidungen eine Organisation trifft und wie diese umgesetzt werden. Und das ist ein sozialer Prozess, der durch Kommunikation sowie Interaktion erst möglich wird. Grundsätzlich wissen wir Entscheider das natürlich. Allerdings neigen wir im Alltag trotzdem dazu, immer wieder unbewusst auf gewohnte und eher rational geprägte Entscheidungsmuster zurückzugreifen.

Und damit gelangen wir zum essenziellen Nutzen des Pentaeders. Denn: Für alle wesentlichen Abläufe und Prozesse werden in Unternehmen ganz üblicherweise Business-Process-Reengineering-Programme durchgeführt. Eben nur für das eine nicht: für das *bessere Entscheiden*! — Hand aufs Herz: Wann nehmen Sie sich gemeinsam mit Ihrem Team Zeit, um vergangene oder aktuelle Entscheidungsprozesse zu reflektieren, und wann verankern Sie diese Lerneffekte in der Organisation? Der Clou beim Pentaeder-Referenzmodell liegt also darin, dass die Organisation bereits *im Entscheidungsprozess* gemeinsam lernt und ihre Erkenntnisse sofort integriert. Die ganz pragmatische Organisationsentwicklung, die im Hier und Jetzt erfolgt, wird dabei also quasi gratis mitgeliefert.

4.5   Die Schulung des Sensoriums: leise Signale erkennen
Die Abhängigkeit des Entscheidens in Organisationen vom Bewusstseinsgrad der Entscheider

Das Entscheiden in Organisationen beginnt mit der Sensibilität für Möglichkeiten: »Welche Antennen habe ich eigentlich, um heraufziehende Risiken für mein Unternehmen wahrzunehmen? Bin ich bereits so unsensibel geworden, sie nicht mehr zu bemerken?« Diese selbstkritische Frage eines Unternehmers hat uns als Berater und Businesscoaches ungemein beschäftigt. Der schnelle Reflex, ihn beruhigen oder bekräftigen zu wollen, konnte die Antwort nicht sein; das wäre zu billig gewesen. Wir selbst jedoch fühlten uns dadurch sensibilisiert für die Frage nach der Sensibilität all derjenigen, die in unterschiedlichen Funktionen zu entscheiden haben. Und nicht zuletzt auch nach der Wahrnehmungsfähigkeit von uns Beratern selbst, nicht nur den eigenen Risiken gegenüber, sondern auch in Bezug auf die Sensibilität unserer Klienten. Eine kleine Umfrage im Kreis der Kollegen machte mehr als deutlich, dass die Frage des Coachees nicht nur ihn und uns bewegte. Allein die Komplexität, Hektik und oftmals auch Lautstärke des Geschäfts mit seinem Wettbewerb verlangen scheinbar ein Maß an Desensibilisierung und Härte, das selbst große Gefahren birgt.

Die Idee war geboren: Um das Entscheiden in Organisationen zu professionalisieren, sollten wir Lerninhalte und -formen entwickeln, das *Sensorium*, also die Wahrnehmungsfähigkeit mit allen Sinnen, Empfindungsvermögen und Gespür zu schulen. Fängt das Entscheiden doch mit der Wahrnehmung von Möglichkeiten und den mit ihnen verbundenen Risiken für die Organisation und ihre Stakeholder an. Ohne Wahrnehmung von Möglichkeiten kein Entscheiden. Hierzu zunächst einige grundsätzliche Überlegungen:

Die Verfeinerung des Sensoriums beginnt bei den Personen
Wie im Kapitel 2.2 beschrieben, sieht nur das *soziale Dreieck* des Pentaeders die Möglichkeiten und Risiken des Entscheidens. Die organisationale Urteilsfähigkeit und -kraft besteht aus allen dreien zusammen, also aus den Personen in ihren jeweiligen Funktionen und Rollen, den Teams und Netzwerken und aus der Organisation. Wenn wir vom *Professionalisieren von Entscheidungen* sprechen, müssen wir darauf abzielen, die Urteilsfähigkeit und -kraft auf *allen drei Ebenen* des sozialen Dreiecks zu erhöhen:
- Auf Ebene der Personen wird dies durch die Erhöhung der kognitiven, emotionalen, intuitiven, unbewussten, körperlichen, räumlichen und spirituellen Intelligenz ermöglicht. Diese Erhöhung geschieht weniger über das Hinzunehmen

von weiteren Kompetenzen — also Intelligenzschulung im klassischen Sinne — als vielmehr durch Bewusstheit darüber, welche Form von Intelligenz bereits vorhanden ist, wann sie gebraucht wird und wer sie wie einbringen kann.

- Auf Ebene der Teams und Netzwerke wird es durch die Erhöhung der vorhandenen Intelligenz über die Kommunikation und Interaktion der Menschen ermöglicht.
- Auf Ebene der Organisation erfolgt die notwendige Erhöhung der Intelligenz über professionelles und vernetztes Entscheiden. Im Ergebnis zeigt sie sich in überlegenen Entscheidungen und Entscheidungsprozessen.

Alle im Kapitel 3 beschriebenen Instrumente und Werkzeuge zielen auf diese drei Ebenen ab, wenn auch in unterschiedlichem Maße. Das Pentaeder-Modell selbst und der E-Code haben die gesamte Organisation im Blick. Decisio bildet den gesamten Entscheidungsprozess ab und hat über das Feedback das organisationale Lernen im Fokus. Kairos ist das Instrument, mit dem sowohl auf individueller als auch auf Team- und Organisationsebene Erkenntnisse geschaffen, also Lernen ermöglicht und damit Intelligenz erhöht werden kann.

Das Sensorium, das wir hier vorstellen wollen, hat einen etwas anderen Schwerpunkt. Vereinfacht kann man sagen: Auch bei allen oben beschriebenen Methoden kann eine intensive Gefühlslage wie beispielsweise die *Angst vor Scheitern* zu einem sichtbaren, besprechbaren und damit bearbeitbaren Thema werden. Auch dort werden solche Phänomene also ins Bewusstsein gehoben, allerdings immer nur im Rahmen einer Gesamtproblematik oder -aufgabe. Im Sensorium hingegen werden die Angst und insbesondere die unbewusste Angst*abwehr* selbst zum Gegenstand der Betrachtung. Die Angstabwehr verleugnet die Angst und ersetzt sie durch Mechanismen wie »den Kopf in den Sand stecken« oder übertriebenen Heroismus. Aus dieser Betrachtung heraus werden dann Rückschlüsse auf das Entscheidungsverhalten in der Organisation gezogen.

Das berufliche Sensorium entwickeln
Viele Organisationen sind sehr an der Persönlichkeitsentwicklung ihrer Mitarbeiter interessiert. Das Seminarangebot dafür ist unüberschaubar. Im Rahmen des betrieblichen Gesundheitsmanagements bieten Organisationen inzwischen bereits Yoga und Meditationen an, Achtsamkeitsübungen gehören zu Ritualen in Workshops, hin- und wieder sogar schon in Meetings.

Um jedoch das *Entscheiden* in Organisationen zu professionalisieren, ist es notwendig im wörtlichen Sinne, stets die Bezüge zu den *sachlichen* Risiken und denen *im Entscheidungsprozess* herzustellen. Dieser Organisationsbezug bildet eine Grundbedingung für die Konzeption unserer Qualifizierung — und leistet einen nicht unerheblichen Beitrag zu deren Ökonomisierung.

Das Sensorium der Berater

Wir werden nun ein konkretes Beispiel aus der Qualifizierungsreihe *Schulung des Sensoriums* beschreiben, die für die Zielgruppe *Berater* konzipiert ist. Die wesentliche Aufgabe dieser Berufsgruppe ist es ja, die mit Veränderungsprozessen verbundenen schwierigen, zum Teil auch angstbesetzten Entscheidungen ihrer Klienten so gut wie möglich zu begleiten. Die Schulung des Sensoriums mit ihnen zu beginnen, verspricht zum einen eine große Hebelwirkung bei den künftigen Klienten, zum anderen ist es sicherlich angebracht, zunächst diejenigen zu qualifizieren, die später ihren Klienten Möglichkeiten zur Erhöhung ihrer Sensibilität an die Hand geben werden.

Ziel dieser Qualifizierung ist, dass die angesprochenen Berater sensibel werden für die *leisen Signale*, die Möglichkeiten und Risiken meist sehr frühzeitig aussenden. Unsere Erfahrung aus der Veränderungsberatung hat vielfach gezeigt, dass das Erkennen dieser leisen Signale vor allem in komplexen Projekten erfolgskritisch sein kann. Um dies sicherzustellen, muss das Sensorium der Berater selbst verfeinert sein, sonst werden sie diese Signale gar nicht oder erst dann wahrnehmen, wenn das Kind bereits in den Brunnen gefallen ist.

Das *WAS*: Inhalte der Qualifizierung

Das Pentaeder-Konzept als Grundlage der Qualifizierung war den Beratern bereits bekannt. Auch die hohe Bedeutung der leisen Signale war im Bewusstsein bereits verankert. Die Projekte, die von den teilnehmenden Beratern begleitet werden, sind sehr unterschiedlich. Es erschien daher nicht angeraten, ihnen das jeweils individuelle Entwicklungspotenzial auf Ebene des Sensoriums anhand konkreter Projektbeispiele deutlich zu machen.

Deshalb richteten wir die Qualifizierungsreihe am *Beratungsverständnis des Beratungsunternehmens* aus. Der Schwerpunkt liegt dabei auf den Denk- und Fühlgewohnheiten der Berater, die den Möglichkeitsraum ihrer Entscheidungen begrenzen. Denn gerade das Wahrnehmen leiser Signale ist ja nichts anderes als eine Vorentscheidung darüber, was als relevant in den Blick genommen wird und was nicht.

Beim Sensorium stehen die Sinneswahrnehmungen und Fühlgewohnheiten im Vordergrund, gefolgt von den Denkgewohnheiten. Dabei wird immer wieder auf die Verbindung zum eigenen Entscheidungsverhalten geachtet. Der organisationale Bezug wird jeweils auf zwei Ebenen hergestellt: Welche Auswirkungen hat das Ergebnis der Qualifizierung auf das Beratungsunternehmen? Und welche Auswirkungen hat es auf die Beziehung zu den Klienten des Unternehmens?

Wir wollen das an einem Beispiel verdeutlichen:

Die Veränderungsberatung der Gesellschaft baut auf dem Grundgedanken auf, dass Berater selbst offen sein müssen für Möglichkeitsräume, die der Klient möglicherweise nicht oder zumindest nur schemenhaft sieht. Diese Möglichkeitsräume nehmen alle drei Ebenen des sozialen Dreiecks ein. Wie gesagt, setzt das Sensorium bei den Personen in Funktionen und Rollen an. Wenn Berater im Altbekannten ihrer Erfahrungen bleiben, verharren sie im Zustand des *Downloadens*, bleiben also in der Weltsicht der eigenen Wahrheit gefangen. Genau dieser Gedanke findet sich in der *Theory U* von Otto Scharmer (Scharmer, 2013) wieder. Scharmer sagt darin, dass drei »Stimmen« das Downloaden begünstigen und somit neues Denken verhindern:

- Die Stimme des Urteilens verhindert, dass das Denken sich öffnet.
- Die Stimme des Zynismus verhindert, dass das Herz sich öffnet.
- Die Stimme der Angst verhindert, dass der Wille sich öffnet.

Diese Theorie wurde als theoretischer Inputteil der Schulung gewählt. Im Sensorium wurden die Teilnehmer dazu eingeladen, die entsprechenden Verbindungen auf persönlicher Ebene zu ziehen: Was fühle ich, wenn ich urteile? Ist es eher Angst, Ärger, Wut oder Trauer? Welche Funktionen haben diese Gefühle? Wann fühle ich was in welcher Situation? Welche Grundüberzeugungen habe ich? Was sind üblicherweise Situationen, in denen ich mich über unser eigenes Unternehmen ärgere? Und was sind typische Situationen, in denen ich mich über oder beim Klienten ärgere? Gibt es Muster? Und wie beeinflusst das Ganze meine Entscheidungen? Welche Auswirkungen haben meine Entscheidungen für unser Beratungsunternehmen und welche für die Klienten?

Gerade die Beantwortung der letzten Fragen fällt vielen nicht leicht, sind wir es doch eher gewohnt, uns als diejenigen zu erleben, die selbst von den Entscheidungen unserer Organisation stark beeinflusst werden. Unseren Einfluss auf die Organisation erkennen wir meist deutlich schlechter. Peter Senge nennt das den Kern seiner *lernenden Organisation*: zu erkennen, welchen Anteil wir an dem Zustand haben, den wir beklagen.

Wie eingangs erwähnt, erfolgt dabei die Verknüpfung zwischen dem theoretischen Wissen, Gefühlen, den gewohnten Fühl- und Denkgewohnheiten der Teilnehmer und den Entscheidungen, die sie dadurch treffen. Ziel ist es, die Varianz und die Möglichkeiten im Hier und Jetzt zu erhöhen, im Einklang mit der Grundphilosophie des Pentaeder-Modells und mit wichtigen Prinzipien der Prozessberatung nach Edgar Schein (2010-1) wie »Verliere nie den Bezug zur aktuellen Realität«: Ich muss entschlüsseln können, was in mir, in der Situation und im Klienten vorgeht.

Das *WIE*: Format der Qualifizierung

Für die Entscheidung, wie das Format und damit der Prozess der Qualifizierung aussehen kann, wurden die Chancen und Gefahren gegeneinander abgewogen.

Zum Beispiel die Dimension des *Ortes*:

Präsenzveranstaltungen bieten die Chance, dass die Teilnehmer ganz dabei sind und sich leichter öffnen, wenn es um solch persönliche Themen geht. Nun sind Berater jedoch oftmals sehr verstreut tätig. Zudem ist die Gefahr, dass wegen Kliententerminen auch fest eingeplante Termine abgesagt werden müssen, immens hoch. Eine Alternative bieten hier Webinare. Doch auch diese haben eine Chancen- und eine Gefahrenseite: Sie sind zwar flexibel und überall einsetzbar, bergen jedoch genau die Gefahr, dass sich die Teilnehmer nicht oder nur unzureichend öffnen.

Auch die Dimension der *Zeit* wirft verschiedene Fragen auf:

Wie viel Zeit brauchen Menschen für solche Themen? Sind längere Sitzungen nötig oder funktionieren auch kleinere Einheiten? Wie kurz kann eine solche Einheit sein? Und: Wie oft sollte das Seminar überhaupt stattfinden, wie lange sollte der Zyklus insgesamt sein?

Schließlich wurde beschlossen, das Format eines Webinars mit folgenden Eigenschaften zu wagen:

- Zur Teilnahme sind diejenigen Berater qualifiziert, die für die Anwendung des Pentaeders zertifiziert sind.
- Die Teilnahme ist freiwillig.
- Die Qualifizierungsreihe findet 12 Mal im Verlauf eines Jahres statt.
- Jedes der monatlichen Module hat eine Dauer von 90 Minuten.
- Als Zeitpunkt wurde der Donnerstagabend von 18 Uhr bis 19:30 Uhr gewählt, da hier eine hohe Chance besteht, dass keine Kliententermine tangiert sind.

Die Teilnehmer können sich über verschiedene technische Möglichkeiten beteiligen:
- Sie können sich per Telefon dazuschalten, …
  - … ohne sich dabei selbst zu äußern. Das ermöglicht die Teilnahme auch Personen, die beispielsweise im Zug sitzen. Zu diesem Zweck ist die Reihe so aufgebaut, dass der Inhalt wie ein Hörbuch genutzt werden kann.
  - … und mitreden.
  - … und per Teamviewer die eingesetzten Folien betrachten, mitreden oder auch nicht.
- Sie können sich im Büro des Beratungsunternehmens einfinden und an dem Modul vor Ort teilnehmen.

Inhalte des Webinars

Wie kann man sich eine solche virtuelle Sitzung und ihre Übungen nun vorstellen? Das wollen wir beispielhaft am Thema *Zuversicht* erläutern. Dieses Thema ist zum einen aus dem Selbstverständnis des Unternehmens abgeleitet: Dort ist sinngemäß festgehalten, dass das Beratungsunternehmen seine Klienten dabei unterstützt, eine positive Zukunft für ihr Unternehmen zu eröffnen. Zum anderen ist Zuversicht zentraler Bestandteil einer entscheidungsstarken Organisationskultur, wie schon im Kapitel 3.13 bildlich dargestellt.

Im theoretischen Teil der Sitzung wird vom Sprecher zunächst der Anspruch in den Raum gestellt, dass die Berater von einer generellen Zuversicht getragen sein sollten, wenn sie von einer positiven Zukunft des Klienten ausgehen. Um das Thema näher zu beleuchten, werden dann die Bedeutungsaspekte des Wortes aufgespannt:

Zukunftsglaube
Aussicht, Erwartung, Möglichkeit, Vertrauen, Zuversicht, Wunsch, Glauben, Ahnung, Ausweg, Chance, Glaube, Lichtblick, Optimismus, Trost, Zutrauen, Hoffnung

Glaube
Glauben, Ergebenheit, Zuversicht, Gottvertrauen

Lebenserfahrung
Lebensfreude, Lebensmut, Zuversicht, Daseinsfreude, Heiterkeit, Hoffnung, Zukunftsglaube, Zuversichtlichkeit, Fröhlichkeit, Zufriedenheit,Glaube an das Gute, positive Lebenseinstellung, Vertrauen in die Zukunft, Optimismus

Zutrauen
Gewissheit, Glaube, Glauben, Hoffnung, Sicherheit, Zuversicht, Vertrauen

Bedeutungen
[**Zuversicht**]

Optimismus
Hoffnung, Zuversicht, Zukunftsglaube

Hoffnungsschimmer
erfreuliche Aussicht, freudiger Moment,Trost, Hoffnung, Hoffnungsfunke, Hoffnungsstrahl, Perspektive, Silberstreifen, Zuversicht, Erquickung, Freude, Lichtpunkt, Labsal, Lichtblick

Vermutung
Hoffnung, Befürchtung, Aussicht, Vorfreude, Bestreben, Glaube, Glauben, Perspektive, Ungeduld, Zuversicht, Erwartung

Vertrauen
Hoffnung, Erwartung, Zuversicht, Gewissheit, Glaube

Möglichkeit
Annahme, Chance, Erwartung, Hoffnung, Perspektive, Anwartschaft, Gelegenheit, Zuversicht, Wahrscheinlichkeit, Aussicht

Abbildung 4.25: Die unterschiedlichen Bedeutungsaspekte des Begriffs »Zuversicht«

Da nicht davon ausgegangen werden kann, dass alle Teilnehmer die Folie sehen können, liest der Sprecher solche Folien langsam vor. Die Teilnehmer, die mitreden können und wollen, berichten, zu welchen Aspekten sie sich eher hingezogen fühlen und zu welchen weniger. Die Erfahrung zeigt, dass es ausreicht, wenn nur wenige Teilnehmer sich hörbar beteiligen. Das Thema wird damit ausreichend eingeführt.

Wenn das Thema durch den theoretischen Teil »erfahr- und erlebbar« geworden ist, schließt sich eine *Verarbeitungsfrage* an. Hierzu wird die Information geliefert, dass jeder Teilnehmer die Übung zumindest im Geiste durchführen sollte, um an der Erfahrung teilhaben zu können, jedoch kein Teilnehmer seine Gedanken und Gefühle laut äußern muss. Dieser Erlaubersatz führt unserer Erfahrung nach regelmäßig dazu, dass sich ein Teilnehmer findet, der sein Anliegen mit der virtuellen Gruppe teilen will. Die Bedeutung des »Trittbrettfahrens«, also des Lernens durch Zuhören, wenn andere berichten, wird dabei als positiver Nebeneffekt erfahren. Auch die Übung zu der Einheit soll hier beispielhaft geschildert werden:

Die Übung der transparenten Grundüberzeugung

Wie zuversichtlich ein Mensch ist, hängt von vielen, auch äußeren, Faktoren ab. Gleichzeitig bestehen aber auch Grundüberzeugungen in jedem Menschen. Um diesen auf die Spur zu kommen, müssen wir sie uns bewusst machen.

Die Aufgabenstellung hierzu: Bitte beschreiben Sie einen Sachverhalt, der Ihre aktuelle Haltung zu Ihrer Zuversicht widerspiegelt. Benennen Sie dabei bitte nur einen Aspekt.

Der Moderator fragt zunächst, ob einer der Zuhörer ein Anliegen hat, mit dem er arbeiten möchte. In diesem Fall meldet sich ein junger Berater. Ihm fehle die Zuversicht, dass er jemals ein souveräner Redner auf der Bühne vor Großgruppen werden könne.

Der Sprecher fragt ihn: Welche Grundüberzeugung hat ein Mensch, der meint, kein souveräner Redner auf der Bühne werden zu können?

Antwort: Das ist eine Frage des Talents. Nicht alle Menschen können das.

Sprecher: Welche Grundüberzeugung könnte ein solcher Mensch noch haben?

Antwort: Ich konnte noch nie gut vor großen Gruppen sprechen.

Sprecher: Noch eine weitere Überzeugung?

Antwort: Ich mag eigentlich große Gruppen gar nicht.

Sprecher: Welche noch?

Antwort: …

Der Sprecher fragt so lange nach, bis mindestens eine Grundüberzeugung hervortritt, die dem Teilnehmer bis dahin nicht bewusst war. Dies wird meist dadurch deutlich, dass die Antworten nicht mehr unmittelbar, sondern zeitverzögert kommen, also überlegt werden müssen. Sobald der Teilnehmer deutlich macht, dass ihm ein Zusammenhang klar wurde, der ihm bisher nicht bewusst war, ist die Sequenz zu Ende. Meist dauert dies nur wenige Minuten.

Wichtig in diesem Format ist, dass die Übungen so konzipiert sein müssen, dass die Teilnehmer sie auch in Eigenregie nach den Sitzungen machen können (aber nicht müssen!). In diesem Fall wird der Sprecher dadurch ersetzt, dass derjenige, der sich selbst befragt, seine Antworten verschriftlicht und sich dahin gehend diszipliniert, nach jedem Gedanken tatsächlich neu zu fragen und nicht der Argumentation des Gedankens zu folgen.

Am Ende der Übungen stehen jeweils Überleitungen, die sowohl den Organisationsbezug als auch den Bezug zum Entscheiden herstellen. Im geschilderten Falle der Zuversicht und der transparenten Grundüberzeugungen gelangt man damit in das Feld des E-Codes: *Welche Grundüberzeugungen im Sinne von Mustern haben wir im Unternehmen und wie zeigt sich dies in den Entscheidungen?* Im Format des Sensoriums muss diese Anbindung an das Unternehmen und an das Entscheiden genügen. Die Teilnehmer berichten jedoch regelmäßig, dass sie ihre Erkenntnisse später in Fallbesprechungen und Teamsitzungen einbringen. Ein schöner Nebeneffekt entsteht auch, wenn die Berater Gelegenheit erhalten, die Übungen je nach Auftrag in ihrem Alltag beim Klienten einzusetzen.

Die Wirkungen des geschulten Sensoriums
Von welchen Wirkungen berichten die Teilnehmer? Entwickelt sich das berufliche Sensorium bei ihnen weiter?

Auf diese Frage antworten die Teilnehmer an erster Stelle, dass sie gelernt haben, über Gefühle wie Angst, Scheitern und Unsicherheiten, die das Entscheiden so maßgeblich beeinflussen, in einer Gruppe zu sprechen. Wenn überhaupt werden in Organisationen Gefühle üblicherweise zu zweit oder zu dritt besprochen — sehr selten in Gruppen! Die Folge der Schulung des Sensoriums ist, dass die Berater auch in Gruppensituationen bei ihren Klienten leichter Gefühle ansprechen können. Die Berater lernen, dass Fehler und Irrtümer zum beruflichen

Alltag gehören und damit ohne Abwehr, Scham und Schuld mit Kollegen besprochen werden können. Gerade diejenigen, die hohe Ansprüche an sich und ihre Arbeit haben, lernen, dass Fehler und Irrtümer interessante Gelegenheiten zum Lernen bieten: Warum habe ich das nicht früher gemerkt? So wird aus Perfektion Neugier.

Da Unternehmensberater fast überwiegend in Teams mit ihren Klienten an Entscheidungen arbeiten, ist damit ein wesentlicher Erfolg erzielt. Er besteht nicht zuletzt darin, dass die im Kapitel 2.2 angesprochene *Tragfähigkeit* der Teams und damit deren Risikokompetenz gestärkt wird.

Des Weiteren hat die Entwicklung des Sensoriums der Berater eine eminente vorbeugende Wirkung. Da die Teilnehmer gelernt haben, auf die leisen Signale zu achten, können sie nun frühzeitiger und somit vorbeugend aktiv werden. Sie erkennen mithilfe ihrer geschulten Sensibilität Entwicklungen bei ihren Klienten, die diese selbst in der üblichen Hektik und Lautstärke des Alltagsgeschäfts gar nicht mehr wahrnehmen.

Eindrücklich schildert etwa eine Beraterin eine Situation während der Strategieklausur der Vorstandsgruppe eines international tätigen Unternehmens. Die Gruppe entschied einstimmig, in den USA ein bestimmtes Marktsegment aggressiv besetzen zu wollen. Die Beraterin äußerte ihr eher unbestimmtes Unbehagen mit dem Einwurf, irgendetwas stimme hier nicht. Zwar konnte sie es rational nicht begründen, ihre geschulte Intuition ließ es sie jedoch spüren. Da sie das Kairos-Entscheiderprofil (siehe Kapitel 3.1) der Gruppe kannte und wusste, dass die besonnenen Kräfte in der Gruppe ihren Einwand aufgreifen würden, wagte sie es, ihrer leisen inneren Stimme Ausdruck zu verleihen. Und es stellte sich heraus, dass in der Tat etwas nicht stimmte. Die Vorstandsgruppe ging dem Einwand nach und entdeckte die Unstimmigkeit: Der für das USA-Geschäft verantwortliche Vorstand hatte begründete Bedenken gegen die strategische Entscheidung, denen er jedoch selbst erst Ausdruck verleihen konnte, nachdem die Beraterin »die Bremse gezogen« hatte.

Das Sensorium trägt dazu bei, den eigenen Gestaltungsspielraum bewusster zu erkennen und zu nutzen. Gefühle — auch die des Beraters — werden als natürliche Teile eines Entscheidungsprozesses verstanden und besprochen und müssen nicht verborgen bleiben.

Ein Letztes: Die Teilnehmer berichten, dass diese Runde eine Art »Energietankstelle« ist: Die Nutzung der Möglichkeit, sich *geführt* um solche Inhalte zu kümmern, bringt viel Energie für den Alltag zurück.

Auch die Resonanz auf das Format ist erstaunlich: Trotz aller Terminenge finden sich zu jedem der Module genügend Teilnehmer zusammen. Auch sind regelmäßig Teilnehmer bereit, die Übungen mit dem Moderator des Webinars stellvertretend für alle anderen durchzuführen. Teilweise sind das sogar diejenigen, die nicht im Büro selbst anwesend sind, sondern nur über technische Hilfsmittel teilnehmen. Durch diese Dynamik entstehen in jedem Modul tief gehende Sequenzen, die in ihrem Effekt denen von Präsenzveranstaltungen in nichts nachstehen.

Der wiederkehrende Rhythmus über ein Jahr hinweg ist dauerhaft genug, um durch Wiederholungen den Aspekt des Verlernens von eingespielten Fühl- und Denkgewohnheiten zu perpetuieren. Der Zeitrahmen 90 Minuten ist kompakt und wird gleichzeitig von den Teilnehmern als ausreichend wahrgenommen.

Das Format eignet sich daher sehr gut für die Entwicklung berufsbezogener Urteils- und Entscheidungsfähigkeit in dezentral aufgestellten Organisationen mit ähnlichen Raum-/Zeitherausforderungen.

5   Aus dem Cockpit — in großer Flughöhe!

5   Aus dem Cockpit — in großer Flughöhe!

Elf Draufsichten und eine Ermutigung gegen Flugangst

Zum Abschluss bieten wir Ihnen hier noch einmal eine kompakte Gesamtschau über unser Thema Entscheiden in Organisationen aus großer Flughöhe an: Verschafft man sich nämlich einen Überblick von oben, tritt das oftmals überraschend spärlich ausgeschöpfte Potenzial von Organisationen erstaunlich klar hervor. Möglicherweise gehören Sie ja auch zu denjenigen unserer Leser, die ihre knappe Zeit ohnehin schon viel zu viel im Flugzeug verbringen. Wenn Sie also schnell einen möglichst umfassenden Überblick über all die von uns gebotenen Informationen gewinnen und dabei auf detaillierte Informationen verzichten wollen, sind Sie hier genau richtig. Und auch als abschließende Zusammenfassung der großen Fülle des Gelesenen können Ihnen die folgenden Seiten sehr dienlich sein.

1. Das Entscheiden in Organisationen ist von sehr viel größerer Bedeutung, als es von vielen gesehen wird. Durch das Entscheiden entstehen die Wertschöpfungen für unsere Welt.

   - Die Möglichkeiten und Konsequenzen organisationalen Entscheidens und Handelns gehen weit über die Möglichkeiten einzelner Personen hinaus. Das war und ist der einzig sinnvolle *Grund* dafür, Organisationen zu gründen und zu entwickeln.
   - Damit *gemeinsames Handeln* in Organisationen zustande kommt, müssen Entscheidungen getroffen und kommuniziert werden, die wiederum Ausgangspunkt weiterer Entscheidungen sind.
   - Dies läuft meist so selbstverständlich und in gewohnten Mustern ab, dass im Prozess des Entscheidens kaum auf elementare Fragen geachtet wird wie etwa: Was gibt es eigentlich jetzt zu entscheiden? Wie soll genau entschieden werden?
   - Die Bedeutung einer Organisation bemisst sich nach den Beiträgen, den sie für die jeweils relevante Umwelt leistet. Diese Beiträge werden durch die Umwelt nach dem *Wert* eingeordnet, den die Organisation für ihre Umwelt erzeugt. Die Wertschöpfung verbindet in diesem Sinne die Organisation mit ihrer Umwelt.
   - Letztgültiger Maßstab ihrer Wichtigkeit ist der Wert, den eine Organisation durch ihre Entscheidungen für die *Weltgesellschaft* erzeugt. Das mag Ihnen übertrieben erscheinen und hat möglicherweise auch keinen großen Einfluss auf Ihre täglichen Entscheidungen — sei es als hochrangiger Manager oder als Experte. Sie wirken aber trotzdem als Bausteine im großen Ganzen mit.

– Die Organisation selbst bewertet ihre Wertschöpfung primär nach monetären, terminlichen und qualitativen Dimensionen. Sie gerät jedoch immer stärker und unumkehrbar unter gesellschaftlichen Druck. Das liegt nicht zuletzt an den Erwartungen und Zumutungen von außen, wie etwa einer Corporate Social Responsibility, dem Ruf nach nachhaltigerem Wirtschaften und der Notwendigkeit zu lernen, sich über soziale Medien nach außen zu öffnen und ihre Entscheidungen zu rechtfertigen.

2. Entscheiden ist der treibende Motor für die Entwicklung und das Wachstum von Menschen, Teams und Organisationen. Voraussetzung dafür ist, dass es reflektiert und mit Verstand und Leidenschaft geschieht. Nicht getroffene notwendige Entscheidungen blockieren, lähmen und hemmen.

   – Darin, aktiv zu werden und dabei Risiken einzugehen, steckt die stärkste und größte *Entwicklungschance* für Organisationen. So bringt ein zügiges Entscheiden und Handeln oft mehr als das bloße Abwarten. Dazu gehört das anschließende Reflektieren darüber, was man selbst, bzw. die Organisation aus dem Prozess gelernt hat. So lässt sich festhalten, was zur Steigerung der persönlichen und organisationalen Kompetenz zu entscheiden letztendlich beigetragen hat.

   – Die ausgewogene Entwicklung von Menschen und Organisationen ist ein wirklicher *Win-win-Deal*. Dabei geht es nicht nur um die Reifung ihrer Urteilskraft, sondern gleichzeitig auch um die Entwicklung zugehöriger Eigenschaften wie Entscheidungsfähigkeit, -bereitschaft und -vergnügen.

   – Die *Urteilsfähigkeit* entwickelt sich durch die bewusste Auseinandersetzung mit den Möglichkeiten sowie den mit ihnen verbundenen Chancen und Gefahren, die sich in der jeweils spezifischen Umwelt bieten.

   – Mit der Steigerung der Urteilskraft steigt auch die Fähigkeit, bewusste Entscheidungen in Bezug auf die *Herausforderungen des Lebens* zu treffen. Da das Leben der meisten Menschen sich in großem Umfang innerhalb von Organisationen abspielt, liegt in diesem Rahmen meist auch die größte Aufmerksamkeit auf dem Entscheiden.

   – Nicht getroffene Entscheidungen bleiben als *ungenutzte Gelegenheiten*, als etwas Unerledigtes zurück und binden damit mentale und emotionale Energien. Zudem reduzieren sie — personal wie organisational — die Zuversicht, gute Entscheidungen treffen zu können und daran zu wachsen. Das geschieht ebenso unmerklich wie systematisch. Das ist tragisch, aber meist leichter zu ändern, als man denkt.

   – Im Grunde genommen wissen wir alle, dass es ein zutiefst menschliches Grundbedürfnis ist, Einfluss zu nehmen, mitzugestalten und wertvoll für eine Gemeinschaft zu sein. Dieses Grundbedürfnis ist zeitlos und sehr energiestark, bleibt jedoch leider oft unbefriedigt.

3. Die Kompetenzen des Entscheidens von Menschen und Netzwerken/ Teams sowie die Entscheidungsregeln der Organisation stützen und ergänzen sich wechselseitig. Ihnen gleichwertige Aufmerksamkeit zu widmen, entscheidet über Effizienz und Effektivität.

Dieser dritte Punkt unserer Draufsicht steht in engem Zusammenhang mit Punkt 8 weiter unten: Das dort beschriebene Pentaeder-Modell ist das Symbol des engen und wichtigen Zusammenhangs dieser verschiedenen Ebenen.

- Jedes organisationale Entscheidungssystem kann am einfachsten und elegantesten als das Zusammenwirken von *drei Subsystemen* verstanden und gestaltet werden: (1) die eigentliche Organisation mit ihren vier Gestaltungsdimensionen (Wertschöpfungsprozesse, Strategie, Struktur und Kultur), (2) die Menschen in ihren Aufgaben und Rollen und (3) die Teams und Netzwerke, die als Brücke zwischen den Menschen und der Organisation fungieren. Erst das Zusammenwirken dieser drei Subsysteme, die vielfältig kausal (wenn auch oft unsichtbar) miteinander verbunden sind, macht sie zum organisationalen Entscheidungssystem.

- Diese Erkenntnis nimmt uns alles Erstaunen darüber, dass es bisherigen Ansätzen in Beratung und Wissenschaft so wenig gelungen ist, Führungskräften und anderen Menschen in Organisationen pragmatische und nachhaltig hilfreiche Unterstützung beim Entscheiden zu geben (das gilt auch für modernere Ansätze wie Verhaltensökonomie und Neurobiologie): Letztlich beziehen sie sich alle immer nur auf eines dieser Subsysteme allein, greifen damit systemisch zu kurz und bleiben damit zwangsläufig für die Organisationswirklichkeit irrelevant. Genau dies ist bislang eines der größten Hindernisse auf dem Weg zu mehr Professionalität in Organisationen.

- Organisationale Urteils- und Entscheidungsfähigkeit entwickelt sich im Gleichklang der entsprechenden Kompetenzen von Menschen und Teams/ Netzwerken. Für eine nachhaltige Festigung benötigt sie die Verankerung in den Regeln, Gewohnheiten und Geschäftsprozessen der Organisation.

- Dieser eigentlich sehr plausible Zusammenhang wird in der Arbeitspraxis der meisten Organisationen noch zu selten gesehen und genutzt. Sein ökonomisches *und* persönlich befriedigendes Potenzial ist jedoch enorm.

- Wir plädieren für ein konsequentes Investieren in das Nutzen dieser Erkenntnisse, welches auf jeden Fall eine Win-win-Konstellation ergeben wird. Davon hat uns die intensive Beschäftigung mit dem Thema über Jahre hinweg restlos überzeugt. Der andauernde Druck zu höherer Leistungsfähigkeit wird Organisationen in Zukunft automatisch immer stärker in diese Richtung drängen. Das hören wir von Führungskräften bereits heute immer öfter. Und wir glauben daran, dass überdurchschnittlich leistungsorientierte Unternehmen diesen Druck früher als andere annehmen und konstruktiv in entsprechende Entwicklungsprogramme umlenken werden.

- Ihre *Entscheidungsstärke* ist der täglich sichtbare Beweis einer (emotional) intelligenten Organisation, die in allen drei Subsystemen simultan lernt.
- Die organisationale Urteils- und Entscheidungsfähigkeit wächst mit der Fähigkeit der Organisation, bei den Risikoeinschätzungen *Perspektivenvielfalt* zuzulassen und sie im Rahmen von Risikomonitoring offensiv zu erkunden.
- Je stärker die Organisation — und in ihr die Menschen und die Teams/ Netzwerke — Widersprüchlichkeiten tragen und in Alternativen denken können, umso größer wird der Raum der guten Gelegenheiten, den die Organisation sehen und für sich nutzen kann.

4. **Entscheiden bildet eine untrennbare Einheit mit den Aufgaben** *Führen*, *Verantworten* **und** *Sinn geben*. **Die Beziehungen dieser vier Elemente zueinander sind dabei wichtiger als die einzelnen Teile selbst.**
Diese, vielleicht radikalste Einsicht unserer Erkenntnisreise markiert nicht nur eine Relativierung des hierarchischen Dominanzanspruchs, sondern gleichzeitig auch die Hinwendung zu dem — der modernen Wissensgesellschaft angemessenen — Denken in Zusammenhängen und Netzwerken. Noch gelten vielerorts Denk- und Handlungsmuster wie »Leadership und Management sind überragend wichtig. Sind sie in der Organisation in Ordnung, dann ist alles in Ordnung.« Wir sollten uns dringend angewöhnen, Suggestionen wie dieser nicht mehr blind zu folgen:
- *Organisationen bestehen aus Entscheidungen.* Das ist und bleibt die Basis des Pentaeder-Prinzips, wird nun jedoch mit einem ganz wesentlichen Zusatz versehen: Das Entscheiden in Organisationen floriert dann, wenn wir es in engem Zusammenhang mit den anderen drei Gestaltungsjobs bringen. Für wirklich tragfähige Entscheidungen müssen immer auch die anderen drei mit einbezogen werden.
  - Sinn geben liefert oft den Anstoß zu Entscheidungsprozessen. Und jeder Entscheidungsprozess ist daran zu messen, ob und wie einleuchtend er möglichst vielen Menschen, nicht zuletzt auch Kunden, Sinn vermittelt. Die besten und nachhaltigsten Entscheidungen sind immer stark an ihrer Sinnhaftigkeit orientiert.
  - Entscheiden braucht für seine Wirksamkeit eine plausible Ordnung, die auf Verantwortung gründet. Wer entscheidet, muss zwangsläufig, ob er es will oder nicht, das Risiko verantworten, das mit der Entscheidung verbunden ist. Auch wenn er sich entscheidet, nicht zu entscheiden, ist das damit verbundene Risiko zu verantworten. Dieser Grundsatz gilt natürlich für alle Menschen in Organisationen, nicht nur für die Führungskräfte.
  - Wer in Organisationen führt, tut dies, indem er Entscheidungsprozesse in Gang bringt, in ihre Richtung eingreift, oder sie stoppt. Wer führt, setzt oder verschiebt die Rahmen, in denen sich Folgeentschei-

dungen bewegen sollen. Wer entscheidet, ist darauf angewiesen, dass die von den Entscheidungen betroffenen Menschen ihnen folgen, und darauf, dass sie innerhalb und außerhalb der Organisation wirksam werden. Genau daraus besteht Führen: Wer führt, muss ganz selbstverständlich entscheiden und verantworten.

- Der breitere Ansatz, der auch Führungskräften ein variantenreicheres Repertoire verspricht, beruht darauf, diese vier grundsätzlich gleichwertigen Gestaltungsjobs in Organisationen als eine Einheit gleichwertiger und zusammengehöriger Elemente wahrzunehmen.
- Unser *Kaleidoskop der vier primären Systemleistungen von Organisationen* beruht auf der Tatsache, dass jedes der Elemente jedem anderen innewohnt — vergleichbar eben mit einem Kaleidoskop, bei dem jedes Bild aus immer denselben bunten Glasscheiben gebildet wird, man aber bei jeder Drehung des Kaleidoskops trotzdem vollkommen neue Figuren sieht.
- Die Kernbotschaft dabei: Es ist völlig egal, welcher Job hier und jetzt im Vordergrund steht, solange allen vier Jobs in beweglichem Wechsel die gleiche Aufmerksamkeit und Professionalität geschenkt wird.

5. Risiken sind die Einheit von Chancen und Gefahren. Sie sind der Dreh- und Angelpunkt jedes Entscheidens und jeder Wahlmöglichkeit. Risiko ist das Prinzip des Lebens und seiner Entwicklung schlechthin.
- Entscheidungen sind der Übergang von Unwägbarkeiten und Unsicherheit, aus einem prinzipiell unendlich großen Möglichkeitsraum, ins *verantwortete Risiko*. Was Entscheidungen hingegen nicht sind, ist der Übergang in eine wie auch immer geartete Ergebnissicherheit.
  - Ohne den Doppelcharakter des Risikos als Chance und Gefahr gäbe es gar nichts zu entscheiden: Folgerichtiges Handeln wäre dann die einzige Wahl.
  - Das Bewusstmachen dieses Doppelcharakters erhöht die Wahrscheinlichkeit, auch mögliche »Kippeffekte« in den Blick zu nehmen. Die Chancen der Banken vor der Finanzmarktkrise haben sich, nicht zuletzt dadurch, dass sie exzessiv genutzt wurden, nicht nur für sie selbst zur lebensgefährlichen Gefahr entwickelt. Doch auch Gefahren können ja bekanntlich zu Chancen werden, wenn man sich konstruktiv mit ihnen auseinandersetzt. Die Vermeidungsstrategie ist also bestimmt nicht die beste.
  - Genau genommen müssen wir immer von Risikoeinschätzungen und nicht von »objektiven« Risiken sprechen, wenn wir Organisationen im Blick haben: Was der eine als Gefahr (für sich, seinen Bereich etc.) ansieht, ist für den anderen eine Chance, die er keinesfalls auslassen möchte. Gerade deshalb ist ja das Entscheiden in Organisationen etwas anderes als das von Einzelpersonen. Beim Entscheiden in Organisationen geht es um das Prozessieren oftmals sehr unterschiedlicher Risikoeinschätzungen.

- Die organisationale Urteils- und Entscheidungsfähigkeit dient stets dem übergeordneten Ziel, den potenziellen Möglichkeitsraum als relevante Wettbewerber besser zu nutzen. Gleichzeitig ist es auch Ziel, mittels der Risikobilanzierung die Chancen zu erhöhen und die Gefahren zu mindern.
- Was der Möglichkeitsraum einer Organisation im Einzelnen jeweils ist und sein könnte, welche Chancen und Gefahren sie in den Blick nimmt und wie diese bewertet werden, all das sind Entscheidungen der Organisation — und somit generell risikobehaftete Prozesse. Diese Entscheidungen spiegeln sich in den Geschäftsprozessen der Organisation wieder und bestimmen ihre *Identität*.
- Je unbekannter der in den Blick genommene Möglichkeitsraum ist und je größer das Chancen- und Gefahrenpotenzial eingeschätzt wird, umso höher werden die Anforderungen an die organisationale Urteils- und Entscheidungsfähigkeit. Im Gegenzug wird, je geringer diese Fähigkeit entwickelt ist, umso geringer auch die Risikobereitschaft der Organisation sein.
- Es gibt sehr verschiedene Arten von Risiken und noch mehr Möglichkeiten, diese zu bewerten. Genau das macht das Entscheiden so anspruchsvoll. Deshalb wird die Professionalisierung des Entscheidens sich sicherlich niemals zu einer bequemen »Massensportart« entwickeln. Trotzdem oder gerade deshalb: Es lohnt sich!

6. Von der Entscheidung zum Entscheiden wechseln. Der *Prozess* des Entscheidens erzeugt die Qualität — oder vernichtet sie.
   - Wenn, wie oben konstatiert, für Organisationen generell gilt, dass ihr *Entscheiden* für die Wertschöpfung verantwortlich ist, dann gilt dies ganz speziell für den *Prozess* des Entscheidens: Die Prozesse — und nichts sonst — produzieren qualitätsvollen Output und Wertschöpfung.
   - Ein Ergebnis kann daher immer nur so gut sein wie der Prozess, der es erzeugt. Will man Ergebnisse verbessern, muss man also die Prozesse verbessern.
   - Entscheidungsprozesse sind Risikokalküle, die von Personen, Teams und der Organisation angestellt werden. Will eine Organisation ihre Ergebnisse verbessern, muss sie sich also zwangsläufig ihren Entscheidungsprozessen zuwenden.
   - Die organisationalen Entscheidungsprozesse
     - sind in allen Geschäftsprozessen eingebettet präsent,
     - sind untereinander zirkulär verbunden,
     - werden in zahlreichen Interaktionen vieler einzelner Rollen gehandhabt und
     - sind immer Risikokalküle — meist impliziter-, manchmal auch expliziterweise.

- Eine Verbesserung der Entscheidungsprozesse beginnt mit der Entscheidung, diese verbessern zu *wollen*, und ist somit ein implizites Risikokalkül. Zunächst geht es also darum, dieses Risikokalkül explizit zu machen.
- *Prozesssicherheit* ist, im scharfen Gegensatz zur oft so erwünschten Ergebnissicherheit, tatsächlich herstellbar und wird für die Menschen in Organisationen zur immer wichtigeren Orientierungsgröße.
- Es gibt allerdings eine ganz nüchtern zu konstatierende Einschränkung: Für die meisten Menschen hat der Begriff *Prozess* genau so wenig anregende oder aktivierende Attraktivität wie der Begriff Organisation. Das ist wirklich schade, und wir hoffen, mit den hier vorgestellten Mitteln da eine kleine Veränderung zu bewirken.

7. **Die wichtigste Denkregel zum Gewinnen des Ganzen ist das Sowohl-als-auch: Während das Entweder-oder trennt, behindert und vernichtet, fördert das Sowohl-als-auch Versöhnung und Verbindung.**
   - Die organisationale Urteilskraft und die Entscheidungsfähigkeit in ihrem Gefolge sind eng mit der Fähigkeit verbunden, sich selbst zum Gegenstand des Lernens zu machen.
     - Menschen lernen beim bewussten Entscheiden, ihre Denk- und Fühlgewohnheiten zu beobachten und diese den Erfordernissen des Kontextes und der Zukunft anzupassen.
     - Teams lernen dabei, ihre Interaktionen zu beobachten, zu verbessern und das fast unglaubliche Potenzial auszuschöpfen, das diese in sich tragen. Nur wer schon einmal selbst ein Team im sprichwörtlichen »Flow« erlebt hat, kann das innewohnende Potenzial an Urteilskraft und Leistungsfähigkeit erahnen.
     - Organisationen lernen dabei, ihre Entscheidungsgewohnheiten und -routinen zu beobachten und anzupassen bzw. zu verändern. Insbesondere die institutionelle Vernetzung der »Hochleistungsteams« untereinander kann erst das große Potenzial der gesamten Organisation zum Tragen bringen.
   - Bereits die heutigen Herausforderungen verlangen ein Denken in Zusammenhängen und Wechselwirkungen. Für die sich abzeichnenden zukünftigen Herausforderungen gilt das noch viel mehr.
   - Das Denken in Entweder-oder-Kategorien behindert die Menschen dabei, die Zusammenhänge, die Wechselwirkungen und das Ganze zu begreifen. Die Lösung ist eine Förderung des *Denkens in Alternativen* (bewusst als Mehrzahl!) im Gegensatz zur althergebrachten Fixierung auf *die eine* beste Entscheidung oder allenfalls noch die eine Alternative als die zweitbeste. Dieses Denken in Sowohl-als-auch durchzieht unser ganzes Buch: Es ist unser Leitgedanke für organisationale Urteilskraft und Entscheidungsfähigkeit, ja, für organisationales Handeln generell. Aus diesem Leitgedanken heraus erwachsen sowohl die individuelle als auch die organisationale *Achtsamkeit*.

8. **Das Pentaeder-Modell ist die einfache Figur für das Begreifen der Beziehungsstruktur des ganzen Entscheidungsraums.**

Keep it simple, but not stupid: Dafür muss unser Modell für das Entscheidungssystem von Organisationen zunächst einmal sehr abstrakt bleiben. Das Modell selbst liefert damit noch keine praktischen Handlungsanleitungen. Dafür bietet es aber eine schnelle Orientierung, wer bzw. was gerade *im Vordergrund* der Betrachtung steht und wer oder was nicht, obwohl es zum Verständnis des Ganzen erforderlich ist. Betrachten wir kurz die einzelnen Komponenten.

- Der *Entscheidungsraum* ist ein sozialer Raum. Die in ihm nötige Kommunikation ist manchmal lang, ausführlich und tief gehend, manchmal schneller und von intuitiver Übereinstimmung gekennzeichnet.
- Die Größe des Entscheidungsraums bestimmt, welche Komplexität die Organisation bewältigen kann. Je ausgeprägter die Urteilskraft und Entscheidungsfähigkeit sind, desto größer ist auch der Raum, in dem das Entscheidungssystem »greift«.
- Der Entscheidungsraum wird durch *fünf Türen* betreten:
  - Die Tür des Risikos in der Sache: Durch sie kommen die sachlichen Möglichkeiten und die Erwartungen der Umwelt an die Organisation in den Raum und werden auf ihre Chancen und Gefahren hin bewertet. Dieses Risiko ist der sachliche Dreh- und Angelpunkt.
  - Die Tür des Risikos im Entscheidungsprozess: Durch sie kommt das Chancen- und Gefahrenpotenzial, das in den Möglichkeiten der Entscheidungsprozesse steckt, in den Raum und wird bewertet. Bemerkenswert ist dabei, dass den Sachrisiken in der Praxis meist viel mehr Aufmerksamkeit und Professionalität gewidmet wird als den Prozessrisiken. Dabei wären die Prozessrisiken in den allermeisten Fällen deutlich leichter und kostengünstiger positiv zu beeinflussen.
  - Die Tür der Organisation selbst: Durch sie betritt die Organisation in ihrer konkreten Ausgestaltung den Raum, also als Unternehmen X, Krankenhaus Y, Partei Z usw. Die Ergebnisse ihrer aktuellen, früheren und prognostischen Risikoabwägungen manifestieren sich in
    - der Wertschöpfung der Organisation durch ihre Prozesse,
    - ihren Strategien,
    - ihren Strukturen und Regeln sowie
    - ihrer Kultur, die insbesondere den Grad von Vorsicht versus risikobereiter Entschlossenheit prägt.
  - Die Tür der Personen: Durch diese Tür betreten die Menschen mit ihren Möglichkeiten, Ambitionen und Interessen den Raum und übernehmen dabei (über ihre Arbeitsverträge oder Kooperationsvereinbarungen) bestimmte Funktionen. Sie werden damit zu Teilhabern am Entscheidungssystem. Ihre personale Urteilskraft und Entschei-

dungsfähigkeit hat wesentlichen Einfluss auf das ganze System. Sie sind diejenigen, die primär und meist unausgesprochen die Risikoabwägungen treffen, die ihr eigenes »Überleben« in der Organisation betreffen.

- Die Tür der Teams, Gremien und Netzwerke: Durch sie kommen die Teams und Netzwerke mit den Möglichkeiten und dem Potenzial in den Entscheidungsraum der Organisation, die nur ihnen zur Verfügung stehen. Sie bilden die Brücken, auf denen sich die Möglichkeiten der Personen und die der Organisation begegnen und damit zu Chancen und Gefahren werden.

All diese Türen sind zwar gleichwertig, aber dennoch unterschiedlich wirkungsvoll und wichtig. Der Fokus auf die Tür der *Organisation* hat die größte direkte Hebelwirkung für die organisationale Urteilskraft und Entscheidungsfähigkeit und wirkt gleichzeitig auch indirekt auf die beiden anderen Subsysteme ein. Leider nehmen die meisten Organisationen wenig Einfluss auf diese zentral wichtige Kompetenz und sind eher konservativ und risikoavers bei ihrer Entwicklung.

- Den ganzen Entscheidungsraum könnte man auch als »Sowohl-als-auch-Raum« bezeichnen: Er umfasst sowohl die *Risiken in der Sache* als auch die *Risiken im Prozess* und in diesem Zuge sowohl die Risikoabwägungen der *Personen* als auch die von *Teams/Netzwerken* und der *Organisation*.
- Warum ist es so sinnvoll, das anspruchsvolle Pentaeder-Modell allen verantwortungsbereiten Mitgliedern in Organisationen nahezubringen? Wir gehen fest davon aus, dass zukünftig immer mehr Menschen in ihren konkreten Aufgaben für alle drei Subsysteme des ganzen Entscheidungssystems in irgendeiner Form wesentlich mitverantwortlich sein werden. Das wird ganz sicher nicht nur die Führungskräfte betreffen.

9. Das Entscheiden in Organisationen ist nicht zuletzt Handwerk und benötigt professionelle Methoden und Werkzeuge. Mit diesen Werkzeugen können die jeweils wichtigen Teile von Entscheidungsprozessen bearbeitet werden — vorausgesetzt, es besteht ein Verständnis des großen Ganzen.

- Es besteht ein eklatanter Mangel an Werkzeugen, die in der Organisations- bzw. Führungspraxis in schwierigen Entscheidungssituationen wirklich pragmatisch helfen. Gleichzeitig tritt immer offensichtlicher zutage, dass dieser Mangel eines der wichtigsten Hindernisse für mehr Achtsamkeit und Professionalität quer durch die Organisation darstellt.
- Verstärkend kommt hinzu, dass fast alle uns bekannten Instrumente und Entscheidungstechniken einen Nutzen suggerieren, den sie nicht einlösen, weil sie auf die *Berechenbarkeit* von Entscheidungen abzielen. So lange die Wahl, die es zu treffen gilt, berechenbar ist, gibt es jedoch gar

nichts zu entscheiden, sondern es gilt lediglich gut zu rechnen. Entscheiden beginnt da, wo das Rechnen aufhört.

– Das Entscheiden in Organisationen benötigt neben dem Blick aus großer Höhe Konkretisierungen mithilfe von Instrumenten und Methoden, um praktikable Handlungsanleitung erstellen zu können. Eine ganze Reihe dieser Hilfsmittel haben wir Ihnen in diesem Buch vorgestellt. Ihre professionelle Handhabung ist angewiesen auf ein vertieftes Verständnis des ganzen Entscheidungssystems, wofür Sie ebenfalls alle wichtigen Grundlagen in den verschiedenen Kapiteln finden.

– Darauf aufbauend, kann eigentlich nichts mehr schiefgehen, wenn Sie mit einer ordentlichen »handwerklichen Grundhaltung« und der Wertschätzung für einen sauberen Gebrauch von Werkzeugen an das anspruchsvolle Geschäft des Entscheidens herangehen.

10. Die Zukunft des Entscheidens wird eine andere sein, weil auch die Risiken der kommenden Gesellschaft substanziell andere sind.

– Die Zukunft fällt nicht einfach so vom Himmel. Sie kommt durch Entscheidungen insbesondere von Organisationen zustande, die in ganz wesentlichem Umfang schon heute getroffen werden und in ihren langfristigen Auswirkungen oftmals unüberschaubar erscheinen.

– Diese Zukunft zu gestalten und möglichst positiv zu beeinflussen, erfordert in ganz besonders hohem Maße organisationale Urteilskraft und Entscheidungsfähigkeit. Zusätzlich braucht es dafür angemessene Vorstellungskraft und gesellschaftliche Dialoge darüber, was eine wünschenswerte zukünftige Gesellschaft ausmacht — und welche Rolle die betreffende Organisation darin spielen möchte.

– Heute schon sind weitreichende Veränderungen im Gange, die mit Stichworten wie Internet, Industrie 4.0, 3D-Drucker, Vernetzungen, geopolitische Umbrüche, Globalisierung, Klimawandel u.a. anzureißen sind.

– Die Zukunft wird die Prozesse des Entscheidens in Organisationen höchstwahrscheinlich radikal verändern. Auch auf die organisationale Urteilskraft und Entscheidungsfähigkeit wird dies umfangreiche Auswirkungen haben:

  – Die Organisationen werden ihre Innen- und Hierarchieperspektive weit über ihre eigenen Grenzen hinaus um die der Netzwerke der Co-Produktionen ergänzen müssen.

  – Sie werden mit turbulenten, anarchischen Dynamiken zu rechnen haben, bei denen entscheidende Weichenstellungen spontan entstehen und genauso schnell wieder überflüssig werden können. So wird man etwa die Wirkungen von Entscheidungen im Internet mit ihren Chancen- und Gefahrenpotenzialen zu spüren bekommen, ohne das Zustandekommen dieser Entscheidungen selbst nachvollziehen zu können.

- Es wird ein enormer Entwicklungsdruck entstehen. Denn die Ereignisse werden oftmals schneller sein als die organisationalen Entscheidungen, die auf die Zukunft gerichtet sind. Die Entscheidungsfähigkeit und Agilität im Hier und Jetzt wird damit drastisch an Bedeutung gewinnen.

11. **Das Pentaeder-Modell verankert das Nachhaltigkeitsparadigma auf der Arbeitsebene von Organisationen und verweist pragmatisch auf die Einsicht 1.**

- »Es gibt nichts Gutes, außer man tut es«, das kann man gar nicht oft genug wiederholen. Alle genannten Punkte sollen und können dazu beitragen, das im ersten Punkt diagnostizierte enorme Potenzial des Entscheidens in Organisationen, Schritt für Schritt, Jahr für Jahr und mit langem Atem weiterzuentwickeln.
- Achtsame Risikobetrachtungen im Zusammenhang mit dem Nachhaltigkeitsparadigma sind sicherlich eine wirklich anspruchsvolle Aufgabe. Gleichzeitig wagen wir jedoch die Annahme, dass die Begriffe *Strategie* und *Nachhaltigkeit* sich immer mehr annähern werden.
- Wir müssen damit rechnen, dass das Nachhaltigkeitsparadigma noch auf längere Zeit permanent gefährdet bleibt. Gerade deshalb ist seine Verankerung auf der Arbeitsebene der Organisation ganz besonders notwendig. Diese Verankerung kann ganz pragmatisch gelingen, wenn die Risikobetrachtungen
  - in die Geschäftsprozesse/Wertschöpfung als Maßstab des Controlling und Monitoring eingeführt werden — etwa als Elemente einer weiterentwickelten Balanced Score Card,
  - zum Kriterium für die unabdingbare Urteilskraft werden und
  - ihren festen Platz in den Programmen zur Personal- und Organisationsentwicklung erhalten.

Ermutigung

Die Anwendung des Pentaeder-Prinzips beginnt mit der Sehnsucht nach den Möglichkeiten, die sich fast zwangsläufig ergeben, wenn Organisationen mitsamt ihren Menschen und Teams wachsen und sich entwickeln wollen. Sie beginnt mit der durchaus zwiespältigen Lust am Risiko.

Die Möglichkeiten des Pentaeder-Prinzips eröffnen sich natürlich viel stärker jenen, die mit Lust am Risiko etwas bewegen wollen, als denjenigen, die diese so ursprüngliche *Lebenslust* zugunsten eines überhöhten Sicherheitsstrebens vergessen und verlernt haben. Erstere sind zweifelsohne die »wahren« Gestalter in Organisationen und dies ganz unabhängig von ihrer jeweiligen Position oder Funktion.

Die elf Blicke aus unserem Cockpit werden dann besonders wirksam sein, wenn sie von aktiven Gestaltern in die Organisationen hineingetragen werden. Je mehr Gestaltungswille in der Organisation dabei mit formaler Gestaltungs*macht* verbunden wird, umso wirksamer wird das Pentaeder-Prinzip umgesetzt werden können. Und schlussendlich wird der Durchdringungsgrad in den Organisationen immer stärker werden, wenn sich (auch über die Grenzen der jeweiligen Organisation hinaus) Koalitionen der Gestalter herausbilden unter Menschen, die dieses Prinzip verstanden haben und umsetzen wollen.

Anmerkungen

Anmerkungen zu Konzeptionelle Grundlagen (Kapitel 2)

1 Folgt man der Interpretation »Selbstverständlich meint, nur mir selbst verständlich« des Satirikers Ambrose Bierce, dann liegt die folgende Analogie nahe: Der große Sprachphilosoph Ludwig Wittgenstein beginnt seine Ausführungen mit einem Zitat von Augustinus »Bevor du mich fragst, was Zeit ist, weiß ich es. Nachdem du mich gefragt hast, weiß ich es nicht mehr.«* und bezieht diese Antwort auf seine eigenen jahrzehntelangen Studien zum Phänomen der Sprache. (*Wittgenstein (2013). Philosophische Untersuchungen, 6. Auflage, Frankfurt/Main, S. 11).

2 Die wegen der fortschreitenden Globalisierung immer wichtiger werdenden interkulturellen Aspekte der Sprache des Entscheidens sind so umfangreich, dass wir hier de facto die Segel streichen und auf ein nächstes Buch verweisen müssen. An dieser Stelle nur wenige Stichworten: Schon die Franzosen als unser nächster Nachbar assoziieren mit Entscheiden (und Organisation!) etwas anderes als die Deutschen, und die Amerikaner mit ihrer »Can-do-Mentalität« etwas anderes als die Europäer. Noch gravierender ist, dass die uns im Westen (»Abendland«) selbstverständlichen Vorstellungen ganz andere sind als die im Osten (»Morgenland«) vorherrschenden. Nur eines von vielen Beispielen: Unsere Vorstellungen von Zeit stammen aus dem antiken Griechenland, auf diesem Weltbild werden bei uns Entscheidungen getroffen und gemacht: Decision making heißt es so auch im Englischen. In der chinesischen Kultur hingegen gibt es z. B. die uns selbstverständliche Phase des Umsetzens einer Entscheidung überhaupt nicht. (Siehe Julien (1999). Über die Wirksamkeit.) Sehr spannend zu beobachten bleibt, ob die aktuell in global operierenden Wirtschaftsorganisationen stattfindende Konvergenz der kulturellen Unterschiede als Vorreiter und Vorbild für die Weltgesellschaft dienen wird oder nicht. Relevante kulturelle Unterschiede wirken natürlich auch aus kleinräumigeren Wertesystemen heraus, z. B. aus Heimatverbundenheit. Der bekannte englische Ausspruch »Right or wrong, my country« liefert hierfür ein gutes Beispiel.

3 Vielleicht gilt dies ganz besonders in Organisationen, weil Organisationen für Balanceakte besser ausgestattet zu sein scheinen als die meisten Individuen.

4 Mehr dazu in den Kapiteln 2.3 und 3.1 sowie im Planquadrat D4 der Decisio-Prozesslandkarte.

5 Siehe Paul/Stroh (2007). Mehr dazu im Kapitel 3.14 *Entscheiden und Zeitmanagement*.

6 Von Egon Endres im persönlichen Gespräch »erfunden«. Egon Endres ist ein hochgeschätzter Kollege, der uns besonders durch sein erfolgreiches Grenzgängertum zwischen Wissenschaft, Top Management und Beratung beeindruckt.

7 Mehr dazu im Kapitel 3.10 *Autopilot und Pilot*.

8   Mehr dazu im Kapitel 3.2 *Funktionen und Rollen beim Entscheiden*.

9   An dieser Stelle ist es hilfreich, die Verwandtschaft der Begriffe Konflikt und Krise zu betrachten. In diesem Verständnis wäre Krise das Ergebnis ungelöster Konflikte, die sich über längere Zeit angesammelt haben und jetzt lautstark nach einer grundsätzlichen Lösung rufen.

10 Siehe Mischel (2014).

11 Übersetzt vom Autor.

12 Vgl. Huber (2014).

13 Mehr dazu im Kapitel 3.15 *Entscheiden und Probleme lösen*.

14 Zahl von siemens.com für 2014.

15 Eine gute Anleitung zur Vermeidung des kolossalen »personal-organisationalen Missverständnisses« finden Sie im Kapitel 2.2 *Der Pentaeder orientiert*.

16 Mehr zu diesen Begriffen in ZOE, Heft 2.15.

17 Angesichts der anspruchsvollen Aspekte des Entscheidens in und von Organisationen nimmt es nicht Wunder, dass sich die Organisationswissenschaften mit diesem Phänomen sehr schwer tun. Deshalb hier nur zwei kleine prototypische Verweise. Das Konzept der »begrenzten rationalen Wahl« (Simon, 1955) hat sich 60 Jahre später noch immer nicht zur Gänze durchgesetzt, und erst recht nicht das »eigentlich« so offensichtlich besser passende soziale und vernetzte Verständnis des Entscheidens, für welches wir plädieren. Das Mülleimer-Modell (vgl. Cohen/March/Olsen, 1972) beschreibt das Entscheidungsverhalten von Organisationen immer noch praxisnäher als alle anderen Modelle! Dem komplexen und zutiefst grundlegenden menschlichen Phänomen des Entscheidens wird eine fragmentierte und spezialisierte Wissenschaftswelt nur in bescheidenen Ansätzen, d. h. eigentlich nicht gerecht.

18 Siehe hierzu auch die Kapitel 2.4 *Die Zukunft des Entscheidens* und 4.1 *Vernetzt entscheiden*.
Der Punkt *Mitentscheiden und Mitgestalten* transportiert natürlich auch eine »heiße« mitschwingende Bedeutung. Es handelt sich hier um die untrennbare Kehrseite zu *Macht und Entscheiden* im Kapitel 2.1.4.

19 Angelehnt an Tichy/Bennis (2007).

20 Siehe Planquadrat E5 unserer Decisio-Prozesslandkarte.

21 Im Gespräch mit systemisch geschulten Kollegen verwenden wir den Begriff »die Einheit in der Differenz«, mit dem Führungskräfte natürlich nichts anzufangen wissen.

22 Im Kapitel 4.2 wird die Relevanz des Kaleidoskops für Führungskräfte und Managementteams vertieft betrachtet.

23 Die bisher stille Tragödie des Entscheidens in vielen Organisationen, sein Aschenputtel-Dasein, resultiert primär aus einem jahrzehntelang gepflegten überzogenen Selbstverständnis von Management und Leadership. Ich weiß, wovon ich hier rede, weil ich genau in diesem Duktus als Manager sozialisiert wurde.

24 Jens Tönnesmann: Gut fallen — Gründer feiern ihre Pleiten und machen das Scheitern in Deutschland salonfähig, in: »Die Zeit«, Ausgabe 15/2015; Timo Stukenberg: Geh pleite und rede darüber! In: »WirtschaftsWoche« vom 18. Juli 2014.

25 Heribert Prantl: Tina macht Politik. Und was macht Merkel? In: »Süddeutsche Zeitung« vom 18.05.2010.

26 Dass wir von Möglichkeiten und nicht etwa von Unsicherheit sprechen, ist bereits eine Wahl, die tief blicken lässt. Man könnte mit gleichem Recht sagen, wir schwämmen in einem Meer von Unbestimmtheit und Unsicherheit. Die emotionale Besetzung des Begriffes *Möglichkeit* ist eher positiv und nahe am Chancenaspekt, die von *Unsicherheit* eher negativ und am Gefahrenaspekt angesiedelt. Die vermutlich korrekteste Formulierung wäre *Unbestimmtheit*; diese würfe uns aber gleichzeitig wieder zurück, da sie auch *Unentschiedenheit* bedeutet. Die Systemtheorie definiert es so: Entscheidungen sind der Übergang von der Unsicherheit ins Risiko.

27 Wir beginnen bewusst mit der Personenperspektive und nicht, wie es unserem Thema entsprechen würde, mit der Organisationsperspektive. Damit wollen wir den Weg nachvollziehen, den wir alle normalerweise gehen. Wir betreten als Personen mit unseren Kompetenzen die Organisation — und, mit Verlaub, wir sind uns selbst zunächst wichtiger als die Organisation. Wer schaut schon zuerst auf die Organisation und dann auf sich selbst — obwohl das sicherlich oftmals sinnvoller wäre?

28 Das berufliche Wissen der Menschen führt eine Art »Schattendasein« in unseren Ausführungen, und das aus plausiblem Grund: Schließlich wären die Personen nicht Mitglieder der Organisation, verfügten sie nicht über das erwartete Wissen. Deshalb setzen wir es bei allem, was wir über *Personen in Funktionen* aussagen, stillschweigend voraus. Aus der Perspektive der Organisation gilt: Wird das professionelle Wissen der Personen als nicht ausreichend betrachtet, so ist entweder die Personalbesetzung unter die Lupe zu nehmen oder die eigene Aus- und Weiterbildung zu hinterfragen bzw. Einfluss auf das Bildungswesen zu nehmen. Mangelndes berufliches Wissen den Personen alleine anzulasten, wäre der gleiche Denkfehler, wie das Entscheiden in Organisationen alleine den Entscheidern zuzurechnen.

29 Deshalb trifft es sich ganz ausgezeichnet, dass in vielen Organisationen bereits ein sehr fundiertes Know-how zum Prozessdenken zur Verfügung steht — aus der vergangenen Zeit der großen Prozessoptimierungen.

30 Nicht nur Controller könnten hier einen Blick in die Zukunft werfen: Soll das Entscheiden mehr bewusste Aufmerksamkeit erhalten, dann wird eine kreative Prozesskostenrechnung des Entscheidens unumgänglich sein.

31 Das Zitat ist durch eine seriöse Studie unterfüttert, in der mehr als 1.000 strategische Entscheidungen wissenschaftlich analysiert wurden.

32 Norbert Zimmermann. »Flop des Jahres und Meisterstücke«, in Endres, Egon/ Sutrich, Othmar (Hg., 2008) Entscheiden oder Driften?, Profile-Schwerpunktheft, Nummer 16, S. 13.

33 Einen ausführlichen Fragenkatalog zu diesem Thema finden Sie im Kapitel 3.4 *Die Decisio-Prozesslandkarte.*

34 Die Arbeit an und in den Geschäftsprozessen ist besonders aufschlussreich und ergiebig, weil der *Prozess* das so abstrakte Konzept von *Organisation* mit den Menschen verbindet und damit praktisch zu bearbeiten macht. Allerdings muss man dabei den ungenauen Gebrauch von Begriffen vermeiden: Das was häufig als »Prozess« bezeichnet und beschrieben wird, sind, genau besehen, oft Verfahrens- bzw. Ablaufbeschreibungen und -regeln, die mit der Wirklichkeit wenig gemein haben. Wir verstehen unter *Prozess* die beobachtbare Wirklichkeit, d. h. das, was Menschen in der Praxis tatsächlich aus den Verfahren machen.

35 Niemand kann der Forderung nach organisationaler Agilität und Resilienz vernünftigerweise widersprechen. Doch ihre Realisierung ist um vieles anspruchsvoller als oft vermutet. Was derzeit den Organisationen konkret als die Agilität oder die Resilienz steigernd angeboten wird, kratzt in der Regel lediglich oberflächlich an den Symptomen. Keineswegs geht es an die Wurzeln in der Organisationskultur, insbesondere nicht an den so oft wenig konstruktiven organisationalen Umgang mit Risiken, also den breitflächigen Umgang mit Gelegenheiten und Gefahren.

36 Über die Anforderungen an komplexe Organisationen westlicher Prägung wird meist implizit und dramatisch pointiert geschrieben und geredet. Merkmale: wesentlich von sehr gut ausgebildeten Wissensarbeitern bevölkert, und immer mehr gedrängt in einem globalen Maßstab zu denken, entscheiden und handeln. Auch unsere Aussagen und Annahmen sind natürlich gebunden an diesen konkreten Kontext und seine spezifische Komplexität.

37 Der Großteil der hier stellvertretend wiedergegebenen Aussagen stammt von Peter Kloiber, Vorstand der Firma Gebr. Weiss.

38 Genau deshalb unterscheiden wir so strikt zwischen den Begriffen *Probleme lösen* und *Entscheiden.* Während das Lösen von Problemen nämlich aus der bekannten Vergangenheit gespeist wird, kann das Entscheiden durchaus auch aus dem unbekannten Feld der Zukunft kommen.

39 Auch hier wird wieder der Unterschied zwischen der heute schon »fertigen Zukunft« und der relativ offenen sehr schön deutlich: Die relativ offenen Zukünfte werden über »Brückenbauer« in Gang gesetzt, die verschiedene Netzwerke miteinander verbinden.

40 Mehr Informationen unter www.stiftung-mercator.de.

Anmerkungen zu Handwerkszeug – mit Pinzette und Feile (Kapitel 3)

1　Als Instrumente bezeichnen wir hier Hilfsmittel, die es uns in Bezug auf eine Messgröße erlauben, qualitative oder quantitative Aussagen zu machen. Hier geht es also schwerpunktmäßig ums Erkennen. Mit Werkzeugen hingegen meinen wir Utensilien, die nicht ursprünglich zu einem Lebewesen/einer Gesamtheit gehören, diesen jedoch um bestimmte Funktionen oder Fähigkeiten erweitern. Hier geht es schwerpunktmäßig ums Bearbeiten.

2　Sie haben die Möglichkeit, sich explizit mit ihrem ganz persönlichen Entscheidungsverhalten zu befassen. Am Ende des Buches finden Sie einen Link zu Ihrem persönlichen KAIROS-Fragebogen.

3　Lanzenberger M./Sutrich U.: Das KAIROS-Entscheiderprofil, in: »Profile« Heft 16, 2008, S. 113–123.

4　Noel M. Tichy/Warren G. Bennis (2007): Harvard Business manager: Wie man kluge Entscheidungen trifft, S. 11.

5　Mehr zu diesem Gedanken finden Sie im Kapitel 2.2 zum Pentaeder.

6　Laut Hirnforschung wird jede einzelne aufgenommene Information im Hirn mit einer emotionalen Bewertung versehen und dann in Form von Gefühlen und Körperempfindungen an dem dafür vorgesehenen Speicherplatz, im von der Wissenschaft so getauften emotionalen Erfahrungsgedächtnis, abgelegt. Von dort kann unsere Intuition dieses implizite Wissen bei Bedarf jederzeit abrufen. Ohnehin können laut Hirnforschung Entscheidungen nur unter Einbezug sowohl rationaler als auch emotional-intuitiver Anteile getroffen werden. Es kommt immer auf den jeweiligen Anteil an.

7　Hierfür haben wir unterschiedliche methodische Zugänge genutzt, vom Studium psychologischer Entscheidungsmechanismen über test-theoretisch fundierte Persönlichkeitsverfahren bis hin zu der tiefenpsychologischen Studie, die Fritz Riemann bereits 1961 zu den lebensgeschichtlichen Grundprägungen des Menschen und seinem individuellen Umgang mit Unsicherheit erstellt hat.

8　Siehe Kapitel 3.10 Autopilot und Pilot.

9　Coaching-Beispiel von Stefan Reutter: reuttercompetence, 78333 Stockach.

10　Team-Beispiel von Sylvia Wörner: Beratung, Training, Coaching, 86911 Diessen.

11　Diese Begriffe beschreiben weitgehend veränderungsresistente Verallgemeinerungen und Vorannahmen über Ursache, Sinn, Bedeutung und Notwendigkeit bestimmter Dinge. Sie erweisen sich häufig als ebenso tief verinnerlicht wie struktur- und rahmengebend – und zwar gerne in einschränkender Weise. (Mehr dazu finden Sie im Kapitel 3.9 zum E-Code: »So machen wir das hier.«) Der Begriff Glaubenssatz wird dabei der Person zugeschrieben, während sich das mentale Modell eher auf die Organisation bezieht.

12　Lovallo, Dan/Sibony, Olivier (2010), S. 1–14.

13　Hörmann, Hans-Jürgen (1994): FORDEC ist aus der Luftfahrt bekannt und steht für eine Methode zur strukturierten Entscheidungsfindung (Facts, Options, Risks & Benefits, Decision, Execution, Check).

14 Othmar Sutrich, Bernd Opp (2007): Was ist anders in einem »Entscheider«-Coaching? Profile 14/07, S. 76–85.

15 Vgl. Schein, E.H. (2003).

16 Die Grundlagen dazu werden im Kapitel 2.2.2.2 Die Risikokompetenz der Organisation erläutert.

17 Mehr dazu im Kapitel 2.2.2 zum sozialen Dreieck des Pentaeders.

18 Die Grundlagen hierzu sind im Kapitel 2.1.2 Acht generelle Aspekte, die dem Entscheiden innewohnen beschrieben.

19 Siehe auch Schein (2003).

20 Vgl. Senge, P. M., Smith, B., Kruschnitz, N., Laur, J. und Schley, S. (2011): Die notwendige Revolution. Wie Individuen und Organisationen zusammenarbeiten, um eine nachhaltige Welt zu schaffen. Heidelberg: Carl-Auer-Systeme-Verlag.

21 Das Unternehmen bietet Serviceleistungen im After-Sales-Bereich an. Veränderte gesetzliche Rahmenbedingungen hatten zu einer akuten Bedrohung des Umsatzpotenzials geführt. Daher wurde eine neue Strategie zur Wachstumssicherung beschlossen, mit dem Ziel, neue Kundenmärkte zu erschließen: Kundendienst/Service und Vertrieb, vorher funktional getrennte Einheiten, wurden nun strukturell zusammengeführt.

22 Dirk Baecker (2007, S. 21) fasst das treffend zusammen: »Die innovativen Unternehmen der nächsten Gesellschaft werden entdecken, dass Geistesgegenwart im Umgang mit Menschen, Maschinen und Ideen die knappste Ressource von allen ist.«

23 Mehr dazu in H. Nauheimer (2015), S. 90–94.

24 Siehe auch Opp, B. (2014), S. 12.

25 Vgl. Werner, K. (2015).

26 Siehe auch Storch, M. (2010).

27 Mehr dazu siehe Kahneman, D. (2012), Ariely, D. (2010).

28 Zwerg-Elstern wäre das Wort eigentlich zu lesen. Unser Gehirn ist jedoch durch das Lesen der vorherigen Begriffe so sehr auf Sterne fixiert, dass unsere Wahrnehmung auf »Autopilot« schaltet und wir stattdessen Zwergel-Stern lesen.

29 Mehr dazu in Dobelli, R. (2011).

30 Heuristiken sind mentale, implizit verankerte Faustregeln, mit denen Menschen insbesondere in Situationen begrenzten Wissens, unvollständiger Informationen und hohen Zeitdrucks schnell entscheiden und/oder Probleme lösen können. Heuristiken basieren auf in der Vergangenheit kulturell und/oder individuell erlernten Erfahrungen, die als neuronale Vernetzungen im limbischen System, also dem emotionalen Erfahrungsgedächtnis, gespeichert sind.

31 Wir unterscheiden generell zwischen den Abläufen und den Prozessen der Organisation: In den kodifizierten Abläufen sind die Regeln der Organisation niedergeschrieben, nach denen zu entscheiden ist. In den Prozessen ist zu beobachten, was die Menschen konkret daraus machen, wie sie also tatsächlich miteinander entscheiden.

32 Kapitel 2.3 geht ausführlich auf die bewusste und achtsame Gestaltung von Entscheidungsprozessen ein.

33 Mehr dazu in Dörner, D. (2003).

34 Rosenzweig, Phil (2013), S. 88–93.

Anmerkungen zu Anwendungen in Organisationen (Kapitel 4)

1 W. Niessner, Gespräch am 19. August 2014 in Salzburg.

2 Mehr dazu siehe Ancona/Bresman (2007), S. 41–60.

3 Ancona/Bresman (2007), S. 42.

4 Ancona/Bresman (2007), S. 58.

5 Die Unterscheidung zwischen diesen drei Entscheidungsräumen ist seit längerer Zeit relevant und Praktikern allzu bekannt, ist aber weder in der Personal- und Organisationsentwicklung noch in der Literatur bisher wirklich angekommen.

6 Die Zitate und Einschätzungen entstammen einer Reihe von sechs Gruppen- und drei Einzelinterviews im Zeitraum September 2012 bis Dezember 2014 sowie aus Reflexions-/Auswertungsrunden von Mai bis September 2013 und im Januar/Februar 2014.

7 Das Gespräch fand am 15. Januar 2013 in Lauterach statt. Gesprächswiedergabe stark verdichtet.

8 Eine in Österreich geläufige Umschreibung für »begrenzte Macht«.

9 Das Gespräch fand am 9. Dezember 2014 in Lauterach statt.

10 Der hier verwendete Begriff der »3 Hüte« spielt darauf an, dass sich Führungskräfte und Experten bei Gebr. Weiss immer mehr darauf einstellen, in allen drei verschiedenen Entscheidungsräumen (lokal, organisational und vernetzt) situativ präsent zu sein, dort Einfluss auszuüben bzw. Mitverantwortung zu übernehmen.

11 Wir selbst möchten gerne zur Differenzierung und Klarheit der Sprache beitragen — dazu gehört es, »systemische Verwechslungen« wo immer möglich zu vermeiden. Daher ziehen wir es vor, für den Gebrauch in Organisationen keine Worte zu verwenden, die auf *-kratie* enden: Dieses Suffix kommt vom griechischen *kratein* — herrschen/regieren und bezeichnet meistens eine Herrschaftsform bzw. eine herrschende Klasse (Auguste Compte 1851; WIKIPEDIA). Wie inzwischen hoffentlich deutlich wurde, ist uns in Organisationen die intelligente gemeinsame Aufgabenerledigung wichtiger als die Frage der Herrschaft.

12 Soziokratie (WIKIPEDIA) (von lat. *socius* = Gefährte, griech. *kratein* = regieren). Der französische Philosoph Auguste Comte, der auch den Ausdruck *Soziologie* schuf, prägte 1851 das Wort *sociocratie*. Dies ist eine Organisationsform, mit der Organisationen verschiedener Größe — von der Familie über Unternehmen und NGOs bis hin zum Staat — konsequent Selbstorganisation umsetzen können.

In ihrer modernen Fassung basiert sie auf Erkenntnissen der Systemtheorie. Sie wird als Modell der Steuerung und Entscheidungsfindung, das von der Gleichwertigkeit aller Beteiligten ausgeht, in Prozessen und Organisationen genutzt.

13 Die Fragen haben Ulrike und Othmar Sutrich gestellt. Nach einer Weiterbildung in der Soziokratischen Methode haben sie Barbara Strauch vom Soziokratie Zentrum Österreich eingeladen, bei der Einführung der Soziokratischen Kreismethode im Pentaeder Institut mitzuwirken.

14 www.soziokratie.at.

15 Der indianische Redekreis dient als uralte Gesprächskultur nicht nur dem Gedankenaustausch, sondern ist eine hervorragende Methode, Entscheidungen herbeizuführen, Lösungen zu finden und den Zusammenhalt einer Gemeinschaft zu stärken. Tatsächlich ist er eher ein »Zuhör-Kreis«, weil hier das Zuhören eine größere Bedeutung hat, als es in unserer westlichen Welt zumeist der Fall ist. Die Teilnehmer hören zu, ohne zu kommentieren.

16 Barbara Strauch dazu: Ich wurde einmal als gewöhnliche österreichische Bürgerin gefragt, ob ich für ein Bundesheer von Berufssoldaten bin oder ob ich die allgemeine Wehrpflicht beibehalten möchte. Und ich habe gesagt: Wieso fragt ihr das mich? Ich habe überhaupt keine Informationen, die mir irgendwie helfen könnten, mir eine Meinung zu bilden. Also bin ich nicht der richtige Mensch dafür, das zu entscheiden, weil ich dazu keine Informationen habe.

Glossar

Angaben in Klammern beziehen sich auf die Position in der Decisio-Prozessland-karte im hinteren Buchumschlag (E-Book: siehe Datei am Buchende).

A	Entscheiden und …
Achtlosigkeit	Achtlosigkeit ist die Quelle der meisten Probleme beim Entscheiden. Im Business-Kontext ist damit die Anwendung der Lösungen von gestern auf die Probleme von heute gemeint. Dagegen ist → *Achtsamkeit* die Einstellung auf die Erfordernisse von heute, um die Schwierigkeiten von morgen zu vermeiden.
Achtsamkeit (B4)	Bewusste Achtsamkeit führt zu mehr Vitalität sowie stärkerer Leistung und besserem Entscheiden. Dies ist in Unternehmen besonders dann relevant, wenn Innovation und Erneuerung voranzubringen sind. Dabei ist die Kultivie-rung eines achtsamen Kontextes entscheidend. Organisationale Achtsamkeit ist somit die Grundkompetenz für gutes, bewusstes Entscheiden in Organi-sationen. Sie befähigt dazu, auch die kleinen Anzeichen, die leisen Signale von Risiken frühzeitig wahrzunehmen. Achtsamkeit hat das Potenzial, einen Win-win-Kreislauf anzustoßen: Der achtsame Blick auf ausgewählte Entscheidungsprozesse fördert bei den Mitarbeitern Kompetenzsteigerung im und durch mehr Mitgestalten. Somit wächst auch die Freude am Arbeits-platz, was wiederum der Bereitschaft zu mehr Achtsamkeit zugute kommt.
Alleingang (D1)	Der »einsame Entscheider«, der »Hero« — was waren das noch für tolle Zeiten, als die Entscheidung den einzelnen Personen, meist der Chefetage, zugeschrieben werden konnten. Mitarbeiter konnten gute und schlechte Entscheidungen kommentieren und → *Verantwortung* nach oben delegieren. Das reicht heute nicht mehr. Die Mitverantwortung jedes einzelnen an sei-nem Arbeitsplatz wird immer wichtiger. Das bedeutet auch, dass gerade bei unternehmerischen Entscheidungen der Alleingang des Unternehmers nach wie vor geboten sein kann.
Alternativen (E6)	Jede Entscheidung setzt Wahlmöglichkeiten voraus. Wer (angeblich) keine Wahl hat, kann auch nicht entscheiden, sondern bestenfalls folgerichtig handeln. Die Kunst des Entscheidens liegt darin, aus dem nahezu unbe-grenzten Raum von Möglichkeiten diejenigen Alternativen zu wählen, die … jetzt wird's schwer: Was sind die Kriterien für die Bewertung der Qualität von Alternativen? Die Beantwortung dieser Frage ist in sich ein eigener Entscheidungsprozess, der einen tiefen Einblick in die oftmals gar nicht so offensichtlichen Risikoeinschätzungen der Organisation ermöglicht.
Ambiguitäts-toleranz	Dabei geht es um eine zunehmend wertvolle Grundhaltung für das zügige Entscheiden in komplexen sozialen Systemen. → *Teams* steht bei der konst-ruktiven Verarbeitung mehrdeutiger bzw. widersprüchlicher Informationen in der Regel ein breiteres Spektrum zur Verfügung als einzelnen Führungskräf-ten oder Experten.
Ambivalenz (C5)	Sich nicht zwischen als gleichwertig erachteten Alternativen entscheiden können mit dem Gefühl der Zerrissenheit (→ *Dilemma*). Buridans Esel ist zum Symbol dafür geworden: Er verhungert zwischen zwei Heuhaufen, weil er sich für keinen der beiden entscheiden kann.

Angst (C3 + H5)	Wer noch nie Angst vor dem Entscheiden hatte, weiß nicht, was entscheiden emotional auch bedeuten kann, neben der Lust am Risiko oder gespannter Neugierde über den Ausgang. Eine getroffene Entscheidung kann sich im Nachhinein immer als falsch herausstellen. → *Scheitern* ist dem Entscheiden immanent. Da hilft auch das → *Nicht-Entscheiden* nicht weiter. Es kann sich genauso als falsch oder als »noch falscher« erweisen. Wie uns ein Unternehmer sagte: »Meine teuersten Entscheidungen waren die nicht getroffenen.«
Aufschieben	Die ganze Weisheit und Wirksamkeit des Entscheidens trifft sich in dem Raum zwischen dem Aufschieben und Vermeiden auf der einen Seite und dem bewussten Nichtstun auf der anderen.
Augenhöhe	Die Arbeitswelt verändert sich. Hierarchien verlieren ihre überragende Bedeutung und Anziehungskraft. Der Anspruch der jüngeren Generation an → *Partizipation* und eigenes → *Gestalten*, an Entscheidungsfreiräume und Eigenverantwortung steigt definitiv. »Augenhöhe« ist ein Sinnbild für Selbstbestimmung und gemeinsames → *Lernen* in Organisationen.
Auszeit (Archipel der Kontemplation; H6-7)	Der Archipel der Kontemplation ist der Ort der Ruhe, der Muße mit einem Reflexionspartner. Man gönnt sich die Reflexion und Auseinandersetzung mit der eigenen, individuellen → *Angst* und Angstabwehr und lernt, diese als Lehrmeisterinnen zu verstehen. Diese tiefen Erkenntnisse gilt es, an das eigene Selbstvertrauen zu koppeln. Es ist der Ort des eigenen Reifens und der Weiterentwicklung der eigenen mentalen Modelle. Das Kairos-Entscheiderprofil hilft, die Absichten mit dem Kontext und den Aufgaben in Verbindung zu setzen und vertieft zu lernen.
Autonomie (D4)	Jede Organisation und ihre Mitglieder sollten in Autonomie wissen, was sie wollen und was nicht, sich also nicht abhängig machen von der Urteilsbildung anderer. Dennoch sind sie nicht völlig autonom, sondern eingebunden in soziale, ökonomische und gesellschaftliche Beziehungen, die zu berücksichtigen sind. Autonomie bringt das Selberdenken voran und erhöht die Wahrscheinlichkeit, dass die Mitarbeiter im Unternehmen auch mehr Achtsamkeit für die Zukunft aufbringen. Die Formulierung »bezogene Autonomie« stellt das gelingende Wechselspiel zwischen Autonomie und Bezogenheit gut dar.
Autopilot (C3)	Organisationen sind konstitutionelle Autopiloten. Der Autopilot verbindet alle Menschen in der Organisation über gemeinsame Standards zum Entscheiden, ermöglicht ein schnelles, routiniertes Entscheiden und macht die Organisation handlungsfähig. Damit Organisationen nicht stillstehen, sondern zukunftsfähig bleiben, ist eine Weiterentwicklung des organisationalen Autopiloten nötig. Dies erfordert ein bewusstes, kluges Entscheiden im → *Piloten*.
B	
Balanceakte	Die Essenz des Entscheidens, die es so anspruchsvoll macht, besteht in vielfältigen Balanceakten (in der früheren BWL »Zielkonflikte«) und dem Umgehen der Fallen der Extreme auf den drei Systemebenen. Dabei ist → *Achtsamkeit* für die Besonderheiten der Situation und des Kontextes erforderlich. → *Teams* und Organisationen haben ein viel größeres Potenzial zur guten Verarbeitung von → *Balanceakten* als einzelne Personen, und seien diese auch noch so kompetent. Das ist einer der guten Gründe, konsequent in das → *Lernen* der organisationalen *Entscheidungsfähigkeit* zu investieren.

Bauch — Kopf (D5)	Über Bauchentscheidungen allein zu reden oder schreiben, bzw. ihre Wirksamkeit besonders hervorzuheben, ist neuerdings populär. Die Trennung »Bauch — Kopf« ist sehr fragwürdig. Sie entspricht nicht der Wirklichkeit des Entscheidens (weder von Personen noch Organisationen). Deshalb ist sie genauso irreführend wie die jahrzehntelang geübte Betonung von »Rational Choice«, wie sie in der klassischen BWL immer noch erfolgt.
Bedeutung	Bedeutung bezieht sich auf den Sinn, den Gehalt, den Wert, die Wichtigkeit und die Konsequenz einer Entscheidung. Je nachdem, wie hoch das mit der Entscheidung verbundene → *Risiko* (also die Chancen und Gefahren) eingeschätzt wird, bewertet man auch die Bedeutung der Entscheidung höher oder niedriger. Und wie das bei Einschätzungen immer so ist, sie können auch falsch sein. Wie gut sie waren, zeigt sich in der Regel erst in den → *Konsequenzen*.
Beschränkung	Entscheidung ist immer auch Beschränkung — systemtheoretisch gesprochen Komplexitätsreduktion. Sie erhöht die Chance, Handlungsfähigkeit und Wirksamkeit zu gewinnen oder zu steigern. Dies ist immer verbunden mit der Gefahr, dass man sich — von der Zukunft her gesehen — »auf das Falsche« beschränkt hat, was so manche Personen, Teams und Organisationen dazu verführt, sich so schwer zu entscheiden. Im →*Prozess des Entscheidens* entstehen durch die Wirksamkeit steigernde Beschränkung paradoxerweise neue Möglichkeiten und Entscheidungsfreiräume.
Betriebswirtschaftliche Zielsetzung (F5)	Sie ist zunächst natürlich das Ergebnis eines Entscheidungsprozesses im Unternehmen und wird zur Entscheidungsprämisse für viele nachfolgende Entscheidungen. Die betriebswirtschaftliche Zielsetzung erhält oftmals eine derartige Dominanz, dass viele nur noch der Logik dieser Ziele und Zahlen folgen. Was viele andere den → *Sinn* in ihrer Arbeit schmerzlich vermissen lässt.
Bewusstsein (E4)	»Bewusstsein ist Luxus«, schrieb »Die Welt« über die heimliche Macht des Unbewussten. Wir fügen hinzu: Bewusstsein ist notwendig, damit die → *Urteilskraft* von Organisationen erhöht wird. Organisationen haben weder ein Bewusstsein noch ein Unbewusstes. Sie sorgen im Aufstellen von Regeln und Standards für → *Schnelligkeit*, *Effizienz* und Einheitlichkeit im täglichen Entscheiden von Teams, Netzwerken und Personen → *Autopilot, Pilot*.
C	
Change2 (G3, Station 16/24)	Entscheiden im → *Piloten* ist unabdingbar mit Change und → *Lernen* verbunden. Der → *Autopilot* bietet mit seinen Routinen die nötige Stabilität. Auch hier lohnt es sich, dann und wann die Routinen zu prüfen.
Chronos und Kairos (D4, Station 6/24)	Die griechische Mythologie unterscheidet zwei Zeitqualitäten: Chronos und → *Kairos*. Chronos ist der Gott der messbaren Zeit. Sekunde folgt auf Sekunde, Minute auf Minute. Die Uhr tickt unaufhaltsam. Chronos kennt keinen Stillstand und keinen Unterschied in der Qualität der Zeit. Die Macht des Chronos lässt sich nicht ignorieren, ist aber bestenfalls die halbe Miete, wenn es um Wirksamkeit geht.
D	
Das Nicht-Gewählte (D2, Station 12/24)	Im Rahmen von Entscheidungen werden auch → *Möglichkeit*en ausgeschlossen, also nicht gewählt. Was tun mit dem Nicht-Gewählten? Sich bewusst vom Ausgeschlossenen trennen und diesem nicht hinterherhängen? Sich der → *Kontingenz* des Entscheidens stellen und das Nicht-Gewählte als ehemalige → *Option* würdigen, die »Kraft des Nichtgewählten« im Gewählten einbauen? Oder es im Augenwinkel leise mitlaufen lassen? Auch das gilt es zu entscheiden.

Dialog (E3)	Die Dialog-Methode bietet die Möglichkeit, sich auf eine gründlichere Art mit Denkinhalten und Denkprozessen zu beschäftigen, als es bei Diskussionen und Debatten der Fall ist. Hier geht es nicht um ein Nullsummenspiel mit Gewinnern und Verlierern. Besonders bei riskanten strategischen Entscheidungen hilft Dialog im Vorfeld und in der Umsetzung, vermeidbare Fehlentscheidungen zu verhindern. Hier können Unsicherheit und Komplexität adressiert, unterschiedliche Sichtweisen erkundet, die »heiligen Kühe« hinterfragt und blinde Flecken entdeckt werden. Ein gemeinsames Denken entsteht. Mit einiger Übung wird so die sogenannte »kollektive Intelligenz« der Organisation nutzbar gemacht.
Diffusität	Wenn die Quelle einer Entscheidung oder eines Entscheidungsprozesses in der Organisation nicht lokalisierbar ist, wird → *Verantwortung* diffus. Niemand kann zur Verantwortung gezogen werden. Dies kann sehr verunsichernd wirken und z. B. bei besonders riskanten Entscheidungen als bewusste Taktik benutzt werden.
Dilemma und Tetralemma (C3)	Dilemmata sind alle Formen des unentschiedenen »Entweder-oder«. Entweder Weiß oder Schwarz, entweder links oder rechts. Dilemmata gibt es in vielfältigen Formen. Sie werden dann zur Falle beim Entscheiden, wenn die Wahl zwischen Entweder-oder nicht gelingen mag. Das Tetralemma erweitert das Denken um ein »Sowohl-als-auch« (→ *Balanceakte*) und um ein »Wedernoch«.
Driften	Der Gegenbegriff zum puren Entscheiden bezeichnet den Vorgang, eine Sache laufen zu lassen (unbewusst oder aus diversen eher unklaren Motiven bzw. Konstellationen) sowie in einer Pfadabhängigkeit zu verharren. Entscheiden hingegen wäre als »weitgehend bewusstes Aussteigen aus einer Routine bzw. Gewohnheit« zu verstehen, weil dafür eine → *Notwendigkeit* erkannt wurde. Diese Unterscheidung macht deutlich, dass viele sogenannte Entscheidungen den »puren« Begriff nicht verdienen, sondern eher ein verbal oft beschönigtes Driften oder »Downloaden« früherer Entscheidungen darstellen.
Draufsicht	Wie verändert schaut doch das Terrain von oben aus! Selbst große Gebirge, Flüsse, Städte, Wolkenkratzer etc. können — je nach Flughöhe — wie Spielzeug aussehen. Die Details verschwimmen und die Gesamtanmutung tritt in Erscheinung. Visionäre und strategische Entscheidungen brauchen diesen Blick, um Chancen und Gefahren für das große Ganze gut erkennen und abwägen zu können. Diese dann über den Detailblick zu prüfen und zu schärfen ist eine sehr nützliche Vorgehensweise.
E	
Effektivität — Effizienz	Gerade beim Entscheiden ist es wichtig, diese beiden Begriffe sauber zu unterscheiden. Effizienz ist angesagt, wenn und sobald klar ist, was es zu entscheiden gibt und wie die Realisierung auszusehen hat. Sie beruht auf Erfahrung und laufender Verbesserung. Hingegen bemisst sich der Mehrwert der Veränderung von Gewohnheiten — etwa bedingt durch strategisch neue Akzente — nach deren Effektivität, als nach ihrer Wirksamkeit (die zum Zeitpunkt der Entscheidung nur vermutet werden kann), und erst in der Folge nach ihrer operativen Effizienz.
Entscheider-Hochschule (D4)	Auch wenn wir große Fans von Learning on the job, Pilotphasen, Reflexionsschleifen und Lernen am → *Feedback* sind: Grundlagen des Entscheidens in Organisationen sind notwendig und lassen sich an unserer Entscheider-Hochschule, dem Pentaeder Institut gut erlernen.

E-Code	Der E-Code prägt mit den dort gespeicherten organisationstypischen mentalen Modellen wie in der Organisation entschieden wird (→ *Memoire collective*). Er ist der Nährboden für das Entscheiden bei strategischen, bei strukturellen und prozessoralen Aufgabenstellungen. Immer dann, wenn sich in einer dieser drei Aufgabenstellungen der gewünschte Erfolg nicht mehr einstellt, lohnt sich die bewusste Auseinandersetzung mit dem E-Code bzw. der → *Entscheidungskultur*.
Entscheidung, Pass der (D3)	Die Entscheidung ist unter den Myriaden Formen von → *Kommunikation* eine besondere und unverwechselbare Form. Sie markiert den Übergang ins Tun und in Folgeentscheidungen! Sofern nicht ein Beschluss verkündet und danach nichts verändert wird — was allzu oft vorkommt und auch menschlich verständlich (weil bequem) ist. Entscheidungen erkennt man somit zweifelsfrei an dem nachfolgenden Tun (→ *Driften*).
Entscheidungs-architektur und Entscheidungs-räume	Die Verantwortung für das Entscheiden ist in modernen Wissensorganisationen in drei voneinander gut unterscheidbaren Entscheidungsräumen angesiedelt. Entscheidungsraum 1 (ER 1) ist der lokale Entscheidungsraum, in dem möglichst viel zu entscheiden bleiben sollte — ohne dass dies dem größeren Ganzen und den anderen lokalen Entscheidungsräumen schaden darf. Entscheidungsraum 3 (ER 3) ist der Raum für das Verantworten und Entscheiden des größeren Ganzen. Dort ist die Verantwortung für die → *Entscheidungsprämissen*, Rahmenbedingungen, → *Organisationsdimensionen* und Leitplanken angesiedelt. Diesen Raum sollten nicht nur exklusiv die Vorstände und Aufsichtsräte bevölkern, sondern möglichst viele weitere Mitverantwortliche. Immer erfolgswichtiger wird der dazwischen angesiedelte Entscheidungsraum 2 (ER 2) des vernetzten Entscheidens. In ihm entscheiden sich die Realisierungsstärke und damit die Zukunft des Unternehmens.
Entscheidungs-arten (E7)	Entscheiden ist durch eine enorme Artenvielfalt gekennzeichnet. Je nach zugrunde liegender Logik lässt sich diese unterschiedlich strukturieren. Mit Organisationsbezug können Entscheidungen inhaltlich Strategiethemen, den operativen Geschäftsprozessen und der Struktur zugeordnet werden. Andere unterscheiden in personelle, projektspezifische, operative und Krisenentscheidungen der Organisation. Immer wichtiger wird es, das vernetzte Entscheiden einzubeziehen. Die kulturellen Wurzeln finden sich im → *E-Code* wieder.
Entscheidungs-fähigkeit, organisationale	Ihre Bedeutung kann für den Erfolg und die Zukunftsfähigkeit einer Organisation nicht hoch genug eingeschätzt werden. Sie bringt im → *Prozess des Entscheidens* die Kraft der Veränderung auf die Straße. Individuelle und gemeinsame kollektive »Urteilskräfte« sind natürlich wichtige Inputs, aber eine professionelle Prozessgestaltung bzw. -moderation ist genauso unverzichtbar.
Entscheidungs-kultur	Sie stellt den Kern der Organisationskultur dar. Die ungeschriebenen Gesetze — »So entscheiden wir hier!« — sind im Entscheidens-Code, dem → *E-Code* der Organisation versteckt beschrieben. Die Entscheidungskultur prägt insbesondere das Belohnungs- und Bestrafungssystem im Umgang mit Gelegenheiten und Gefahren. Sie ist damit der Kern jedes praktischen »Kulturwandels« in Organisationen.
Entscheidungs-vorlagen, Friedhof der (E–F4)	Wer kennt sie nicht, die aufwendig und kostenintensiv erstellten Entscheidungsvorlagen für hochrangige Gremien der Organisation, die sang- und klanglos zu den Akten gelegt werden? Es würde sich sehr lohnen, sie dem Gebiet des → *Feedbacks* zur Verfügung zu stellen, anstatt sie unbeachtet zu beerdigen.

Erfahrungen, Summe der (B3–4 und G2)	Die Summe der Erfahrungen ist natürlich für die allermeisten Entscheidungen überragend wichtig. Man braucht nicht »das Rad neu zu erfinden«. Andererseits sind speziell Pragmatiker permanent gefährdet, die eigene Erfahrung einer Entscheidung zugrunde zu legen, auch wenn sie in der konkreten Situation und dem konkreten Kontext nicht passt. Es ist also im → *Prozess des Entscheidens* wichtig, sich darüber zu verständigen, was die zur Neuartigkeit der Aufgabe passende Mischung von einerseits Erfahrung und andererseits Ratlosigkeit Neugier und Neues Ausprobieren ist.
Erkenntnis (B6)	Er-Kenntnis ist eine durch Einsicht und/ oder → *Erfahrung* gewonnene Erweiterung des → *Wissens*. Bewusstes Entscheiden in und von → *Organisationen* ist ein Lernprozess und untrennbar mit Erkenntnis verbunden. Wie groß die Erkenntnis beim Entscheiden ist, hängt wie so oft von vielen Perspektiven ab. Zwei Dinge sind sicher: Je mehr in bewusstes Entscheiden investiert wird, umso größer ist der Erkenntnisgewinn, und je mehr in bewusstes Entscheiden investiert wird, umso größer ist der Ressourceneinsatz. Das bedeutet, es fordert die → *Entscheidung,* wann wie viel Investition sinnvoll und nützlich ist.
Ermessensspielraum	Anders als die Rechtswissenschaft verstehen wir Ermessensentscheidungen in unserem Organisationskontext nicht als punktuelle Ereignisse, sondern als das Ergebnis eines Prozesses. Führungskräfte müssen in bestimmten Situationen ein Urteil fällen. Sie müssen ihrer → *Urteilskraft* vertrauen. Wer Ermessensentscheidungen als Prozess begreift, hat die Beweglichkeit, »Überarbeitungsschleifen« einzubauen, d.h. bei Bedarf einen Schritt zurückzugehen und das Problem neu zu definieren, noch bevor er die eigentliche Entscheidung trifft. Dies erhöht die Erfolgschancen, regelmäßig gute Ermessensentscheidungen treffen.
Evaluation, Land des Feedbacks (G2)	Ganz nach dem Motto »Aus Erfahrung wird man klug« ist die gemeinsame Bewertung von Entscheidungsprozessen und Ergebnissen ein Schlüssel zum kontinuierlichen → *Lernen* in Organisationen. In der strukturierten, systematischen Evaluation im Land des Feedbacks findet sich ein häufig noch nicht ausgeschöpftes Potenzial zur Erhöhung der Urteilskraft von Organisationen.
F	
Face Reality (A–B3)	Face Reality nimmt im Prozess des Entscheidens eine Schlüsselstelle ein. Wie in jedem Prozess sind die Anfänge auch im Entscheiden besonders prägend für den weiteren Verlauf. Unangenehm, aber wahr: Wer sich nicht der Wirklichkeit und anderen → *Perspektiven* der Wahrnehmung der Wirklichkeit stellt, hat von Anfang an ziemlich schlechte Karten, eine wirkungsvolle Entscheidung hinzukriegen. Allein aus diesem Grund geht es im → *Quellgebiet* ans Eingemachte — je früher, desto besser, wenn eine nachhaltig gute Entscheidung notwendig ist.
Feedback (G1–2)	Feedback im Entscheidungsprozess ermöglicht das → *Lernen* der Organisation. Der offene und unverstellte Blick auf den Prozess und das Ergebnis der Entscheidung macht aus → *Fehlern* Lernchancen. Das Einfließen des Feedbacks in Abläufe ermöglicht das »organisationale« Lernen. Dabei empfiehlt sich ein pfleglicher und anerkennender Umgang mit dem blinden Fleck. Er schützt uns und unsere Organisation vor Überforderung und dem reflexartigen Fingerzeig auf »Schuldige«.
Fehler	Fehler passieren und gehören zum Entscheiden dazu. Befragungen älterer Menschen bringen immer wieder das viel größere Bedauern zu Tage über die Risiken, die sie im Rückblick nicht eingegangen sind, als über die Fehler die sie gemacht haben.

Fehlerkultur	Die Art und Weise, wie mit Fehlern und Scheitern umgegangen wird, welche → *Konsequenzen* daraus gezogen werden, prägt das Entscheiden und den Umgang mit → *Risiken* in der Organisation enorm. Dürfen Fehler passieren, werden sie als Chance für künftiges Lernen gesehen? Oder werden Fehler aus Angst vor negativen Konsequenzen eher geleugnet, verheimlicht, verborgen, um sich zu schützen? Konzentriert sich die Organisation auf Schuldzuweisungen, statt die Fehlerursachen zu beseitigen? Sicher ist: Eine gute Fehlerkultur und neugierige Lernkultur machen das Entscheiden in der Organisation viel leichter und schneller.
Flow (B4–H3)	Es ist eine Tatsache, dass sich nicht bei allen Entscheidungen ein gleichbleibend guter Energiefluss einstellt, dazu sind sie einfach zu verschieden. → *Achtsamkeit* hilft, zu spüren und zu erkennen, ob der Energieeinsatz und die Präsenz der Beteiligten im Entscheidungsprozess der Wichtigkeit und Dringlichkeit des Themas angemessen sind. Ist dies der Fall, spricht man von einem Flow-Zustand.
Freiheit	»Ohne bewusste Entscheidungen kann es keine Freiheit geben.«
Führen (F5 und I7)	Das Symbol »Krone des Führens und Wurzeln des Entscheidens« in der Decisio-Landkarte steht für den sehr engen und gleichwertigen Zusammenhang zwischen diesen beiden Dimensionen des Gestaltens in Organisationen. Leadership-Konzepte, in denen Entscheiden nur als mehr oder weniger selbstverständlicher Anhang vorkommt, erscheinen uns als hoffnungslos veraltet und somit tatsächlich schädlich.
Fünf Mal Warum (C2)	Die wiederholte Frage nach dem Warum hilft in einfacher Weise, die tieferen Ursachen für ein Problem, einen → *Fehler* oder auch die Kluft zwischen Ist und Soll zu finden. Die Antwort auf die einmalige Frage »Warum?« bei der Problemanalyse bleibt meist auf der Symptomebene. Ein weiteres Ergründen geht in die Tiefe und an die Wurzeln — vergleichbar mit dem Prinzip »Die Puppe in der Puppe«.
Funktion und Rollen	Eine der nützlichen → *Unterscheidungen* beim Entscheiden und → *Verantworten* in Organisationen. Die vier Funktionen (Leitung, Verhandlung, Mitgliedschaft und Beratung) definieren je ganz eigene → *Verantwortlichkeiten*. Der Leiter einer Organisation z. B. trägt die Verantwortung für das Entscheiden seiner Organisation, ob er nun selbst entscheidet oder nicht. Ein Team-Mitglied verantwortet »nur« seine eigenen Entscheidungen. Im Unterschied dazu gibt es ganz viele Rollen, die das Verhalten beim Entscheiden beschreiben. Die Entscheider, Entscheidungsvorbereiter, Umsetzer, Querdenker, Opponenten, Zustimmer etc. Teams und Netzwerke sowie die ganze Organisation erzeugen eine große Fülle an nützlichen Rollen beim → *Prozess des Entscheidens*.
G	
Geheime Spielregeln (F6)	Sie bestimmen in Organisationen untergründig die alltäglichen Entscheidungen und stehen meist im Widerspruch zu den offiziellen Spielregeln. Offiziell mag die Regel gelten, dass man sich gegenseitig unterstützt und hilft. Die geheime Spielregel kann dagegen lauten: »Wer anderen hilft, hat wohl nichts zu tun!« Von besonderem Interesse für das Entscheiden in Organisationen sind die geheimen Spielregeln der → *Macht*, die besonders tabuisiert sind.
Geistesgegenwart	Dieser schöne deutsche Begriff steht dem Konzept → *Achtsamkeit* nahe. Beide sind jedoch nicht identisch mit Aufmerksamkeit für bestimmte Prioritäten des Managements wie sie in Englisch mit *management attention* umschrieben wird.

Gelegenheit & Gefahr, Meta-tempel (E3–4)	Sind die beiden untrennbaren Seiten von → *Risiken* (siehe auch → *Januskopf*).
Gerüchte-dschungel (C–D3)	Welche Weiterentwicklung: Die Gerücheküche hat ausgedient, es lebe der Gerüchtedschungel. Das ist etwas für kampferprobte Jungs und Mädchen. Hier sind der Phantasie nahezu keine Grenzen gesetzt. Mit Machete, Liane und Tarzan auf Du und Du … Welche Entscheidungen befördert oder verhindert der Gerüchtedschungel? Eine Spurensuche lohnt auf jeden Fall!
Geschwindigkeit, Speed, Tempo	siehe → *Schnelligkeit*
Gestalten	»Entscheiden ist Gestalten und das ist befriedigend, macht Spaß. Probleme macht die → *Komplexität*.«
Grenzübergänge (C4/D3/E3/G2, Stationen 4/9/13/17)	Sie sind wichtige Stationen im → *Prozess des Entscheidens*, weil an den Übergängen der einzelnen Phasen sinnvollerweise die Frage nach den TQC (Time, Quality, Cost) gestellt wird: Ist der Entscheidungsprozess in der Phase angemessen in seiner Geschwindigkeit? Ist die → *Qualität* der Ergebnisse und sind die Prozesskosten passend?
H	
Hands on (E3, Station 14/24)	Wie tatkräftig Entscheidungen nach dem Beschließen realisiert werden, ist ein (nicht selbstverständliches) Messkriterium in Organisationen. Welche Entscheidungen kommen ins Tun, werden realisiert und welche bleiben in der Warteschleife? Was fördert oder behindert die Umsetzung von Entscheidungen? Ein genaues Hinschauen lohnt sich.
Handwerk	Ausdrücke wie »handwerkliche Fertigkeiten« oder »handwerkliche Orientierung« verweisen auf »ein dauerhaftes menschliches Grundbestreben: den Wunsch, eine Arbeit um ihrer selbst willen gut zu machen.« Dieses Grundstreben im Handwerk des Entscheidens (wie dem des Führens) dient als ein gesundes und starkes Gegengewicht gegen all den irreal überhöhenden Hype, der um Konzepte wie Leadership und Management inszeniert wird.
Hidden Agendas (E6-7, Station 19/24)	Sie markieren nicht öffentlich Gesagtes, Tabuisiertes, Ausgeschlossenes, aber dennoch Vorhandenes. Sie kommen somit durch die Hintertür ins Spiel. Hidden Agendas entspringen (verborgenen) Interessen von Personen wie auch Gruppen/Teams oder Netzwerken, die versuchen, Einfluss zu nehmen, um ihre eigenen Ziele und Interessen zu verfolgen und somit Entscheidungen in ihrem Sinne zu steuern.
Hirn, Herz und Mut (D5, Station 7/24)	Wenn das Zusammenspiel, die Verbindung und Integration von Hirn, Herz und Mut in einem der Art und Bedeutung der Entscheidung angemessen ausgewogenen Verhältnis gelingt, dann kommt dies der hohen Kunst des Entscheidens schon sehr nahe. Auch wenn rational alles gut begründet ist, kann die Entscheidung im →*Konflikt* zu Herzens- und/ oder →*Mut*-Motiven stehen. Widerstand ist dann vorprogrammiert. → *Teams* gelingt diese Integration im Einzelfall besser als einzelnen Menschen mit ihren individuellen Präferenzen.
Historie	Die historische Dimension des Entscheidens, seine → *Pfadabhängigkeit*, wird meist unterschätzt. Man kann es »als eine besondere Form des sozialen Handelns« verstehen, »das je nach kulturellem Kontext unterschiedlich gerahmt, modelliert und → *inszeniert* wird.« Wie gingen Menschen vergangener Gesellschaften mit der Zumutung des Entscheidens um? Im Rahmen eines aktuellen interdisziplinären Sonderforschungsbereichs der Universität Münster wird versucht, »unterschiedliche Kulturen des Entscheidens — oder auch Kulturen des Nicht-Entscheidens zu rekonstruieren.«

Hype (G6)	Beim Entscheiden spielt die Übertreibung von Erwartungen und Ansprüchen, von Zielsetzungen und Sprachbildern eine große (aber verleugnete) Rolle. Der Slogan für diese Welt der Illusionen: »Immer höher, weiter und schneller«, und das natürlich unheimlich erfolgreich. Unser Gegenbegriff dazu: → *Face Reality*!
I	
Inszenierung, Theater der erfolgreichen (E3)	Das Zusammenspiel der unterschiedlichen Rollen beim Entscheiden muss in Szene gesetzt werden. Im »Theater der erfolgreichen Inszenierung« auf der Decisio Landkarte werden die Entscheidungsstücke aufgeführt — manchmal vor Publikum, manchmal ohne. Es gibt dort sowohl Improvisationstheater als auch gut einstudierte Stücke unter der Leitung des Vorstandes. Manchmal gibt es auch Marionettentheater. So zumindest definierte sich eine Gruppe von Managern, die unter amerikanischer Leitung (und strenger Aufsicht) stand.
In Zusammenhängen denken (C6–7)	Entscheidungen in Organisationen sind als Einzelereignisse nicht verstehbar, sie sind wechselseitig untereinander verbunden. Es entwickelt sich ein »rekursiver Entscheidungsverbund«. Deshalb wird das Denken in Zusammenhängen zum Muss einer Lernagenda für Entscheidungskompetenz.
Integration	siehe → *Partizipation*
Intuition (D5/6)	Intuition ist eine unbewusste Urteilsbildung, die auch hinterher nicht erklärt werden kann. Dieses Urteil tritt als Entscheidungsimpuls oder Erkenntnis in unser Bewusstsein. Intuition hilft, sich widersprechende Informationen zu managen, Komplexität zu reduzieren, das richtige Timing zu erspüren und ein Gespür für das Wesentliche zu erhalten. Ein Vorteil der Intuition ist die wesentlich höhere Geschwindigkeit bei der Entscheidungsfindung. Aus dem Bauch heraus können wir in vielen Fällen effektiver und schneller entscheiden (wahrnehmen, denken, handeln) als durch rationale Analyse. Aber Achtung: »Nur Bauch ohne Kopf ist auch ein Unglück.« Das eine existiert nicht gut ohne das andere.
J	
Januskopf	Der Kopf mit den zwei Gesichtern gilt als Symbol der Zwiespältigkeit. Risiken tragen einen Januskopf. Eine riskante Entscheidung birgt sowohl Gefahren als auch Chancen. Wäre eine Sache nur gefährlich — dann stünde sie wohl kaum zur Entscheidung an. Es muss also zwangsläufig auch eine Chancenseite existieren. Bei einer nur einseitigen Sicht können wir nur schwer erkennen, dass sich Chancen manchmal gerade in große Gefahren entwickeln können und umgekehrt. Genauer formuliert müsste es heißen: »Mit dieser Entscheidung versprechen wir uns Chancen, es verbinden sich damit jedoch auch Gefahren.« Denn genau dies bringt uns auf die Idee der → *Risikobilanzierung*, indem wir die Chancen und Gefahren einer Entscheidung einander gegenüberstellen und gleichzeitig betrachten.
K	
Kairos (D4)	Kairos steht für das Prinzip des passenden Zeitpunkts, für die Gunst der Stunde. Es ist quasi das Zeitmaß für Gelegenheiten. In der Antike stand Kairos für eine gottgeschenkte günstige Chance, die der Mensch beim Schopfe packen konnte — wenn er darauf vorbereitet war. Nur dann hatte er den dafür notwendigen Instinkt entwickelt. Heute nennen wir die Fähigkeit, den passenden Zeitpunkt zu nutzen, »Timing«. Das Gegenstück zu Kairos ist → *Chronos*.

Kaleidoskop, des Gestaltens in Organisationen	Entscheiden, Führen, Verantworten und Sinn erzeugen sind *die* vier System-Leistungen, die eine Organisation ausmachen. Je gleichberechtigter sie in ihrem Wechselspiel gesehen und auch wertgeschätzt werden, umso besser ist die Organisation im Hier und Jetzt und für die Zukunft gewappnet. Wir nehmen an, dass in Zukunft eine konsequent an allen vier Dimensionen des Kaleidoskops ausgerichtete Personal-, Führungskräfte- und Organisations-entwicklung sehr viel effektiver und effizienter zu gestalten sein wird, als dies heute in vielen Organisationen der Fall ist.
Kommunikation, in Organisationen	»Man kann nicht nicht kommunizieren.« Watzlawicks Diktum trifft auch auf das Entscheiden zu. Denn Entscheiden ist die markanteste, relevanteste, ehrlichste und illusionsloseste Form der Kommunikation in Organisationen. Entscheidung wird dann, und nur dann, zum Moment der Wahrheit, wenn sie zu (verändertem) Handeln führt — im Unterschied zu allen anderen Formen von Kommunikation, die nicht zum Handeln führen, die systemtheo-retisch als Rauschen / Lärm gelten. Jede singuläre Personalentscheidung z.B. hat unvermeidlich sowohl Teamwirkung als auch Organisationswirkung, ob mit Absicht oder ohne.
Kompetenz (B4)	Entscheiden wird häufig als selbstverständlich betrachtet. Das können wir! Für die einzelnen Personen mag das stimmen. Wie sieht es jedoch in der Organisation aus? Wie ist hier die → *Entscheidungsfähigkeit*? Wie sieht es mit der Kompetenz (→ *Risikokompetenz*) der Organisation aus, Entscheidungen zu treffen, ohne deren »Ergebnis« genau zu kennen? Insbesondere mit dem Blick auf die Zukunft werden diese Kompetenzen immer wichtiger. Die gute Nachricht: Sie sind erlernbar.
Komplexität (CD6)	Entscheiden stellt die wirksamste und ehrlichste Art und Weise dar, die hohe Komplexität der Umwelt zu reduzieren. Es reduziert die vielen potenziellen → *Möglichkeiten* auf das, was real getan und umgesetzt wird.
Konflikt	Entscheiden führt oftmals zu Konflikten, sowohl bei getroffenen als auch bei überfälligen Entscheidungen. Bewusste oder unbewusste Interessens-konflikte münden in → *Ambivalenzen* oder in Vermeidungsstrategien. Beim Entscheiden treffen häufig unterschiedliche, auch systemimmanente Inter-essen von Personen, Teams und/oder Organisationen gleichzeitig und (ver-meintlich) unvereinbar zusammen. Es geht vor allem darum, die Chancen und Gefahren der verschiedenen Perspektiven möglichst frühzeitig zu erkennen, zu verstehen und sie bestmöglich zu integrieren. Organisationale Konfliktfä-higkeit produziert einen Sprung in der → *Qualität* des Entscheidens.
Konsent-Prinzip	Das Konsent-Prinzip ist eine Methode zur Beschlussfassung. Sie ist Bestand-teil des → *soziokratischen Modells*, eines partizipativen Strukturmodells für Organisationen. Während beim Konsens zur Beschlussfassung die Zustim-mung aller Beteiligten nötig ist, wird im Konsent eine Entscheidung dann getroffen, wenn kein Anwesender einen schwerwiegenden begründeten Einwand vorbringt. Dieses Prinzip könnte häufiger angewandt werden — an Stelle des in der Praxis allzu häufigen Schein-Konsenses.
Konsequenz	»Wir haben mit dem Entscheiden kein Problem, sondern nur damit, wie wir danach mit den Konsequenzen (Folgeentscheidungen) zu Recht kommen.«
Kontingenz	Jede Entscheidung ist kontingent, d.h., sie wäre auch anders möglich gewe-sen. Die Kontingenz haftet jeder Entscheidung an. Noch nach Jahren kann man sagen, man hätte anders entscheiden können/sollen.

Kontrolle (G–H4–5)	Bei der Umsetzung von Entscheidungen sind Kontrollmechanismen unverzichtbar. Aus Komplexität und Unübersichtlichkeit ergibt sich die Notwendigkeit einer Überprüfung. Darüber hinaus bedarf es einer kontrollierenden Wachsamkeit für Unterschwelliges, das sich den Beobachtungen an der Oberfläche entzieht. Damit ist das gefahrvolle verminte Gebiet bei der Umsetzung gemeint, zu dem → *Angst* vorm → *Scheitern*, die Gefahren »einsamer« Entscheidungen, Intrigen, Tabus, Misstrauen, Scheuklappendenken etc. gehören. Hier braucht es neben Fremdkontrolle immer mehr eine besondere Qualität reflektierter Selbstkontrolle, damit eine mögliche Korrektur getroffener Entscheidungen schnell wirksam werden kann.
Kreativität (AB4)	Wann ist Kreativität beim Entscheiden angesagt? Immer dann, wenn das routinierte Entscheiden nicht mehr ausreicht. Also insbesondere in komplexen und risikoreichen Entscheidungssituationen. Dann gilt es, Zeit, Kraft und Arbeit in kreative Ansätze zu investieren, Lernschleifen einzuplanen und einzubauen. Auch hilft es, → *Feedback* zu nutzen, und das diszipliniert, mit Systematik und den notwendigen Prozessiterationen. Die innovative Organisation wird es Ihnen danken.
Krise (E7)	In der Krise geht es um Entscheidungen, die aus einer gefährlichen, verzwickten Situation herausführen sollen. Die Krise fällt selten vom Himmel. Sie stellt Höhe- und Wendepunkt einer Entwicklung dar die lange Zeit zu wenig beachtet wurde. Die Notwendigkeit zur Veränderung ist zu diesem Zeitpunkt nicht nur offensichtlich sondern meistens existenziell. Je später notwendige Entscheidungs- und Lernprozesse eingeleitet werden, umso dramatischer sind die → *Konsequenzen*. Umgekehrt gilt auch: »Jede wesentliche Entscheidung ist von einer Krise begleitet.«
L	
Lebensfähigkeit (F2)	Sie ist das Meta-Ziel aller Systeme und steht als Ziel über dem der Gewinnmaximierung. Meta-Ziel allen Entscheidens in Organisationen ist demnach, die Lebensfähigkeit der Organisation zu sichern. Der Begriff steht in der Decisio-Landkarte konsequenterweise im Land der Umsetzung ganz nahe zum Zielgebiet.
Lernen, organisationales (G1–2)	Komplexe Entscheidungen, von denen viel abhängt, möchte kein Management einer unreflektierten Routine oder gar dem Zufall überlassen. Entscheiden ist dabei organisationales Lernen pur. Führt man sich vor Augen, dass solche Entscheidungsprozesse in Organisationen nicht von einer Person, sondern von vielen Personen miteinander gestaltet werden, steigt der Lerneffekt noch mehr. Dieses Lernen ist (leider) kein Selbstläufer (→*Erkenntnis; → Pilot*). Eine überdurchschnittlich entscheidungsfähige Organisation ist durch eine Kultur gekennzeichnet, die gemeinsames Lernen und Realisieren fließend miteinander verbindet.
Lessons Learned, Bibliothek der (G1, Station 23/24)	Hier ist der Ort, an dem die Organisation lernen kann. Den »Rundum-Blick« auf den gelaufenen Entscheidungsprozesses gilt es, als die Lernquelle für zukünftige Entscheidungsprozesse zu nutzen. Das Vergemeinschaften von → *Erfahrungen*, die »Warum Frage« auf alle Dimensionen im Prozess, die Entwicklung der → *Risikobilanze*n, das alles sind Suchrichtungen, die es wert sind, auf der Metaebene betrachtet zu werden. Das Ergebnis kann sich sehen lassen: Die Abläufe und die Prozesse werden optimiert, nützliche Erfahrungen werden gesichert und die organisationale → *Entscheidungsfähigkeit* wird verbessert. Die → *Zuversicht*, schwierige Entscheidungen meistern zu können, steigt.

Lust	Entscheiden ist schön. Entscheiden macht Spaß, es ist zutiefst menschlich. Sich bewusster, regelmäßiger und handwerklich (durch Übung!) immer professioneller mit Entscheiden zu beschäftigen, steigert das Niveau der Arbeits- und Lebensfreude (in Organisationen). Entscheiden ist ein Lebenselixier, das (Prozess-) Sicherheit und Gelassenheit gibt — ohne unerwünschte Nebenwirkungen!
M	
Macht, Grabungsstätten der (C3–4)	Da kann man in der Tat tief graben. Macht kann als destruktiv erlebt werden, wenn sie als »Macht über …« ausgeübt wird. Sie kann hilfreich sein, wenn sie zur »Macht zu …« wird. Sie ist einerseits nahe bei der »Ohnmacht« und »Unlust« verortet als Reaktion auf die »Macht über …«, andererseits auch nahe beim »Kaleidoskop der Risiken« (C2), wenn Macht dazu genutzt wird, → *Risiken* wahrzunehmen und zu beherrschen. »Macht über …« bedeutet → *Kontrolle* und oftmals auch Willkür. Sie kommt zunehmend an ihre Grenzen und verliert ihre Legitimation früherer Herrschaftsformen, die sich auf Gottes Gnaden berufen haben. Die »Macht zu …« kann der gemeinsamen Ausrichtung, der Integration und Integrität in der Organisation dienen. Sie stiftet Sinn und lebt auch als die Macht, Entscheidungsprozesse in Szene zu setzen. Eine Kultur der Ermächtigung und Ermutigung macht Organisationen zukunftsstark.
Memoire collective (E7)	Das kollektive Gedächtnis in einer Organisation drückt sich in den (heroischen) Geschichten und Anekdoten (= Entscheidungen) aus, die meist über die Gründer erzählt werden, z. B. jene der Gründung von Hewlett-Packard in einer Garage. Diese Geschichten sind ein Bestandteil des Entscheidens-Codes (→ *E-Code*) der Organisation.
Misstrauen, Irrgarten des (H6)	Misstrauen ist eine schwere Belastung für jede Art von Zusammenarbeit. Es ist auch ein Kostentreiber allererster Ordnung. In einem misstrauischen Umfeld dauern Entscheidungsprozesse viel länger. Es wird zum Irrgarten, in dem man sich sowohl verirren kann als auch irre werden kann. Auf der Decisio-Karte ist es militärischen Sperrgebiet verortet: ein abgeriegeltes und kontrolliertes Gebiet, das eng mit der Terra Incognita zusammenhängt. Hier wabern Tabus, → *Angst*, Intrigen, die jedoch nicht offen und frei kommuniziert werden. Sind hier Hinweise auf eine → *Not-Wendigkeit* des Zurückgehens ins Land der → *Suche*? Kann über die Entscheidung noch gesprochen und sie gegebenenfalls revidiert werden?
Mitarbeiter-führung	Führung im Wandel der Zeit: Generation X, Y und Z. → *Partizipation* in der Entscheidungsfindung und Umsetzung sind die neuen Herausforderungen an Führungskräfte. Das bedeutet Entscheidungsmacht und → *Verantwortung* zu teilen, gemeinsam den Sinn der Entscheidung zu schaffen und diese vier Dimensionen des → *Kaleidoskops* als gleichwertig anzuerkennen und zu nutzen.
Möglichkeit, Möglichkeits-raum	Möglichkeiten bilden die Vorstufe beim Entscheiden. Ohne sie gäbe es nichts zu entscheiden. Sie werden auf ihr Risikopotenzial hin bewertet, was wiederum eine Frage der Perspektive ist. Beim Pentaeder-Modell umgibt der größere Möglichkeitsraum den kleineren → *Entscheidungsraum* der Organisation. Je risikokompetenter eine Organisation ist (→ *Risikokompetenz*), umso mehr an Möglichkeiten wird sie wahrnehmen und verarbeiten.
Motivation (F3)	»Tun Sie doch einfach das, was Sie wollen.« Wenn das so einfach wäre, würde Entscheiden zum Kinderspiel. Die Absichten stehen häufig in →*Konflikt*. Maßgeblich für die zügige, erfolgreiche Umsetzung der Entscheidung ist das Wollen der Mannschaft. Was können Unternehmen tun, damit sie die vielen, die Entscheidungen miteinander gestalten und umsetzen, dafür gewinnen an einem Strang zu ziehen? →*Sinn* dafür erzeugen, lautet die Antwort, und → *Partizipation* von Anfang an.

Muse (A6) und Muße ...	Ein schönes »Teekesselchen«! Es steht einerseits für die Muse, die uns küsst — und andererseits dafür, sich die Muße zu nehmen, Entscheidungen aus verschiedenen Perspektiven zu beleuchten. Insbesondere in Situationen hoher → *Komplexität*, hoher Bedeutung und hohen Neuigkeitswertes gilt es, die → *Risiken* besonders genau auszuleuchten bzw. auch der Spur der → *Intuition* zu folgen und diese Prozesse zu gestalten. In Zeiten von Reifungsprozessen sich von der Muse küssen lassen — welche Inspiration kann daraus entstehen.
Mut (B3) und Ermutigung in Organisationen	Persönlicher Mut findet immer und überall und zu Recht Bewunderung. Aber auch Belohnung? In Organisationen wird der Appell an den Mut von Personen überstrapaziert und bleibt meist ungehört — klugerweise immer dann, wenn die Organisationskultur persönlichen Mut und Risikobereitschaft, trotz Lippenbekenntnissen, nicht belohnt. »Unsere Führungskräfte sind nicht mutig genug.« Statt einem solchen indirekten Appell bzw. Vorwurf produziert eine organisationsweite Kultur der Ermutigung eine unvergleichlich größere Wirkung. → *Hirn, Herz und Mut*
N	
Nabelschau (G5)	Sie gehört zu Berg der Übertreibung und steht dem »Außer sich« gegenüber. In den → *Balanceakten* sind beide unter dem Stichwort »Blickrichtung« vermerkt. Der Blick beim Entscheiden kann übertrieben stark nach innen gerichtet sein und den Kontakt zum Markt und den Kunden ganz verlieren.
Nachhaltigkeit (C5, H2–3)	Wie müssen Organisationen entscheiden, damit sie nachhaltige → *Werte* schaffen? Dabei müssen die ökologischen, sozialen, ökonomischen und kulturellen Perspektiven berücksichtigt werden — zunehmend aus einer globalen Sicht. Billiger geht es in Zukunft nicht.
Netzwerke, Zukunfts-fähigkeit durch (G-H2)	Die Zukunftsfähigkeit von Organisationen wird von ihrer Leistungskraft und Entscheidungsfähigkeit in Netzwerken abhängen. Dabei werden zunehmend auch diejenigen relevant, die eher an der Peripherie liegen und organisationsübergreifend wirken, d. h. nicht unbedingt im Machtzentrum der Organisation operieren. Daraus schließen wir, dass die Kompetenz des vernetzten Entscheidens anerkannt und unterstützt werden sollte. → *Entscheidungsarchitektur und Entscheidungsräume.*
Neurowissen-schaft	Die Neurowissenschaft bringt uns nützliche Erkenntnisse zum erfolgreichen Change Management in Organisationen und damit zum Entscheiden. Wir leiten aus ihr die Empfehlung ab: Weniger ist mehr. Weniger Change-Projekte aufsetzen (entsprechend der Verarbeitungsfähigkeit der Organisation), aber diese konsequent und geduldig realisieren, kann als der neue ökonomische Imperativ gelten.
Nicht entscheiden	Man kann nicht nicht entscheiden genauso wenig wie man »nicht nicht kommunizieren« kann. Ein → *Driften* — nach dem Motto »will ich nicht wissen« oder »aus den Augen aus dem Sinn« — schiebt fällige Entscheidungen nur auf und führt oft zu größeren Problemen, als dem Nicht-Entscheider vorstellbar und lieb ist. Davon zu unterscheiden ist ein bewusstes Nicht-Entscheiden, um einen spannenden Zustand konstruktiv in Schwebe zu halten und so die Kräfte der Selbstorganisation nicht zu behindern.

Not-Wendigkeit (B3, Station 1/24)	Wenn die Entscheidung nicht not-wendig ist, dann bitte nicht entscheiden. Eine banale Aussage? Ja. Eine trotzdem not-wendige? Auch ja. Weil in Organisationen oft viele ressourcenfressende Entscheidungen und Projekte in Gang gesetzt werden, die (jetzt!) eigentlich nicht notwendig wären. Das gemeinsame Prüfen, inwieweit eine Veränderung tatsächlich sein muss, stellt die erste wesentliche einzelne Entscheidung im Prozess des Entscheidens dar. Sie sichert Commitment und Energie für den Prozess, der folgt. Ohne → *Lust* oder Not zur Wende ist es besser, sich bewusst gegen eine Veränderung zu entscheiden. Dringlichkeit, Zeitpunkt, Aufwand, Größe der Veränderung, Ängste, Hoffnungen, Enthusiasmus und Realisierungschance sind einige Aspekte, die bei dieser Prozessentscheidung eine Rolle spielen.
O	
Ohnmacht (D3)	Ist als Gefühl in Organisationen häufig anzutreffen und tritt als Schwester der → *Macht*(-ausübung) gemeinsam mit ihr auf. Je stärker sich die Betroffenen auf ihre realen Möglichkeiten und Optionen besinnen, die sie trotz aller Machtausübung anderer haben, umso eher ist dieses einschränkende Gefühl überwindbar.
Operativ — strategisch (B–C3)	Jene Personen, Teams und Organisationen, die gelernt haben, den engen Zusammenhang und die Balance zwischen operativ und strategisch zu gestalten, dürfen sich allemal eines überdurchschnittlich hohen Kompetenzniveaus beim Entscheiden erfreuen. Anders formuliert: Viel zu wenige Personen in Organisationen beschäftigen sich konkret mit dem Zusammenhang operativ/strategisch. Was zunehmend gefährlich wird, weil (1) strategisch Denken und Handeln schon lange nicht mehr das Vorrecht und die Verantwortung der obersten Führungskräfte ist, (2) es immer öfter überall in der Organisation notwendig geworden ist, und (3) strategische Ziele nicht an der Spitze sondern in der ganzen Organisation realisiert werden — oder nicht. → *Strategie*
Optionen (B5 und E5)	→ *Alternativen*
Organisation	Entscheiden und Organisation sind in der Systemtheorie Luhmanns, die grundlegend für das Pentaeder-Konzept ist, untrennbar. »Organisierte Sozialsysteme bestehen aus → *Entscheidungen*, die sie durch Entscheidungen, aus denen sie bestehen, selbst anfertigen«.
Organisations- dimensionen	Der sperrige Begriff »Organisation« ist leichter zu greifen wenn man ihn in Form seiner vier wichtigsten Dimensionen konkretisiert, die jeweils eine Primäraufgabe erfüllen (sollen): In den (1) Geschäftsprozessen wird die aktuelle Wertschöpfung prozessiert. (2) Strategie hat die Aufgabe, die Zukunftsfähigkeit zu sichern. Die (3) Strukturen stellen die Gefäße für die Ordnung des Arbeitens und der Verantwortungsarchitektur bereit. (4) Die Organisationskultur sorgt für den Nährboden des Miteinanders und gemeinsamen Erfolgs. Diese vier Organisationsdimensionen sind die Stellhebel für das erfolgreiche Operieren der Organisation — und damit auch die wichtigsten Ansatzpunkte für Entscheiden in hoher Qualität. Darüber hinaus stellen sie Entscheidungsprämissen bzw. Rahmenbedingungen dar für das Entscheiden der Menschen in ihrem »ureigensten« Verantwortungsbereich, in ihren → *Teams* und → *Netzwerken*.
Organisations- entwicklung	Wir nehmen an, dass eine effektive und effiziente Organisationsentwicklung der Zukunft besonders konsequent auf kompetentes Entscheiden fokussieren wird, und zwar breit und tief in der ganzen Organisation, d.h. nicht mehr nur in den obersten Führungsebenen. Der Pentaeder-Ansatz steht in diesem Sinn als pragmatische Weiterentwicklung des Konzepts der lernenden Organisation. → *Kaleidoskop*

Organisations-modell, sozio-kratisches	Als sehr nützlich schätzen wir im soziokratischen Organisationsmodell u.a. die Unterscheidung zwischen Grundsatzentscheidungen und Umsetzungs-entscheidungen: Erstere können im Kreis getroffen werden, Letztere auch einzeln bzw. in verschiedenartiger Form. Es besteht eine gewisse Ähnlichkeit zum Konzept der → *Entscheidungsprämissen* im systemischen Verständnis von Organisationen.
Organisations-mythen (G6)	Organisationsmythen sind die kollektiv getragenen, jedoch der offiziellen → *Kommunikation* entzogenen Überzeugungen über die Organisation. Ein Beispiel: Eine Organisation beschreibt sich offiziell als Industrieunternehmen wie andere Industrieunternehmen auch. Der Organisationsmythos, der rich-tungsweisende Entscheidungen des Unternehmens erst verstehbar macht, lautet: »Wir sind ganz was Besonderes — unvergleichbar«. → *Memoire collective*, → *E-Code*
P	
Partizipation	Eine Kultur und Praxis des Mitentscheidens (mit verteilten Rollen und Verantwortlichkeiten) ist die glaubwürdigste und ultimative Form von Interesse, Motivation, Engagement und Entwicklung der Mitarbeiter — und die fortgesetzte Stimulanz dafür. Mehr noch: Trotz oder gerade wegen aller aktuell weltweit zu beobachtenden Rückfälle in autokratische Führungs- und Regierungsformen sind wir überzeugt, dass der Kultur und Praxis des Mitentscheidens die Zukunft gehört. Und noch mehr: Sie mag sogar ein zentral wichtiger Wettbewerbsvorteil Europas im globalen Wettbewerb sein bzw. werden. Let's go for it. Unbeirrbar. → *Augenhöhe*
Pentaeder-Modell	Die Komplexität des Entscheidens in Organisationen benötigt zur Orien-tierung und Gestaltung ein möglichst einfaches, aber dennoch die → *Komplexität* abbildendes Modell. Mit seinen fünf Eckpunkten und den Verbindungslinien genügt das Pentaeder-Modell diesen Anforderungen. Die zentrale Aussage des Pentaeder-Modells: Das Entscheiden in Organisationen dreht sich um → *Risiken* in der Sache und im → *Prozess des Entscheidens* und wird gleichwertig von Personen, → *Teams* und der → *Organisation* (als sozialem System) operiert. Behält man das Modell in Erinnerung, weiß man bei jedem Entscheiden, was gerade im Vordergrund behandelt wird und was im Hintergrund auf eine notwendige Erörterung wartet, um die Komplexität ausreichend abzubilden und zu beherrschen.
Personalent-scheidungen (E7)	Gehören zu den vier wichtigsten → *Entscheidungsarten*. Wichtigkeit erlangen sie nicht zuletzt unter dem Aspekt »Wer verstärkt mein Team und ergänzt die anderen Mitglieder im Team?« über die individuellen Fähigkeiten und Potenziale hinaus.
Personalent-wicklung	Wirkungsvolle Personalentwicklung ist an die → *Not-Wendigkeit,* die sich durch die → *Strategie* und Weiterentwicklung der Organisation ergibt, ge-bunden. Sie zeichnet sich durch eine gute Mischung aus Wissensvermittlung, Ausprobieren, Reflektieren, Nachjustieren und Üben aus. In Zukunft wird sie sich verstärkt auf die Bereitschaft und Fähigkeit zu Entscheiden fokussieren. Vgl. → *Organisationsentwicklung*
Perspektiven-vielfalt (E–F5)	Entscheiden ist immer eine Frage der Perspektive auf die Risiken, sonst wür-den alle Menschen und Organisationen in vergleichbaren Situationen gleich entscheiden, was sie erkennbar nicht tun. Die einen sehen die Chancen, die anderen die Gefahren. Damit Organisationen gut entscheiden können, ist die Perspektivenvielfalt so eminent bedeutungsvoll. Sie bestimmt die Wahr-nehmungs- und → *Entscheidungsfähigkeit* der Organisation.

Petropolis (F6)	Gibt es nützliche Unterschiede darin, wie Männer und Frauen entscheiden? Zumindest gibt es viele Meinungen (und auch Hoffnungen) dazu. Petropolis, ist für uns der Ort in der → *Terra Incognita*, in dem diese noch zu wenig formulierte Frage diskutiert werden könnte. Einst Sommerresidenz brasilianischer Kaiser und ihrer Frauen, steht Petropolis für uns als Symbol für die Flucht vor Gewaltherrschaft. Stefan Zweig, leidenschaftlicher Pazifist, nahm sich dort 1942 auf der Flucht vor den Nazis das Leben.
Pfadabhängigkeit	→ *Historie*
Phantom-Arbeitslast	Ein sehr kreativer und systemisch wirksamer Ansatzpunkt, die nachhaltige Produktivität zu erhöhen, ist es, die »Phantom-Arbeitslast« zu reduzieren, denn die Konsequenz von »Phantom-Arbeitslast« ist verschwendete Zeit überall in der Organisation durch das »Lösen« von immer denselben Problemen. Adressiert man die Fragen nach der Verwendung und Verschwendung von Zeit auf Gruppen- und Organisationsebene, führt dies zu einem veritablen Sprung in der Produktivität — und in der Arbeitszufriedenheit!
Pilot (C3)	Beim Entscheiden im Pilotenmodus wird Neues kreiert, erdacht, geschaffen. Die Organisation kennt zwar das Problem und weiß, dass der → *Autopilot* hier nicht hilft. Die Lösungsoptionen sind jedoch noch unbekannt. Der Pilot entspricht dem Lernmodus im Entscheiden. Die Organisation entwickelt sich weiter, verändert sich. Die Organisation selbst hat keinen Piloten. Ihre Chance für den Piloten liegt in der Irritation ihrer Mitglieder: Querdenker sind gefragt, Andersdenkende und wohlwollende Kritiker, Experimentierer und Ideenentwickler, Unternehmer und Gestalter. Sie alle brauchen Raum, Zeit und Anerkennung. → *Achtsamkeit* ist der Regisseur des Piloten.
Point of no return (D3)	Die Vorüberlegungen sind gemacht, nun ist die Schwelle zur Umsetzung nah. Der höchste Punkt am Pass der Entscheidung ist erreicht. Hier werden die Investitionen in die Ressourcen (Zeit, Kompetenz und Geld) auf den Weg gebracht. Oder anders gesagt: Ab hier wird es teuer. Es sei auch betont: Viele Wege führen nach Rom! Zum Beispiel: Die Würfel sind gefallen. Der Rubicon ist überschritten. Aber es gibt auch reichlich andere Wege, um vom Quellgebiet ins Zielgebiet zu kommen. Alle sind mit anderen Gefühlen und Reiseerlebnissen verbunden.
Problemlösen	Der Zusammenhang von Problemlösen und Entscheiden ist eng. Wer ein Problem lösen will muss (sich) entscheiden, etwas verändern zu wollen. Drei Fragen bleiben nicht selten unbeantwortet: Für wen ist was ein Problem, für wen nicht? Welche Problembeschreibung ist relevant? Ist sie einer Lösung zugänglich? Wenn diese Fragen offen bleiben, blockiert dies unsichtbar oft (wenn es sich nicht um ein technisches Problem handelt) einen guten Entscheidungsprozess zur Lösung des Problems. Außerdem gibt es einfach Probleme, die nicht lösbar sind. Der Unterschied besteht darin, dass Entscheiden nicht unbedingt von einem Problem (das seine Wurzel in der Vergangenheit hat) ausgelöst werden muss. Die besten Entscheidungen sind getrieben durch einen Anspruch und Entwicklungswunsch, einem attraktiven Zukunftsbild.
Projekte (E7) und Projektmanagement	Projekte haben für die erfolgreiche Entwicklung von Organisationen eine große Bedeutung. Deshalb schätzen wir die Qualität und Schnelligkeit von Entscheidungen im Rahmen von Projekten genau so wichtig ein wie 2. Personal- und Teamentscheidungen, 3. strategische und 4. Entscheidungen in der Krise. Das vernetzte Entscheiden hat den Mainstream des Projektmanagements noch nicht wirklich erreicht, obwohl immer öfter »Agilität« beschworen wird. »Im Projektmanagement der Zukunft werden sich die Entscheidungen dagegen viel häufiger innerhalb der Projekte abspielen. In diesen Projekten wird weitergedacht und es werden Entscheidungen getroffen. Das wird eine große qualitative Aufwertung mit sich bringen.«

Prozess des Entscheidens (B4–H3)	Prozessoptimierung (GPO) mit Methoden wie Lean Management, Lean Production / Manufacturing oder Kaizen usw. gehört seit gut 30 Jahren zum Standardrepertoire des Managements. Erstaunlicherweise macht sie vor dem Einbeziehen der Entscheidungsprozesse halt, die Wertschöpfung produzieren oder vernichten. Hier gibt es viel zu tun! Nicht mehr die Hammerfallsekunde der Entscheidung ist überragend wichtig, sondern alle Phasen des ganzen Prozesses des Entscheidens zusammen. Dabei hilft es, sich Entscheiden als natürlich eingebettet (»embedded«) in alle Geschäftsprozesse vorzustellen. Kriterien wie Qualität, Geschwindigkeit, Umsetzungsgrad und Aufwand für die Entscheidung sind nützliche Perspektiven. → Flow, → Qualität, → Realisieren
Q	
Qualität	Die Qualität stellt die Frage nach der Güte des Entscheidens. Bain & Company bemisst die Güte des Entscheidens in Organisationen an vier Kriterien. Unternehmen, die diese Kriterien erfüllen, sind profitabler und wachsen schneller. Wie relevant ein regelmäßiges Qualitätsmanagement der eigenen Entscheidungsprozesse ist (und nicht erst dann, wenn das Kind in den Brunnen gefallen ist), lesen wir tagtäglich in der Presse. In unseren Augen liegt hier ein erhebliches Potenzial für die Entwicklung des Qualitätsmanagements in Organisationen.
Quellgebiet (A–B1–6)	Die Hauptaufgabe im Quellgebiet von Decisio besteht darin, sich zuerst die Frage nach der → Notwendigkeit der Entscheidung zu stellen. Ist die Zeit reif oder wäre ein späterer Zeitpunkt günstiger? Welche leisen Signale sind spürbar oder hörbar? Im weiteren Verlauf ist es wichtig, mit → Face Reality die Unwägbarkeiten des Kontextes zu sehen, zu benennen und deren Risikofacetten für die einzelnen Rollenträger, für das Team und die Organisation zu untersuchen. Worum geht es wirklich? Und wie wird am Ende der Grad der → Unsicherheit, des → Risikos, der → Komplexität bzw. der Neuartigkeit des Themas eingeschätzt?
Quick-Fix; Shit-Back-Garantie (D2)	Die meisten Entscheider kennen das: Wir denken, die Sachlage ist klar, die beste oder naheliegende → Option ist schnell gefunden. Wir entscheiden fix, was und wie es gemacht wird. Wunderbar — abgehakt. Das geht gut, wenn das Thema eingegrenzt und einfach ist, wenn es nur geringe Auswirkungen auf anderes und andere in der Organisation hat. Bei komplexen Entscheidungen mit hohem Risiko und vielen Beteiligten und Betroffenen ist der Quick-Fix jedoch der schnurgerade Weg zur Shit-Back-Garantie. Oftmals zeigt sich das erst am Widerstand und an der Ressourcenverschwendung in der Umsetzung. → Fünf Mal Warum, → Systemdenken
R	
Realisieren	Zum Zeitpunkt des Entwickelns und Produzierens der Decisio-Prozesslandkarte nannten wir eine der sechs Regionen ganz selbstverständlich Land der → Umsetzung. Ganz in der Tradition des abendländisch-griechisch-analytischen und hierarchischen Verständnisses. Entscheiden verstanden als die eine Sache (ausgeführt von den Mächtigen in Organisationen) und Umsetzen der Entscheidung als eine andere Sache (ausgeführt von den anderen). Heute sehen wir diese Trennung für moderne und schnell reagierende Organisationen kritischer und potenziell sehr nachteilig. Realisieren wird deshalb immer mehr den Begriff des Umsetzens ersetzen — auch in der nächsten Version der Decisio-Prozesslandkarte. Und nicht nur deshalb, weil auch andere Kulturen als die unsere das Realisieren, sprich: die Wirkung und Wirksamkeit des Entscheidens gut verstehen.

Rechnen	Entscheiden beginnt dort, wo das Rechnen aufhört.
Risiken, systemische (C2)	Es ist schon sehr erstaunlich und bezeichnend, dass dieser Begriff in der öffentlichen Diskussion erst vor wenigen Jahren (plötzlich) auftauchte. Systemische Risiken sind die am schwierigsten zu (be)greifenden und im → *Prozess des Entscheidens* die mit der größten Hebelwirkung. Das »Too Big to Fail« 2008 war ein Fanal an wohl ungewollter Erpressung wie auch unverstandener Verantwortungslosigkeit dem größeren Ganzen gegenüber. Und Griechenland scheint (»Wir tragen doch nur 3 % zum BNP der EU bei«) weit davon entfernt, seine → *Verantwortung* für das System Europa aus Überzeugung wahrzunehmen. Auch in Organisationen ist der gelernte enge Blick auf den Eigennutz — auch im Vorstand und unter den oberen Führungskräften — nicht selten handlungsrelevanter als die Wahrnehmung der systemischen Verantwortung beim Entscheiden. Da gibt es noch viel in der Veränderung der mentalen Modelle zu tun, z.B. im Rahmen der Führungskräfteentwicklung. → *Systemdenken*
Risiken (C2) und Metatempel Gelegenheit & Gefahr (E3–4)	Prototypische Zitate: »Wer nichts riskiert (entscheidet), wird einfach nur älter.« »Die Erfolgsgeschichten von heute sind die riskanten Entscheidungen von gestern.« »Die Lehre vom universellen Risiko dürfte bald unseren Glauben an das Absolute auf manchen Gebieten ablösen. (…) Sie ist keine neue Erkenntnis. (…) Die Zeit scheint gekommen zu sein, dass sie wieder ihre Rolle als Leitgedanke zum Verständnis der Welt einnehmen sollte.« Wäre das (wirtschaftliche) Leben keinen Gelegenheiten und Gefahren ausgesetzt, könnte es sich nicht entwickeln. Die vorherrschenden mentalen Modelle in den Wissenschaften und Religionen suggerieren, dass Ungewissheit eine Krankheit oder ein Übel ist. Diese mentalen Modelle hindern uns an der Erkenntnis, dass Risiken eine notwendige Vorbedingung unseres (nicht nur) ökonomischen Fortschritts sind. Dies ist unsere Leitidee des Entscheidens von und in Organisationen. Das Verstehen des Wesens von Risiken ist nach unserer Auffassung des Entscheidens von Organisationen zentral. → *Pentaeder-Modell*
Risikobilanzen (D4)	Das Konzept der Risikobilanzen hat einen zentralen Platz im Pentaeder-Prinzip und seinem Werkzeugkasten. Die einfache Anwendungsregel lautet: Je einfacher die Risikobilanz von Gelegenheiten und Gefahren aufzustellen ist, desto selbstverständlicher und einfacher auch ist die Unterscheidung zu treffen, ob bzw. was es zu entscheiden gibt, oder ob Downloaden und → *Driften* möglich sind. Je schwieriger einzuschätzen, undurchsichtiger, ausgeglichener, dynamisch volatiler die beiden Seiten der Risikobilanz sind, desto mehr angereichert und professionell gemanagt sollte der Prozess des Entscheidens ablaufen.
Risikokompetenz	»Risikokompetenz ist die Fähigkeit, auch mit Situationen umzugehen, in denen nicht alle Risiken bekannt sind und berechnet werden können.« Der Begriff ist nützlich, aber der Autor Gerd Gigerenzer, von dem dieses Zitat stammt, setzt leider die Begriffe »Risiko« und »Gefahr« gleich.
Risikomanagement	Dem Entscheiden als Kompetenz im Unternehmen mehr Beachtung zu schenken wird auch dazu beitragen das Verständnis und die Praxis von Risikomanagement auf eine neue integrierende Qualitätsstufe zu heben. → *betriebswirtschaftliche Zielsetzung*

Risikomonitoring	Die meisten Entscheidungen in Organisationen laufen routiniert, schnell und ohne großes Nachdenken, also im → *Autopiloten* ab. Regelmäßig zu hinterfragen, inwieweit die Entscheidungsroutinen den heutigen und zukünftigen Herausforderungen gerecht werden oder nicht, stärkt die sensorische Fähigkeit der Organisation, Risiken frühzeitig wahrzunehmen und adäquat darauf reagieren zu können. Wir nennen das Risikomonitoring (nicht zu verwechseln mit dem Risikomanagement). Ein ernst genommenes Risikomonitoring gehört zu den Aufgaben eines entsprechend beauftragten hierarchie- und funktionsübergreifenden → *Netzwerks* und erhöht klar die → *organisationale Urteilskraft*, Veränderungsbereitschaft und Agilität in der Organisation. Sie mündet in konkrete Maßnahmen, die Chancen zu erhöhen und die Gefahren zu reduzieren.
Rollen (-fabrik) (D4)	Im Entscheidungsprozess sind viele unterschiedliche Rollen (→ *Funktion und Rollen*) erforderlich, die die Beteiligten je nach Bedarf und ihren individuellen Fähigkeiten flexibel übernehmen können. Damit wird eine Voraussetzung für das Gelingen des Prozesses geschaffen.
Rückblick (G1)	→ *Lessons learned*
S	
Sachzwänge (B3)	Sachzwänge werden häufig als unveränderbar wahrgenommen und begrenzen damit das Entscheidungsfeld. Sie fallen uns dann auf die Füße, wenn es darum geht, den Blick in Richtung → *Effektivität* zu richten. Dabei gilt es Restriktionen in den Blick zu nehmen, diese auf ihre (Noch-)Gültigkeit zu prüfen und damit das Spielfeld des Entscheidens zu vergrößern.
Scheitern (G5)	Tragisch wird das Scheitern nur, wenn man es leugnet: Auf diese Weise lernt man nichts daraus. Ebenso wenig kann man die große Erleichterung nach dem Sich-Eingestehen des Scheiterns erleben und genießen. Das Leugnen des Scheitern (oder der Fehleinschätzung) versperrt gute neue andere Lösungen und Wege.
Schnelligkeit	Sehr viele Entscheider plagen sich immer noch mit einem unangenehmen Dilemma. Was soll beim Entscheiden Vorrang haben: Schnelligkeit oder → *Qualität*? Beides zusammen geht anscheinend nicht, oder doch? Zwei alte Glaubenssätze blockieren sich gegenseitig: Wird eine Lösung von einem oder wenigen schnell »durchgedrückt«, dann stößt sie nicht selten auf Widerstand. Sie wird nicht gut verstanden und ihr Sinn nicht (gut) realisiert. Andererseits sagt die Erfahrung auch, dass Mitbestimmen und Mitentscheiden Zeit kosten und Lösungen dabei zerredet werden. Die zeitgemäße Auflösung des Dilemmas gelingt mit zwei Zutaten: 1. Eine gute → *Entscheidungsarchitektur* und vernetztes Entscheiden liefern Qualität und Output. 2. Klare Prozessverantwortung und digitale Medien sorgen für Timing und Tempo. Unsere Praxis zeigt: Es geht! Die alten Vorurteile haben ausgedient.
Selbstverantwortung (D6-7)	Selbstverantwortung bedeutet die Bereitschaft, beim Entscheiden Handlungsspielräume im Licht der Chancen und Gefahren eigenaktiv auszuloten, → *Konsequenzen* zu bedenken und mit → *Hirn, Herz und Mut* initiativ zu handeln. Es geht um die Fokussierung der eigenen Funktion und Rolle vor dem Hintergrund unternehmerischer Rahmenbedingungen. Die besten modernen Organisationen schaffen den Menschen Rahmenbedingungen für selbstverantwortliches Arbeiten und muten ihnen ein gutes Maß an unternehmerischem Handeln und an Entscheidungskompetenz zu. Die zentrale Frage an Führung ist: Vertraue ich darauf, dass meine Mitarbeiter eigene Ressourcen der Problemlösung haben oder vertraue ich nicht darauf? Im Kern ist das Thema Selbstverantwortung immer eine Frage des → *Vertrauens*.

Selbstwirk-samkeit (A4)	Selbstwirksamkeitserwartung (SWE) beschreibt die individuelle Überzeugung, aufgrund eigener → *Kompetenz*en eine Handlung erfolgreich umzusetzen. Der Zusammenhang mit Entscheiden liegt klar auf der Hand: Je höher die SWE, desto risikofreudiger, innovativer, energetischer und schneller wird entschieden. Organisationen können über entsprechende Strukturen, Prozesse, Belohnungs- und Bestrafungsrituale, Führungsverständnis und dergleichen mehr einen Rahmen schaffen, der die SWE ihrer Mitglieder fördert. Belegt ist, dass die Implementierung von innovativen Ideen eng mit einer hoher SWE korrespondiert.
Sich einlassen (C4)	»Solange man sich nicht vollkommen auf eine Sache einlässt, ist da Unschlüssigkeit, die Tendenz zurückzuweichen und immer mangelnde Effektivität. Für jede Initiative (und für jeden schöpferischen Akt) gilt eine elementare Wahrheit, die beachtet werden will, wenn nicht zahllose Ideen und grandiose Entwürfe zugrunde gehen sollen: In dem Augenblick, in dem man sich definitiv auf etwas einlässt, bewegt die Vorsehung sich auch. Alle erdenklichen hilfreichen Dinge geschehen, die sich sonst nie ereignet hätten. Ein ganzer Strom von Ereignissen entspringt aus der Entscheidung und bringt alle Arten unvorhergesehener Ereignisse und Begegnungen und materieller Hilfen hervor, von denen niemand sich hätte träumen lassen.«
Sinn und Besinnung (G5)	»Sinn ist das verbindende Element, das aus einer Ansammlung von Personen erst eine Gemeinschaft macht.« Sinn entsteht im Austausch. In Organisationen ist dieser Austausch naturgemäß am intensivsten in den → *Räumen des vernetzten Entscheidens* zu erleben. → *Kaleidoskop*
Sinndimensionen	Die drei Sinndimensionen sozialer Systeme und damit von Entscheidungen sind die sachliche, die soziale und die zeitliche. Sie sind im »sozialen Dreieck« des → *Pentaeders* abgebildet.
SKM (sozio-kratische Kreismethode)	→ *Organisationsmodell, soziokratisches*
Spieleinsatz (E3, Station 11/24)	»Billiges Entscheiden«, das zum Bumerang wird, ist dadurch gekennzeichnet dass nach dem Beschluss viel zu wenig in die Realisierung investiert wird. Der Spieleinsatz bleibt aus. Was an Zeit, Geld und Hirnschmalz braucht die Realisierung? Wann braucht die Organisation eine eventuelle Neubewertung des notwendigen Spieleinsatzes? Wie wird der → *Entscheidungsprozess* gestaltet, um zu einer fundierten (Neu-)Bewertung zu kommen? Eine gute → *Möglichkeit* ist es, die relevanten Akteure einzubinden, realistisch Ressourcen zu planen und die Realisierung als Lernprozess zu gestalten.
Strategie, Insel der (B2), (E7)	Je wichtiger effektive Strategien sind, desto nützlicher wird es, Strategiearbeit als strategisches Entscheiden zu verstehen. In der traditionellen Strategiearbeit nehmen die Frage »Where do you want to go?« und dementsprechende Analysen großen Raum ein. Sie vernachlässigen die zweite Frage »How do you get there?«. Diese fokussiert darauf, wie ein Fluss von immer nur temporär relevanten Wettbewerbsvorteilen geschaffen werden kann. »No advantage and no success is ever permanent. The winners are those who keep moving.« Erfolgreiche Strategien ergeben sich aus einem Entscheidungsprozess, den vier Merkmale auszeichnen: (1) In häufigen Strategiemeetings kollektive Intuition aufbauen, um gute Gelegenheiten und drohende Gefahren schneller und genauer zu sehen. (2) Schnelle Konfliktbearbeitung anregen, was die Qualität des Entscheidens steigert. (3) Das Timing steuern und die Prozessdynamik hochhalten. (4) Politisches Entscheidungsverhalten entmutigen und so klein wie möglich halten. → *operativ-strategisch*

Stress (E4)	Hat wesentlichen Einfluss auf die → *Schnelligkeit* und → *Qualität* des Entscheidens. Der konstruktive Umgang mit Stress ist möglicherweise eines der wenigen besonders markanten Unterscheidungsmerkmale für überragend effektive einzelne Entscheider, Entscheider-Teams und entscheidungsfähige Organisationen von dem guten Durchschnitt. Wichtige beobachtbare Merkmale sind Selbstwirksamkeitsüberzeugung, Konfliktfähigkeit und Dialogverhalten. → *Zeitdruck*
Suche, Land der (CD1–7)	Im Land der Suche lassen sich die → *Alternativen* entdecken, auf Herz und Nieren überprüfen, gegeneinander abwägen und bewerten. Man staunt wie viele Optionen sichtbar werden, wenn man sie sehen will und sich ohne vorgefasste Meinung darauf fokussiert. Dies gelingt umso besser, je mehr Blickwinkel, Standpunkte, Hoffnungen, Befürchtungen, Ängste, → *Zuversicht* etc. in diesen Suchprozess auf dem Weg zum Beschluss einfließen.
Systemdenken (B6)	Der Begriff bezeichnet ein systemisches Verständnis von Organisation. Siehe auch → *In Zusammenhängen denken*
Systemtheorie	Zum Verständnis von Organisationen, und damit des Entscheidens von und in Organisationen, ist die Systemtheorie unerlässlich. Die wesentlichen Aussagen der Systemtheorie für unseren Zusammenhang: Systeme sind, was sie operieren. Soziale Systeme operieren → *Kommunikation* und organisierte Sozialsysteme (als Spezialtyp) operieren → *Entscheidungen*. Soziale Systeme sind nicht-trivial, d.h. sie sind nicht linear von außen beeinflussbar. Sie treffen selbst die Entscheidung, was sie aus den Anregungen der Umwelt machen. Sie sind operativ geschlossen. Entscheidungen sind demnach die Elemente des Systems, die sich selbst durch die Elemente herstellen, d.h. Entscheidungen produzieren Entscheidungen. Das ist das systemtheoretische Prinzip der Autopoiese. Jede Organisation entscheidet originell, und das ist spannend zu beobachten.
T	
Tabu (H4)	Ein Tabu beruht auf einem stillschweigend praktizierten Regelwerk oder einer kulturell geformten Übereinkunft, die bestimmtes Verhalten auf elementare Weise gebietet oder verbietet. Erfolgreiche Veränderungen sind oft das Ergebnis von (gefährlichen) Tabubrüchen. In Organisationen haben Tabus die Aufgabe, Regelwerke störungsfrei zu halten. Tabus dienen immer auch als Mittel zur Erhaltung bestehender Machtverhältnisse. Ein offener Diskurs, der die tabuisierten Elemente einer Entscheidungskultur benennt und transparent macht, wird dann empfehlenswert, wenn offensichtlich ist, dass das aktuelle Entscheiden oder Nicht-Entscheiden die Tendenz zeigt, den Erfolg und die Zukunft der Organisation zu gefährden.
Team (E7) und Teamwork (E–F3)	Teamentwicklung kann in seiner fortgeschrittenen Form als Entwickeln von Mitverantworten und Mitentscheiden in einer Gruppe verstanden werden. Nicht bezogen auf Lerngruppen aber jedenfalls auf Führungs- und Projektteams. Der wesentliche Unterschied zwischen Gruppen und Teams ist dass sich die Mitglieder eines Teams sehr klar und explizit über die Aufgabe(n) verständigen, die sie nur dann erfolgreich erfüllen können wenn sie sie gemeinsam verantworten und entscheiden.

Terra Incognita (E6-G6)	Diese Region stellt für uns ein Schatzkästchen dar. Immer wenn der Prozess des Entscheidens stockt, hakt, nicht weitergeht oder in Richtungen weitergeht, die nicht erwünscht sind, lohnt sich der Blick in die »Unterwelt«. Was bewegt sich unter der Oberfläche, welche unserer Glaubenssätze schlummern dort im Verborgen, wie ist die Organisationskultur verankert? Was davon gilt es, nach oben zu holen, besprechbar und veränderbar zu machen? Was kann ruhig dort bleiben, wo es ist? Wir wünschen gutes Schürfen!
Tun	Vgl. → *Realisieren,* → *Umsetzen*
U	
Übertreibung, Berg der (G6, Station 20/24)	Beim Übertreiben geht es meistens um die Bewertung von Entweder-oder-Aspekten, selten um das Sowohl-als-auch. Sie gibt Hinweise auf unbewusst vorhandene, nicht ausgesprochene oder noch nicht ausreichend berücksichtigte Hoffnungen und Ängste, die mit dem Thema oder dem → *Prozess des Entscheidens* verbunden sind.
Umsetzung, Land der (FG1-5)	Die Entscheidung belohnt die Reflexion. Das Tun belohnt die Entscheidung, es macht jedenfalls klüger — nicht nur sachlich, sondern auch emotional. »Es gibt nichts Gutes, außer man tut es.« Entscheidungen und Beschlüsse ohne sie zu realisieren, ist Ausdruck von Wunschdenken oder noch krasser: Etikettenschwindel. Man könnte sogar ins Grübeln über den Gedanken kommen, dass das Tun bzw. das Realisieren einer Entscheidung (nein, nicht das unreflektierte) vermutlich ofter und schneller kluger macht und befriedigender ist als das Denken, Planen und Reden (allein). Oder, dass sich das Denken (ganz gleich auf welchem intellektuellen Niveau) selbst nicht selten zum unbewussten (chronischen?) → *Aufschieben* definitiv notwendiger Entscheidungen und Tätigkeiten missbraucht. → *Realisieren*
Unbewusstes (Tiefebene des Unbewussten; F7, Station 18/24)	Organisationen und Teams haben natürlich weder → *Bewusstsein* noch Unbewusstes (→ *Terra Incognita*). Die Entscheidungserfahrungen aus der Vergangenheit, Erfolge wie auch Misserfolge, werden im organisationalen Gedächtnis abgespeichert und prägen das Entscheiden implizit nach innen und nach außen. Der → *E-Code* beschreibt das organisationstypische, implizite Selbstverständnis »So entscheiden wir hier!«.
Unsicherheit, Gipfel der (B5)	Und wieder ein Juwel der → *Ambivalenz*! Die Unsicherheit gibt uns ein ungutes Gefühl, kann bedrohlich wirken und uns lähmen. Sie ist andererseits oft als (noch unspezifischer) Hinweis zu lesen, dass es etwas zu entscheiden gibt. Sie lässt uns achtsam sein, Dinge prüfen, Ratgeber nutzen und verschiedene Perspektiven einholen. Das führt in der Regel zur Auflösung der Blockade und zu besseren Entscheidungen.
Unternehmerisch	Unternehmerisches Entscheiden verdient in allen Organisationen besondere Anerkennung. Es hat vielleicht unter allen Entscheidungsarten die am weitesten reichenden Konsequenzen.
Unterschied	Eine zentraler Begriff der Systemtheorie und für das Entscheiden insofern von Bedeutung, als es einer Unterscheidung bedarf, wenn entschieden werden soll. Die wichtigen Unterschiede, die das Feld des Entscheidens umreißen: Risiko als Unterscheidung von Chancen/Gefahren, operativ/strategisch, Innen-/Außenperspektive, Entweder-oder/Sowohl-als-auch, Person in Rollen/Teams, Netzwerke/Organisation, aber auch Chronos/Kairos und andere.

Unwägbarkeiten	Ist auch ein häufig gebrauchtes Synonym von Risiko oder Gefahr. Alles was unwägbar ist, wird reflexartig als Chance oder Gefahr eingeordnet. Organisationen können — ähnlich wie Menschen — tendenziell und gewohnheitsmäßig eher als Chancensucher oder als Gefahrenvermeider gesehen werden. Dieser Grundreflex ist, wenn überhaupt, nur sehr schwer in dem → *E-Code* der Organisation veränderbar.
Urteilsfähigkeit und -kraft, organisationale	Ist sowohl für die einzelnen Entscheider als auch für Teams und die Organisation selbst wichtig. Wir verstehen darunter die Fähigkeit, die vernetzten Wirkungen, das Woher und Wohin der (vielen) Entscheidungen und Entscheidungsprozesse einzuschätzen und zu gestalten. Aus der Urteilsfähigkeit wird Urteilskraft, wenn die Wirklichkeit das Urteil nicht nur einmal bestätigt. → *Zuversicht*, → *Entscheidungsfähigkeit*
Urteilsvermögen (engl. Judgment)	Dabei handelt es sich »nur« um die personale Zutat zum Prozess des Entscheidens und der organisationalen Entscheidungsfähigkeit. Diese Unterscheidung scheint uns wichtig, weil das personale Urteilsvermögen allzu oft zum Heroisieren des Entscheiders benutzt wird. Ein amerikanischer Kollege bringt den Unterschied eindrücklich auf den Punkt: »Great Men but not so Great Decisions«.
V	
Verantwortung (E2)	Verantworten und Entscheiden hängen eng zusammen (→ *Kaleidoskop*). In Organisationen bedeutet Verantwortung haben, eine verbindliche Antwort zu geben bzw. eine Entscheidung zu treffen. Und: Verantwortung hat man aufgrund der übernommenen → *Funktion und Rolle* (im Entscheidungsprozess), ob man sie nun annimmt oder nicht.
Vermeiden	Vgl. → *Aufschieben*
Vernunft (C5)	Gerne nehmen wir in Anspruch, vernünftig zu entscheiden, zu urteilen und zu handeln. Heute wissen wir, dass häufig das limbische System im Gehirn bzw. die Intuition ein gewichtiges Wörtchen mitreden (→ *Kairos*). Je komplexer, riskanter und bedeutungsvoller eine → *Entscheidungssituation* ist, umso wichtiger ist es, die Intuition durch die Vernunft auf den Prüfstand zu stellen. In Organisationen gelingt das am besten durch die Integration der unterschiedlichen → *Risikoperspektiven* (→ *Bauch – Kopf*).
Vertrauen (I6)	Wenn heute in so vielen Organisationen die steigende Komplexität und Unübersichtlichkeit, schleppende Entscheidungsprozesse und lange Dauer von Projekten ein zentrales Problem darstellen, dann liegt die grundlegende Lösung in einer Erneuerung der Organisations- und insbesondere Entscheidungskultur. Und einer der wichtigsten Faktoren einer starken Entscheidungskultur ist Vertrauen. Es entsteht nicht auf Knopfdruck, man muss es sich verdienen. Dazu gehören viel Vertrauensvorschuss, Geduld und Zuversicht. Vertrauen in Personen greift zu kurz. Es ist zu erweitern um Investitionen in das Vertrauen innerhalb von Teams und in Maßnahmen, die das Systemvertrauen stärken.
Vision (B3)	Das gemeinsam getragene Zukunftsbild bestimmt die weichenstellenden Entscheidungen der Organisation. Es ist die Basis bei der Bewertung der → *Alternativen* und bei Richtungsentscheidungen.
Volatilität (A4)	Das Entscheiden in Organisationen ging in der Vergangenheit häufig von der Stabilität von zahlenbasierten Hochrechnungen in die Zukunft aus (→ *Rechnen*). Mit zunehmender Volatilität werden solche Zukunftsprognosen unzuverlässiger und bieten wenig Verlass für (statistisch abgesicherte) → *Risikoeinschätzung*en.

W	
Wachstum, persönliches und von Organisationen	Das sicherste, gesündeste Wachsen ist das Wachsen an den eigenen Entscheidungen (statt → *Driften*, Nichtstun, kein bewusstes Risiko eingehen, keine Verantwortung übernehmen, keinen Sinn produzieren). Dieses Credo richtet sich zuerst einmal an jeden einzelnen Menschen in seiner jeweiligen Funktion und Rolle. Und es mag genauso als Leitidee für das Entscheiden in Gruppen, Netzwerken, Organisationen dienen. So funktioniert das Wachstum schneller und noch tief greifender durch die bewusst mit anderen geteilte und reflektierte Erfahrung in bedeutenden dramatischen Entscheidungsprozessen. Sie stimuliert einen Verstärkungskreislauf. → *Vertrauen, Zuversicht*
Wahrnehmen	»Worin bestehen die Bewusstseinsleistungen, mit denen Menschen an Organisationen teilnehmen? Es muss sich um etwas handeln, was die Organisation selbst nicht kann, und hier wird man in erster Linie an Wahrnehmungen zu denken haben. (...) Nun mag man vom Denken halten was man will: Es ist jedenfalls nicht so sicher und nicht so friedlich wie das Wahrnehmen.«
Werkzeuge	Entscheiden ist auch → *Handwerk*. Dazu gehören auch gute Werkzeuge. Ob das Entscheiden »eigentlich ganz einfach« ist oder nicht, hängt nicht zuletzt von den Werkzeugen und Instrumenten ab. Also, Schaufeln und Pinzetten, Mikroskope und Fernrohre in die Hand und ran ans Werk! Es gibt noch viele Werkzeuge, Instrumente und Methoden für das Entscheiden in und von Organisationen zu entdecken und neue zu entwickeln.
Werte, Bergwerk der (E5)	Schauen Sie auf die Verbindung zwischen Entscheiden und Werten. Wann ist eine Entscheidung eine »wert-volle« Entscheidung? Wie sieht ein »wertvoller« Entscheidungsprozess aus? Immer wenn es hakt oder sich als besonders anstrengend erweist, hilft der Blick auf die Konvergenz zwischen den Werten und dem Entscheidungsprozess und dessen Ergebnis. Das Schürfen im Bergwerk der Werte fördert so manches Juwel der → *Ambivalenz* zu Tage. Damit lässt sich dann »wert-voll« weiter agieren.
Wette	Jede Entscheidung, jede Investition in einen Entscheidungsprozess ist eine Wette auf die Zukunft. Oder eine Wette auf die Vergangenheit, die darauf setzt, dass alles so weit in Ordnung ist, dass es sich nicht lohnt, sich den Mühen der Veränderung zu unterwerfen, sondern dass das energiearme bequeme → *Driften* die klügere Wahl ist. Und jede dieser Wetten mag als eine 90:10 oder 51:49 eingeschätzte Wette sein. Es bleibt das Risiko.
Wider besseren Wissens (D2–C1)	Welches Wissen hat sich da gegen das »bessere« beim Entscheiden und Tun durchgesetzt? Wir wissen es nicht. Aber die Vermutung dürfen wir uns schon gönnen, dass das analytische vernünftige Wissen vielleicht nicht immer das »bessere« ist.
Wille (A3)	Wo ein Wille ist, ist auch ein Weg. Oder anders ausgedrückt, wenn es gelingt, genügend Problembewusstsein oder → *Not-Wendigkeit* für die Entscheidung zu erzeugen, dann gelingt es auch, die erforderliche Energie für die Umsetzung der Entscheidung zu erzeugen. Der Wille ist Ausdruck dieser Energie und je weiter er sich in der Organisation »breitmacht«, umso höher wird die Wahrscheinlichkeit, den Entscheidungsprozess auch konsequent zum Ende zu bringen.
Wirklichkeit	»Die Wirklichkeit hat mehr Dimensionen als unsere Gedanken.« → *Face Reality*

Wissen	Explizites inhaltliches Wissen allein reicht nicht und doch bestimmt es stark die Praxis des Entscheidens. Nur jenes Wissen, das konstruktiv in einen Entscheidungsprozess eingebracht wird, hilft. Sonst blockieren sich Besserwisser und Machtansprüche allzu leicht gegenseitig. Es hilft auch, den Wissensbegriff weiter zu fassen: inhaltliches Wissen und Know-how (C5), explizites und implizites Wissen, kontext- bzw. entscheidungs- und handlungsrelevantes Wissen.
Wurzeln (B4)	Ohne gesunde Wurzeln wächst keine Pflanze. Es kommt darauf an, die Entscheidungswurzeln adäquat zu nähren, notwendige Wurzelbehandlungen rechtzeitig zu erkennen, zu wissen, welche Pflanze zum Blühen gebracht werden soll und wie das zu den Wurzeln passt. Es ist bekanntlich ein vergebliches Unterfangen, aus Apfelbaumwurzeln einen Pflaumenbaum kultivieren zu wollen. Beim Entscheiden ist der → *E-Code* der Nährboden, aus dem Strategie, Strukturen und Geschäftsprozesse wachsen.
Z	
Zeitdruck (E4)	Die Zeit ist knapp und → *Schnelligkeit* und *Effizienz* stehen im Mittelpunkt des Entscheidens — wer kennt das nicht? Der größte Teil der operativen Entscheidungen im organisationalen Alltag wird unter Zeitdruck getroffen. Der → *Autopilot* ist gefordert und führt meistens zu den gewünschten Ergebnissen. Sobald die Routinen nicht weiterführen und es beim Entscheiden darum geht, Neues zu erdenken, reduzieren Zeitdruck und Stress die Entscheidungsqualität. → *Pilot*
Zeitmanagement	Eine Basisentscheidung ist alltäglich, banal und immer gleich: Wofür und wie setzen ich und meine Organisation unsere Zeit ein? Zeitmanagement ist offensichtlich eng verwandt mit Entscheiden. Häufig sind die Entscheidung »Wofür verwende ich meine (beste) Zeit, wofür nicht?« und die Einsicht »Womit verschwende ich meine Zeit und / oder die meiner Mitarbeiter?« wenig bewusst oder folgen verfestigten Gewohnheiten.
Ziel, erreicht (G2, Station 17/24)	Ohne Ziele gäbe es nichts zu entscheiden. Ziele haben unterschiedliche Qualitäten, Bedeutungen, je nachdem aus welcher → *Perspektive* sie beleuchtet werden. Diese Perspektiven zu beleuchten, eventuelle Zielkonflikte frühzeitig wahrzunehmen und bei der → *Risikobilanzierung* aufzugreifen, erhöht die Entscheidungskompetenz maßgeblich. Dazu gehört auch die Überlegung, wie hoch die Diskrepanz zwischen Ist und Soll ist. Ist die Differenz sehr hoch, kann der Lösungsprozess zum Leidensweg werden. Lösungsversuche, selbst gescheiterte, als Zwischenergebnisse zu würdigen, ist eine empfehlenswerte Grundhaltung.
Zukunft des Entscheidens (H1–3)	Die Zukunftsfähigkeit von Organisationen ist direkt gekoppelt mit der Fähigkeit, Urteilskraft und → *Risikomonitoring* kompetent — unter komplexen, volatilen Randbedingungen — weiterzuentwickeln und in der Organisationskultur zu verankern. Oder anders ausgedrückt: Die Zukunftsfähigkeit von Organisationen hängt stark mit der Weiterentwicklung der Entscheidungsfähigkeit und -kraft zusammen. Wir sind zuversichtlich, dass die Zukunft des Entscheidens uns schon heute viele interessante Möglichkeiten zum Ausprobieren anbietet. Es geht um Verantwortung: Die Zukunft ist nichts anderes als die zukünftige Gegenwart. Sie erwartet unser Entscheiden hier und heute. Wann sonst?
Zukunftsentwürfe	»Entscheidungen sind die einzigen Zukunftsentwürfe, die uns noch bleiben.«

Zuversicht, Brücke der (B2)	Die Brücke der Zuversicht verbindet die Insel der → *Strategie*, die neben dem Kap der Risikoeinschätzung liegt, mit dem Quellgebiet. Zuversicht in die Validität der Risikoeinschätzungen und der Strategie ist die Voraussetzung, um sie als Quelle für weiteres Entscheiden zu nehmen. Gut, dass das Ensemble ganz nahe am Feedbackstrom liegt. Je zuverlässiger aus (früheren) Entscheidungen und Entscheidungsprozessen gelernt wurde, umso mehr kann Zuversicht in heutige Strategien und → *Risikoeinschätzungen* wachsen.
Zweifel (C3)	Jeder kennt es, dieses nagende Gefühl, das uns davor warnt, einfach die Entscheidung zu treffen. Wenn wir so entscheiden, wird das das Richtige sein? Welche Wirkung wird das wohl haben? Wollen wir das denn? Welche Bedenken sprechen dagegen? Der Zweifel ist ein Fingerzeig, sich auf die emotionale, unbewusste und kulturelle Ebene der Organisation einzulassen. Welch ein Juwel der → *Ambivalenz*!

Literaturverzeichnis

Achi, Zafer/Berger, Jennifer Garvey (2015): Delighting in the possible.
    In: McKinsey Quarterly, March, S. 1–8.

Amabile, Teresa/Kramer, Steven (2012): How leaders kill meaning at work.
    In: McKinsey Quarterly, January, S. 1–8.

Ancona, Deborah (2006): Leadership in an Age of Uncertainty. In: The Systems
    Thinker, Vol. 17, No. 7, S. 7–9.

Ancona, Deborah/Bresman, Henrik (2007): X-Teams. How to Biuld Teams That
    Lead, Innovate and Succeed. Boston.

Ancona/Malone/Orlikowsi/Senge (2007): In Praise of the Incomplete Leader.
    In: Harvard Business Review, February, S. 92–100.

Ariely, Dan (2008): Denken hilft zwar, nützt aber nichts. Warum wir immer wieder
    unvernünftige Entscheidungen treffen. München.

Ariely, Dan (2010): Fühlen nutzt nichts, hilft aber. München.

Baecker, Dirk (1994): Postheroisches Management. Ein Vademecum. Berlin.

Baecker, Dirk (2009): Organisation als temporale Form. In: Rudolf Wimmer,
    Jens O. Meissner und Patricia Wolf (Hrsg.), Praktische Organisationswissen-
    schaft: Lehrbuch für Studium und Beruf, Heidelberg, S. 258–288.

Baecker, Dirk (2007): Studien zur nächsten Gesellschaft. Frankfurt am Main.

Baecker, Dirk (2008): Schneller rechnen, langsamer entscheiden. Seite 22–27 in
    Sutrich / Endres 2008

Baecker, Dirk (o. J.): Wie in einer Krise Gesellschaft funktioniert.
    In: Revue für postheroisches Management, Heft 7, S. 30–43.

Bains / Gurnek et al. (2007): Meaning Inc. The blueprint for business success in
    the 21st century, London.

Balint, Michael (1960, 1999): Angstlust und Regression. 5. Auflage, Stuttgart.

Bandura, Albert (1977): Self-Efficacy: Toward a Unifying Theory of Behavioral
    Change. In: Psychological Review, 84 (2), S. 191–215.

Bazerman, Max H./Chugh, Dolly (2006): Decisions without Blinders. In: Harvard
    Business Review, January, S. 88–97.

Beck, Ulrich (1986): Risikogesellschaft. Auf dem Weg in eine andere Moderne.
    Frankfurt am Main.

Bennett, John G. (2004): Risiko und Freiheit. Hasard — Das Wagnis der Ver-
    wirklichung. Zürich.

Berger, Alexandra (2005): Welches Leben ist meins. Entscheidungen, die zu mir
    passen. München.

Bevins, Frankki/De Smet, Aaron (2013): Making time management the
    organization's priority. In: McKinsey Quarterly, January, S. 1–16.

Birshan, Michael/Kar, Jayanti (2012): Becoming more strategic: Three tips for any
    executive. In: McKinsey Quarterly, July, S. 1–7.

Bittelmeyer, Andrea (2011): Und es hat Scrum gemacht. Agiles Projektmanagement. In: managerSeminare, Juli, S.42–46.

Blenko/Mankins/Rogers (2010): Decide & Deliver: 5 Steps to Breakthrough Performance in Your Organisation. Boston.

Blenko/Mankins/Rogers (2010): Das Entscheider-Prinzip. In: Harvard Business Manager, August, S. 2–11.

Bonabeau, Eric (2003): Don't Trust Your Gut. In: Harvard Business Review, Heft 05, S. 116–123.

Bosshart, David (2011): The Age of Less – Die neue Wohlstandsformel der westlichen Welt. Hamburg.

Bradley, Chris/Bryan, Lowell/Smit, Sven (2012): Managing the strategy journey. In: McKinsey Quarterly, July, S. 1–10.

Bregman, Peter (2013): A personal approach to organizational time management. In: McKinsey Quarterly, January, S. 1–6.

Bright David/Parkin Bill (1997): Human Resource Management — Concepts and Practices. Business Education Publishers Ltd.

Brock Harald/ Bieberstein Ingo (Hrsg.) (2015): Multi- und Omnichannel-Management in Banken und Sparkassen. Wiesbaden.

Bröckling, Ulrich (2007): Das unternehmerische Selbst. Soziologie einer Subjektivierungsform. Frankfurt am Main.

Bryan, Lowell (2009): Dynamic Management: Better decisions in uncertain times. In: McKinsey Quarterly, December, S. 1–7.

Bryan, Lowell/Farrell, Diana (2008): Leading through uncertainty. In: McKinsey Quarterly, December, S. 1–13.

Buehler, Kevin S./Pritsch, Gunnar (2003): Running with risk. It's good to take risks — if you manage them well. In: McKinsey Quarterly, No. 4, S. 40–49.

Burmeister, Lars/Steinhilper, Leila (2011): Gescheiter scheitern. Eine Anleitung für Führungskräfte und Berater. Heidelberg.

Burt, Ronald S. (2009): Structural Holes. Boston.

Calderone, Matt/Martin, Karla/Mendes, Decio (o.J.): The Best Decisions Are Clustered. In: Leading ideas. Booz Allen Hamilton, S. 1–3.

Campbell, Andrew/Whitehead, Jo/Finkelstein, Sydney (2009): Why Good Leaders Make Bad Decisions. In: Harvard Business Review, February, S. 60–66.

Campbell, Andrew/Whitehead, Jo (2010): How to test your decision-making instincts. In: McKinsey Quarterly, May, S. 1–4.

Carson, Jay B./Tesluk, Paul E./Marrone, Jennifer A. (2007): Shared Leadership in Teams: An Investigation of Antecedent Conditions and Performance. In: Academy of Management Journal, Vol. 50, No. 5, S. 1217–1234.

Charan, Ram (2001): Conquering a Culture of Indecision. In: Best of HBR (2006), January, S. 108–117.

Cleden, David (2009): Managing Project Uncertainty. Farnham, Gower Publishing.

Cohen, Michael D./March, James G./Olsen, Johan P. (1972): A Garbage Can Model of Organizational Choice. In: Administrative Science Quarterly, Number 17, S.1–25.

Collins, Jim/Hansen, Morten T. (2011): Great by Choice. Uncertainty, Chaos, and Luck — Why Some Thrive Despite Them All. London.

Courtney, Hugh (2001): Making the most of uncertainty. In: McKinsey Quarterly, Number 4, S. 38–47.

Courtney, Hugh G./Kirkland, Jane/Viguerie, S. Patrick (2000): Strategy under uncertainty. In: McKinsey Quarterly, S. 81–90.

Courtney, Hugh/Lovallo, Dan/Clarke, Carmina (2013): Deciding How to Decide. A tool kit for executives making high-risk strategic bets. In: Harvard Business Review, November, S. 63–70.

Crainer, Stuart (2002): Die 75 besten Managemententscheidungen aller Zeiten. München.

Cross / Rob et.al (2010): The Collaborative Organization: How to Make Employee Networks Really Work. In: Sloan Management Revue, Fall 2010, Vol. 52 No.1, S.83–90.

Damasio, Antonio R. (2004): Descartes' Irrtum — Fühlen, Denken und das menschliche Gehirn. Berlin.

Dark Horse Innovation (2014): Thank God it's Monday. Berlin.

Davenport, Thomas H. (2009): Make Better Decisions. In: Harvard Business Review, November, S. 117–123.

Davenport, Thomas H./Manville, Brook (2012): Judgment Calls. Twelve Stories of Big Decisions and the Teams That Got Them Right. Boston.

Davenport, Thomas H./Kirby, Julia (2015): Dein Freund, der Roboter. In: Harvard Business Manager, September.

Dobelli, R. (2011): Die Kunst des klaren Denkens: 52 Denkfehler, die Sie besser anderen überlassen. München.

Dotlich, David L./Cairo, Peter C./Rhinesmith, Stephen H. (2007): Kopf, Herz und Mut zum Risiko: Das Komplett-Programm zur Entwicklung Ihrer Führungs-kräfte. Frankfurt am Main.

Dowling, Colette (1998): Sterntaler. Frankfurt am Main.

Döpfner, Mathias (2015): Wir haben in Europa zu lange geschlafen. In: Süddeutsche Zeitung, SZ-Montagsinterview, 1. Juni.

Dörner, D. (2003): Die Logik des Misslingens. Reinbek..

Drucker, Peter F. (2001): The next society. In: The Economist.

Drucker, Peter F. (2009): Management. Frankfurt am Main.

Eisenhardt, Kathleen M. (1989): Making Fast Strategic Decisions in High-Velocity Environments. In: Academy of Management Journal, Vol.32, No. 3, S.543–576.

Eisenhardt, Kathleen M. (1999): Strategy as Strategic Decision Making. In: Sloan Management Review, Volume 40, Number 3, S. 65–72.

Ellis, James/McCarthy, Brian/Burgman, Roland (2009): Effective decision making for uncertain times: strategies and practices for high performance. Accenture. In: Outlook Point of View, May, No.1.

Endres, Egon (1996): Erfolgsfaktoren des Managements von Netzwerken. Wiesbaden.

Etzioni, Amitai (1989): Humble Decision Making. In: Harvard Business Review, July–August, S. 122–126.

Förster Heinz von/Pörksen Bernhard (2013): Wahrheit ist die Erfindung eines Lügners: Gespräche für Skeptiker. Heidelberg.

Frank, Georg (1998): Ökonomie der Aufmerksamkeit. München.

Friedberg, Erhard (1995): Ordnung und Macht. Dynamiken organisierten Handelns. Frankfurt am Main.

Gabor, Andrea (2010): Seeing Your Company as a System. In: strategy+business, issue 59, summer, S.1–11

Gadamer, Hans-Georg (1999): Der Anfang des Wissens. Stuttgart.

Garvin, David/Roberto, Michael (2001): What You Don't Know About Making Decisions. In: Harvard Business Review, S. 108–116.

Garvin, David A. (2006): All The Wrong Moves. In: Harvard Business Review, January, S. 18–29.

George, Bill (2012): How IBM's Sam Palmisano Redefined the Global Corporation. Blog auf hbsfaculty, Download am 14.02.12, 11:43 Uhr, zwei Seiten.

de Geus, Arie (o.J): Strategy and Learning. In: Reflections, Volume 1, Number 1, S. 75–81.

Gibbs, Toby et al. (2012): Encouraging your people to take the long view. In: McKinsey Quarterly, September, S.1–5.

Gigerenzer, Gerd (2007): Bauchentscheidungen. Die Intelligenz des Unbewussten und die Macht der Intuition. München.

Gigerenzer, Gerd (2013): Risiko: Wie man die richtigen Entscheidungen trifft. München.

Gladwell, Malcolm (2005): Blink. Die Macht des Moments. Frankfurt am Main.

Grant, Adam (2013): Givers take all: The hidden dimensions of corporate culture. In: McKinsey Quarterly, April, S.1–13.

Hänsel, M./Zeuch, A./Schweitzer, J. (2002): Erfolgsfaktor Intuition. Geistesblitze in Organisationen. In: ZOE, Nr. 1, S.40–51.

Häusel, Hans-Georg (2014): Think Limbic! Freiburg.

Haken, Hermann/Schiepek, Günther (2010): Synergetik in der Psychologie: Selbstorganisation verstehen und gestalten. Göttingen.

Hamel, Gary/Prahalad, C. K. (1997): Wettlauf um die Zukunft. Wie Sie mit bahnbrechenden Strategien die Kontrolle über Ihre Branche gewinnen und die Märkte von morgen schaffen. Wien.

Hammer, Michael/Champy, James (1994): Business Reengineering. Frankfurt am Main.

Hartkemeyer, Martina/Johannes und Tobias F. (2015): Dialogische Intelligenz. Frankfurt am Main.

Heath, Chip & Dan (2013): Decisive. How to make better choices in life and work. London.

Heifetz, Ronald A./Laurie, Donald L. (1997): The Work of Leadership. In: Harvard Business Review. The Best of HBR, December 2001, Reprint R0111K.

Henigin, Hanna/Wildgruber, Julian (2015): From Business to Being. Ein Film über achtsames Leben und Arbeiten im Zeitalter von Stress und Burnout. www.business2being.com

Horn, John T. et al (2006): Learning to let go: Making better exit decisions. In: McKinsey Quarterly, No. 2, S.64–75.

Huber, Erwin (Hrsg. 2014): Mut zur Konfliktlösung. Praxisfälle der Organisations-mediation. Stuttgart.

Isaacs, William (2002): Dialog als Kunst gemeinsam zu denken. Bergisch Gladbach.

Isaacson, Walter (2011): Steve Jobs. Die autorisierte Biografie des Apple-Gründers. München.

Johnson, Spencer (2005): Die »Ja« oder »Nein«-Strategie für Manager. Ent-scheidungen erfolgreich treffen. Reinbek bei Hamburg.

Jullien, Francois (1999): Über die Wirksamkeit. Berlin.

Jumpertz, Sylvia (2015): Peter Kruse über den Abschied vom heroischen Sinn-stifter: »Sinn wird zur Wir-Aufgabe«. In: managerSeminare, Heft 208, Juli, Seite 76.

Kahneman (2009): The Thought Leader. Interview mit Michael Schrade. In: Strategy + Business.

Kahneman Daniel (2012): Schnelles Denken, langsames Denken. München.

Kahneman, Daniel/Klein, Gary (2009): Conditions for Intuitive Expertise. A Failure to Disagree. In: American Psychologist, Vol. 64, No. 6, S. 515–526.

Kahneman, Daniel/Klein, Gary (2010): Strategic decisions: When can you trust your guts? In: McKinsey Quarterly, March 2010, S.1–10.

Kaner, Sam (2007): Facilitator's Guide to Participatory Decision-Making. Jossey-Bass.

Kanter, Rosabeth Moss (2004): Confidence. How Winning Streaks & Losing Streaks Begin & End. New York.

Kantor, David (2012): Reading the Room; Group Dynamics for Coaches and Leaders. ORT, John Wiley.

Kantor, David (2014): Leadership for Our Times: The Leadership System Model. In: Reflections, Vol. 12, No. 1, S. 35–40. Reflections.solonline.org.

Karelaia, Natalia/Reb, Jochen (2015): Improving Decision Making through Mindfulness. In: Reb, Jochen/Atkins, Paul: Mindfulness in Organizations, Cambridge University Press, S. 163–189.

Katzenbach, Jon/Harshak, Ashley (2011): Stop Blaming Your Culture. In: strategy+business, issue 62, spring, S.1–10.

Katzenbach, Jon/Aguirre, Deanne (2013): Culture and the Chief Executive. CEO's are stepping up to a new role, as leaders of their company's thinking and behavior. In: strategy+business, issue 72, summer 2013, S.1–5.

Keller, Scott/Price, Colin (2011): Organizational health: The ultimate competitive advantage. In: McKinsey Quarterly, June.

Kets de Vries, Manfred (2014): The Importance of Doing Nothing. In: Insead Knowledge, June 23, Download am 05.09.14, 14:47 Uhr.

Klammer, Irmgard C./Bauer, Sabine (2004): Denken entlang des Herzens. Praktische Philosophie. Wien.

Klein Gary (1998): Natürliche Entscheidungsprozesse. Über die Quellen der Macht, die unsere Entscheidungen lenken. Paderborn.

Klein, Gary (2007): Projektmanagement: Autopsie am lebenden Projekt. In: Harvard Business manager, November, S.14–15.

Knight, Eric et al. (2015): The Art of Managing Complex Collaborations. In: Sloan Management Review, Research Highlight, August 05.

Kohlhofer, Ingrid (2013): Vom Entscheiden und Nicht-Entscheiden. In: TrigonThemen, Ausgabe 1, S.6–7.

Koller, Tim/Lovallo, Dan/Williams, Zane (2012): Overcoming a bias against risk. In: McKinsey Quarterly, August

Kotter, John P. (2014): Accelerate. Building Strategic Agility for a faster Moving World. In: Harvard Business Review Press.

Kotter, John P. (2012): Die Kraft der zwei Systeme. In: Harvard Business manager, December, S.22–36.

Lafley, A.G./Martin, Roger/Riel, Jennifer (2013): Leading with Intellectual Integrity. One skill distinguishes the effective CEO: the ability to make disciplined and integrated choices. In: strategy+business, issue 71, summer.

Lakoff, Georg/Johnson, Mark (2011): Leben in Metaphern, Konstruktion und Gebrauch von Sprachbildern. Heidelberg.

Laloux, Fréderic (2015): Reinventing Organizations: Ein Leitfaden zur Gestaltung sinnstiftender Formen der Zusammenarbeit. München.

Laloux, Fréderic (2015): The Future of Management is Teal. In: strategy+business, issue 80, autumn, S. 1–12.

Langer, Ellen J. (1990): Mindfulness (Merloyd Lawrence Book). Da Capo Press; Reprint.

Langer, Ellen (2015): The Value of Mindfulness. The Thought Leader. Interview by Art Kleiner. In: strategy + business, issue 78, Spring, S. 1–7.

Lanzenberger, Maximilian / Sutrich, Ulrike: Das KAIROS-Entscheidungsprofil. In: Profile, Heft 16, 2008, S. 113–123.

LEAD (2015): Dem Menschen zugewandt: Führung im digitalen Zeitalter. In: Leadership Series 1/2015. www.le-ad.de

LEAD (2015): Die Haltung entscheidet. Neue Führungspraxis für die digitale Welt. LEAD Research Series. Mercator Capacity Building Center for Leadership & Advocacy, Berlin.

Lobnig, Hubert (2000): Netzwerk — was Sie wirklich investieren sollten!
   In: Hernsteiner, Ausgabe 4, S. 16–20.

Looss, Wolfgang (1998): Scheitern im Management und das Management des
   Scheiterns. In: Hernsteiner, Heft 2, 12/1999.

Lovallo, Dan/Kahneman, Daniel (2003): Delusions of Success. How Optimism
   Undermines Executive's Decisions. In: Harvard Business Review, July 2003,
   S. 56–63.

Lovallo, Dan/Sibony, Olivier (2010): The Case for Behavioral Strategy.
   In: McKinsey Quarterly, S. 2–16.

Luhmann, Niklas (1988): Die Wirtschaft der Gesellschaft. 1. Aufl., Frankfurt am
   Main.

Luhmann, Niklas (1989): Vertrauen. Ein Mechanismus der Reduktion sozialer
   Komplexität. 5. Aufl., Konstanz/München.

Luhmann, Niklas (1991): Soziologie des Risikos. Berlin.

Luhmann, Niklas (1992): Organisation. In: Küpper, Willi/Ortmann, Günter, 1992:
   Mikropolitik. Rationalität, Macht und Spiele. Opladen.

Luhmann, Niklas (1993): Die Paradoxie des Entscheidens. In: Verwaltungs-Archiv,
   84. Band, Heft 3, S. 287–310.

Luhmann, Niklas (1997): Die Gesellschaft der Gesellschaft. Frankfurt am Main.

Luhmann, Niklas (2009): Zur Komplexität von Entscheidungssituationen.
   In: Soziale Systeme 15, Heft 1, S.3–35.

Luhmann, Niklas (2011): Organisation und Entscheidung. 3. Aufl., Wiesbaden.

Mair, Rudi/Nairz, Patrick (2011): Lawine. Die 10 entscheidenden Gefahrenmuster
   erkennen. Innsbruck.

Mankins, Michael C./Steele, Richard (2006): Stop Making Plans Start Making
   Decisions. In: Harvard Business Review, January, S.76–84.

Mantel, Hilary (2015): Von Geist und Geistern. Köln.

March, James G. (1994): A Primer on Decision Making. How Decisions Happen.
   New York.

May, Matthew E. (2013): Six Secrets to Doing Less. In: strategy+business, January.

McCaughan, Nano/Palmer, Barry (1997): Leiten und leiden. Systemisches Denken
   für genervte Führungskräfte. Dortmund.

McGrath, Rita Gunther (2009): How to Shut Down a Project Gracefully.
   In: strategy+business, issue 55, summer.

McNulty, Eric J. (2014): The Four Rs of High-Stakes Decision Making.
   In: strategy+business, issue 30, autumn.

Meissner, Philip/Sibony, Olivier/Wulf, Torsten (2015): Are you ready to decide?
   Before doing so, executives should ask themselves two sets of questions.
   In: McKinsey Quarterly, April, S. 6.

Mintzberg, Henry/Westley, Frances (2001): Entscheiden — es läuft oft anders als
   Sie denken. In: Harvard Business manager, Heft 6, S. 9–14.

Mischel, Walter (2014): Der Marshmallow-Test. Willensstärke, Belohnungs-
    aufschub und die Entwicklung der Persönlichkeit. München.

Montgomery, Cynthia A. (2012): How strategists lead. In: McKinsey Quarterly, July.

Morse, Gardiner (2006): Decisions and Desire. In: Harvard Business Review,
    January, S. 42–51.

Murchadha, Felix Ó (1999): Zeit des Handelns und Möglichkeit der Verwandlung.
    Kairologie und Chronologie bei Heidegger im Jahrzehnt nach Sein und Zeit.
    Würzburg.

Munter, Werner (o.J.): Werner Munter im Interview: Vom Wert des differenzierten
    Beurteilens und schablonenartigen Entscheidens. In: Revue für postheroi-
    sches Management, Heft 7, S. 8–13.

H. Nauheimer (2015): Klassiker der Organisationsforschung — P. M. Senge.
    In: OrganisationsEntwicklung, Zeitschrift für Unternehmensentwicklung und
    Change Management, Heft 2, S. 90–94.

Nagel, Reinhart (2014): Organisationsdesign. Modelle und Methoden für Berater
    und Entscheider. Stuttgart.

Neilson, Gary L./Pasternack, Bruce A. (2005): Results. Keep What's Good, Fix
    What's Wrong, And Unlock Great Performance. New York.

Neilson, Gary L. et al. (2015): 10 Principles of Organization Design. In:
    strategy+business, Online March 23.

Nida-Rümelin, Julian (2011): Verantwortung. Stuttgart.

Opp/Sutrich (2007): Was ist anders in einem »Entscheider-Coaching«? In: Profile,
    Ausgabe vom 14.07.,S . 76–87.

Opp / Sutrich (2013): Der Pentaeder-Kodex. Beta-Version. 58 Folien. März 2013.

Opp / Sutrich (2013): Der Prozess und die 7 Regionen. Workshop-Unterlage. 18
    Seiten.

Opp, Bernd in Zusammenarbeit mit dem Zertifizierungsteam des Pentaeder
    Instituts (2014): Pentaeder-Story Teil I und Teil II. Unveröffentlichtes
    Dokument für die Pentaeder-Ausbildung. München.

Paul, Marylin/Stroh, David Peter (2007): Managing Your Time as a Leader.
    In: The Systems Thinker, Volume 18, Number 3, April, S. 2–9. Download unter:
    http://www.bridgewaypartners.com/Portals/0/Documents/managing_time_
    leader.pdf.

Pechtl, Waldefried (1995): Zwischen Organismus und Organisation. Linz.

Pentland, Alex »Sandy« (2013): Beyond the Echo Chamber. When making
    decisions, seek ideas from different sources and test them with a wide
    network of contacts. In: Harvard Business Review, November, S. 80–86.

Perlow, Leslie A./Okhuysen, Gerardo A./Repenning, Nelson P. (2002): The Speed
    Trap: Exploring the relationship between decision making and temporal
    context. In: Academy of Management Journal, Vol. 45, No. 5, S. 931–955.

Perry, John (2012): Einfach liegen lassen. Das kleine Buch vom effektiven Arbeiten
    durch gezieltes Nichtstun. München.

Post, Rutger von (2011): Eat Your Peas: A Recipe for Culture Change. In: strategy+business, issue 63, summer, S. 1–4.

Prantl, Heribert (2010): Tina macht Politik. Und was macht Merkel? In: Süddeutsche Zeitung vom 18.05.2010.

Pychyl, Timothy A. (2010): The Procrastinator's Digest. A concise guide to solving the procrastination puzzle. Cambridge.

Reb, Jochen /Atkins, Paul W. B. (Hrsg.) (2015): Mindfulness in Organizations. Foundations, Research, and Applications. Cambridge University Press.

Renger /Simon/ Sutrich (2002): Effektive Entscheidungsprozesse in Leitungsteams. In: OrganisationsEntwicklung, Heft 4, S. 4–19.

Repenning, Nelson P./Sterman, John D. (2001): Nobody Ever Gets Credit for Fixing Problems that Never Happened: Creating and Sustaining Process Improvement. In: California Management Review, Vol. 43, No.4, S.64–88.

Ricci, Ron/Wiese, Carl (2012): Four Traits of Collaborative Leaders. In: The Collaboration Imperative, Copyright Cisco Systems Inc.

Riemann, Fritz (2013): Grundformen der Angst. München.

Ringleb, Al H./Rock, David (2009): NeuroLeadership in 2009. In: NeuroLeadership Journal, issue 2, S.1–7.

Rock, David (2011): Brain at Work. Intelligenter arbeiten — mehr erreichen. Frankfurt am Main.

Rogers, Paul/Blenko, Marcia (2006): Who Has the D? How Clear Decision Roles Enhance Organizational Performance. In: Harvard Business Review, January, S. 53–61.

Rohn, Christiane/Sutrich, Ulrike (2014): Dialog as Shared Social Space in Management and Organisations. In: Leadership Learning for the Future, S. 145–162.

Romhardt, Kai und NAW-Team Wirtschaftsethik (2015): Achtsam Wirtschaften als Weg. Berlin.

Rosenzweig, Phil (2013): What makes strategic decisions different? In: Harvard Business Review, November, S. 88–93.

Rosenzweig, Phil (2014): Left Brain, Right Stuff. How Leaders Make Winning Decisions. London.

Rumelt, Richard (2011): The perils of bad strategy. In: McKinsey Quarterly, June

Russo, J. E./Shoemaker, P. J. H. (2002): Winning decisions: how to make the right decision the first time. New York.

Sattelberger, Thomas / Welpe, Isabell / Boes, Andreas (Hrsg.) (2015): Das demokratische Unternehmen. Neue Arbeits- und Führungskulturen im Zeitalter digitaler Wirtschaft. Freiburg.

Scharmer, Claus Otto (2013): Theorie U: Von der Zukunft her führen: Presencing als soziale Technik. 3. Aufl., Heidelberg.

Scharmer, C. Otto/Käufer, Katrin (2014): Von der Zukunft her führen. Heidelberg.

Schein, Edgar H. (2003): Organisationskultur. Bergisch-Gladbach.

Schein, Edgar H. (2010): Prozessberatung für die Organisation der Zukunft. Aufbau einer helfenden Beziehung. Edition Humanistische Psychologie. 3. Aufl., Bergisch-Gladbach.

Schein, Edgar H. (2010): Prozess und Philosophie des Helfens. Grundlagen und Formen der helfenden Beziehung für Einzelberatung, Teamberatung und Organisationsentwicklung. Bergisch-Gladbach.

Schein, Edgar H. (2013): Humble Inquiry. The Gentle Art of Asking Instead of Telling. San Francisco.

Seliger, Ruth (2014): Das Dschungelbuch der Führung. Heidelberg.

Senge, Peter et al. (2011): Die notwendige Revolution: Wie Individuen und Organisationen zusammenarbeiten, um eine nachhaltige Welt zu schaffen. Heidelberg.

Sennett, Richard (2009): Handwerk. Berlin.

Shapira, Zur (Hg. (1997): Organizational Decision Making. Cambridge.

Shapira, Zur (1995): Risk Taking. A Managerial Perspective. New York.

Simon, Fritz B. (2005): Paradoxiemanagement. Genie und Wahnsinn der Organisation. Vortrag am Kongress X-Organisationen des Management Zentrums Witten, Berlin.

Simon, Herbert A. (1947): Administrative Behavior. A Study of Decision-Making Processes in Administrative Organizations. New York.

Simon, Herbert A./March, James, G. (1976): Organisation und Individuum. Menschliches Verhalten in Organisationen. Wiesbaden.

Singer, Tanja/Bolz, Matthias (Hrsg.) (2013): Mitgefühl in Alltag und Forschung. München, eBook Max-Planck-Gesellschaft.

Sloan Management Review (2015): Making Better Decisions. A special collection. In: Sloan Management Review, winter.

Slywotzky, Adrian J. (2007): The Upside. The 7 Strategies for Turning Big Threats into Growth Breakthroughs. New York, Crown Business.

Snowden, David/Boone, Mary (2007): A Leader's Frameworh for Decision Making. In: Harvard Business Review, November, S. 69–76.

Snowden, David/Boone, Mary (2007): Entscheiden in chaotischen Zeiten. In: Harvard Business manager, S. 2–11.

Sorrell, Martin/Komisar, Randy/Mulcahy, Anne (2010): How we do it: Three executives reflect on strategic decision making. In: McKinsey Quarterly, March.

Sprenger, Reinhard K. (2012): Radikal Führen. Frankfurt am Main.

Stapferhaus, Lenzburg (2012): Entscheiden. Eine Ausstellung über das Leben im Supermarkt der Möglichkeiten. www.stapferhaus.ch

Stollberg-Rilinger, Barbara (2013): Von der Schwierigkeit des Entscheidens. in: Glanzlichter der Wissenschaft - Ein Almanach, hrsg. vom Deutschen Hochschulverband, o. O. 2013, S. 145–154.

Storch, Maja (2010): Machen Sie doch, was Sie wollen. Bern.

Storch, Maja (2011): Das Geheimnis kluger Entscheidungen. Von Bauchgefühl und Körpersignalen. München.

Stroh, David Peter/Paul, Marylin (o.J): Is Moving Too Fast Slowing You Down? How to Prevent Overload from Undermining Your Organization's Performance. In: Reflections, Vol. 13, No. 1, S. 14–27. solonline.org

Stroh, David Peter (2015): Systems Thinking for Social Change: A Practical Guide to Solving Complex Problems, Avoiding Unintended Consequences, And Achieving Lasting Results. White River Junction.

Stukenberg, Timo (2014): Geh pleite und rede darüber! In: »WirtschaftsWoche« vom 18. Juli 2014.

Stulz, René M. (2009): Why Companies Mismanage Risk. In: Harvard Business Review, March, S. 86–94.

Sutrich, Othmar (2002): Geschäftsprozesse 1-2-3. Unveröffentlichte Seminarunterlage. 105 Seiten.

Sutrich, Othmar (2006): Besser Entscheiden in Organisationen. In: Hernsteiner, Heft 3, Seite 4–9.

Sutrich (2009): Entscheiden in Organisationen. Wie Sie als Führungskraft und Organisation Ihr Entscheidungsverhalten verbessern können. Leaders Circle (www.leaders-circle.at).

Sutrich (2010): Wer gut entscheidet, kann nichts falsch machen. Entscheiden als zentrale Führungskompetenz, die man systematisch entwickeln kann. Leaders Circle (www.leaders-circle.at).

Sutrich (2010): First Things First, Second Things Never. Alle Achtsamkeit und Professionalität in die wichtigen und dramatischen Entscheidungen investieren! Leaders Circle (www.leaders-circle.at).

Sutrich (2011): Die postheroische Zukunft des Entscheidens beginnt jetzt... und ihre Auswirkungen auf Personalentscheidungen von Organisationen und die Führungskräfte der Zukunft. Leaders Circle (www.leaders-circle.at).

Sutrich (2014): Entscheidungsfokus. In: Coaching-Tools III, Seite 264–271. managerSeminare

Sutrich, Othmar/Endres, Egon (Hrsg.) (2008): Entscheiden oder Driften? In: Profile-Schwerpunkt-Heft 16.

Sutrich, Othmar/Hillebrand, Martin (2011): Complementary Consulting: The Only Real Option for Managers. S. 39–61, in: Buono et al. (Hrsg.): The Changing Paradigm of Consulting: Adjusting tot he Fast-Paced World. Charlotte.

Sutrich, Othmar/Opp, Bernd/Endres, Egon (2011): Entscheiden im Wechselspiel zwischen Linie und Netzwerk. Ein Gespräch. Profile 21.11. Seite 10–23.

Thaler, Richard H./Sunstein, Cass R.: Nudge. Wie man kluge Entscheidungen anstößt. Berlin 2011.

Tichy, Noel/Bennis, Warren (2009): Judgment. How Winning Leaders Make Great Calls. Portfolio, 2009 (Updated)

Tichy, Noel/Bennis, Warren (2007): Wie man kluge Entscheidungen trifft. In: Harvard Business Manager, November, S. 2–11.

Tilk, Stefan (2006): Courage. Mehr Mut im Management. Weinheim.

Tönnesmann, Jens (2015): Gut fallen — Gründer feiern ihre Pleiten und machen das Scheitern in Deutschland salonfähig. In: »Die Zeit«, Ausgabe 15.

Toffler, Alvin (1971): Der Zukunftsschock. Bern.

Watzlawick, Paul (2005): Wie wirklich ist die Wirklichkeit? Wahn, Täuschung, Verstehen. München.

Weisbord, Marvin R. (2012): Productive Workplaces. Dignity, Meaning, and Community in the 21st Century. 25th Anniversary Edition. San Francisco.

Werner, K. (2015): Frau am Steuer. In: Süddeutsche Zeitung, Die Seite Drei. http://www.genios.de/presse-archiv/artikel/SZ/20150115/frau-am-steuer/A59052290.html. Zugegriffen: 22. April 2015.

Weick. Karl E./Sutcliffe, Kathleen M. (2003): Das Unerwartete managen. Wie Unternehmen aus Extrem-Situationen lernen. Stuttgart.

Wheeler, Steven/McFarland, Walter/Kleiner, Art (2007): A Blueprint for Strategic Leadership. How to biuld an organization in which executives will flourish. In: strategy+business, issue 49, winter, S. 1–12.

Williams, Thomas/Worley, Christopher G./Lawler III, Edward E. (2013): The Agility Factor. In: strategy+business, S. 1–8.

Wimmer, Rudolf (2007): Gruppe und Team. Soziale Systeme zwischen Interaktion und Organisation. Wien, osb international.

Wimmer, Rudolf/Meissner Jens O./Wolf, Patricia (Hrsg. 2014): Praktische Organisationswissenschaft. Heidelberg.

Winkler, Brigitte (2012): Shared Leadership Ansätze nutzen. Wie hierarchische und geteilte Führung zusammenspielen. In: ZOE, Nr. 3, S. 4–9.

Wirth, Jan V./Kleve, Heiko (Hrsg.) (2012): Lexikon des systemischen Arbeitens. Grundbegriffe der systemischen Praxis, Methodik und Theorie. Heidelberg.

Wittgenstein, Ludwig (2013): Philosophische Untersuchungen. Frankfurt am Main.

Wulf, Katrin (2015): Vernetzung in global agierenden Unternehmen. Die Gruppe als Kristallisationspunkt. Heidelberg.

Zeuch, Andreas (2010): Feel it! Soviel Intuition verträgt Ihr Unternehmen. Weinheim.

ZOE 2/2015: Themenschwerpunkt Das einzig Wahre? Management jenseits der eigenen Logik. www.zoe-online.org

ZOE 3/2015: Themenschwerpunkt Herausforderung Digitalisierung. Change Management in der digitalen Welt. www.zoe-online.de

Stichwortverzeichnis

Zertifizierung für Berater

Die Kairos-Zertifizierung

Mit dem KAIROS-Entscheiderprofil können Sie Ihr Leistungsspektrum als Trainer, Berater, Coach oder Personalentwickler eindrucksvoll erweitern.

So werden Sie zertifiziert:
1. Sie erstellen online Ihr eigenes Profil. Es folgt ein telefonisches Auswertungsgespräch.
2. Ein zweitägiger Zertifizierungsworkshop führt intensiv in die professionelle Anwendung des Profils ein.
3. Die endgültige Zertifizierung erfolgt nach drei supervidierten Profilbesprechungen.

Termine und Anmeldung: www.kairos-entscheiderprofil.org

Die Decisio Zertifizierung

Mit der DECISIO-Zertifizierung lernen Sie Entscheidungsprozesse in Organisationen bewusst und kraftvoll zu gestalten und zu steuern.

So werden Sie zertifiziert:
1. Im Vorabgespräch klären wir gemeinsam geeignete Anwendungsfälle
2. Im 2-tägige Zertifizierungsworkshop erlernen Sie den Einsatz der Decisio Prozesslandkarten
3. Die endgültige Zertifizierung erfolgt nach 3 Einzelsupervisionen von konkreten Einsätzen der Prozesslandkarten

Termine und Anmeldung: http://www.pentaeder-institut.de/leistungen/qualifizierung/decisio-zertifizierung

Die Pentaeder Zertifizierung

Mit der Pentaeder Ausbildung erhalten Sie die Voraussetzung um Organisationen rund um die Basisoperation »Entscheiden« nach dem Pentaeder Modell zu beraten

So werden Sie zertifiziert:
1. Im Vorgespräch klären wie gemeinsam die erforderlichen Lernschritte
2. Das 3-tägige Basisseminar steht unter der Überschrift »das Pentaeder Konzept verstehen«
3. Teil 3 ist die Erstellung eines »Meiserstücks«. Dies umfasst insgesamt 5 Präsenztage und ist als Lernreise konzipiert.

Termine und Anmeldung: http://www.pentaeder-institut.de/leistungen/qualifizierung/pentaeder-ausbildung

Die Autoren

Othmar Sutrich, MBA(INSEAD), SutrichOrganisationsberatung, München. Coaching. Führungskräfteentwicklung. Moderation von Strategieklausuren. Team-Workshops. Prozessoptimierung und Prozessinnovation. Organisationsberatung zum Thema »Entscheiden in Organisationen« anhand des Pentaeder-Konzepts. Vorstand im Pentaeder-Institut.

Bernd Opp, Soziologe, München. Seit über 30 Jahren Berater, Supervisor und Coach, nachdem er langjährig im Personalgeschäft der Luft- und Raumfahrtindustrie tätig war. Er ist mit Othmar Sutrich Erfinder des Pentaeder-Konzepts. Das Entscheiden in Organisationen als eigenständiges Professions- und Lernfeld beschäftigt ihn seit Anbeginn seiner beruflichen Laufbahn mit zunehmender Intensität.

Ulrike Sutrich, SutrichOrganisationsberatung, München. Seit 1995 Trainerin und Beraterin mit systemischem und gruppendynamischem Hintergrund. Seit einigen Jahren mit Fokus auf das Thema Entscheiden in Organisationen, und hier mit besonderem Blick auf Teams und Netzwerke. Mitentwicklerin des KAIROS-Entscheiderprofil und zuständig für Zertifizierung und Vertrieb. Gründungsmitglied des Pentaeder-Instituts und zuständig für Öffentlichkeitsarbeit. Von Ulrike Sutrich stammt das Kapitel 3.1 Das Kairos-Entscheiderprofil.

Dr. Cornelia Strobel, Geschäftsführerin der Next Impact GmbH, München. Nach Chemiestudium und Promotion Wissenschaftlerin und Führungskraft bei der MTU Aero Engines GmbH. Ab 2005 Beraterin und Leiterin der Region Süd für die Mühlenhoff Managementberatung GmbH. Seit 2011 Gesellschafterin der Next Impact GmbH. Als Vorsitzende des Vorstands im Pentaeder-Institut e. V. liegt ihr das Entscheiden von und in Organisationen besonders am Herzen. Von Dr. Cornelia Strobel stammt das Kapitel 3.4 Die Decisio-Prozesslandkarte erkunden.

Susanne Delius, Geschäftsführerin der Next Impact GmbH, Frankfurt. Diplom-Psychologin, Coach, Team- und Organisationsentwicklerin. Aufbau der zentralen Personalentwicklung der Douglas Holding AG. Seit über 15 Jahren als Beraterin in Unternehmen tätig beim Gestalten und Umsetzen von Veränderungsprozessen. Seit 2011 Gesellschafterin der Next Impact GmbH. Als Qualitätsverantwortliche im Pentaeder-Institut ist Entscheiden und Führen für sie ein Herzensthema. Von Susanne Delius stammt das Kapitel 3.9 Den E-Code entschlüsseln.

Ulrike Sutrich, Dr. Cornelia Strobel und Susanne Delius tragen die Gesamtverantwortung für Kapitel 3 Das Handwerkszeug.

Helmut Schöpf MAS, Gebr. Weiss GmbH, Spedition und Logistik, Lauterach (Österreich). Seit 15 Jahren Leiter der Zentralen Personalentwicklung Gebr. Weiss, Netzwerker und ständig interessiert am Thema Entscheiden in Organisationen. Erfahrener Praktiker beim Anwenden der Methoden und Instrumente des Pentaeder-Modells. Unter Mitwirkung von Helmut Schöpf entstanden die Kapitel 2.3 Prozesse gestalten und entscheiden, 4.1 Vernetzt entscheiden und 4.2 Das Kaleidoskop in der Team- und Führungskräfteentwicklung.

Claudia M. Fürst, Management Partner GmbH Unternehmensberater, Stuttgart. Dipl.-Psychologin, langjährige Führungspraxis in internationalen Unternehmen, seit über 10 Jahren Beraterin für komplexe Change Management-Prozesse, Lehrtätigkeit und Supervision von Change Management Themen, Spezialistin für Großgruppenmethoden, Leiterin der MP Akademie mit dem Schwerpunkt »Entscheidungsprozesse professionalisieren«. Von Claudia Fürst stammt das Kapitel 4.5 Die Schulung des Sensoriums: leise Signale erkennen.

Dr. Volker Steinhoff, Management Partner GmbH Unternehmensberater Stuttgart. Dr. rer. pol., wissenschaftlicher Mitarbeiter an der Universität Köln, mehrjährige Führungserfahrung, seit über 20 Jahren bei Management Partner GmbH. Leitung von Veränderungsprojekten in Finanz- und Dienstleistungsunternehmen, Schwerpunkte im Bereich Strategie-Entwicklung, Vertrieb und Change Management, verantwortlich für den Bereich Wissensmanagement.

Dirk A. Kochan, Management Partner GmbH Unternehmens-berater, Stuttgart. Dipl. Kfm., mehrjährige Führungserfahrung in internationalen Unternehmen, Mitglied der Geschäftslei-tung und Leiter des Bereiches Finanzdienstleistungen, seit über 20 Jahren Berater für komplexe Entscheidungs- sowie Ver-änderungsprozessen von Unternehmen und Vorstandsgre-mien. Change Management Experte.

Von Dr. Volker Steinhoff und Dirk A. Kochan stammt das Kapitel 4.4 Den Penta-eder im Blick: komplexe Entscheidungen moderieren.

Danksagungen

Wenn ein Buchprojekt, zumal eines das sich über so überraschend lange Jahre hin in seiner eigenen Logik Schritt für Schritt entwickelt hat, zu seinem vorläu-figen Ende kommt, dann meldet sich der Dank an die vielen Begleiter fast von selber zu Wort. Und die unangenehme Gewissheit dass wir vielleicht noch viel mehr gute Begleiter und Förderer des Projekts hier nicht ausdrücklich würdigen. Die folgende Nennung von Menschen, denen wir danken ist, sehr knapp. Zu jedem Namen bleibt die Art der hilfreichen Unterstützung unerwähnt. Auch die Intensität und zeitliche Dauer. Wie lange sie schon zurückliegt oder wie prägend sie immer noch ist. Aber die Bilder und die Beziehungsqualität sind uns unver-ändert präsent.
Wir danken, nicht in chronologischer sondern alphabetischer Reihenfolge: Harry Allabauer, Dirk Baecker, Martin Burger, Egon Endres, Frank Hargina, Jockel Häusel, Martin Hillebrandt, Ingo Jäckel, Ingrid Kohlhofer, Diana Kraus, Bernhard Krusche, Maximilian Lanzenberger (†), Wolfgang Looss, Waltraud Niemann, Matthias Oh-ler, Günther Rainalter, Gerald Renger, Helga Schubert, Dietmar Simon, Richard Timel, Peter Wagner und Rudi Wimmer. Wir danken Gebrüder Weiss — Wolfgang Niessner, Peter Kloiber und einer Reihe von befragten Managementgruppen. Schließlich vielen Interviewpartnern, die uns vertrauensvoll mit ihrer Praxis des Entscheidens vertraut gemacht haben und nicht mit Namen genannt werden.

München, im Februar 2016

Ihr persönliches Kairos-Entscheiderprofil

Sie haben das Kapitel zum Kairos-Entscheiderprofil mit großem Interesse gelesen und möchten nun Ihre persönlichen Entscheidungspräferenzen kennenlernen? Das ermöglichen wir Ihnen gerne kostenlos als unverbindliches Angebot.

Sie haben damit die Möglichkeit, sich explizit mit ihrem ganz persönlichen Entscheidungsverhalten zu befassen. Sie machen sich ihre Vorlieben und Abneigungen klar und lernen, ihre Kraft und Energie entscheidungsorientiert einzusetzen.

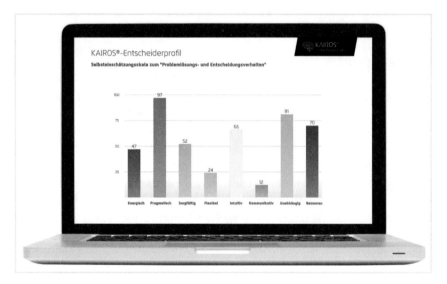

Ihr Weg dorthin:
- Gehen Sie auf http://www.kairos-entscheiderprofil.org/kontakt/
- Senden Sie uns über das Kontaktformular eine Nachricht. Geben Sie Ihren Namen und Emailadresse an. Wählen Sie im Betreff »KAIROS-Kennenlernangebot« aus und schreiben Sie in das Textfeld den CODE: »WOGEKE«.
- In Kürze erhalten Sie ein Email mit einem Link zum KAIROS-Fragebogen.
- Nach dem Ausfüllen (ca. 15') erhalten Sie via Email Ihr persönliches Präferenzprofil, verbunden mit kurzen, vertiefenden Informationen über das KAIROS Kapitel hinaus, um damit den Bezug zu Ihren eigenen Präferenzen herzustellen.